王度庐评传

增订本

徐斯年　张元卿　著

山西出版传媒集团　北岳文艺出版社

·太原·

图书在版编目（CIP）数据

王度庐评传 / 徐斯年，张元卿著. — 增订本. —太原：北岳文艺出版社，2022.9

ISBN 978-7-5378-6555-5

Ⅰ.①王… Ⅱ.①徐… ②张… Ⅲ.①王度庐（1909-1977）-评传 Ⅳ.①K825.6

中国版本图书馆CIP数据核字（2022）第074190号

王度庐评传 增订本

徐斯年 张元卿 / 著

出品人
郭文礼

选题策划
刘文飞

责任编辑
刘文飞

书籍设计
张永文

印装监制
郭勇

出版发行：山西出版传媒集团·北岳文艺出版社
地址：山西省太原市并州南路57号 邮编：030012
电话：0351-5628696（发行部） 0351-5628688（总编室）
传真：0351-5628680
经销商：新华书店
印刷装订：山西新华印业有限公司

开本：787mm×1092mm 1/16
字数：453千字
印张：26
版次：2022年9月第1版
印次：2022年9月山西第1次印刷
书号：ISBN 978-7-5378-6555-5
定价：118.00元

题　记

徐斯年

2005年《王度庐评传》由苏州大学出版社印行之后，史料方面获得许多新的发现和进展，例如辽宁省实验中学档案室提供的王度庐的《退休人员登记表》、顾迎新查实1945年后作品连载情况、张元卿查实《风雨双龙剑》等多部小说在南京《京报》的连载情况，以及在《小小日报》《平报》和西安报刊上查到的大量杂文和连载小说，等等。我觉得是对《王度庐评传》加以增补、订正的时候了。工作展开不久，张元卿又在《平报》上发现了二十七种连载小说，并有其他斩获。我则受制于眼疾，不堪通读如此海量资料，于是索性邀请元卿接手增订事务。蒙他慨然允诺，工作效率还极高，很快交了稿。现在呈现在读者面前的这个版本，不仅调整了全书结构，订正了初版中的个别疏误，而且新增内容多达七万余字，插图也增加不少，迹近图文并茂；同时又推出了简体、繁体两种版本。凡此，谅皆可以告慰于度庐先生在天之灵，并能满足关爱者的期望。

"史学即是史料学"，与王度庐有关的史料仍未"见底"。本书将来如印第三版，祈能又有更新、更多发现！

是为记。

2020年1月于姑苏香滨水岸

往事如烟——初版代序

李丹荃

徐斯年教授要我为本书写几句话，这使我想起了许多往事。

四十多年前，我和我的丈夫王度庐（霄羽）同在一所中学里工作，那时，徐斯年是这所学校里的一个朝气勃勃、多才多艺的学生。以后我们多年未见，再见面时他已成了一位学识渊博的学者，更想不到的是，他会写出这样一本书来。

霄羽虽然写了几十部小说，并且至今仍有许多读者，但他生前并没有太看重自己写的东西。后来他有了固定的工作，就封笔不写了。不料人们并没有忘记他，在华人聚居的地方，时有他的作品再版或在报刊连载（当然，盗版、抄袭者也有，还有随便改编出版的，有的甚至不署原著者名）。霄羽是个性格内向的文弱书生，但是从他的作品中可以感受到，他是一个极富正义感的人，他善良，有同情心，热爱生活，热爱家乡故土，这可能也是许多读者喜爱他的作品的原因之一。

霄羽的作品多写于五六十年前。那时我们寄居在亲戚家中，他很希望能找到一个谋生的工作。一次他去街上闲走，回来后对我说遇见了一个北平的熟人，说有一个刊登连载小说的机会，条件是要写武侠小说。我问他："你能写吗?"因为他是个手无缚鸡之力的人，我从未见过他拿刀弄棍，可是他说能写。不久就有了《河岳游侠传》。当时这部小说颇受好评，于是一发不可收拾，就以写小说为主要生活来源，"混"了十余年。

他还为写武侠小说临时起了个笔名"度庐"，我问他"度"是什么意思，他说"度"就是"渡"，也许我们靠此能够"混一混"，可以"渡"过这段困苦时期。以后果然如他所料。

霄羽写东西很快，并不十分推敲字句，常常是振笔疾书，数页下来一气呵成，不留底稿，不看二遍，所以文字也时有粗糙的地方。那时生活条件不好，用的稿纸就是自己裁成的十六开白纸，他用一支蘸水钢笔蘸着墨汁竖写，写成一段后，看看差不多够连载几天的，就卷成一卷交差。曾有五六年的时间，他不间断地同时写着两部连载小说，一部武侠，一部言情。现在想来，他如此一部接一部地写，无底稿，也无资料可查，能使写出的故事有读者，而且前后连贯，绝无矛盾，实在不容易。

那时候他身体瘦弱，有很严重的胃病，除伏案写作外，即卧床休息。他不常外出，不应酬，不管家务，不在乎环境嘈杂、孩子吵闹，对物质生活也没有任何特殊要求。他总是很平静，可是却写出了不少热闹的故事；他平时话很少，却也塑造出了不少伶牙俐齿的人物。所以我总想，在他称病卧床的时候，在他看似“魂不守舍”的时候，他可能是在和他笔下的人物对话，而他的思绪已翱翔在他想象的世界之中了。

电影《卧虎藏龙》的成功使更多的人知道了王度庐的小说，为此我应感谢李安先生和所有帮助过我的朋友们。我很难设想，如果霄羽能够知道他写的东西在今天还有人喜爱，他会作何感想。

衷心感谢徐斯年教授，感谢所有喜爱王度庐小说的读者。

2005年

目录

第一章　困顿与奔波

1909年，清朝末代皇帝爱新觉罗·溥仪在北京登基。

就在这一年的旧历7月29日，北京一户姓王的下层旗人家庭添了一个儿子。父亲给他起名“葆祥”（后曾改为“葆翔”），字“霄羽”。他就是王度庐。“度庐”是他于1938年才启用的笔名，此前则一直以“霄羽”为正名。所以，叙述他的早期经历时，我们一般都称他“王霄羽”，在时空延展的语境下也偶尔“提前”使用“王度庐”这个名字。

第一节　旗下子弟

王霄羽的家位于“后门里”。后来，他在社会言情小说《古城新月》中曾写到这个地方：

> ……三个人穿着小胡同走，直走到西单牌楼才上了电车，到了太平仓又换车，就一直到了后门。……下了车，张大爷在前，就带着她们往后门里走去。一进后门，就望见高高的景山上，树木丛生，遍染秋色……就像一幅极好的油画似的。①

这个地名又曾出现在他的侠情小说代表作之一的《卧虎藏龙》中：被耿六娘和玉娇龙收买来负责监视刘泰保的“丐头”长虫小二，即“驻节”于后门里的桂家祠堂。在另一部社会言情小说《虞美人》中，他又把女主人公虞婉兰的住处安排在“后门里纳福胡同”。

“后门”是“老北京”对地安门的俗称，“后门里”位于地安门内，大概在

①王度庐：《古城新月》，北岳文艺出版社，2018，第576页。

景山东北部、今地安门东大街一带（地安门外至今仍有“后门桥”这一地名）。确定这一方位，对于了解王霄羽的家庭背景十分重要。

1644年清军进入北京之后，即将内城居民悉数迁往外城，所腾出的地区则由八旗官兵及其眷属分驻，各旗驻地划分明确，决不混淆。其界址如下：

德胜门内—正黄旗；

安定门内—镶黄旗；

东直门内—正白旗；

朝阳门内—镶白旗；

西直门内—正红旗；

阜成门内—镶红旗；

崇文门内—正蓝旗；

宣武门内—镶蓝旗。

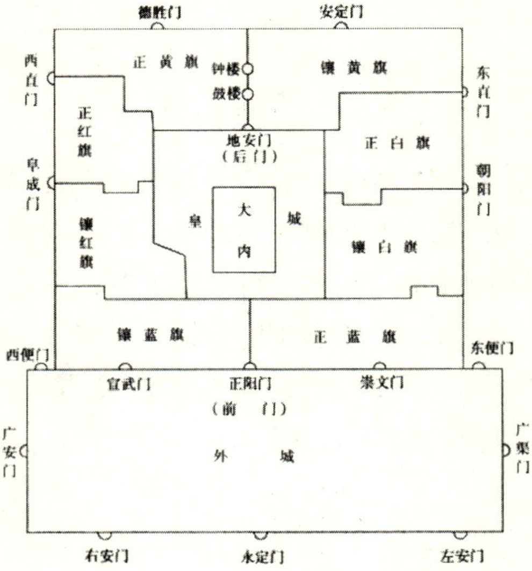

北京城各旗驻地示意图

“八旗”又有满八旗、蒙古八旗、汉军八旗之别，在各旗驻防区内，满人一般居于靠近皇城的地域，蒙古人居其外侧，汉军旗人则居于最外侧。但是，各旗驻防区域都不延伸入皇城，也就是说，皇城内的旗人居住区域，应是依据他们所负勤务的类别来划分的。王霄羽家的确切地址是地安门内（即皇城内东北部）司礼监4号，这条短胡同原得名于此地的明代司礼太监署，后来又因附近设有清宫嫔妃、宫女卒后停尸之“吉祥所”（后改“吉安所”）而改名吉安所胡同。王霄羽的父亲，是“在清朝管理宫廷车轿的机关里当小职员”①的，这个“管理宫廷车轿的机关”应该就是隶属于内务府的“上驷院”。《宝剑金钗》中写德啸峰出差，就是向上驷院借的马匹。由此可知，王霄羽家族属于“内务府汉姓旗人”，其先祖可能来自关外。至于所属“旗份”，由于缺乏资料，难以确定。②

①摘自王度庐手写的一份简历。按，关于“上驷院”，徐珂所编《清稗类钞》第三册第1327页“内务府”条有详细记载。

②按据《钦定八旗通志》氏族志，王姓旗人共有八派，分别出自沈阳、纲台、抚顺、辽阳、长白山、中后所、义州、盖州。内务府汉姓旗人的“旗份”十分复杂，既有属于“从龙”入关之“上三旗”的，也有属于其他汉军旗的，身份虽有高下之别，但都是为皇家服务的。

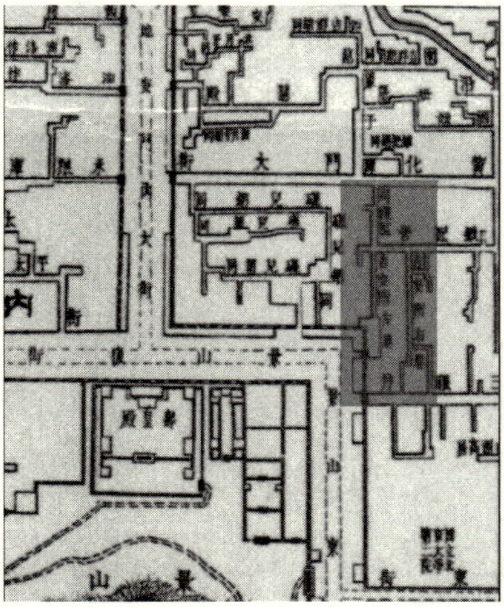

后门里区域（阴影部分是司礼监和吉安所胡同），《北平市内外城分区地图》1936年10月版

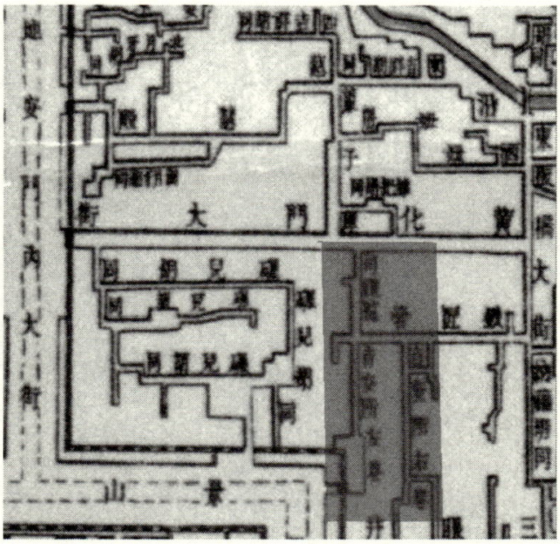

司礼监和吉安所胡同（阴影部分），《北平市内外城分区地图》1936年10月版

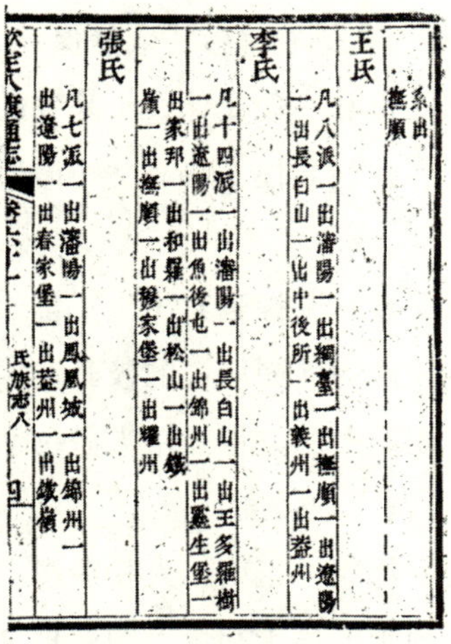

系出撫順

王氏

凡八派一出瀋陽一出綱臺一出撫順一出遼陽一出長白山一出中後所一出義州一出蓋州

李氏

凡十四派一出瀋陽一出長白山一出王多羅樹一出遼陽一出魚後屯一出錦州一出蘇生堡一出家邦一出和羅一出松山一出鐵嶺一出撫順一出穆家堡一出耀州

張氏

凡七派一出瀋陽一出鳳凰城一出錦州一出遼陽一出春家堡一出蓋州一出鐵嶺

欽定八旗通志　氏族志八

《钦定八旗通志》氏族志之王姓记载

清代旗人皆享受“俸禄”。“俸”为按月发放的银两，“禄”为按季发放的米粮，凡男丁皆得享受。这是他们作为统治民族而获得的特权，被称为“铁杆庄稼”。但是，到了清末，由于丁口猛增，贫富两极分化剧烈，加之朝廷财政日益枯竭，所以“俸禄”一减再减。有资料表明，光绪二十六年（1900年）之后，一名普通旗丁每月俸银已经降为一两，下层旗人家庭生计日蹙。

当时，北京西郊香山一带旗人中流行着这样一首歌谣：

今晚月儿怎么那么高，
骑白马，挎腰刀。
腰刀快，剁白菜，
白菜老，剁皮袄，

皮袄厚，剁羊肉，
羊肉肥，剁毛贼。

光着脚丫儿上八旗，
没马褂干着急，
当了裤子买炕席，
豆汁饭就萝卜皮，
看你着急不着急。[①]

这首歌谣描写的固然是“健锐营”兵丁的贫困状况，但由一斑可知全豹。据统计，到了民国初期，“上三旗失业者，‘无衣御寒，无米下炊之户’，占十之七八，十余万户”[②]。

恰恰也在王霄羽出生这一年，清廷决定改“旧有摊派兵饷地租之弊”，消除“旗”“民”界限，八旗制度宣告崩溃[③]。所以，那一点儿微薄的“俸禄”，王霄羽也丝毫不曾享到。幸而他父亲供职的机构，直至“辛亥革命后”依然保存，“所以还发部分薪金”[④]。当时全家共计六口：除父、母和一位比他大十来岁的姐姐葆贞之外，还有一位未嫁的姑母、一位叔祖父和他们同住。单靠父亲微薄的薪金维持生计，困难程度可想而知。

1916年，王霄羽的父亲不幸病故，遗腹的弟弟葆瑞（字探骊）出生。虽然仍是六口人，却倒了一根顶梁柱，他们一家于是真正沦为前面所说的极其贫困的旗人家庭之一。幸有母亲替人帮工，缝补浆洗；姐姐手巧，也能帮人做绣活儿、钉纽扣；叔祖父则摆小摊，卖点儿花生、糖果，尚可勉强度日。

这样的家庭，绝对经不起突然事故。王霄羽九岁那年，姐弟三人相继患上传染病。他昏迷数日后醒来，只见房内完全变样：地上的桌子和炕上的被柜全没有了，器具什物也所剩无几。家徒四壁，慈母啜泣——为了给孩子们治病，她把一切可以变卖的东西都变卖掉了！

尽管贫穷，母亲还是支撑着让王霄羽读完了旧制高等小学——景山高等小

①余钊：《北京旧事》，学苑出版社，2000，第561页。

②滕绍箴：《清代八旗子弟》，中国华侨出版公司，1989，第343页。

③同上书，第340页。

④ 摘自王度庐手写的一份简历。

学（入小学前他已读过三年私塾）。

1925年，十六岁的王霄羽高小毕业。他曾到“精精眼镜店”当学徒。原以为活儿较轻，三年出师成为正式伙计后，每月总能挣出自己的一份饭钱。不料掌柜的嫌他瘦小，笨手笨脚，干了几天，就打发他回家了。又曾替一个小军官当听差，试工三天，也嫌他半日生不着一个煤炉，给了几个铜板叫他卷铺盖。王霄羽又在《平报》和电报局当过见习生。20世纪40年代他在《古城新月》《落絮飘香》等小说里曾一而再，再而三地写及下层民众生活的困苦景况，写及贫民青年求生之难，这些感受首先来自少年时代。

第二节　艰苦自学

读小学时，有位姓李的老师，见霄羽好学而且热爱文艺，便经常借给他书籍，并且教他音律和诗词格律。毕业之后，王霄羽的家境已不允许他继续正规学业，他就在这样的基础上，先凭借公共图书馆，开始了自学生涯。

1927年前，京师图书馆（北京图书馆的前身）在王霄羽家东北部方家胡同（即国子监南学旧址），步行需走十几里，路途颇远。1928年，该馆迁至中南海居仁堂，1931年，又迁北海，这两处均离王家较近。当时，京师图书馆还在午门设有一个分馆，离王家也较近。另有通俗图书馆，在宣武门外，最远，从王家步行前往，是很费时间的；当时这个图书馆藏书不丰，知识阶层去的不多。又据李丹荃女士回忆，鼓楼上还设有一个“民众图书阅览室”，离王家最近——这里书不会多，但阅读一般报刊却是最方便的（《古城新月》中曾写到鼓楼上的“通俗民众教育馆”，该阅览室当属此馆）。

鲁迅在其小说《伤逝》中，曾用第一人称写到贫困青年冬季在图书馆里阅读时的感受：

> ……我终于在通俗图书馆里觅得了我的天堂。
>
> 那里无须买票；阅书室里又装着两个铁火炉。纵使不过是烧着不死不活的煤的火炉，但单是看见装着它，精神上也就总觉得有些温暖。①

①鲁迅:《伤逝》，载《鲁迅全集》(第二卷)，人民文学出版社，2005，第124页。

上面所说的那些图书馆，应该是王霄羽经常前往的地方——特别是1930年前，他大概去得尤其频繁。他的感受，估计也和《伤逝》中那位主人公相仿；不同的是，后者以图书馆为避寒和排遣心灵空虚的处所，王霄羽则以此为吸取知识，充实自己、提高自己素质的渊薮，其心态和情绪当更积极、奋发。

王霄羽自学的另一条途径，便是到北京大学旁听。这大概是在图书馆“进修”了一个阶段之后的事。

北京大学是五四新文化运动的发源地，1927年之前，它的校长一直由蔡元培先生担任。蔡校长宽容而自由的学术风度和办学方针，使北大得以成为中国现代史上“常为新的，改进的运动的先锋”[①]。当时的表现之一，便是“开放课堂”：不仅各系学生可以交互听课，而且非北大学生也可自由地到北大来听课。中国不少现代作家都曾通过这条途径接受过北大的熏陶，其中包括后来的著名文艺理论家冯雪峰和“左联五烈士”之一的小说家柔石（王度庐小说《落絮飘香》里的男主人公秦朴，也是“海淀”某大学的一个旁听生）。

《平报》报头

平报馆

那时，北大一院就在沙滩，离王霄羽家也很近，而一院正是文科各系上课的地方。

我们不知道他究竟听过谁的什么课，也不知道他在图书馆究竟看了哪些书；然而，从他后来所撰社会言情题材小说中所反映出的外国文学知识和文艺理论修养，以及他在所撰侠情、侠义小说中所表现出的美学追求，可以看出他在这两条自学途径上确乎得益匪浅。

到图书馆里阅览是“无须买票”的；王霄羽到北大旁听时，也不必办什么手续——即使要办什么手续，也难不倒那些求知心切的穷青年——1925年，冯雪峰就是用潘漠华的入学证“混”进去，冒充“正规生”听课的。然而，对于王霄羽来说，这几年的“嚼咕”（北京话：饭食也），总不能再依赖辛勤劳苦的母亲、姐姐和叔祖父了，所以他必须“勤工俭学”。除写稿卖钱之外，从十九岁

① 鲁迅:《我观北大》,见《鲁迅全集》(第三卷),人民文学出版社,2005,第168页。

起，他开始在宽街夜校、新民小学任职，先当会计，后任教员，直至1929年。

根据现在发现的资料，王霄羽早在1924年就开始写作投稿了。最早的投稿对象是《平报》。《平报》为白话小报，1921年10月13日在北京创办，社长李亚光，编辑陆秋岩、刘国华、黄冷樵等，报纸为八开版。1938年8月31日停刊。王霄羽在该报发表作品时，该报社长为陆秋岩，总编辑为陈重光。已知王霄羽在《平报》发表的第一篇文章是《座右箴并序》①，用的是"高小生王葆祥"的署名：

> 孔曰成仁，孟曰取义。惟其义尽，所以仁至。邪之将炽，正心以止；善之将萌，力之以成。公德急公，是心宜充；私欲利私，是心勿滋。合群守分，勤学好问。今也不修，后也为恨。义烈敢勇，爱众直耿。兹彼二则，人其猛省。遇宜则为，见贤思齐。日则孜孜，夜则休息。食前运动，饭后步□。处恭礼仪，安命耐时。上述之德，人之要持。交友以信，待长以敬。贤者炙之，恶者感动。勿拘小节，见危授命。勿争小奋，守真持性。思范淹之训以先忧，三卫武之诗而谨语。乐然后笑，义然后取。尽己之谓忠，推己之谓恕。拳拳服膺之谓慎，己所独知之谓独。忠恕慎独，圣贤之素。力行忠恕，再加慎独。黾黾上者，难至极处。要哉要哉，要在勿忽。

此文可见霄羽少年时期持己修身的志向和思想修养。这一年，他在《平报》发表的主要是短篇武侠笔记，具见下表：

编号	标题	署名	发表日期
1	述焦倜傥事	葆祥	1924-6-20/21
2	咄咄怪事	王葆祥	1924-6-24
3	大刀侠	葆祥	1924-7-5/6
4	谈侠识剑	葆祥	1924-7-18/19/20/22/23/24
5	浔阳丐者	葆祥	1924-8-13
6	狂戒	王葆祥	1924-8-21
7	夜叉侠	葆祥	1924-8-28
8	侠盗报德	葆祥	1924-8-30/31;9-2/3
9	镖客侠	葆祥	1924-9-23

① 载1924年6月5日《平报》。

10	弄蛇汉子	葆祥	1924-10-8/9/10
11	吴三	葆祥	1924-10-17/18
12	坐上侠	葆祥	1924-10-29
13	赛空空	葆祥	1924-10-31;11-1/2/3/4
14	丐剑仙	葆祥	1924-11-6
15	石达开	葆祥	1924-11-11

霄羽在《平报》连载小说也始于1924年，第一部是武侠小说《浮白快》。此后，直至1934年离开北平前，他在该报先后发表了二十七部小说，其中以武侠小说为主，此外还有侦探小说和社会小说。1936年由陕西返回北平后又在该报连载了三部武侠小说。此外，该报还刊载过王霄羽的一些诗词和杂文。

《小小》报头

1930年10月25日起，《平报》“味之素”版始由“芗微”担任“天花乱坠”专栏的杂文撰稿人。据现有内证考察，“芗微”很可能是王霄羽的又一笔名，但是后来可能又有《平报》同人使用这个笔名。详情如何，有待挖掘更多史料，深入加以考辨研究。

《小小日报》报头

小小日报社

1925年后因为投稿，他认识了一位宋心灯先生。宋先生字“信生”，河北大兴人，新闻专科学校毕业，又是北京早期足球、羽毛球运动的发起者之一。他办着一份《小小》日报（后改《小小日报》），自任社长和主笔。该报最初日出八个小版，除新闻外主要刊载体育消息；后来扩为四大版，成了一份综合性的小报。霄羽于是也向《小小》投稿。宋心灯见王霄羽文笔颇佳，为人诚实，就聘他担任该报编辑。由于报社极小，霄羽既要编副刊，还要写评论、杂文和连载小说；晚上则需等新闻稿到了以后，赶编时事版；看红样、清样也是他……所以，实际上他既是“主编”，又兼校对，每天起码要忙到半夜以后。其时是1931年。

现已查实王霄羽最早投寄《小小》日报的稿件，是1926年所写的侦探小说《黄色粉笔》和《红绫枕》(后者刊出时标为“社会小说”，单行时改标“惨情小说”)，还有社会言情小说《残阳旧梦》。由于现存《小小日报》严重残缺，所以能够查实的载于该报的霄羽小说只有二十五种，题材除侦探、社会言情外兼及武侠；署名除“王霄羽”“霄羽”外还用过“葆祥”和笔名“香波馆主”。这几十种小说与刊于《平报》的那些作品一样，记录着初出茅庐的王霄羽在文学道路上艰苦摸索、前行的足迹，为武侠悲情小说大师王度庐的脱颖而出做了充分准备。

1930年，王霄羽又以“柳今”为笔名在《小小日报》开辟个人专栏“谈天”，每日刊出杂文一篇（也有一篇连载数日的)。加上刊于该报其他专栏的，现存共约一百五十余篇。这些杂文以“平民”读者为主要对象，纵论国事、民生、世态、人情、风俗、习惯，兼及学术、艺文，话题宽泛，视角平等，文字晓畅，既是平民百姓知人论世的精神食粮，又是研究作者早期思想的重要资料。

第三节　相濡以沫

1930年王霄羽离开新民小学之后，为了解决生计问题，一直充任或兼任家庭教师。在一户富有的人家当家庭教师时，他的学生有位姐姐，是培根女中的学生。这姐姐有位同学，名叫李丹荃，当时已经休学，但仍常来这里看看同学，借借书。她是一位聪明、美丽的女孩，读书时因为成绩好，跳过好几级，而且也热爱文学。她家当时住在景山东街，离王家也很近；于是，王霄羽和她由相识而交往，由交往而相爱了。

李丹荃女士八十多岁时依然记得，王霄羽当时送给她两本书：纳兰性德的《纳兰词》和沈三白的《浮生六记》。

沈三白，名复，清乾隆、嘉庆间苏州人。《浮生六记》写他和妻子陈芸的家居生活及浪游见闻，文辞朴素、清新。俞平伯评曰：“说它是信笔写出的固然不像；说它是精心结撰的又何以见得。这总是一半儿做着，一半儿写着的；虽有雕琢一样的完美，却不见一点斧凿痕。”[①]书中所写主人公的夫妻生活，没有什么“道学气”，任性而自然，这也得到后世学者、论客的好评。

---

① 俞平伯：《重刊〈浮生六记〉序》，见沈复《浮生六记》，国际文化出版公司，2016，第175页。

王霄羽选择《浮生六记》作为赠给女友的礼物，一方面固然反映出他的文学鉴赏水准和文学个性，另一方面想必还寄托着他对爱情前程的憧憬。然而，李丹荃却说，她不喜欢这本书——大概她的性格不太倾向那种卿卿我我的世俗儿女情态，她是那种豁达、开朗的女孩子。至于《纳兰词》，她则爱不释手。

纳兰性德，字容若，清初贵族，帝室近亲（其祖父与清太宗皇太极是表兄弟），曾多次以侍卫身份随康熙帝出巡塞外。作为八旗贵胄，他不热衷于声色犬马，而是注重经济，酷爱文学，并且特别喜欢结交“单寒羁孤侘傺困郁守志不肯悦俗之士”①，包括许多明朝遗民。由于“初入中原，未染汉人风气”，故容若之词，善“以自然之眼观物，以自然之舌抒情”②，因真切、沉郁而别具一格。《纳兰词》中既有刻骨铭心的爱情词，更有苍凉悲怆的边塞词；王霄羽热爱这部作品，除了因为它是旗人文学中的奇葩之外，更因自己“单寒羁孤”的身世、沉郁悲怆的审美个性，特别能够与之产生共鸣。这也正是李丹荃喜欢的文学意境。

李丹荃女士八十多岁时还能背诵《纳兰词》里这些篇章：

> 心灰尽，有发未全僧。风雨消磨生死别，似曾相识只孤檠。情在不能醒。 摇落后，清吹那堪听。淅沥暗飘金井叶，乍闻风定又钟声。薄福荐倾城。（《忆江南》）

——这是孤寂、艰涩境况之下，对于爱情的执着和沉迷。

> 凭君料理《花间》课，莫负当初我。眼看鸡犬上天梯，黄九自招秦七共泥犁。 瘦狂那似痴肥好，判任痴肥笑。笑他多病与长贫，不及诸公衮衮向风尘。（《虞美人》）

——这是困顿狷介者守志不移的自白，是他对于肉食奢华者的蔑视和反讽。

李丹荃女士对这两首词的深刻印象，可能更多地来自他们的婚后生活——王霄羽与她于1935年在西安结婚，他们婚后的生活是在国事危难、家事困窘的

① 韩菼：《通议大夫一等侍卫进士纳兰君神道碑铭》，载纳兰性德《纳兰词笺注》，上海古籍出版社，2017，第321页。

② 王国维：《人间词话》，载《人间词话新注》，滕成惠校注，齐鲁书社，1981，第103页。

境遇中度过的。上述纳兰词，于其时其境尤能使他们借以宣泄愤懑情绪，获得精神慰藉。

当然，王霄羽和李丹荃的爱情又是热烈而富有情趣的。婚前婚后（1936年他们又返回北平），他们经常双双游逛北平的名胜古迹：北海、景山、中山公园、太庙、什刹海、陶然亭等地，都留下过他们的身影（至于霄羽游览景观的感受，读者可以从《古城新月》等作品中，窥见呈现为创作素材的片鳞只羽）。

陶然亭在永定门外，俗称“南下洼子”，明清时期为文人骚客、落第举子聚会赏景、饮酒赋诗之处，人称“城市山林”。王霄羽和李丹荃慕名前去游览，跑了许多路，结果大为扫兴：他们看到的只有遍地荒草、成片污塘、一座破亭和几间坍屋。然而，王霄羽晓得有关的典故，他引导李丹荃找到著名的“香冢”和“鹦鹉冢”，一同诵读“香冢”石碣上镌刻的铭文：

> 浩浩愁，茫茫劫。短歌终，明月缺。郁郁佳城，中有碧血。碧亦有时尽，血亦有时竭，一缕烟痕无断绝。是耶非耶，化为蝴蝶。

石碣上还刻着一首七绝：

> 萧骚风雨可怜憎，香梦迷离绿满汀。
> 落尽夭桃有秾李，不堪重读瘗花铭。

王霄羽向他的爱人介绍了关于这两座坟的各种传说。我们不妨稍微展开一点儿想象：他们也许就此进行过讨论，而且王霄羽想必不会欣赏香冢乃“张春陔侍御瘗文稿处”、鹦鹉冢为“张春陔侍御瘗谏草处”的传说①。因为，这一传说和上述铭文、七绝颇不贴切——后者分明咏唱着一段情孽、蕴含着一个凄艳的爱情故事。作为一个作家，霄羽大概不会把那些传说作为“信史”“野史”来考辨，他所感兴趣的应该是铭文和七绝中所包含的“故事性”、意象内涵和情感内涵（事实上，1952年对此二冢进行了掘地三米的发掘，结果一无所获）。后来，当他撰写侠情小说《宝剑金钗》时，果然把书中那位身后萧条的“侠妓”

① 见徐珂《清稗类抄》(第一册)“寺庙类”。按关于香冢的来历，还有某人妻妾墓、名妓李客君墓、香妃墓，以及落第文人埋笔墨、试卷处诸说。

谢翠纤的墓地设置在了此地。

李丹荃女士晚年仍能一字不差地背出前面所引的“香冢”铭文，可见她对这段往事的印象之深。上面那些诗词韵语之中，都蕴含着她和霄羽珍贵的情感经历。

第四节　饥驱远游

“九一八”事变以后，日本帝国主义加快侵华步伐。1933年，热河失守，日军长驱入关。1934年，河北二十二县成立“冀东防共自治政府”，史称“华北事变”，实为日本势力南进的标志。自国民政府南迁以来，北平市面本已日见萧条，至此，偌大的华北地区，几已无处可以“放置一张安静的书桌”了。王霄羽乃于是年离开北平，前往西安谋生。他之所以去西安，有一个原因是，李丹荃已随父亲返回那里。

如前所述，他们是1935年在西安结婚的。王霄羽曾在陕西省教育厅编辑室当办事员，担任刊物校对工作，还曾在一家私人创办的《民意报》做过编辑。

这一阶段王霄羽的著述，业已确认的有1934年3月、4月间在《民意报》“戏剧与电影周刊”发表的文章《中国戏剧生命之革新》（署名“柳今”）和《电影是应合大众所需要 真不容易利用它》《伦敦公演〈彩楼配〉的问题》（均署名“潇雨”）。这几篇文章的思想观点比较接近“左翼”。同年10月又用本名“王霄羽”，在《陕西教育旬刊》第二卷第廿九、卅、卅一合刊“论著”栏刊出论文《民间歌谣之研究》。此文从中国歌谣的历史、分类、技巧、价值等方面进行述评、立论，显示了对左翼提出的“大众化”理论的认同。此外，1934年王霄羽还参与了陕西省教育厅编审室组织的歌谣俗语整理工作，1935年4月1日由他分类编辑的《陕西谣谚初集》，由陕西教育厅编辑室出版。

西北两年，时间虽然不长，对于王霄羽后来的创作却意义不小。当时，他在那里为生计而奔走，而看人眼色，所谓“频年饥驱远游，秦楚燕赵之间跋涉殆遍，屡经坎坷，备尝世味”①，即指此也。

西北地区，自然环境严峻，生活条件艰苦，素称“民穷官贫，自长吏以下，

① 王度庐：《宝剑金钗》，王芹点校，北岳文艺出版社，2015，第525页。

不能具舆马"[①]。民风剽悍，加之穷困，乃多铤而走险者。王霄羽的岳父因猝发心脏病，卒于三原；他从西安前去接灵，途中就曾遭遇绿林好汉，衣物被洗劫一空，只得返回西安，重新打点，再走一趟。后来他在《铁骑银瓶》中写韩铁芳在那一带被匪帮劫持，应是渗入了切身体验的。

但是，黄土高原又是人与自然、与环境苦斗的"古战场"，是中国人的"对于天然的倔强的魂灵"[②]之象征。王霄羽的纳兰性德式审美个性，在这种悲壮、苍凉的自然环境和人文环境中更加得到共鸣、扩张。这种情致和意境，后来又伴随着古城新月下的柳絮、茫茫大漠中的风沙，在他的作品里不断涌现、叠加，形成了鲜明、独特的情感氛围和个人风格。

求生的艰难、岳父的故世，促使王霄羽与夫人于1936年重返北平。同年10月13日，霄羽夫妇在宣外西草厂96号平报馆参加《平报》十五周年庆祝会。据王会隆《〈平报〉十五周年庆祝会花花絮絮》（刊于1936年10月14日《平报》）记载，"大家入了席，刚要碰杯畅饮，王霄羽同他的夫人李丹荃来。霄羽，一副潇洒的态度，谈吐温柔，想见是个前进作家"。是日，社长陆秋岩和程焕卿、齐家本、娄升臣、蒋星垣、侯建威、舒聚五、恩泽航、王霄羽、钟智公、乌野樵等来宾曾合影留念。

长安居，固不易；京师居，仍不易。王霄羽此时全凭卖稿为生，他们夫妇还是在"后门里"与母亲、弟弟同住，生活依然极为艰难。李丹荃有晕眩症，她在昏迷中常听到丈夫喃喃吟诵这样的诗句：

> 谢公最小偏怜女，自嫁黔娄百事乖。
> 顾我无衣搜荩箧，泥他沽酒拔金钗。
> 野蔬充膳甘长藿，落叶添薪仰古槐。
> …… ……

这是元稹的悼亡诗，李丹荃听了有所不解。其实，王霄羽反复吟诵这几句诗，乃借他人之酒杯，浇自己的块垒：既是"叹贫"，也是感激妻子随他吃苦安贫，还寄寓着对妻子的歉疚之意。此诗末两句是"今日俸钱过十万，与君营奠

①[清]张惠言:《茗柯文初编·送张文在分发甘肃序》,载《张惠言文选》,钱仲联主编,苏州大学出版社,2001,第42页。

② 鲁迅:《看司徒乔君的画》,载《鲁迅全集》第四卷,人民文学出版社,2005,第73页。

复营斋”，这与情境不合，他是不会吟下去的。

王霄羽在北京的这段生活中也有相当宝贵的收获，这就是进一步接受了新文艺的陶冶。

他的弟弟王葆瑞与李丹荃同年，此时二十周岁，虽然身强力壮，却也面临失学、失业的命运。他曾想去街头摆摊修鞋，然而看看别人生意清淡，辛苦镇日，不足糊口，就打消了这个念头。1935年，他进入北大学生会办的一所夜中学读书。王度庐后来在小说《寒梅曲》中就写到过这种“平民学校”。北大学生会办的这所学校不收学费，教师都是北大学生；并无正规教材，全由老师即兴施教，既教读写算记，也讲救国救亡（当窗外没有警察来“溜达”时）。

夜中学里有位姓徐的老师，与葆瑞关系尤其亲密，经常借给他一些最新的文学作品，包括绥拉菲莫维支的《铁流》、肖洛霍夫的《被开垦的处女地》、萧军的《八月的乡村》、萧红的《生死场》等等。葆瑞带回家中，霄羽夫妇也如饥似渴地轮流阅读。在物质生活极其贫困之时，他们的精神生活倒颇充实。

按照这样的精神生活，王霄羽未尝不可能走“新文学”的道路。然而造化弄人，在种种条件的制约下，他不得不继续走那条“卖稿为生”[①]的、自己并不真正愿走的文学道路。此时《小小日报》已经停刊，他曾在那里做过见习员的《平报》则仍存在。1935年10月13日，该报刊出王霄羽《献于〈平报〉——十五周年》一文，同时开始连载他所撰写的武侠小说《黄河游侠传》。1937年4月17日连载结束，次日续刊所撰武侠小说《燕赵悲歌传》，7月9日连载结束。次日连载《八侠夺珠记》。这部作品还未载完，霄羽夫妇就离开北平，前往青岛去谋生了。

① 见王度庐手写的一份简历。

第二章　十年磨砺待脱颖——早期小说（上）

第一节　依托“两报”全面“出击”

王度庐以其代表作“鹤—铁五部曲”而获得现代侠情小说宗师的地位，这一成就是经由十多年砥砺磨练而达成的。他的早期小说主要发表在《平报》《小小日报》和《升报》上。《平报》和《小小日报》的刊载情况现已查明，《升报》（1936至1937年他曾给该报投稿）尚未发现，刊载情况不明。现已查明的王霄羽早期小说共五十五部，具体连载情况见下表：

表1　《平报》连载情况表

编号	作品名	连载时间	类型	备注
1	浮白快	1925年2月1日—11月15日	武侠	71回，署“葆祥”。 同年，姚民哀《盐枭残杀记》在上海《红玫瑰》连载。 同年6月，赵焕亭《大侠殷一官轶事》由益世印书馆出版。
2	夫妻残杀记	1925年11月16日—1926年1月13日	社会	7章，署“霄羽”。
3	玻璃岛	1926年1月14日—6月26日	侦探	10章，署“霄羽”。
4	血衫记	1926年6月27日—8月29日	醒世	4章，署“霄羽”。 同年6月，社会惨情小说《红绫枕》在《小小日报》连载。

续表1

5	草泽英雄传	1926年8月30日—1927年4月12日	武侠	8章，署“霄羽”。 1926年，姚民哀《荆棘江湖》在上海《紫罗兰》连载。 1926年，戴愚庵《沽上英雄谱》在天津《东方时报》连载。 1927年2月15日，张恨水《金粉世家》开始在北京《世界日报》连载。
6	风尘双侠	1927年4月13日—7月22日	武侠	5章，署“葆祥”。
7	甘肃响马记	1927年7月23日—12月27日	武侠	10章，署“霄羽”。 同年11月20日，白羽第一部武侠小说《无影儿郎》开始在北京《世界日报》连载，署名“杏呆”。1931年改名《青林七侠》在天津《益世晚报》载完。
8	怪皮鞋	1927年12月28日—1928年2月19日	侦探	5章，署“王霄羽”。
9	狮子头	1928年2月20日—6月18日	侦探	14章，署“王霄羽”。
10	女刺客	1928年6月19日—10月5日	侠情	8章，署“王霄羽”。
11	江湖十六奇侠	1928年10月6日—1929年6月14日	侠义	24回，署“王霄羽”。 1928年，顾明道《荒江女侠》在上海《新闻报》连载。 1929年2月，姚民哀《四海群龙记》开始在上海《红玫瑰》连载。
12	红旗岭	1929年6月15日—11月22日	武侠	14回，署“王霄羽”。
13	脂粉英雄	1929年11月23日—1930年2月21日	武侠	10回，署“王霄羽”。

续表1

14	尘海游侠	1930年2月22日—8月4日	武侠	16回，署“王霄羽”。 同年，姚民哀《箬帽山王》在上海《红玫瑰》连载；张恨水《啼笑因缘》在上海《新闻报》连载；刘云若《春风回梦记》在天津《天风报》连载。
15	雁北双雄	1930年8月5日—11月3日	武侠	8回，署“王霄羽”。
16	深宫奇侠	1930年11月5日—1931年3月16日	武侠 侦探	10回，署“霄羽”。
17	胭脂剑	1931年3月17日—6月8日	武侠	7回，署“王霄羽”。
18	舞女啼痕	1931年6月9日—8月29日	哀情	7回，署“霄羽”。 同年，刘云若《红杏出墙记》在《天津商报图画周刊》连载。
19	北平新镜	1931年8月31日—11月3日	社会	4回，署“霄羽”。
20	宝剑明珠	1931年11月4日—1932年3月6日	侠情	8回，署“王霄羽”。 1932年，还珠楼主《蜀山剑侠传》开始在天津《天风报》连载。
21	沧海双鹰	1932年3月7日—7月17日	武侠	9回，署“王霄羽”。 同年，刘云若《小扬州志》在天津《中华画报》连载。
22	洛水蛟龙	1932年7月18日—12月12日	武侠	12回，署“王霄羽”。
23	湖海龙蛇	1932年12月13日—1933年4月7日	武侠	14章，署“霄羽”。
24	鸾凤戟	1933年4月7日—6月23日	武侠	8回，署“霄羽”。
25	黄河四侠	1933年6月24日—11月10日	武侠	10回，署“霄羽”。 同年10月，还珠楼主《蛮荒侠隐记》开始在天津《大报》连载。

续表1

26	鹞子高三	1933年11月11日—1934年1月25日	实事武侠	4回,署"霄羽"。
27	红衣饮剑录	1934年1月26日—3月23日	实事武侠	2回,未完,署"霄羽"。 同年5月,郑证因《风尘三杰》开始在天津《大报》连载。
28	黄河游侠传	1936年10月13日—1937年4月17日	武侠	12章,署"霄羽"。
29	燕赵悲歌传	1937年4月18日—7月9日	武侠	6章,署"霄羽"。
30	八侠夺珠记	1937年7月10日—7月31日	武侠	3章,未完,署"霄羽"。 同年7月,赵焕亭《南海大侠传》在《南京晚报》连载。

表2 《小小日报》连载情况表

编号	作品名	刊出时间	类型	备注
1	半瓶香水	1926年7月	侦探	7月2日,《社会日报》开始连载"侦探小说"《半瓶香水》,署"霄羽"。连载至7月31日,未完。《红绫枕》内文曾提及这部小说,可能后来转至《小小日报》连载了。
2	黄色粉笔	1926年4月前?	侦探	未见,据《红绫枕》内文。
3	红绫枕	1926年10月20日—1927年?月	社会-惨情	署"霄羽"。始载时间未详,但由残存连载文本基本可以推知始载于10月20日(假设每日连载不断)。报社曾印单行本,其发行广告于1927年5月2日业已见报。
4	残阳碎梦	1926年12月—1927年1月	社会	署"王霄羽",严重残缺。
5	侠义夫妻	1927年1月—?	武侠	同上。

续表2

6	琪花恨	1927年3月—?	社会	同上。
7	孀母孤儿	1927年5月—?	社会	同上。
8	飘泊花	1927年5月30日—6月	社会	同上,5月30日为第6次连载。6月20日为第26次连载,此后未见。1928年平报社曾出单行本。
9	红手腕	1927年6月—?	侦探	同上,7月9日为第11次连载。1928年平报社曾出单行本。
10	护花铃	1927年9月—?	侠情	署"霄羽",严重残缺。
11	青衫剑客	1927年10月—11月	武侠	署"王霄羽",严重残缺。
12	蝶魂花骨	1928年3月—?	社会	同上。
13	疑真疑假	1928年3月—?	侦探	署"葆祥",严重残缺。
14	战地情仇	1929年6月—?	社会言情?	未见,据预告。
15	触目惊心	1930年3月—?	侦探	未见,据《空房怪事》前言。
16	自鸣钟	1930年3月—4月10日	侦探	署"王霄羽",严重残缺。
17	惊人秘柬	1930年4月11日—5月11日	侦探	署名同上,基本完整。
18	神獒捉鬼	1930年6月6日—6月30日	侦探	同上。
19	空房怪事	1930年7月1日—7月31日	侦探	同上。
20	玉藕愁丝	1930年7月12日—7月27日	惨情	署"香波馆主"。
21	烟霭纷纷	1930年7月28日—9月29日	社会	署"香波馆主",前半部基本可读,9月29日后未见。
22	鳌汉海盗	1930年8月1日—9月13日	武侠	署"霄羽",基本完整。
23	燕燕莺莺	1931年8月—?	社会	署"王霄羽",严重残缺。
24	缠命丝	1931年7月—10月29日	哀情	同上。
25	绣帘垂	未详	言情?	未见,据李丹荃女士回忆。

以上作品，除《浮白快》《怪皮鞋》《宝剑明珠》《红绫枕》《飘泊花》和《红手腕》出过单行本外，其他均未见单行成书。从这些文本可以看出，十六七岁的王霄羽初登文坛时，各种题材的通俗小说他都尝试过，大有全面“出击”之势，但是比较集中、数量较多的还是侦探小说和武侠小说。

第二节　“以著侦探小说知名”

王霄羽的侦探小说主要发表于《小小日报》，《平报》也有，但真正的侦探小说其实只有一部《怪皮鞋》。《玻璃岛》《狮子头》连载时虽标为“侦探小说”，但实际上“侦探”只是其中一个“元素”，整体上还是武侠小说。《深宫奇侠》连载时标“武侠侦探”，实际上和《玻璃岛》《狮子头》情形一样，也是武侠小说。

《怪皮鞋》出版广告（刊于1930年2月25日《平报》）

《怪皮鞋》的主要内容是：上海法租界金神父路启慧女子小学新招聘的女教师刘沁春被杀，大侦探靳华来查案，发现最重要的线索是怪皮鞋。过些天后又发生一凶案，而重要线索也是怪皮鞋。此后，靳华设计，让凶手留下脚印，锁定其藏身处，又激凶手出来过招。后与凶手在咖啡馆见面，当面指出他是凶手，故意抓他，那人慌乱中推开靳华逃走，却在靳华身上留下了指纹。巡捕房召集案件知情者聚会，凶犯也以知情人身份到场，被靳华当场揭破，拿出相关证据，终使凶犯伏法。《怪皮鞋》不属于《小小日报》上的“鲁克系列”和“章渲系列”。这部小说悬念设置还不够强，侦破之道也不很高妙，但借侦探故事反映社会现实的用心却很明显，只是对于罪犯赖以生存的社会环境和犯罪的社会原因还未能有深入的刻画。

霄羽所撰侦探小说在《平报》只是昙花一现，他真正比较成熟、引起读者注意的侦探小说，均连载于《小小日报》。这些侦探小说多仿《福尔摩斯探案》，以“赛福尔摩斯”鲁克及其助手马进为贯穿人物，诸案形成系列；但是也有不以鲁克为主人公的。从文学史的角度考察，它们不仅标志着霄羽侦探小说创作生涯的开始，而且在样式上还与南方侦探小说名家程小青的创作形成南北呼应的局面。程小青是中国侦探小说的开创者，他的第一篇侦探小说发表于1919年，汇印本《霍桑探案汇刊》则于1931年开始推出。王霄羽起步晚于程小青，作品的数量、质量也稍逊之，但在当时北方通俗作家群中仍颇夺目。近现代的中国通俗小说中，侦探小说是“舶来”色彩最浓的一种样式，因而模仿多于创新，程小青、王霄羽，乃至20世纪40年代转向近乎“硬汉派风格”的孙了红，概不例外。但是，王霄羽的这段创作经历，对他后来的创作是颇有帮助的，例如《卧虎藏龙》《燕市侠伶》等的情节构思、悬念设置以及推理思维的自觉运用，皆得力于此。

《红绫枕》，共十章，约三万余字，发表时的标类为“社会小说”，因而可以归入社会言情小说类，也可以视为侦探小说，而且是至今见到的“鲁克系列”第一部。其情节梗概如下：

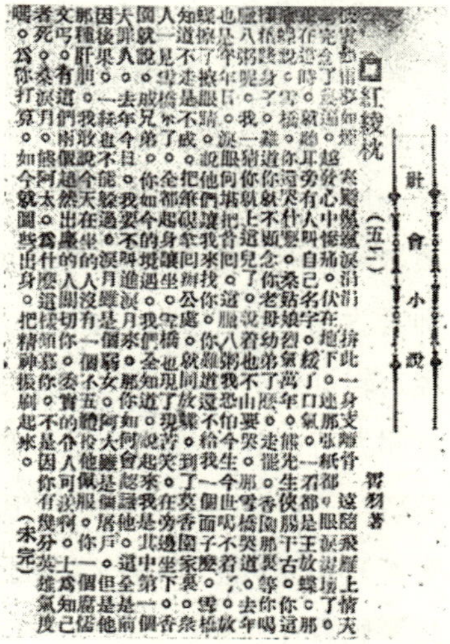
社會小說
紅綾枕（五二）
霄羽著
（未完）

《红绫枕》残存连载文本（刊于1926年12月10日《小小日报》）

在沪卖文为生的湖南籍青年作家戚雪桥与歌女桑泪月相识相爱，并已定下婚约。曾受雪桥接济的屠户熊阿大担心雪桥受骗，为考验泪月忠贞而怀刀伪装逼奸，结果吓死桑母。阿大畏罪，潜逃杭州。

戚、桑婚期因母丧而推迟。为获稳定收入维持家计，雪桥应聘入臧师长幕，任秘书。另一秘书殷显仁挑拨师长纳泪月为妾，为此关押、拷打雪桥，逼写休书。泪月接休书后，向臧师长提出放人、预付妆奁费等条件，资助获释的雪桥逃亡杭州，自己置备红绫枕，内藏匕首，拟拼一死以明志。

臧师长迎娶泪月之夜，新房内忽生血案，泪月中刀气绝，臧师长不知去向。英捕房包探鲁克与助手马进到达现场验勘，循血迹在隔壁公馆井中提得棉袄、夹裤，内有杭—沪车票一张，屠户包肉之蓝色“豆纸儿”数纸。回到巡捕房，鲁克传唤知情者了解事件背景，锁定熊阿大为第一嫌疑人，遂率马进赴杭侦查。

抵杭后，鲁克化装为茶叶贩子，入住熊阿大所住旅馆，与之初步接触，并在外出查访时见到在放鹤亭题诗的戚雪桥和来杭躲避的殷显仁。又趁熊阿大外出时开启所存皮箱，发现臧师长头颅和阿大手写追悔文字。鲁克正与马进联络时，阿大回到旅馆，不仅承认为替雪桥、泪月报仇而杀臧师长，割头、抛尸，而且承认也已将殷显仁在杭杀死；桑泪月则系挺身刺杀师长不敌而为臧所杀害。鲁克、马进带回熊阿大，法庭判以无期徒刑，随即郁死狱中。

戚雪桥埋葬泪月、阿大，赋诗哭吊后自缢，被鲁克救下，劝解道：你还有老母在堂，怎么可以死！雪桥乃返乡，安顿好老母，投沅江以殉。

作为侦探小说，《红绫枕》是在第五章洞房案发时才进入“文类程式”的。前四章均以第三人称全知视角叙述，所以，当鲁克到达现场时，读者对事件的背景和前因，要比这位“赛福尔摩斯”知情得多。也正因为如此，作者必须安排一段鲁克传讯知情人的情节，以使侦查工作符合逻辑。这也决定了在排查犯案嫌疑人时，鲁克和读者面临的悬念都不很大，真正的问题只有两个：一、臧师长为何失踪？二、桑泪月为谁所杀？对这两个问题，鲁克已凭物证、痕迹，经逻辑推理而“明白大半”，只要熊阿大到案，推理便可得到验证。他和马进的杭州之行，其实只是搜证、求证之行。因此，当熊阿大到案之后，他对马进说：“这案子有什么难？反正比咱们早先破的那半瓶香水容易得多吧！”看来，《半瓶香水》和《黄色粉笔》都属于“鲁克探案”系列里的“正格”侦探小说，《红绫枕》则属“变格”。用严格的眼光考察，这部作品在情节构思和描写上是存在瑕疵的，例如熊阿大为何要把臧师长的头颅割下来，而且在箱子里保存那么久，作者没有给出合理的解释；对于沪、杭的生活习俗及语言，叙述中也多有不合之处。但是，考虑到它出自一位十七岁的、仅有小学学历的文学青年之手，仍当视为佳作。

《红绫枕》也含有“侠情”因素。它写的固然属于“当代题材”，却包含着一个古老的“侠情”程式，即“古押衙模式”[①]。按照这一模式书写的故事，侠者均非情场主角，仅是帮助情侣脱困的救主。《红绫枕》里熊阿大这个人物流于概念化，写得不算成功，但在结构意义上仍是一个必不可少的角色。作为侠

① 古押衙，唐传奇《无双传》中之侠义人物。

者，熊阿大的作用又与古押衙有所不同：他先是以“好心办坏事”的方式给戚雪桥和桑泪月添了大麻烦，后来虽为他们报了仇，但是已在惨剧发生之后，所以他“代友报仇”的行为也是一种自赎。鲁克的“结构地位”与熊阿大类似，他固然是熊的缉捕者，是法治的维护者，却在执法时流露出对熊的同情；他在排除嫌疑人时曾说：“臧师长纵是杀一万个桑泪月，也不算回事，哪至于弃凶脱逃啊！”这里透露出的是仅能捕“小凶”而不能惩巨恶的无奈！至于惩巨恶的任务，却由他所缉捕的“小凶”完成了，这又是作为法治维护者的悲哀！所以，《红绫枕》的“侠情结构”虽然古老，却渗透着相当强的“现代性”。有人说王度庐年轻时颇受李定夷的影响，我们未能见到那些李定夷式的王著“侠情小说”全貌，幸而在这里见到了一点端倪。

作者在《红绫枕》里经常“代替”书中人物撰写鼓词、诗歌、信札，从而使白描式的叙述具有浓郁的抒情色彩。这一语言特征固然有着《花月痕》的影子，但对塑造戚雪桥和桑泪月的形象而言，运用得确实十分贴切。

戚雪桥在文友莫香园的腊八小宴上初识泪月及其母亲——她们受召唱曲助兴，递上的曲目里有一种《绿云瓶》，原来是桑泪月根据戚雪桥所撰同名小说改编的。大家对此当然很感兴趣——

> ……香园用眼看着雪桥，转向女子说：“你就唱罢。”那妇女坐下拨动丝弦，那女子轻敲檀板，曼声唱道：
>
> “这暮春的天气好时光，梨花枝上放冷香。蝴蝶姗姗留画意，帘栊暗暗写文章。那堪再来了一场黄梅雨，残落了粉瓣缤纷向残阳。”
>
> 香园说：“好句！如画如春，没有温飞卿、李玉溪的魄力，哪能够写出这样的香艳文章！”又听那女子唱道：
>
> “那蓉秋本是个命蹇才高的风流士，又遇到薄命花容的绮姑娘，他二人惺惺相惜同此泪……”
>
> 唱到这里，雪桥不由拭了拭眼泪。那女子又唱道：
>
> “怎奈得天公残酷似虎狼。本来是佳人才子遭天忌，那怪他暴夫伧客逞强梁。冷冷西窗谁共语，潇潇暮雨只自伤。看遥处离群水鸥悠悠过，带来那一种歌声剪断肠。”
>
> 香园说：“别唱了，你越唱越惨，简直是要哭，惹得我们戚先生都直流泪。改个五更调罢。”那女子勉强唱了一个五更调，用眼只是望雪

桥……

于是，戚、桑以互怜其才而相知、相爱了。霄羽这种文笔，加上他在别的社会言情小说里善于描绘生活场景和细节的特长，到了后来的侠情小说代表作“鹤—铁五部曲”中，就发展成为“武戏文唱”的独特风格。

关于桑泪月，除了文才之外，作者还着力描写她在面对臧师长的威逼和下定必死决心之后的应对从容，以及她为戚雪桥所做的妥帖安排。这是一位古典型的贞烈女性形象。

戚雪桥的性格更为复杂。惨剧发生之后，莫香园对他做过这样的评论和劝慰：

> ……泪月虽是个弱女，阿大虽是个屠户，但是他[们]那种肝胆，我敢说今天在座的人没有一个不五体投地佩服的。你一个腐儒文丐，有这么两个超然出尘的人关切你，委实令人可羡啊！士为知己者死，桑泪月、熊阿大为什么这样倾慕你？不是因为你有几分英雄气度吗！……

戚雪桥的“英雄气度”，主要表现为仗义疏财：尽管收入不丰，为了接济泪月、阿大，他从未透露出半点窘意和犹豫。他的“恃才”或许也算一点“英雄气度”，可惜不能彻底“傲物”，经济压力令他误入臧师长幕中，种下了悲剧的因子。面对威逼，他妄想委曲求全，结果陷自己于负情负义，暴露出的不只是懦弱。桑泪月、熊阿大的死使他看到情义的价值高于生命，他的以死相报或许遗下了一丝“英雄气度”。与桑泪月相比，这位才子固然有其猥琐一面，但是他的性格里却也多着几分“现代性”。

《红绫枕》里的“侠者”因“以武犯禁”而成为罪犯，就此而言，这部作品既运用了古典的“侠情”模式，又解构了这一模式。鲁克曾对熊阿大下过一句评语：“本来这种人应该生在一千年前。”这句评语当然反映着王霄羽的观念（后来，他在20世纪40年代的作品《风尘四杰》中又表达过同样的见解）。这话的背后还潜隐着一个合乎逻辑的推想：假如戚雪桥和桑泪月也生活在古代，而且都是武艺高强的侠者，那么他们的故事会是怎样的呢？这个推想，在霄羽脑中也许一开始仅仅隐藏在潜意识里，而在写《侠义夫妻》以及后来的《明珠宝剑》时有过从不自觉到自觉的浮现，到了撰写《宝剑金钗》之时，它便完全被激活，成为魅力四射的灵感和全新的写作动机。由此可以窥见《红绫枕》在作者创作道路上的重要意义。

《惊人秘柬》亦属“鲁克探案”系列，共十章，约二万字。情节梗概如下：

鲁克携马进刚回到故乡安徽广德，即收到熟人曾健生留条，谓有要事，请来舍下一谈；随即前往赴约。

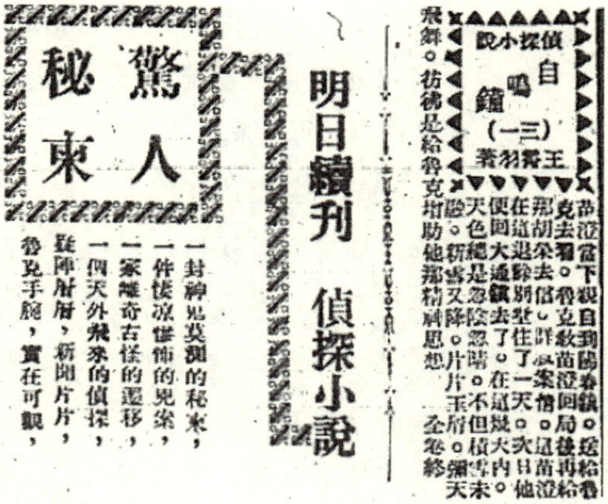

《惊人密柬》预告（刊于1930年4月10日《小小日报》）

某日，鲁克求见大律师韩坪山，托韩代为保存一封密柬，并立字据曰：“此函内容，韩君一概不知，除保管外，一概不负责任。”盖有私章为凭，并嘱咐道：“所盖私章上的‘克’字，用放大镜可以看出末笔一钩为双岔，是为暗记。以后除非本人亲自来取或有加盖此章的函件为凭，任何人来索取，都不可出示、交付。”

一周多后，韩坪山收到署名鲁克的一封挂号信，谓：秘柬之事发矣，速将该件焚毁，否则十五分钟后将有恶徒登门，你我性命均难保。韩用放大镜查验所盖私章，“克”字一钩确为双岔，即遵嘱烧毁秘柬。事后不放心，登门访鲁克，鲁外出未归；回到家中，并无意外发生。

次日鲁克来访，韩告以秘柬已遵嘱焚毁。鲁大惊，谓不曾来信，检验该信和所钤图章后，问韩是否向别人谈起过受托藏柬之事。韩说赴亲戚家贺寿，酒后似乎提过。鲁克问：“酒席上有无姓范的？”韩答：“似乎没有。”鲁克道：“烧了这封秘柬倒不要紧，只是恐怕要弄出几条人命来啊！”随即收起假信说：“你不会因这件事情而为难，一周以后我当可以向你揭示内情。”此时马进来到，报告曾健生家出了命案！

鲁克、马进到得曾宅，见仆人李德绥已被铁器击死。曾健生对鲁克说：“幸亏我们夫妻遵照你的嘱咐搬到东屋去了，昨晚李德绥就是在北屋被杀的。”鲁克查验现场，发现房门白瓷门钉上似有异迹，遂用白纸加封。

命在场警察处理现场，嘱健生事后“到舍下去一趟”。

曾健生来到鲁家，见鲁克化装外出刚回，嘱咐健生搬家。健生遂到十字街，租下鲁克代为定好的一处房舍，次日即搬迁过来，鲁克、马进始终参与这一过程。

三天之后，有凶徒于黄昏时跳墙而入，被埋伏在新宅里的马进、鲁克擒获，搜出身藏印刷机器铁质零件一个、转轮手枪一把，由警察押往县署。曾宅命案于是告破。

当天下午，鲁克访韩坪山，告以案情和破案经过：凶徒范远谋，曾因讹诈、枪击曾健生而获刑。获释后追到广德，上门威胁健生，健生握有范远谋当年所写恐吓信及范之照片一张，对范说：“两件证物已交鲁克，如敢作歹，必受惩罚。”范悻悻而退。鲁克托韩律师代藏之秘柬，即此两件证物。韩酒后失言，吐露鲁克私章暗记，恰被同席的刻印高手常绰才和石印厂老板褚仲咸听到，而范远谋正是褚手下的工人，并曾和褚密谋讹诈曾健生。于是四人合作，通过与鲁克交往较多的裁缝铺获得鲁之笔迹，由常某仿刻私章，假造信件。骗得韩律师烧毁秘柬之后，范即往曾宅作案，不料被打死的是个仆人。鲁克勘验现场，发现凶器似为铁质钝物，又在门钉上发现印刷油墨微痕，与假信纸上所留微痕相似；通过化装侦察，查明范在褚氏印厂做工。于是建议健生搬到印厂附近居住，引蛇出洞，擒获范某。

《惊人秘柬》符合“正格”侦探小说程式，全以“限知视角”叙述，“时空折叠”也运用得较好。这篇作品和《红绫枕》有一点相似之处，即在锁定嫌疑人方面没费多少周折。起初，鲁克的任务只是找到范远谋，预防犯罪。不料韩大律师一时失言，加以犯罪团伙狡猾多谋，导致仆人惨死，双方都有失策。鲁克从中吸取教训，夺取主动，终于获胜。全篇贯穿两条情节线，与鲁克等相关的属于明线，与范远谋等相关的属于暗线。罪犯与侦探斗法，全从明线交代，因此悬念颇强，相当好看。

然而，这篇作品也有经不起推敲之处。第一，仿刻私章，仅凭得知暗记是办不到的，因为还须掌握形制、规格、所镌字体、布局以及风格。这些信息，从那位虽然微醺却未完全丧失警惕性的大律师口中，是不可能完全得到的。裁缝铺里留有鲁克所写便条虽然符合情理，但是便条若钤印记，就不合理了（作品里也没有这样交代，排除了经此途径获取印章其他信息的可能性)。因此，仿刻私章这一情节因缺乏必要交代而显得牵强。第二，范远谋是个反侦查能力极强的凶犯，一直跟踪、监视着鲁克和马进的行踪；而曾氏搬家，鲁、马都是直接参与、未加掩饰的。在这样的情况下，范某竟会上当，与其显示过的反侦查能力不符。这样一来，“赛福尔摩斯”的谋略，反而被“降低”了。

《神獒捉鬼》和《空房怪事》都写警犬学专家章渲破案的故事（作者在引言中说：这些故事是马进来信提供的，共有四则；因而“章渲系列”也可视为“鲁克系列”的“外篇”)。《神獒捉鬼》述章渲在警犬“灵狮”的帮助下，凭一顶染有血迹的皮帽破获一起命案。《空房怪事》则述章渲指挥灵狮嗅踪，破解一起“李代桃僵”的命案；空屋绿光，墙头“鬼影”，密室机关，恐怖、怪异氛围颇浓。凶犯又是一个退休之后侨居浙东的东南亚某小国官员，平添数分异国情调。

作者以马进的口气介绍章渲，说他是浙江嘉兴人，与鲁克、马进同毕业于上海法律专科，精通警犬学。这个人物很可能不是向壁虚构的：中国第一位警犬学家董翰良（1887—1976)，民国初年先后就学于北京高等警官学校警犬科及日本警犬专科学校，又被日方派往德国专攻警犬学，人称“东方警犬学鼻祖”。其夫人为北京籍，满族。另有钱锡林，湖南嘉禾人，亦曾就学于德国警犬研究所，任内务部高等警官学校警犬科科长，辈分应该高于董翰良。读王霄羽以“柳今”笔名所写的“谈天”杂文，可知他涉猎报章书刊甚广而杂，由此推测，他极有可能看到过关于这两位警犬学家的报道，从而塑造了章渲这个人物。但从上述两篇作品又可看出，他在写作时又是缺乏专业知识准备的，例如，叙述章渲指挥“灵狮”追踪，每次都没写到“嗅认嗅源”这个必不可少的技术环节。此类瑕疵，也颇令人遗憾。

十余年后，当“王霄羽”的名字出现在青岛报纸时，有人撰文介绍说：“王君曩在北京主编《小小日报》时，以著侦探小说知名”。①可见尽管稍显稚嫩，王氏侦探小说当年仍颇受读者欢迎，留下的印象竟比他同期所写的社会言情小说和武侠小说更深。当时的小报读者不仅从这些侦探小说曲折离奇的故事里享受到阅读的乐趣，而且在潜移默化中初步懂得了什么是“法治”，因为这些作品

---

①见傅琍琳:《〈落絮飘香〉读后》,载1940年2月20日《青岛新民报》。按《落絮飘香》是王度庐用“王霄羽”的署名在《青岛新民报》发表的第一部社会言情长篇小说。傅琍琳则为该报副刊编辑关松海之夫人。

描述的虽是破案——缉凶过程，深层却蕴含着对于“有罪推定”的否定。而作者在构思中，对中国当时法治的现状及其缺失，也确实是有所认识并有所交代的。对于王霄羽而言，撰写侦探小说还是学习精心构思故事、学习运用新式叙述语言的有益实践。

第三节　社会小说颇不俗

1926年前后至1931年，王霄羽同时在《平报》和《小小日报》连载小说，既是各种题材全面“出击”，又是各有侧重的：《平报》所载以武侠小说为主，《小小日报》则是侦探小说和社会小说的主阵地。

《平报》也载过他的社会小说，只有四篇，其中《夫妻残杀记》《北平新镜》标为“社会小说”，《血衫记》标为“醒世小说”，《舞女啼痕》标为“哀情小说”。《夫妻残杀记》和《血衫记》连载于1926年，这一年《小小日报》连载的是社会惨情小说《红绫枕》。《夫妻残杀记》和《血衫记》的性质和《红绫枕》一样，都有“惨情”特质，都是借“惨情”以醒世，作者自谓：“在下的宗旨，就是矫正风俗。小说虽是消遣解闷的玩意儿，却有正义存在其间”（《夫妻残杀记》第一章）。“惨情”自然要用悲剧来呈现，这种小说气质，同期的武侠小说也有，而后来悲剧侠情小说的成熟可视为这种气质的强化。《夫妻残杀记》《舞女啼痕》《北平新镜》的悲剧，都因女性向往当下的“新生活”而造成。《夫妻残杀记》是妻子“馋懒奢华”，进入都市后钻进官太太生活圈，与人私通，后被骗入妓院，丈夫逛妓院遇到她，将其杀害。《舞女啼痕》的女主人公若漪受新潮影响，向往时尚生活，与浮华青年同居，后来青年病死，她被迫做了舞女，积劳成疾，得痨病而死。《北平新镜》则写旧家庭的少妇生计艰难，向往摩登小姐的生活，与丈夫离婚，被新潮男子

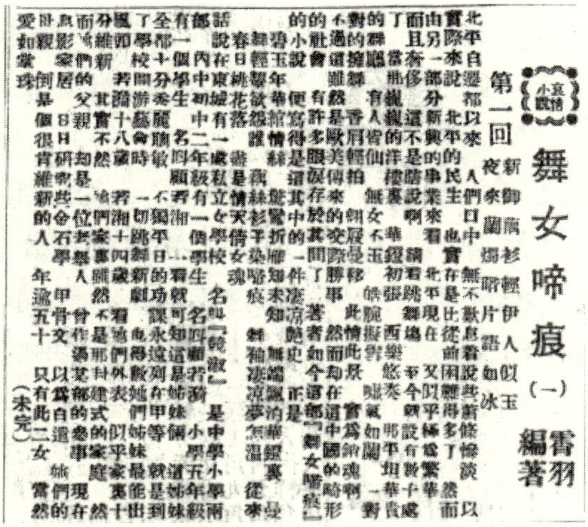
哀情小說
第一回
舞女啼痕（一）
霄羽編著
（未完）

《舞女啼痕》开篇

骗取感情后抛弃，才感到“这乱爱生活，实在不如真正的夫妇”，结局是夫家不计前嫌将她接回，终于破镜重圆。这三部小说都是当时社会现实的反映，体现了王霄羽强烈的“问题意识”。

《夫妻残杀记》是用传奇处理悲剧因果，偶然性冲淡了悲剧的必然性。《舞女啼痕》故事不够周密，做舞女这个关键情节写得较肤浅，舞女在舞场的遭遇未能细致呈现。作者未能像刘云若那样用心刻画落子馆、舞厅这些娱乐场所的生态，使得发生悲剧的特定时空不够清晰典型，悲剧的独特性和尖锐性也就体现不出来。《北平新镜》写旧派少妇为新潮男子吸引是其悲剧之源，但是为何少妇能被吸引，所写的情节还不足以给少妇背离家庭提供丰富的理由，也就是说，造成悲剧的动力不足，这就使得悲剧进程不尽合理，悲剧的震撼力因此而减弱。但与其他几部相比，《北平新镜》明显的进步是心理刻画比较细致，次要人物也较有个性。此外，从问题小说的角度看，《北平新镜》中旧派少妇和新潮男子的“乱爱”并不算是很特别的问题，而小说中作为背景写及的“灾官”问题却更为重要，也更为特别。这是指北平因国都南迁，各部机关也随之南迁，一些久经欠薪灾患的官员全数被裁。小说写及被裁的灾官张德裕、张绍宽父子遭连年欠薪，生计艰难，又被假冒南方政府接收大员的“郁团长”郁华之诈骗，生活更加窘迫，张绍宽的妻子在这种情况下才离婚出走。晚清礼部名臣郭曾炘在其1928年的日记中，记载过“同乡在京停职人员眷属回南求援”之事，说“吾乡灾官留滞者不下千余，不归皆成饿殍，此事余最赞成者”，还记录了为此去见“南中所派接收军事机关委员”一事[①]。郭曾炘日记使用的“灾官”一词，《北平新镜》也在用，郭曾炘在“灾官”下加注云：此近日之新名词。郭曾炘提到的南中接收军事机关委员，在《北平新镜》中就是借接收之名行骗的“郁团长”。这种对应关系表明王霄羽确实抓住了“灾官”这一社会问题。这个问题应是北京成为“废都”之后一个较为突出的问题，若让霄羽晚几年来写，应能写得更深刻细致。

《小小日报》连载的小说中，社会言情类占了一半，数量最多。除《红绫枕》和《玉藕愁丝》标为“惨情小说”[②]、《缠命丝》标为“哀情小说”外，多被标为“社会小说”，实际上几乎每部都含爱情故事。可惜的是，除《红绫枕》

①《郭曾炘日记》，窦瑞敏整理，中华书局，2019，第197、198页。

②《红绫枕》单行本标“惨情小说”。

外，其他十三种均系断章残篇（有的仅知篇名）。其中，《烟霭纷纷》存十八回，《玉藕愁丝》存八章，虽然仍不连贯，但是基本可读。

《玉藕愁丝》行文稍显欧化，略显矫作。全作不立回目，每章均以两字为题，残存者为“第一章 忧怀”“第二章 雇佣”“第三章 旧梦”“第四章 鸿沉”“第五章 情疑”“第六章 蚕缚”和“第八章 孽忏”。章题类似戏曲折名，可见作者熟悉的依然是传统章法及其叙事方式。书叙一对情人，因受小人拨弄而断绝关系。六年之后，男主人公周玉轩从日本学成回国，在上海某法院任验尸官，业已娶妻生子，生活颇为优裕。某日，其妻雇得一位新仆妇，十分满意；玉轩归来发现，这位仆妇竟是自己的初恋情人甄藕娟。由此引出过去的故事和当前的纠葛。已见结局是：甄藕娟投黄浦江自尽，奉命验尸的就是周玉轩！[①]

就现存文本考察，《玉藕愁丝》最值得注意的是：开头构思与曹禺《雷雨》有不谋而合之处。[②]这反映着王霄羽创作《玉藕愁丝》时，已经面临如何借“现在的故事”引出“过去的故事”，又借“过去的故事”推动“现在的故事”这样一种相当“现代”的叙事课题，而且有所实践了。可惜的是，他依然习惯于第三人称的全知叙事和“线性时间”[③]，未能在时空处理方面获得叙事方式上的新突破。

《烟霭纷纷》的男主人公是安徽青年柳慕新。他孤身来京，插入希文中学读高中；京中虽有一位二叔，然而也是单身，所以慕新每逢周末和节假日，都只能留在学校宿舍忍受孤独。某个周六晚上，正当他望着月光吟哦李白《静夜思》时，秋风里突然送来悠悠的风琴声，令他忘情许久。此后每逢周六，都有琴声相伴。一个偶然机会，令他结识了隔壁缪宅的大少爷缪容雍，相谈得知竟是同乡。后又认识缪宅二小姐——慧娴女校的初二学生缪淑缃，也就是那位每星期六回家必要弹琴自遣的人。

处境孤寒的柳慕新成绩优秀，很求上进。缪家是个开通、亲厚的大家庭，

---

① 按现存残篇第八章后注“未完”，不知未完的是这一章，还是后面还有第九章、第十章。

② 按曹禺《雷雨》构思于1929年，直至1933年方出版。

③ 中国传统白话小说源自“说话”，故其叙事罕见“时间空格”等戏剧性的时间变形处理；即使故事时空发生跳跃，也要保持“说话人”与“听众”共处时空的连续性。《玉藕愁丝》第二章叙“现在的故事”，第三章转叙“过去的故事”，开头说：“天下有许多离离奇奇的事情，常常出乎人的意料之外。例如周玉轩，平日是个多孤闷的人，而如今无端地雇来这么一个甄妈，他便这样慌神忘形，岂不是大可异大可笑的事情！阅者还不知其中遇合之巧：原来这甄藕娟，便是周玉轩六年以前的情人啊！”这段文字就完全是为了保持“时间线性”而设置的。

使他备感温暖。玉洁冰清的缪淑缃性格开朗，和他共同话语很多，于是二人渐萌爱意。然而，迫于经济压力，慕新不得不于第二学年辍学，投入赣次长府中担任家庭庶务。这个职务令他不得不与各房姨太太、丫鬟频繁周旋，看透了上层社会的奢靡、腐败，更觉缪淑缃之纯洁、可爱。他不想“为五斗米而折腰”，可是老家的母亲却因他能自立、减轻家庭负担而不胜庆幸，嘱他务必珍惜；他希望与缪淑缃长相厮守，可是又摆脱不掉这份令人腻烦的差使。作者用了几段笔墨，渲写这位喜欢内省的青年的内心独白。柳慕新的这些身世之感，可用三个关键词加以概括：“无奈”“失意”和“不甘心”。

除了缪、赣两个家庭，作者又引出了第三个家庭。这一家的男主人祁荣冕原是赣次长的同学，如今败落，仅在冷衙门里充个科员。家中经常无米下锅，祁妻不耐贫寒，受“暗门子”诱惑，走向堕落。祁荣冕则靠下班之后拉黄包车贴补家用。某晚，他在慧娴女校拉得一笔生意，不料半路遭遇车祸，摔伤了车上的女学生，她就是缪淑缃！

作为社会小说，作者以柳、缪爱情故事贯穿起三个不同的家庭，扩大了叙事纵深，这种构思和结构都是可取的。值得讨论的是祁家的引出：作者先用柳慕新的“限知视角”——他在赣府遇到一个求见次长的陌生人；然后立即换用全知视角，回叙此人即祁荣冕的经历，并展开对其家庭境遇的铺叙；花费大量篇幅之后，方才绕到“车祸”。单独考察，作者在此变换视角、打断连续的“时间链”，都是叙事求新的探索，无可非议；但从全作整体性考察，难免令人感觉对结构的严谨性有所破坏。如果改以“车祸”引出祁荣冕，然后再与柳、缪故事交织叙出祁家境况，在结构上应会更加严谨，叙事也会更加统一。

《烟霭纷纷》显示着作者善于描写日常生活场景和各类人物语言的技巧（这是同期武侠小说所缺乏的）。有时一句话便能生动显现人物的身份、性格。由于现存文本尚未出现尖锐冲突，所以大量叙写的都是平淡生活场景和人物的日常对话。凡此，作者都能写得生动、耐看。例如，缪淑缃因出车祸而住院，柳慕新前去探望，作者是这样写的——

> ……慕新说：“我听见你摔伤，无论有什么要紧的事情，我也得来的。”淑缃笑着说：“那么现在外国来打我们中国，正在危急，你是先去救国呢还是先来看我呢？”慕新说：“我想那时你必要一跃而起，忍着伤痛，去加入女子救国军。那时不用我来看你，我们也就见着面了。”淑缃听了

微笑，又说："我们学校昨天就开发了——这次上西山，大半得星期二才能回来呢！总是我没福上西山。"慕新说："不要紧，将来你好了，我们一同上一趟西山。"淑缃点头说："好罢。"慕新接过她手里那本书一看，名叫《双鬟记》，却是一本哀情小说。慕新说："这本书是谁的？"淑缃说："是我妈昨儿瞧我，给我送来的，教我解闷。"慕新点了点头，翻了翻那本小说，只见其中笔意很是颓丧，当下心里不禁惨然，遂就说："妹妹，我有几本科学小说，明天我带来给你看。我希望你以后不要看这类小说。"

……

上述对话中提到的《双鬟记》，是鸳鸯蝴蝶派作家徐枕亚的作品，出版于1916年。由此可以看出王霄羽社会言情小说的又一特点：十分重视细节的描写和安排（这也是同期武侠小说所缺乏的）。例如，叙缪淑缃弹琴、柳慕新学琴时，作者写到这样几个曲目——"中华书局出版·歌舞剧《麻雀与小孩》"、"苏武留胡节不辱"（即《苏武牧羊》）、《梅花三弄》、《朝天子》。其中的《麻雀与小孩》是黎锦晖的代表作，另三首都是当时流行的古曲或民间曲调[①]。黎锦晖是当时影响最为广泛、成就非常显著的流行歌曲作曲家，他的作品因善于融合传统音乐素材而备受当年各界特别是市民阶层的欢迎，《麻雀与小孩》中，就成功地融入了《苏武牧羊》的旋律素材。这些曲目作为细节，既贴切故事情境和人物性格，又是时代特色非常鲜明的文化符号，它们与书中写及的那些京剧剧目一样，都蕴含着特殊的城市记忆和文化记忆。

缪淑缃伤愈之后，曾对柳慕新谈及家境大不如前，母亲虽温厚，但思想守旧，等到自己初中毕业，她老人家可能就要考虑择婿了；而小说开头的引诗中又有"天涯咫尺离别处，双桨风横恨悠悠"句，可知缪、柳爱情的结局将是悲剧性的。从现存十八回多一点的文本中还可窥见：赣次长家庭和祁荣冕家庭都还有后续情节有待发展（祁荣冕穷落，而且心术似乎不正，这条情节线尤具后续张力）。因此，《烟霭纷纷》很可能是王霄羽社会小说里篇幅最长的一部，后

①《苏武牧羊》为当时流行的"学堂歌"，是否属于古曲，目前尚无定论。有人指出，其曲调来自皮影戏的"悲调"，歌词则是20世纪20年代的人填写的。又有人指出，此曲的流行与吴佩孚的推崇分不开。

面应该还有不少故事。[①]

细察其他社会小说的残章断篇，可知《烟霭纷纷》的观念、情调和艺术特征具有代表性。同时还可看出，其他同类作品的取材又是各具特色的，所写人物类型相当丰富，包括向往新思想、新生活的男女学生和男女青年，社会底层的平民百姓，梨园行的坤班戏子（如《蝶魂花骨》），“登徒子流亚”的纨绔子弟（如《残阳旧梦》），公开卖身的娼妓与半公开的“暗门子”（如《飘泊花》），归国留学生（《玉藕愁丝》）等等。因而，王霄羽社会小说反映的城市生活面相当广阔，问题意识较强，批判现实的倾向也非常鲜明。这些作品构成一种“平民叙事”，即从“平民作家”的视角所看到的城市生活纷杂图景，所感受到的贫富差别，所体察到的小人物的善良、挣扎、坚持和灭亡，以及上层社会的腐败和无耻。这种平民叙事一直贯彻在作者的同类作品之中，体现着他的“平民文学”观。在这方面，它们与作者后期那些社会言情小说并不存在质的差别。

① 1985年，李丹荃老师接受编者采访时，曾不假思索、一字不差地列举出许多王度庐侦探小说的篇名；至于社会言情小说，除《红绫枕》外，她主动列举的只有《烟霭纷纷》——包括“香波馆主”这个笔名。由此也可看出这部作品的分量和影响。

第三章　十年磨砺待脱颖——早期小说(下)

王霄羽所撰武侠小说可分为三个系列：第一是游侠系列，以《浮白快》《玻璃岛》《草泽英雄传》为代表；第二是侠情系列，代表作品是《侠义夫妻》《护花铃》《女剑客》《尘海游侠》《宝剑明珠》《落水蛟龙》《鸾凤戟》《黄河游侠传》；第三系列介于二者之间，属于过渡系列，主要有《甘肃响马记》《狮子头》《江湖十六奇侠》《雁北双雄》《鳌汉海盗》《深宫奇侠》《沧海双鹰》《湖海龙蛇》《黄河四侠》。从宏观上看，前两个系列原来一直是交替前行的，转折点出现在《宝剑明珠》，自这部小说出现后，侠情小说成为主要发展方向，即便不是侠情小说，“侠情”也成为其中的重要元素。第三系列是在上述主线之外随机穿插的，数量虽多，却不是作者非常用力的作品。

第一节　游侠传与小说诗化端倪——《浮白快》

从现在掌握的资料看，《浮白快》是王霄羽用“葆祥”之名写的第一部武侠小说，主要内容如下：

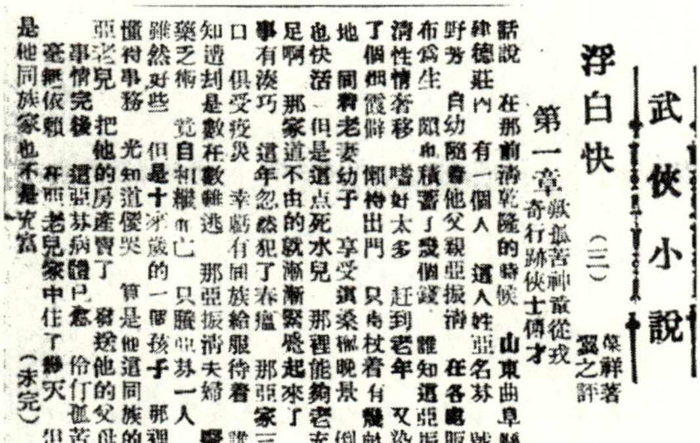
武俠小說
浮白快（三）
葆祥著　蛩之評
第一章
話說在那前清乾隆的時候山東曲阜縣

《浮白快》开篇

清乾隆年间，山东曲阜人亚芬，幼失双亲，入伍谋生，幸遇武当传人柴兆元，遂从柴氏学剑。明武宗时，大冶家秦成器造剑二十口，献出六口，其余尽埋山中。柴兆元得其中八口，分为天地玄黄宇宙洪荒诸号，自留两口，其余分给众弟子。柴兆元说师傅给我们三弟子每人两剑，十年内务必各人再收一弟子，匀一剑给他，让他做好事去，十年后我们七个武当同宗，一起赶集仙会去。亚芬学艺后得宙钢剑。某日亚芬打了自己长官的恶霸弟弟，被逐出军营，自此流落江湖。

保定绸缎商李申长为少林派弟子，结交官府，助纣为虐，组织覆武会与武当派弟子为敌，只等集仙会时将武当派一网打尽。后亚芬与陶银、吴棋等英雄联手将李氏及覆武会一举清除。在这一过程中，李申长同党李鹏飞盗得皇珠，诬为蒋志苍所盗，蒋被捉下狱。众英雄经过一番磨难合力将蒋救出。此后少林张东凤盗了玉府尹的赤火珠，逃出京城，顺天府玉发诬武当派方棉花盗了宫中宝珠。亚芬等人遂赶到京城搭救棉花。其间，亚芬入和珅府，盗得白虹仙剑；甘凤池等入玉府，路飞仙用神剑杀了玉发。救了棉花之后，陶银等人南下宜昌，去破与武当派为敌的剑门山花盖儿，吴棋则在绝羽山招兵买马，成山寨霸王。吴棋后因山寨被官兵攻破，落荒而逃。路民瞻、吕四娘等去剑门山助战，破花盖儿后，大家齐奔终南山，参加集仙会。集仙会聚得二十八派英雄，共五百多人，尽欢而散。会后吴棋去峨眉出家，陶银回浙江，亚芬和剑娘成婚，到洞庭君山柴兆元墓旁盖房遁世，闲时找吕快驰下棋谈剑。

《浮白快》共七十一回，连载了十一个月，二十万字，是王度庐早期作品中少见的长篇。这部小说内容虽极庞杂，但基本是以亚芬为主要人物来串联江湖群侠，采用的是当时流行的“珠花式”结构，即“全书有一个总故事或主体故事，在叙述这一故事的过程中不断插入新的故事，大故事中又套小故事，枝繁叶衍，可放可收，最后又回到主体故事而结尾”[①]。《浮白快》以亚芬的故事为“主体故事”，亚芬自是中心人物，但随着“不断插入新的故事，大故事中又套小故事”，亚芬逐渐成为具有结构功能的边缘人物，后半部分的大故事更不再以亚芬为核心，而且大故事不断被小故事割裂，小故事既不能成为深化大故事的“珠花”，又迟滞了大故事的节奏，冲淡了大故事的意义，使得片段“珠花”独看自有颜色，放到整个小说中很多就成了枝蔓，遮挡了读者寻找“主体故事”的视线，最后给读者留下的印象就是：有精彩片段，无核心思想。

① 范伯群主编：《中国近现代通俗文学史》（上卷），江苏教育出版社，2010，第467页。

《浮白快》这个名字来自小说中的三位人物：浮云子亚芬、白鸾子史剑娘和吕快驰，从其名号中各取一字而成，显然希望读者阅后能如浮一大白那么快慰。但当时的武侠小说读者已是接受过《江湖奇侠传》和《奇侠精忠传》影响的读者，他们自然想从《浮白快》看到有别于这两部小说的内容，可是《浮白快》在江湖传奇和市井风尚这两方面都远不及前者。《浮白快》虽写的是入世游侠，但这些游侠的人间性和世俗性都还不够厚实，他们更像是一些不太接地气的世外侠者，而王霄羽又还没有像还珠楼主那样构建"世外社会"的能力，他笔下这些侠者更像是刚走出唐传奇却找不到自己社会位置的"穿越"人物。

作为"穿越"人物，王霄羽通过游侠传的形式让他们走进"清朝"，又让他们保留唐传奇所蕴有的那种"诗意"，来营造小说的诗化氛围。这倒正是《浮白快》较为自觉的追求，虽然这追求较为朴素，从效果看也还属于局部的精彩，但却展示了十七岁少年王霄羽的才气和雄心，更重要的是这种追求在他日后的武侠小说写作中在不断地调整、优化着，因此《浮白快》尽管还不成熟，但它展示的方向和艺术追求却值得关注。

《江湖奇侠传》问世后，出现了武侠小说仙魔化的趋势，对此宫竹心是竭力反对的，1926年他在《神话与小说》中指出，剑仙武侠"传奇耸听，漫无寄托"，拟古而泥，不近物情，"凡为小说，当近人情，当切世相，当合真理"[①]。《浮白快》没走向仙魔化，说明王霄羽和宫竹心的想法是接近的，至少在希望武侠小说有所寄托上是一致的。说到寄托，《浮白快》第四十章中，评点者舒翼之写道："本书有贤孝节义四大人物：贤者，黎绛亭；孝者，吕快驰；节者，张次君；义者，亚野芳。其实完全是一个侠字，怕读者不知侠之可贵，故穿插节孝，指出侠之本性，绝非一般逞凶济虐者可比，而亦使人知太史公立《游侠传》，乃万世功德，谬不可以《通鉴》中一般帝王走狗派之文字附讥谮也。"这正指出了王霄羽写作《浮白快》的旨趣，他是要重塑司马迁表彰过的那种有独立精神的游侠，为这些游侠立传。1937年，王霄羽在《燕赵悲歌传》[②]开篇点明了这种写作旨趣：

燕赵古称多慷慨悲歌之士，我们一翻历史，看那荆轲、豫让、田光、

① 竹心：《神话与小说》，载1926年10月31日《世界日报》。

②《燕赵悲歌传》基本完整，共六章，约45000字，叙退隐老镖师康振翼，因错救坏人而重入江湖，为江湖人化解争斗的故事。前半部描述比较从容、细致，然而草草收束，失之虎头蛇尾。

高渐离之流，莫不激昂慷慨，为报知己，不惜舍命捐躯，轰动一时，风振千古。虽然后世每以“游侠”轻之，但不知中国之游侠，乃是一种伟大的民族性的表现，正如日本之“武士道”。再观近代，我国人大多颓废不振，世风浇漓，人情冷淡，若再求古人之燕市击筑，易水高歌者，已然杳乎不可复觅了。所以若在现代，述写武侠故事，是颇足以振作人心，激励世俗的，著者这部《燕赵悲歌传》，便是为此而作。

这显然不只是《燕赵悲歌传》的写作旨趣，也是《浮白快》的写作旨趣，而且一直贯穿于“鹤—铁五部曲”及后来的武侠小说。因王度庐具有自觉而强烈的重塑游侠精神的写作旨趣，将游侠精神视为“一种伟大的民族性”，隐含了用武侠小说找回和重塑民族性的愿望，这使得他的“鹤—铁五部曲”等名作最终超越了向恺然、赵焕亭武侠小说的精神空间，同时也否定了清代公案小说的陈腐思想，把侠义小说从公案小说的附庸地位拯救了出来，读者由此得以重新感受久违的游侠精神。

《浮白快》写游侠能有“精彩片段”，主要在于这些“片段”是王霄羽久积于心的素材，而且很多都以武侠笔记的形式成书或发表于报刊，它们作为短篇故事已较为成熟。在《浮白快》连载前一年，霄羽就在《平报》发表过不少武侠笔记。在《浮白快》中他说自己曾著有《谈侠志剑》，共四百多章，那么《平报》所刊就只是冰山一角了。这些笔记有些就被作者用到了武侠小说中。如《浮白快》中写到方棉花的岳母与妻子被李申长之女李竹芬用春香迷倒，王霄羽就在小说中插话说：“小子著《谈侠志剑》四百多章，也有这段。”又如1927年连载的《风尘双侠》描写女侠瞿粲霞女扮男装，路遇恶少，打斗时“不防靴子掉了，露出她那三寸莲钩”。这个情节出自1924年《平报》连载的《赛空空》：“蔡见人众，疾越某寺佛楼上，靴忽落，露其足，盖三寸余，纤纤女缠足也。”

把武侠笔记引入小说只能解决局部的问题，如何使得小说中的大小故事成为一个系统，就必须要有一个“麦高芬”（MacGuffin，这里可理解为动力型的、具有母题性的构思因子），由它来推进情节、串联故事。这方面《浮白快》也下了一定的功夫。这部小说最大的“麦高芬”就是集仙会，所有柁子的结束最后都指向这个目标。然而实际情况是这个“麦高芬”并没能起到把控和约束整个故事的作用，反而是那些局部的小“麦高芬”逸出了这个最大的“麦高芬”的限制，因而局部的因果关系较为清晰流畅，意义自足，自成“局部精彩”，却无法把这意义和精彩归结到“主体故事”上去，成了一些精彩的枝蔓。

有时为丰富故事内容，王霄羽又在某一柁子故事中设置双“麦高芬”，使得大故事下又套着小故事，两个“麦高芬”一起来推动情节。在“李鹏飞盗得皇珠，诬为蒋志苍所盗”一节中，作者又嵌入了一个“王子明尸箱案”，“尸箱”就是其中的“麦高芬”。众侠围绕尸箱被换、“尸同体异”现象展开侦探，又自成一侦探小说片段。这样，王霄羽的侦探小说首秀就在《浮白快》上演了，可惜它只是“精彩的枝蔓”。

对于《浮白快》而言，再精彩的枝蔓也是枝蔓，但从王度庐早期武侠小说的全局看，支撑这些枝蔓的“麦高芬”却在其他小说中发挥了结构“主体故事”的正面作用。如《浮白快》第三十四章，“李鹏飞盗得皇珠，诬为蒋志苍所盗”一节，所设置的“盗珠”便是一个推进情节的小“麦高芬”，众侠客的救蒋行动都围绕“盗珠”而展开。此后，“盗珠”作为“麦高芬”又在其他小说中多次出现，如《尘海游侠》中大学士家的朝珠被盗、《八侠夺珠记》中八侠争夺被盗的七颗宝珠、《剑气珠光》中争夺失窃的大内宝珠，等等。

民初的武侠小说有一种回归唐传奇文的倾向，王霄羽写作武侠笔记小说除了个人爱好之外，可能也缘于这种风气契合了他内心的追求。但是，他把武侠笔记引入自己的武侠小说，不仅是素材的植入，更有意蕴的追摹。而所谓意蕴，就是用诗笔达到诗化的境界。《浮白快》有较明显的诗化追求，虽然整体看并不成功，但局部书写还是值得肯定的，如亚芬过洞庭遇吕快驰这部分，写得颇具诗情画意，人与人、人与景、景与情，都很相容，而有浑然天成之意趣。又如写吴棋之骚人品性，两次在书中全文展示其长篇古风。这些都增加了《浮白快》的诗化意味，和《浮白快》这个名字也很相符。王度庐后来的武侠小说逐渐走向性格心理悲剧，“鹤—铁五部曲”之前的作品整体来看理性不强，总的趋势是感性减少，走向质实，到《鹞子高三》竟成了干瘪的武侠速写，诗意已荡然无存。这是违背《浮白快》开创的诗化端倪的。

《浮白快》的诗化追求自然值得关注，但其缺点也不能回避，主要体现在三个方面：一是不善写技击；二是不能写江湖会党内部情形；三是关键节点不能细致刻画，特别是真正的高手对话、对决时。对于自己不善写技击，王霄羽在《草泽英雄传》开篇写道：“本报嘱作一篇武侠故事，并且不要张口吐剑的，这实在不容易办。因为武侠小说，须要说得有情理，一招一式全有规矩；剑侠故事，弄几股白气就可以搪塞过去。如今讲究一招一式，请问难不难？”这就是承认自己不会写技击。因此，我们看到《浮白快》写武打取胜，往往借助神剑，亚芬有白虹仙剑，吕快驰有玉霜峰剑。“用手一指，一道青光，直从指甲射出。”这种描写对于喜欢技击的读者来说，是很不过瘾的。从这个角度看，王度庐武侠小说的“武”味实在不强。后起的郑证因之所以能自成一家，除了熟悉江湖会党内幕，就在于本人会武术，会写技击。而说到江湖会党，《浮白快》中李申长组织的覆武会就是这样一种组织。可是《浮白快》对这个组织作为会党的描绘却极少，这是作者不及姚民哀和郑证因之处。

前两个缺点对王霄羽来说很难克服，第三个缺点则主要受阅历和思想所限。《浮白快》最后以众侠齐聚终南山开集仙会结束，这一高手云集的关键聚会，写得却很平淡，草草结束，没有出现有如金庸小说中“华山论剑”的场面。这种关键节点不能细致刻画，高手间的对话没能展开，对于十七岁的作者而言，显然与其阅历和思想的局限分不开。但这个缺点是可以克服的，例如，到写《宝剑金钗》时，《浮白快》中不善细致刻画关键节点的缺失就不复存在了。因为这时作者把较为熟悉的闾巷之侠作为主要刻画对象，就能深入其内心，就能把闾巷之侠间的心理对决处理好。如果还是把自己不熟悉的绿林高手和黑道老大作为刻画对象，就会因不熟悉江湖会党内幕，不熟悉这些人物内心而无法让小说生动起来，更无法达到思想深刻。

克服这些缺点要有一个过程。《浮白快》之后的《玻璃岛》和《草泽英雄传》还在延续着上述缺点，但是它们仍有自己的特色。

第二节　“拟《水浒》”初写失意人——《玻璃岛》

《玻璃岛》写的是以朱春骊为首的江湖好汉在四川玻璃岛聚义，后被清政府剿灭的故事。小说以湖北抚台金郁阳被刺案开篇。案发后，退隐在家的老将军张竹瑟因金郁阳死前曾给他去信，称玻璃岛扰民，当为朝廷除之，便自愿带弟子往探玻璃岛。因金被刺时胸插钢刀，上写“玻璃岛第二口”，官府便锁定刺客为玻璃岛贼人。此后，张竹瑟从武昌至西陵渡，后又至云阳、白渔渡，一路探寻玻璃岛的情况。这是个侦探小说的开篇，但是后来并没有从侦探的角度去写，而是把侦探开篇作为悬念，后边就正叙玻璃岛聚义史了，最后才与开篇呼应，把刺杀金郁阳之人揭出。全书结构比《浮白快》紧凑，写作意趣明显模拟《水浒传》，同时反“公案小说”之意也很明确。

《浮白快》就已把甘做清廷爪牙的李党作为针砭对象了，《玻璃岛》中的张竹瑟是个类似《彭公案》中黄三泰式的人物，他本为武当弟子，后占山为王，被朝廷招安，官至将军，转身开始“保国护民”。这次探案，他以为自己曾在绿林，熟悉此种情况，又有旧日余威，能一举破获，不料处处受阻，屡遭“贼人”戏弄。作者处理这个人物时颇有反讽意味。张竹瑟遇到从玻璃岛叛逃出来的秦问津，得知岛内好汉已产生分裂，于是乘机请川督出兵，终将玻璃岛群豪剿灭。此时张竹瑟的角色，在作者笔下乃是玻璃岛罪人，而非护国功臣，这是《玻璃岛》和《彭公案》等公案小说命意不同之处。

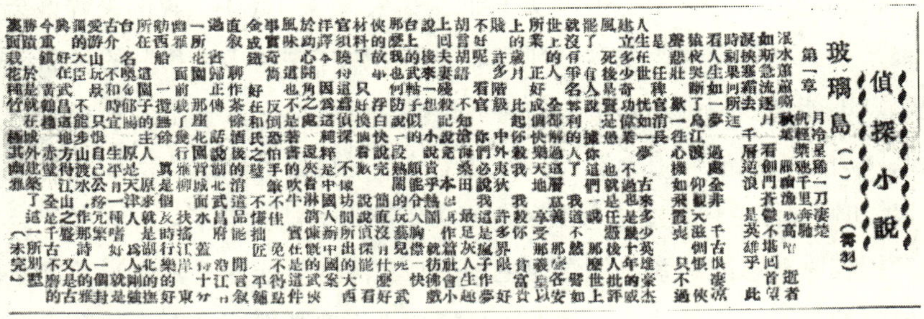
偵探小說
玻璃島（一）
第一章

《玻璃岛》开篇

《玻璃岛》之反“公案”，除了命意，主要体现在人物塑造上，但从整体看这部小说最为显著的特征是在仿《水浒传》。《浮白快》第三十二章末有翼之点评，以为《浮白快》结构密处与《水浒传》“难命上下”，“美矣，葆祥之能法耐庵”。实际上《浮白快》结构密处和人物气息虽有《水浒传》味，但并不突出，到《玻璃岛》才几乎是全面效法施耐庵。就主要人物而言，朱春骊是按晁盖来写，祁熨是综合吴用和宋江来写。众人在玻璃岛大聚义后，虽没有像《水浒传》一样排座次，却也让祁熨做了军机都管，吴翥凤做了水师都管，其余各有职位。后朱春骊自任大将军，封祁等十人为将军，俨然是个小朝廷了，但却不见“行道”。后来玻璃岛被剿灭，不是兵不多、将不强、谋不善，而是主要败于内斗。《浮白快》中吴棋的绝羽山被攻破，一个重要原因是吴棋手下大将戚明、张凤全都打算把他推倒，自己占据绝羽山，这也是内斗。好汉们平日散在四方，却能肝胆相照，一旦汇聚一处，利益攸关，便互不容忍，将义字抛开，刀枪相见，更甚者则下山投敌，引狼入室。作者在此不仅嘲讽了侠义之人，鞭笞了假义之人，同时也提出一个问题：游侠如何安身立命？要保持独立，以何资生？实现啸聚，如何相安、独立、有实际作为，而不是为了啸聚而啸聚，徒逞一时快意。

由此可见他“法耐庵”时也有自己的思考。

王霄羽效法施耐庵之作品也不止于此，在“鹤—铁五部曲”之前的武侠小说里多有《水浒传》的影子。

《小小日报》所载王氏武侠小说仅存四种，完整可读者只有《鳌汉海盗》，它就明显带有《水浒传》的影子。书叙清朝末年，浙江处州农民黄如骥与隐居当地的童玉村结为知己，日日切磋武艺，习练水性。忽有捕役围堵玉村居处而拘之，如骥闻讯赶到，奋身将其救出。脱逃之后，方知童玉村原名董华彦，乃澎湖鳌汉岛海盗首领，现已金盆洗手，正拟另谋正当营生，不料仍被官衙探知底细。既已走投无路，黄如骥即随董华彦奔澎湖水寨入伙，以勇敢善战而深受同伙敬重。后因劫夺巨额珍珠，销赃不慎，被福州府捕头打入内部，与水师里应外合，悉数剿灭。只有黄如骥孤身逃脱，潜回故乡，奉老母迁往江西，隐名埋姓，改邪归正。

《鳌汉海盗》整体上未脱“《水浒传》气”，而艺术水准则大逊于《水浒传》。作者在引言中述庄生之语，称欲表现“盗亦有道”，展示海盗里的“几个魁奇磊落之士”，而在故事中，除黄如骥、董华彦身上确有孝、义、勇等部分德行外，他们领导下的鳌汉盗众却只“劫富”而不见“济贫”，仅啸聚而未曾“行道”。黄如骥逃回老家之后，还作了最后一案——盗窃富户纹银四百两，为的是解决搬迁费用。也许，作者就是要用冷静、客观的笔法，写出一个原生意义上的“侠”，即下层社会里的亡命之徒。但是第一回前又有两首引诗：“谁把心铁一横磨？秋风休悲易水歌。正是大江东去后，只身搅起万层波。”“莫说宗悫乘长风，英雄那堪沦落中。要向沧波一声啸，森森宝剑贯白虹。”如果说这是作者对这部作品的期许，那么实际文本可就与之相差甚远了。

“仿《水浒传》”的痕迹，除了仿其写“啸聚”、占山为王的总体故事外，也见诸人物形象和性格。施耐庵笔下的梁山好汉，其影子常出现于霄羽小说，如前面已经说到的《玻璃岛》诸英雄。在另一些作品中，有时这个影子就附着在某个人物身上，如1930年连载的《深宫奇侠》中有一个小人物“松鼠儿”，是一矮子，“瘦脸独眼，贼眉鼠目”。他原是飞贼余松之子，父亲死后被银翅雕收留，随其学艺。小说中女侠张红瑜送柬时，柬用手绢包着，松鼠儿趁其不备偷了手绢。后来路遇张红瑜，他主动让她捉去，以滑稽之行掩人耳目，暗中替其师傅探听虚实。这总让人想到《水浒传》中的时迁。

《浮白快》的缺点，《玻璃岛》基本还在延续，但在塑造人物上要比前者成功，其中给人印象最深的是祁熨。祁熨是落第秀士，文武双全，后邀集众好汉上玻璃岛，才真正使玻璃岛壮大起来，被朝廷视为一患。这和《浮白快》中吴棋的生平很像。吴棋在绝羽山占山为王，后终覆灭，这部分内容既脱离《浮白快》主线，又受该书整体容量所限，着墨虽多，但不精彩，草草完结。从《玻璃岛》的出现可知作者对这种局部未能尽善的状况很不甘心，遂用《玻璃岛》来重写这个局部，吴棋遂化身为祁熨。我们认为《玻璃岛》之所以比较成功，关键就在“吴棋化身为祁熨”，这个人物设置能发挥作者写作的长处。如若还把祁熨当作吴棋来写，势必要在描写山大王上用力，而山大王这样的角色并不是年轻的王霄羽所熟悉和能把控的，执意去写，也只是多添一扁平人物。祁熨本是市井小人物，后来逐步成为江湖豪侠。这样的人物相对好把握，至少写其市井的一面作者能使得上劲儿。从小说实际情形看，祁熨身上市井的一面确也刻画得最为成功，一旦他成了玻璃岛上的军机都管，就没办法细写了。很显然，江湖会党的军机都管这种人物，那时的作者也了解得很少。

祁熨上玻璃岛前的半生，王霄羽写得最为精彩。祁熨原是山东东昌人，上京赶考，结交甘露生，二人落第回乡，祁向甘学艺，在当地渐有名气。后没云山寨主马金英遭官兵进剿，马金英和甘露生被俘正法，祁熨携妻逃到吴兴，隐忍偷生。祁熨在吴地既无谋生能力，又好嫖，被称为“无能祁大”。一日，祁熨在茶馆遇到茶商唐次甫，唐次甫悯其处境，邀他入川经商，祁熨遂别妻入川。西行至成都，卖完货，众人四散，祁熨未回乡，在当地做了算命先生，慢慢成为无人不知的祁荫红，自此别号“云霄道人”。后去绵阳，遇黄山鹤、龙嘘云、甘露珠（甘露生弟）、吴翥凤等人，吴翥凤听说甘露珠要投剑门山，祁熨以为剑门夹在成都、湖北之间，花盖儿、张经秋虽曾盘踞，却恐都不能长久。吴翥凤的师兄洪飞豹认为朱春骊当世武功第一，现在玻璃岛，可以去投。祁熨到绵竹，住在纪梦熊家，一日上楼见城外有一河，问小童才知此河通玻璃岛，遂乘舟前往，经鳌鱼眼，到达玻璃岛，如入桃花源中。在岛上遇朱春骊，被其打败，二人订交。后朱春骊请祁熨召集四方英雄来岛上共成大事。祁熨返纪家，说出计划，纪梦熊愿破家相助，遂分头行动。这段故事中隐忍偷生和探看鳌鱼眼写得最好。最后岛被攻破，祁熨散了众人，又做起相面卦师，却遭官兵捉拿，幸被黄山鹤救入庵中。最后祁熨吐血而亡，黄山鹤将其葬在巫山蓼花岭下。蓼花岭显然是从蓼儿洼借鉴而来，也是仿袭《水浒传》。

《玻璃岛》有两个人物直接从《浮白快》移植过来：花盖儿，依然是山大王，只是提了一下名字；纪梦熊，着墨较多，他在《浮白快》里是一赃官，此处变成了隐居乡野的老侠士。这是《浮白快》和《玻璃岛》的又一联系。而说到联系，除了《玻璃岛》是将《浮白快》中吴棋那一枪子独立成书，具体人物又有移植外，两书都在写失意的英雄。王度庐研究者多认为王氏善写失意的男人，这些失意的男人在其小说系列中自成一个谱系，但这谱系的源头在哪儿，也就是他何时有意写失意的男人，还未见有说明。《浮白快》也多写失意的英雄，但这里的失意主要是当作英雄的磨难来写，是局部刻画，不是整体定位，一个例外就是吴棋，他在《浮白快》中是大起大落最为失意的人，可惜刻画未能深入，写其失意基本是即兴而为，非着意描摹。到了《玻璃岛》中的祁熨，才真正有意写失意的英雄，此后由失意的英雄渐变为失意的侠客，失意的普通人。祁熨死后，墓碑上写着：玻璃岛失败英雄祁熨之墓。由此看来，王度庐为失败者立传的思想此时已很明朗，祁熨或可视为王氏小说第一失意男人。模拟《水浒传》写群侠，最后却只写活了一个祁熨，这是模拟的失败，却也是写人的成功。此后，王霄羽逐渐走出模拟《水浒传》的路子，开始为闾巷之侠立传，应得益于描写祁熨所取得的成功经验。

《草泽英雄传》是在《玻璃岛》之后连载的又一部武侠小说，主要讲柳叶儿、华铁骅等江湖侠客在四川蟒尾山聚义，后被官府镇压的故事。故事原型来自《玻璃岛》，局部人物也有源于《玻璃岛》的，如女侠孚忆湘是孚景春之女，孚景春在《玻璃岛》中叫福景春，《草泽英雄传》中补述他死在鳌鱼眼；配合官兵扑灭蟒尾山的关键人物鞠仙隐，本是侠客出身，他的师傅龙嘘云是《玻璃岛》中的人物，帮助他的山鹤和尚则是《玻璃岛》中最后出家的黄山鹤。从这些关系来看，《草泽英雄传》也可视为《玻璃岛》后传。但作者写《草泽英雄传》有两个明显的变化：一是不再写自己不擅长的聚义后的山寨故事，而着重写如何聚义和如何被扑灭；二是设置了三个恩仇组合和一个侠情组合，通过四个组合的交织互渗来讲述蟒尾山聚义的缘起与覆灭。这两个变化使得作者可以施展其以“游”写侠的才华，不再像《浮白快》《玻璃岛》那样平分笔墨写群侠，而是根据内容需要聚焦在几组人物身上，几组中又因情节需要而各有侧重。可以说，至此“王度庐型”的小说模式已初露端倪，后来的“鹤—铁五部曲”模式则是这个模式的强化，而强化得最精彩的主要是侠情组合。可在《草泽英雄传》中，这个侠情组合还不是核心，侠情只是整个草泽英雄故事中渲染悲情的一抹斜阳，而不是故事的主调。因为在这个阶段作者专注于写侠义小说，对侠情小说还没有成熟的构想，而且他坚持认为侠义小说“自然不便述这些儿女情长的事情”（见1928年《江湖十六奇侠》中的自述）。在这种思想指导下，后面的《狮子头》《红旗岭》都在延续《草泽英雄传》占山聚义的故事，并无新的突破，直到1931年《宝剑明珠》出现，才从游侠小说中突围，为悲剧侠情小说打造了一个样板，闯出了一条新路。

第三节 侠情小说的探索——从《侠义夫妻》到《胭脂剑》

若就情节元素而言，王霄羽之写侠情，从《浮白快》就开始了，小说中写了亚芬和史剑娘、方棉花和黎绛亭两对侠义夫妻，是夫妻便涉及“情”，但都写得太简略。小说评点者舒翼之在第四十二章“话说方棉花娶过了黎绛亭姑娘，夫妻和睦，备享画眉滋味”这段文字之后评曰：“简极！葆祥现未定亲，画眉滋味何由得之，宜其从简也。”这是从缺乏生活经验的角度立论。除此之外，这种“简”也和葆祥当时的武侠小说观念有关，因为那时他还坚持认为侠义小说“自然不便述这些儿女情长的事情”。这种观念彻底改变的里程碑是《宝剑金钗》，在该小说序言中他自言“屡经坎坷，备尝世味，益感人间侠士之不可无。兼以情场爱迹，所见亦多，大都财色相欺，优柔自误。因是，又拟以任侠与爱情相并言之，庶使英雄肝胆亦有旖旎之思，儿女痴情不尽娇柔之态”。接着明确指出，“此《宝剑金钗》之所由作也”[①]。从整个创作历程来看，“以任侠与爱情相并言之”，不只是《宝剑金钗》的创作纲领，也是后来“悲剧侠情小说”的总纲领。但这个纲领能够明确提出却是建立在此前的创作探索之上，也就是说，“以任侠与爱情相并言之”并不自《宝剑金钗》始，只是到《宝剑金钗》时才更为明确、坚定。

从《浮白快》开始，霄羽武侠小说都有“侠情”的痕迹，但它不是重点，还从属于“任侠”，在小说结构和命意上，“侠情”还不能与“任侠”并言。“侠情”构思开始自觉出现当在1927年。这一年在《小小日报》连载的《侠义夫妻》和《护花铃》都蕴藉着“侠情”构思，而且致使武侠小说形态开始出现变化。

《侠义夫妻》仅存四则，且不连贯，可知情节是：马啸竹女扮男装，孤身潜

① 王度庐：《宝剑金钗》，王芹点校，北岳文艺出版社，2015，第525页。

入云台山，解救被擒的未婚夫葛春虹。这是第十一章至十五章间的故事，其时啸竹虽已许配春虹，但是尚未“成此一生大礼”。也就是说，此前他们是一对侠义情侣，成大礼后才是一对侠义夫妻。因而此作虽被标为“武侠小说”，其间必定或多或少地包含“侠情”内容。从类型学的角度考察，这部小说的男女主人公均系能“武”之“侠”，这是对清代《儿女英雄传》型“侠情模式”的一种突破。《侠义夫妻》始载于1927年初，此前，类似模式之短篇已有罗韦士《三童传》；此后，模式类似之长篇则有顾明道《荒江女侠》[①]。遗憾的是，由于《侠义夫妻》文本残缺严重，无法进行深入比较。

《护花铃》，仅存（十四）（十七）二则。男主人公应该是陈应爵，一位北京大学的青年职员，兼做着中学教师；女主人公应该是闵蕴青，十八九岁，是德胜门大街培淑女中的学生。这两则写的是应爵于相别六七年后初见蕴青，答应帮她寻找可能在“十九师十三混成旅”任职的父亲闵玉甫。我们感兴趣的是，这部作品连载时被明确地标为“侠情小说”，表现的则是“当代题材”。尽管依据薄弱，还是可以对它做出如下推测：

标题应该取自五代王仁裕《开元天宝遗事》卷上“花上金铃”条：“（宁王）至春时，于后园中纫红丝为绳，密缀金铃，系于花梢之上。每有鸟鹊翔集，则令园吏掣铃索惊之。”纳兰容若《临江仙》词有句曰：“几回肠断处，风动护花铃。”对照王霄羽《护花铃》残篇，我们有理由猜想，它叙述的是陈应爵为呵护闵蕴青而生发出的一系列故事，从而表现他和她的“侠气”。

其题材之“当代性”，又使我们想起过去有人指出王度庐曾受李定夷影响[②]。我们当年注意到了这一说法，但一直苦于未在王氏作品里找到书证，而《护花铃》恰好便是这样一个直接的书证。李定夷有《丝绣平原记》，出版时被标为“侠义艳情小说”，叙述名士黎某为鼓姬王翠兰脱籍、觅婿故事[③]，属于

---

① 韦士:《三童传》,载1914年月10日《礼拜六》周刊第19期。顾明道:《荒江女侠》,1929年初载于上海《新闻报》附刊《快活林》。关于“侠情模式”之渊源、流变,《中国近现代通俗文学史》(上卷)相关部分做过比较系统的论析,参见该书第525-527页,江苏教育出版社,2010。王度庐的《护花铃》之前,已有叶小凤的《古戍寒笳记》,也是以男女“武侠”为主人公的长篇小说。

② 见台湾叶洪生《中国近代武侠小说名著大系》王度庐作品分卷说明,按这一说法当是叶先生转引他人的。

③ 徐斯年在评介李定夷时,曾以《丝绣平原记》为例与王度庐做过极其简略的比较,当时所据王氏作品实际上是《宝剑金钗》。参见《侠的踪迹——中国武侠小说史论》,人民文学出版社,1995,第214页。

“不武之侠”“仗义解厄”模式，霄羽《护花铃》极可能也属这一模式。李定夷又有《茜窗泪影》《镜花水月》等，均由“侠+情”发展到“革命+恋爱”，可以称之为“取义舍情”模式。我们不知霄羽《护花铃》是否也发展到了这一层次，但是，仅见篇名、未见文本的《战地情仇》，很可能即属此种模式的侠情小说。

既然过去的读者对“王度庐学李定夷”有如此深刻的印象，那么还可大胆推测：王氏所写“当代侠情”小说，很可能不止已知这几种，有待挖掘其他作品，进行深入考察。

《平报》所载小说的“侠情转化”比《小小日报》晚出现一年，开始于《女刺客》。首先，这部小说的类型标为“侠情小说”，说明作者正沿着《侠义夫妻》和《护花铃》的路子做新的类型尝试。其次，这部小说已开始正视女侠的爱情问题，爱情已开始与“任侠”并言，虽然地位还不平等，但在深化小说意蕴上的作用已经显现。小说主要写侠客徐凌鹏为唐蝶卿父亲报仇，却失手为敌所杀。唐蝶卿接着去行刺，杀死仇人后自尽。小说对徐凌鹏和唐蝶卿的感情处理得比较克制，没有明确把他们写成恋人，只是写徐凌鹏在路上常常以短刀护身，并永不远离蝶卿他们；到了京城又主动出手，替蝶卿去报仇。这显然不能只解释为徐凌鹏与唐父为忘年深交而仗义相助。凌鹏和蝶卿一路亦淡亦浓的交往，分明有情愫暗生。凌鹏在京城病倒，蝶卿“常常用那诚恳的情，温存的言语劝慰”，只是唐父未得搭救，二人的感情未能发展。及凌鹏被杀，这段感情戛然而止；蝶卿既未能复仇，即将收获的爱情又生生断灭，生趣全无，才以必死之心舍身行刺。如果没有这段感情描写，凌鹏之行侠仗义与蝶卿舍生行刺的情感动力就不够充足，侠者的精神状态就不够饱满。因此，写情不仅不冲淡武侠的意味，反而能使之更加浓郁。此外，从技巧上讲，这部小说的人物刻画还不够精细，枝蔓亦多，北京地域风貌的描写还不突出。这些问题在后续的写作中都在克服，而最为关键的是这部作品再次证明王霄羽已不排斥写侠士的爱情，而且《女刺客》在写情方面也比较成功。

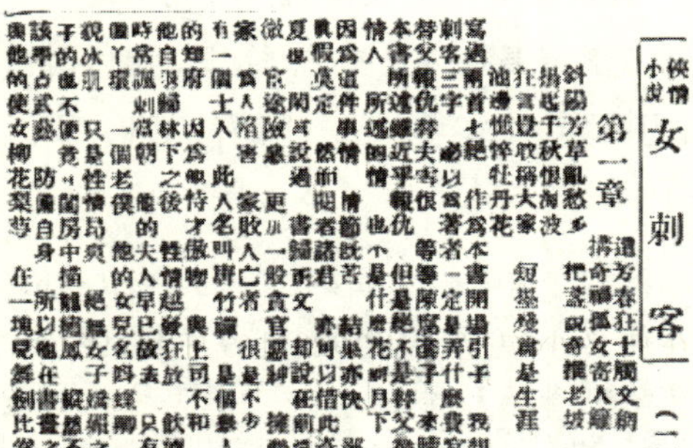
侠情小说
女刺客
第一章
王霄羽

《女刺客》开篇

1928 年出现的《江湖十六奇

侠》虽标“侠义小说”，但其中也写“侠情”，而且“侠情”因素成为这部小说最重要的“麦高芬”。这个因素就是清季河北鸡泽老拳师的女儿赵胜男与父亲的弟子白庆霞日久生情。他们的私情被赵母发现，庆霞出逃，胜男生下庆霞孩子后，托师兄邹胜云送至于鸿彩家中抚养，自己离家出走。此后小说主要写邹胜云经历几番江湖争斗后回乡隐居，其中头绪较多，但都被开始的“侠情麦高芬”牵制着。如邹胜云投到东海水军统领葛玉瑾营中，却发现水师教师“粉麟龙”赵俊杰竟是女扮男装的赵胜男（十三年后，赵胜男的外号“粉麟龙”被作者转移给了《彩凤银蛇传》中的鲁海娥，改造成了“粉麟小蛟龙”）。后来白庆霞返回鸡泽，听说赵胜男已病死，万念俱灰，便到八公山出家了。这时小说的第二个“麦高芬”出现：葛统领欲开一“英雄宴会”，让胜云、胜男请些江湖高手来聚会。接着便是众侠客赴会的故事，类似《浮白快》中集仙会。这样，“侠情麦高芬”再次启动，胜云、胜男去八公山请庆霞到东海，庆霞见到胜男“死而复生”，又惊又愧，二人相对而泣。提及往事，庆霞深表内疚，胜男则说现在不用讲谁对不起谁，前尘旧事不必再提，希望庆霞能参加英雄会，自己则决心会后即出家为尼。小说对二人相见的描写比较肤浅，庆霞的爱悔交织和胜男的爱恨交织未能刻画入微，而要刻画入微也必须用一些故事来呈现，单单一次意外重逢，显然是太单薄了。造成这一瑕疵的主要原因，自然是当时的王霄羽还是把这部书当作侠义小说来写，主要力量放在讲述十六奇侠的传奇故事。

从霄羽的写作轨迹看，1927年后他虽开始写侠情小说，但内心仍更愿意写侠义小说，写游侠传奇，而不太愿意花大力气去写侠士侠女的爱情。简言之，他的写作重心是写事，而不是写人，还没有把侠作为“人”来写，没有“把‘人’作为社会关系的总和来写”①。即便这样，《江湖十六奇侠》写侠情也要比《女刺客》接地气，因为在《江湖十六奇侠》中作者已开始注意把侠情故事放置在较为具体的社会关系中处理，尽管处理得比较简单草率，但毕竟已有所认识。

此后，王霄羽的精力仍主要投注在侠义小说上，从1929年6月至1931年3月，先后写了《红旗岭》《脂粉英雄》《尘海游侠》《雁北双雄》《深宫奇侠》《胭脂剑》六部侠义小说，《脂粉英雄》虽写女侠，但基本是把女侠作为游侠来写，没有写到爱情。《胭脂剑》开始写为父报仇行刺提督的女丐侠季瑜，后来大半篇

① 徐斯年：《论王度庐的早期小说》，《中国现代文学论丛》2014年第1期。

幅主要写她协助忠公子访泰山大侠，由此女侠就变成游侠，独行侠变成跟班了。至于爱情，直到小说结尾才虚晃一枪："一日，追捕巨寇孤帆王，在湖畔见二马疾驰，那美丽少妇正是季瑜，她向忠公子含笑施礼，又和少年说了几句话，便飞驰而去。"应该指出，此为早期小说中写得最不成功的一部，写游侠，事迹纷乱牵强，说侠情，又不尽力。这一时期写得最好的是《尘海游侠》，小说主要写侠客晏铿挑战恶霸潘豹，却战败受辱，遂去洞庭请曾震杰助战。曾震杰战胜潘豹后，自己的紫芒剑却被东海一飞侠盗走。此后围绕盗剑、追剑、还剑展开了连环恩仇故事。情节细密，胜过《草泽英雄传》，但枝蔓较多，又太注重过程，延续了《浮白快》在这方面的缺点。但盗剑这一"麦高芬"后被用在《卧虎藏龙》中（玉娇龙盗剑），也算是这部小说的一个贡献。此外，这部小说还贡献了一个"乱鸥滩"，小说中写道：乱鸥滩是一小岛，有十余户居民，捕鱼为业，贺家是岛上大户，武艺高强，其女贺文娥"生得很是美貌，并且会些武艺"。这显然是1941年出现的《彩凤银蛇传》中"水灵山岛"的原型。从贺文娥身上，也可看到《彩凤银蛇传》中鲁海娥的一些影子。这说明一个作家的创作离不开一定的写作积累，前期的写作即便整体上不够成功，局部的成功之处也会成为日后写作的营养，其探索之功自不应忽视。

第四节　《宝剑明珠》横空出世

从1929年至1931年，王霄羽接连写了这批侠义小说后，明显已有倦意，《胭脂剑》的失败就是很好的证明。此后，他便把精力转向社会言情小说，在《平报》连载《舞女啼痕》《北平新镜》的同时，又在《小小日报》连载《燕燕莺莺》《缠命丝》。其间有半年多的时间，他没写一部武侠小说，这在《平报》时期是唯一的一次，此前此后，每部小说都衔接得很近，中间的停顿基本不超过两天。这一次在半年的停顿后，《宝剑明珠》横空出世。

《宝剑明珠》连载结束之后，1932年6月30日的《平报》刊登该书出版广告[①]，称这部小说是"武侠最新杰作"：

---

①《平报》出版的单行本小说，如《水流音》《鸳鸯剑》《京尘影》等有售，《宝剑明珠》的单行本却未见，也未见有图书馆收藏。

惊险处——令人拍案叫绝

写情处——令人心旷神怡

是书曾在本报逐日披露，深受读者欢迎。结束之后，屡接读者函电，嘱刊印单行本。本报以情不可却，遂于月前开始排印，现已出售。全书共一百三十余页，洋装一巨册，书皮用色铜版纸精印，异常美观。为酬答阅者起见，每本只售大洋一角五分，送报工友代购，不加脚力。

这部小说的内容梗概是这样的：

清朝，陕南鄂西一带有一侠客，每杀贪官恶棍，必留字柬，写出除灭原因，并署“毒剑客”三字。郧阳豪强雷明保两妾虐死婢女，死婢父母告状不成，到雷门哭骂，被护院仆人打死。此后不到十天，雷明保和两妾都失了首级。知县发现毒剑客字条，禀报襄阳道台。道台派尽名捕，限期捉拿，却杳无音信，忧烦得要死，众捕头亦皆焦急欲死。

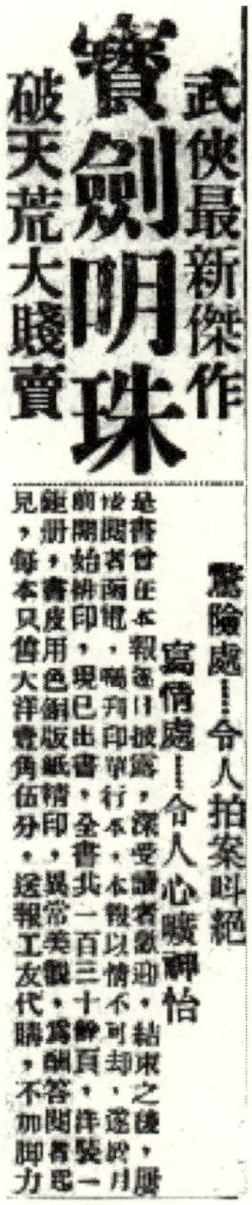

《宝剑明珠》广告

万县大镖头金刀侯老带女儿碧英去北京收账，顺便想在京城觅一佳婿，谁知京中所见多游手好闲之辈，甚是失望，愤愤而归。不想遇到侦寻“毒剑客”的名捕李常，将侯家父女当作怀疑对象，两下交手，碧英被李常毒箭射伤，侯老连夜带女儿赶到武汉，找老友周药仙疗伤。碧英在周家看到其女秀名有一口宝剑，满心喜欢，秀名说这是他父亲的徒弟叶展鹍之剑。碧英箭伤痊愈，回到万县。不到两年，老父撒手西去。某天她向母亲提出去看秀名，实是想闯荡江湖，于风尘中择一英俊郎君。一日路遇歹人，用飞弹打退追骑，却找不到山口，心里很是着急。这时后面赶来一翩翩少年，腰间正挂着秀名闺中那口剑，惊喜之下扬手将一明珠向少年投去。少年见状，知道女子有情，遂催马追赶，却不知碧英去向。碧英本想少年会追来通言，却不见少年踪影，遂由爱转成恨，将囊中所剩明珠全数投水，决志终身不嫁，回转故乡。

路过巫峡望江集，碧英听说哥老会霸王牛太岁被毒剑侠杀死，十分景仰，遂暗寻毒剑侠下落。为引起毒剑侠注意，她专走大道，绣刀插在鞍下，垂着穗子，故意招摇，不想被侠客方文震撞见，上前调戏。碧英取出铁丸，打到文震前胸，后因力弱，渐渐不敌，文震也不肯伤她，又兼胸口疼痛，刀法迟慢。这时一位老英雄赶来，让二人住手。老英雄叫江中豹，是碧英祖父旧友，言谈间夸赞毒剑侠是英雄，碧英听了，更加敬佩。晚上文震酒醉被毒剑侠刺死。噩耗传出，惊动了李常族弟李青松，他想先找到碧英，引出毒剑侠，为文震报仇。

碧英赶到周家，意外见到自己用明珠所打的那位少年。后周太太寿辰，叶展鹍舞剑祝酒，碧英看着越发爱慕。当夜碧英潜入展鹍房中拿走宝剑，留下明珠。次日展鹍并没声张，却急坏了碧英，当夜又到展鹍房中，却被展鹍揪住。展鹍说明与秀名小姐已经订姻缘，要退还明珠。碧英十分失落，次日清晨不辞而别。展鹍听说碧英已走，便借口往长沙找胞兄，去追碧英。

展鹍在路上被李青松等打败，也想找几位朋友来帮忙，遂赶往恩施。借宿三元寺时，和尚欲谋害展鹍，却被一女侠制伏，此女侠即碧英。再见碧英，展鹍又是感激，又是敬爱。正当二人互诉衷情时，李青松带人赶到，二人不能硬战，又只有一匹马，遂一马双骑，奋力逃走。后二人各表心迹：展鹍说愿与碧英结为婚配，只是已与秀名订姻，秀名又是碧英长辈，有种种难处；碧英则说既如此，虽居妾媵，亦无怨。二人既不能再回武昌，遂同往万县。

后李青松夜入周宅寻展鹍，将秀名打到楼下。周药仙一面让秀名养伤，一面派人去找展鹍。展鹍闷居万县，十分难耐，想回去找李青松报仇。碧英无法劝阻，便决定找李青松拼命，替展鹍除害。待展鹍发觉，碧英已走三日，遂骑马追赶。碧英路过杜家庄，感于杜家姑嫂之盛情，住留三天，也不见展鹍来到。此时李青松已闯到杜家，碧英与李奋战，被其刺伤。展鹍见到伤重的碧英，心痛不已。展鹍把宝剑、明珠放在碧英面前，俯看明珠，伤情不禁，望着宝剑，又顿起雄心，遂到汉阳与李青松拼命。二人相见，都具决死之心，铁肉相搏，势均力敌，后被秀名兄长周振名隔在当中，只得一齐住手。展鹍不服，夜间又闯仁顺镖局，终将不可一世的李青松杀死。展鹍连夜回到杜家，告诉碧英已杀了李青松，碧英虽是喜悦，却病体缠绵，情心全死。侯夫人从万县赶到杜家，发现碧英已死，晕厥过去。

秀名知道展鹍与碧英两心相合，自己伤势经调治渐好，心情却很压抑。展鹍回到周家，把与碧英的结合史，以及碧英为自己报仇被伤、染病身死等事，说给周药仙听，并说要剃发为僧，以报碧英。周药仙闻听又是落泪，又是生气。此时秀名已在闺中自刎。周药仙夫妇发现爱女已死，痛哭几绝，展鹍更是哭得泪尽血竭。周家上下自秀名一死，没人理会展鹍，振名见了他，也只是狂笑。展鹍处此冷淡情境，长叹一声离了周家，也不辨方向，贸然走去。从此江湖再无毒剑侠。

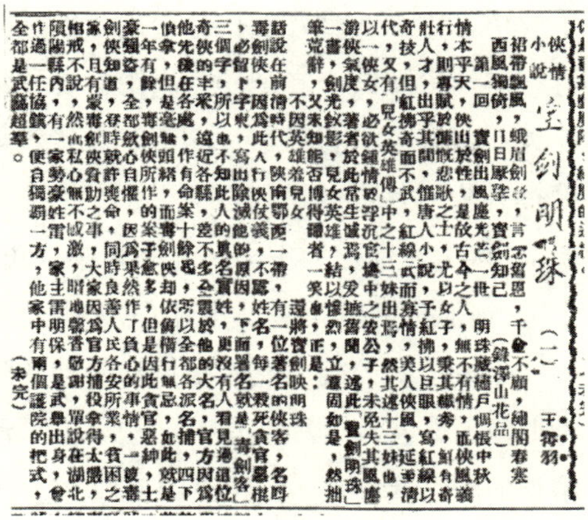
俠情小說
寶劍明珠
王霄羽

《宝剑明珠》开篇

《宝剑明珠》标“侠情小说”，1931年11月4日开始连载，至1932年3月6日结束。在这期间，未见王霄羽在《小小日报》连载小说，也未见他在其他报纸刊登小说，说明这段时间他是集中精力专门创作《宝剑明珠》。1933年10月10日，在《平报》连载的《黄河四侠》中插入《宝剑明珠》广告，称小说为“王霄羽杰作之一”，“文笔隽妙，百读不厌”。这是时隔一年之后，同一份报纸再次强调这是一部“杰作”。

事实上《宝剑明珠》确与霄羽此前任何一部小说都不一样，它何以会被认为是杰作呢？首先要考察它的立意及立意的形成过程。

《宝剑明珠》第一回把写作立意讲得很清楚：“情本乎天，侠出于性，是故古今之人，无不有情，而侠风义行，则专赋于慷慨悲歌之士，尤以女子，秉其纤秀，鲜有奇壮人才出乎其间。唯唐人小说，予红拂以巨眼，写红线以奇技，但红拂奇而不武，红线武而寡情。美人侠风，沿至清代，又有《儿女英雄传》中之十三妹出焉。然其述十三妹也，以一侠女，必欲钟情于浮沉宦场中之安公子，未免失其风尘游侠气度。著者于此常生憾焉，爰摭旧闻，述此《宝剑明珠》一书，剑光钗影，儿女英雄，结以惨烈，立意故如是。”

这说明王霄羽主要想写一个有游侠气度的悲剧女侠，而且这女侠又是有武而多情的。这其实是对悲剧侠情模式的扼要说明，但还没把女侠定位为普通侠客，而从《宝剑明珠》的写作实践看，这种模式的基本着眼点是在具有游侠气度的普通侠客，然后才是美人侠风与悲剧故事。《宝剑明珠》连载结束三个月就推出了单行本，说明这部小说深受读者欢迎，单行本的快速推出就是其成功的标志。而《宝剑明珠》的成功也宣告了悲剧侠情小说模式的成功，其意义不仅标志着王霄羽小说创作的自我突破，更为中国武侠小说创作开辟了一条新的路径，创立了一种新的范式。

《宝剑明珠》之所以被认为是杰作，主要是成功地塑造了女侠侯碧英这个典型人物。这样的形象在此前王霄羽的小说中是没有的。侯碧英之侠风在于为了爱情，为了知己，能拼身舍命，但其武艺又不是非常高强。知其不可为而舍身一搏，更见内心之坚韧与决绝。这种形象的出现，和作者对侠士精神的认知有关。1937年王霄羽在《燕赵悲歌传》开篇明确把这种为报知己不惜舍命的侠性提升为"伟大的民族性"。到《宝剑金钗》则把这种精神进一步明确为"任侠"，认为"任侠为中国旧有之精神，正如日本之'武士道'，欧洲中世纪之骑士"。这显然把写任侠提升到了弘扬民族精神的高度。

小说模式的确立，着眼点和精神的灌注是基础，但这些最终还是要通过具体的情节来实现，因此情节的构思就很重要，如果情节设置不合适，着眼点和精神的灌注就很难达到预设的目标，立意就不能得到恰当的展示。

《宝剑明珠》的情节设置是以名捕李常一路跟踪侯家父女，打斗中李右臂被侯父砍下半截这个情节为初始，按照具体的社会关系网络来安排后面的情节的。这时王霄羽已开始自觉把人物放置在具体社会关系中来描写，已经认识到普通之侠首先是普通人，要把他们作为普通人的社会关系展示出来，才能把人物的存在感传递给读者。在李常与侯家父女打斗时，侯碧英先发铁弹打在李头上，李随即用袖箭将碧英打倒，侯父将李右臂砍下。后面设计的情节是碧英到其父亲老友周药仙家中养伤，在周家女儿秀名的香闺看到周药仙的徒弟叶展鹍之剑，而按辈分论，秀名则是碧英的姑姑。通过这个情节就把侯碧英和周秀名、叶展鹍之间的关系及其复杂性交代清楚了，复杂性之一即在侯、周辈分有别。此后紧接的情节是碧英在父亲去世后到江湖闯荡，偶遇叶展鹍，投珠示爱，未被接受，失落之际，被宜都镖局方文震调戏，后叶展鹍杀死方文震。这样在基本社会关系建立后，把这个情节设计成"麦高芬"，接着的连环仇杀就在具体的社会关系中随着社会关系的突显、变化而环环相扣地展开。方文震被杀后惊动了李青松，他是李常的族弟，又和方文震有八拜之交，这便点出了碧英与李青松之间的关系：李的族兄因她而受重伤，盟兄又因她而被杀，他们之间是仇家。而叶展鸥杀死方文震后留下毒剑侠之名，这也将他和李青松的关系点出，也是仇家。后来碧英要替叶展鸥去杀李青松，在李看来，碧英是仇上加仇之人，首先他的盟兄、族兄与碧英有仇，而碧英又是杀其盟兄的叶展鸥的女友，叶展鸥又主动找李决斗，这就使得后来二人相见互不能容。然二人之不容主要是间接仇恨，是附着在他们身上的社会关系所导致的。双方都是行侠仗义之人，都非恶人，但在替人复仇时都认为自己占着一个“义”字，于是两个仗义之人，便为义而展开生死对决，忘记了“义”上还有一个“仁”。王霄羽把侠士侠女放在错综的社会关系中去写，侠的精神世界才在其具体的现实存在规约下得到展示，普通之侠的侠风才在普通人都依存的社会关系中生发出来，这种恩仇引发的悲剧就不仅是社会悲剧，也是侠者面对社会关系所展示的性格冲突造成的精神悲剧。王度庐悲剧侠情小说最成功之处就在于他写出了有情有义的侠者的精神世界，把情与义在精神层面的冲突落实在了具体的社会关系中，通过具体的情节艺术地展示了出来，使得悲剧具体可感，深具艺术的震撼力。

这样我们回头看最初李常与侯家父女打斗的情节，就会发现这个情节不仅有引出社会关系的结构作用，也有其思想内涵。在这个情节中，侯父砍下李常右臂后，不肯再做残忍之事，转生出怜悯之心，收刀住手，留李一命。这说明在侯老英雄心中义上有仁，其内心一定认为侠之大者在于仁，既要行侠仗义，同时也要以仁统义。反观李青松，他和碧英交战时，开始碧英一招狠似一招，青松只有招架，并不还以杀手。这说明他和碧英没有直接仇恨，碧英又是缠足，他开始是有不忍之心，能以仁统义的；后来碧英步步紧逼，他无法尽仁，才出手刺伤碧英。王霄羽这样写李青松，分明是和侯老英雄对照着，由此来表达这样的思想：仇恨的产生或许偶然，却因社会关系而延展，因性格冲突而演进，最终因精神境界不同而产生不同的结果。由此造成的悲剧最令人扼腕，却最能从反面强调以仁统义的重要性，然而普通之侠并不都能成为侠之大者，其身上的世俗性、不成熟性与侠风浑然一体，才最为诱人。王霄羽写《宝剑明珠》时对此已了然于心，故才在写侠风的同时用心刻画侠的世俗性、不成熟性，这样他笔下的侠者才是立体的，可敬可爱，亦可亲可恨。

《宝剑明珠》之所以被认为是杰作，除了成功塑造侯碧英这个典型形象，能将精神灌注于情节之外，还在于它对王霄羽此后的小说创作有着潜在的影响。

《宝剑金钗》是王度庐武侠小说的代表作，是悲剧侠情小说的经典，这部小说和《宝剑明珠》相比，在性格心理悲剧的打造、“闾巷空间”的经营、侠客的世俗气和小说的诗化等方面，都比《宝剑明珠》更加成熟、细腻，普通侠客的人间性和侠性的展示都极具艺术特色，这是它超越《宝剑明珠》之处。但《宝剑金钗》中的俞秀莲却是由发展侯碧英特征而打造出来的，俞秀莲对爱的执着不逊于侯碧英，但更深沉理性，她是成熟的侯碧英。也就是说，在王度庐看来，若侯碧英不死，她到中年之后应能成为俞秀莲的样子。

这就涉及女侠形象如何塑造的问题了——既是武侠，脚上功夫是少不了的，脚在塑造男侠时不是问题，但在塑造女侠时就要复杂一些。王霄羽小说中的女侠大都是小脚，而且多有明确交代：《女刺客》中的唐蝶卿原为小脚，后在父亲允许下放了足；《脂粉英雄》中的燕素绡足下有“一双不足四寸的窄小弓鞋”；《胭脂剑》中的管季瑜“年龄十六七岁，一对莲足”；《宝剑明珠》中的侯碧英“穿着短衣裤，莲足纤小”；《洛水蛟龙》中的孙瑾芬“纤小的弓鞋十分动人”。王霄羽这样注意写小脚可能有三个原因：一是当时女子大都缠足，便认为女侠也应有缠足的，遂出于想象而写；二是当时的通俗小说多有对女足的描写，他也难免受此影响；三是从人物形象的艺术感染力出发，认为写“莲足”可展示女侠之柔美。但他后来写女侠之脚就有变化了，1928年前后在写到女侠之脚时基本都是“莲足”，但对《江湖十六奇侠》中的赵胜男，他则明确说是“天足”，并写道：胜男“爱做男子装束，一口宝剑，一枝画戟，轩昂爽快”。显然，天足是配合“轩昂爽快”来写的，此处若还写“莲足纤小”，那就自相矛盾了。这说明此时的王霄羽已意识到脚的描写要和人物性格配合起来。但《宝剑明珠》中侯碧英的形象是：“穿着短衣裤，莲足纤小，风貌婀娜，手持一口宝剑，那态度十分凶狠。”这便是传奇笔法了，莲足纤小，自是风貌婀娜，但和手持宝剑、态度凶狠合在一处，总觉得不搭。到《黄河游侠传》时，王霄羽写朱玉玄之脚，则用“天足，但也不肥大”来修正《宝剑明珠》中的“莲足纤小”，就较为合理了。到《宝剑金钗》写俞秀莲之脚时，经验已丰富，就不会再写“莲足”了，只是写“脚稍大些”。这样就避免了《宝剑明珠》写侯碧英的“不搭”，也不再沿用“莲足”这种男权意识明显的词语，思想境界已然提升。而思想境界的提升正是《宝剑金钗》比以往小说全面升华的深层原因，因为光有技巧不足以成为经典，技巧必在境界涵摄下发挥其艺术呈现之功力，才能使小说具备成为经典的可能，相反，若境界不到，技巧是无能为力的。还有一点值得注意：满族女性是不缠足的，这与该族“小姑为大”的风俗互为表里，显示着满族女权比汉族要高，《卧虎藏龙》写玉娇龙，《宝刀飞》写纳兰姑娘（青年慈禧），于此着墨甚多。这里除了上述境界之外，又有另一重境界即“民族认知”境界在焉。

俞秀莲是王度庐笔下“正格”女侠的代表，这种女侠在其早期小说中非常稀见，而“偏格”女侠倒能成一系列。在“偏格”女侠系列中，侯碧英是早期小说中的代表，玉娇龙和鲁海娥则是“鹤—铁五部曲”时期的同类代表。而鲁海娥之所以写得成功，多半是侯碧英的成功刻画为之做了铺垫。从性格特质的原型上看，鲁海娥是从侯碧英延续而生的人物，特质相同，只是鲁海娥的性格更为饱满丰富，才艺更为突出，人间性更强而已。性格更为饱满丰富，指的是鲁海娥性格中还有泼辣、风骚的一面，这是侯碧英所缺乏的。才艺更为突出，是说鲁海娥会说快板书，能唱大鼓，这也是侯碧英所缺乏的。但从人物塑造的传承关系看，王度庐用这些元素精心打造的鲁海娥，其实也是侯碧英的升级版。这就体现了侯碧英的潜在影响，或说早期小说对“鹤—铁五部曲”时期小说的潜在影响。而《宝剑明珠》之所以被视为杰作，关键即在它有巨大的潜在影响，且这种影响并不因自身之不够完美而减损。在其影响之下，还催生了王度庐的另一部名作《彩凤银蛇传》。说到《宝剑明珠》对《彩凤银蛇传》的潜在影响，除了侯碧英这样的经典人物的影响外，最为显著的是小说的诗化追求。在诗化追求上，《彩凤银蛇传》也是《宝剑明珠》的升级版，诗化悲剧侠情小说由此更上一层楼，而其中用象征手法营造“麦高芬”，使得情景因情节的起伏而交融变换，更强化了诗意，彩凤翅折，银蛇落寞，便在此交融变换中渐化为闾巷长歌。

此处称《宝剑明珠》是诗化悲剧侠情小说，主要是就美学特征而言，从小说模式看，它依然从属于悲剧侠情小说模式。《宝剑明珠》开篇用具有唐传奇人物意趣的毒剑侠开篇，其实就为这部小说定下了诗化的基调，后来碧英与秀名在秀名母亲寿宴后舞剑助兴的写意描写和叶展鹍飘忽不定的复仇历程等情节，都在一步步强化小说的诗化意味。小说结尾，叶展鹍在碧英与秀名俱因他而死后，离了周家，不辨方向，贸然走去，余味悠长，亦富诗意。王霄羽用这一抹诗意写出了失意男人的心境，也用这一抹诗意宣告了悲剧侠情小说模式的诞生。

第五节　十年磨一剑——从《宝剑明珠》到《宝剑金钗》

《宝剑明珠》之后，王度庐的悲剧侠情小说创作大致可分为两个阶段：前一段属于《平报》后期，后一段属于“鹤—铁五部曲”时期。《平报》后期从

1932年3月至1937年7月，其中1934年3月至1936年10月，王霄羽在西安谋生，未在《平报》连载小说。这一阶段的武侠小说虽没有亮出“侠情小说”的牌子，但《洛水蛟龙》和《鸾凤戟》这两部小说侠情比重很大，从悲剧侠情小说模式的发展角度看，也有一些值得讨论的地方。先看1932年连载的《洛水蛟龙》故事梗概：

河南偃师镖师吴郁，祖父为绿林出身，被潼关总镇周志奢杀害，其父报仇未果，吴郁去周家报仇，又被打得骨折，仇上加仇，又不得报，心灰意冷。吴郁弟子楚明杰为替吴家报仇，私带吴之幼子思改离家，送到金杖禅师处习武。吴失幼子，镇日啼哭。后吴思改长大，武艺学成，欲下山报仇，禅师为其改名吴思九。吴思九随楚明杰寻到延安，放火烧了周家，周家叔侄俱死。

后思九闯荡江湖，路遇洛阳虎，斗杀之中削其十指。又要去会朱仙镇四霸，路上得知孙婆子有女，欲比武招婿，遂去追孙婆子，偶遇孙瑾芬。二人月下比武，互生情愫。后孙婆子母女路遇强盗，孙瑾芬与其母失散，思九赶上瑾芬车辆，一路相随，甚为投契，遂在雪芦村白百万家中成亲。瑾芬希望思九做武官，至少也入镖行，思九却只想闯江湖，除恶霸。思九告诉瑾芬身世后，瑾芬当即痛哭。原来周家的周小振是她家恩人，她本要用三十块宝石报答厚恩，不想小振已被思九烧死，自己竟与仇人成婚。瑾芬当即对思九说：“不是你家的仇报得不对，是我家的恩没法报了。”次日，瑾芬便独自走了。

思九追至武昌，瑾芬已视其为仇人，且思九“志闯江湖，不知升官耀祖”，不合自己期许，要与之永诀。孙婆子见状，亦怪罪思九，二人竟动起手来，孙婆被思九杀死。瑾芬为母办丧事期间，其父旧友葛朱题来吊唁。葛本有一妻二妾，见了瑾芬，即起色心，想乘机把瑾芬弄到手，因此假意相助。思九见到山铁英，说自己要离开武昌，让她转告瑾芬不许改嫁，若改嫁，他必报复。瑾芬与葛朱题去追思九，交手中思九伤了瑾芬胸部，趁势逃走，入四川访异人去了。

思九遇见道人削天叟，道人年迈，想见孙女诸葛秀娘，托思九下山去迎来一见。思九至成都，斗伤蜀中一霸王黄尾猫后，声名大振，自己却有点厌倦江湖，不再想做镖头、草寇，觉得该找些正经事做，深悔当日杀了孙母。

葛朱题得不到瑾芬，便想害她，却被女侠凤锦霞杀死，原来凤锦霞就是诸葛秀娘。思九再遇瑾芬，欲与之和好。瑾芬旧恨未消，咬断思九一指。指断仇消，二人和解，但瑾芬却不愿与思九在一起。后瑾芬返回山西，路遇强盗，被思九救下。二人经此事变，才尽释前嫌，重结良缘。

从小说内容来看，王霄羽没把这部小说完全当作侠情小说来写，是因他主要想写吴思九之“任侠”，由此展现其洛水蛟龙的特质，爱情虽与任侠相并言之，但还属于从属地位。从实际写作效果看，写思九和瑾芬这对侠义夫妻的离合最为成功，此外凡是单独写思九行侠仗义的内容都还是老套，并不精彩，但篇幅和情节上却占了较大比重，使得侠情故事被挤压区隔，气韵无法贯通，也就很难出现诗化的效果了。不过，这个侠情故事还是有值得讨论之处的。首先，故事还是延续悲剧侠情的路子，把夫妻设计成仇人，让爱恨交织，但因王霄羽主要是写“任侠”，对爱情的情节设置还不够充分，这也表明对于如何调适任侠和爱情，此时他的手法还不丰富，态度还有些犹疑，因此故事较为简单。也就是说，这部小说最大的失败之处在于用任侠统爱情，没能使二者在统一的立意下发挥各自的作用。但就局部的侠情故事而言，王霄羽用爱情统任侠却用得较为成功。而这成功又表现在加入葛朱题和孙瑾芬这场戏，使得孙瑾芬等普通之侠所处的社会环境更为具体，侠情故事的“闾巷空间”得到加强，普通之侠所处的世俗氛围由此有所呈现。这是小说较为成功的一面，为王霄羽后来刻画配角人物积累了经验。

此外，这部小说有两个情节设置在此后的小说中被沿用。一是把夫妻设计成仇人，这个情节在1940年《京报》连载的《风雨双龙剑》中又被使用，这次它已成为建构小说最主要的“麦高芬”。二是孙瑾芬与其母失散，思九赶上瑾芬车辆，一路相随的情节，与《宝剑金钗》“风尘送嫁千里尽柔情”中李慕白护送俞秀莲又何其相似，但后者写得诗意盎然，前者基本还是平铺直叙。这也表明一个情节素材在作者心中蕴藏至久后必会在其成熟之时再次闪亮登场。这就是十年磨一剑的力量。

这一时期，紧随《洛水蛟龙》出现的是《鸾凤戟》。这部小说虽标“武侠小说”，却是一部真正的侠情小说，主要写侠客秦文辉与女侠郑七姑、孟兰娥的三角恋。秦文辉与郑七姑是夫妻，同时他又爱上了郑七姑的表妹孟兰娥，而且二人在京城同居。后七姑千里寻夫，发现丈夫和表小姨早结成了夫妇，但她并不气愤，却说：“本来她嫁了你，也能与我同在一起，我们就一同过着快乐日子，何必还分什么大小?”兰娥虽自感惭愧，但也接受了这种二妻一夫的安排。这个结局和《宝剑明珠》完全相反。《鸾凤戟》是侠情小说，有悲剧元素，却以大团圆收场。这就背离了悲剧侠情小说模式。是《宝剑明珠》写得太悲凉才故意写个大团圆的《鸾凤戟》来满足读者市场的需求，还是别有原因呢？1942年王度庐在《关于鲁海娥之死》中写道：“向来‘大团圆’的玩意儿总没有‘缺陷美’令人留恋，而且人生本来是一杯苦酒，哪里来的那么些‘完美’的事情。”[①]这样看来，他的本心是并不愿意写大团圆的，《鸾凤戟》这个例外应是随俗之举，多少有些安慰因读《宝剑明珠》而郁闷的普通读者的意味。考察小说本身的艺术性，《鸾凤戟》写得从容不迫，文辉、兰娥京城同居险些被庆二爷陷害一节，设计得很巧妙，写京城旗人崇公爷、庆二爷的部分总让人想到《宝剑金钗》里的京城风貌和侠气盎然的京旗贵族德五爷。整体来看，《鸾凤戟》背离了悲剧侠情小说模式，但局部侠情故事的“闾巷空间”却在加强，因此不能因为整个小说思想平庸就把局部的优长也否定掉。《鸾凤戟》中经由崇公爷、庆二爷等旗人展示的“闾巷空间”在《宝剑金钗》《卧虎藏龙》中得到了发展，这就是“非悲剧侠情小说”《鸾凤戟》对后来的系列悲剧侠情小说的贡献。也就是说，非悲剧侠情小说中的“闾巷空间”写作，为悲剧侠情小说模式提供了营造同类空间的经验。

当年喜欢王度庐小说的读者，或者那些欣赏《宝剑明珠》的读者，肯定不会喜欢《鸾凤戟》，这一点也是本来讨厌大团圆的王度庐心知肚明的。1948年《绣带银镖》的出现，证明《鸾凤戟》的随俗之举一直是他心头之恨。因为《绣带银镖》在爱情描写上完全是反着《鸾凤戟》来写，刘得飞在和小芳、卢宝娥的三角恋中非常吃香，两个女子都在争夺自己的独爱之权，卢宝娥更明确地说“她不能占我的份儿”。这和《鸾凤戟》共事一夫判若天渊。更为不同的是结尾卢宝娥误杀小芳后自缢而死，以大悲剧收场。这样王度庐终于把深藏十几年的心头之恨借《绣带银镖》一扫而空了。由此而言，未尝不可视为《鸾凤戟》用自己的失败催生了《绣带银镖》这部佳作，这也是它对悲剧侠情小说模式的延续和完善的一个贡献。

《鸾凤戟》之后的《黄河游侠传》也有“侠情”成分，尽管侠情故事从属于游侠传，其小说空间受到挤压，却和《洛水蛟龙》《鸾凤戟》一样，也能从中透

---

① 王度庐:《关于鲁海娥之死》,《京报》1942年3月24日。

武俠小說 黃河遊俠傳 霄羽 （一）

第一章

《黄河游侠传》开篇

视出“鹤—铁五部曲”的一些影子。

该书连载版共十二章，近十万字，基本完整。全作可以分为两大部分：前一部分叙河南灵宝县富户徐天举率门客游关中、闯江湖，与“关中三条龙”结怨被杀；后半部分叙其子鹰鹏下嵩山为父报仇，最终与对方化解仇怨，归山修行。

徐天举率一众门客闯荡江湖，其实如他自己所说，为的是要“打江湖”；结果却是铩羽而归，东躲西匿，最终丢了性命。就此而言，他的故事略含反讽。徐鹰鹏的故事，则包括一个稍具雏形的“侠情”构思。

鹰鹏七岁时，便被父亲送到嵩山妙生寺落发修行，学习武艺。其间结识年长数岁的道姑朱玉玄，日久双方渐生“姐弟恋情”。徐鹰鹏下山为父报仇，朱玉玄化装为俗家女子处处暗助之，并曾透露出希望鹰鹏也一同还俗，共闯江湖之意。鹰鹏却不肯还俗，坚持要在父仇得报之后回山修行。其中有这样一段心理描写：

……徐鹰鹏晚间念过了夜课，心里的往事便又触动起来，静坐了一会儿，只见窗外的月光比屋中的灯光还要亮。他便站起身来，走出了配殿，只见中夜清静，四处无声，一轮明月，嵌在碧蓝的天上，射出水一般清澈的光辉，使鹰鹏不禁思想起往时住在嵩山上时，夜起看月，每觉得分外高寒。现在月色如昔，可是这京城里的大刹到底是与那深山古寺不同，现在不知道诸位师兄在山中做什么了。又想朱玉玄曾说过，她一定时时跟随着我，大概现在她也到京城来了，只不知道她是住在哪里，我也不能够找她去。按说十载以来她对于自己实在恩深义重，自从小的时候，她把我的性命救了，我待她就如同自己的姐姐一样，现在虽然全都长成大人，可是彼此之间并没有说过一句失检的话。她跟着我下山来，也是恐怕我受了关中三条龙的暗算，她才在暗中帮助我，原是出于一片好意，可是她不该改了俗装，换上发髻，并且还穿了富家妇人衣服，这却十分不好。大概她已有还俗之意，以后她常跟自己见面总不大好。僧道隔门，男女有别，年幼的时候彼此不知道回避还自可说，现在年纪长了，岂可彼此牵连不断？如此一想，便觉得思绪万端，扰扰不休。抬头望月，一股清凉意味，直沁心脾，他便决然说："只要是自己把父仇报过之后，便绝不再与朱玉玄见面！"心志决定，万念俱灰……

这里不仅写到侠士、侠女之间的爱情，而且写到阻碍爱情发展的因素不在外部，而在男主角的内心。"理智与情感"的交响旋律开始呈现，不过尚未成为全作的主题，这一矛盾也未得到充分展开。朱玉玄"汉装大脚"的形象以及她在土城独战群豪的情景，令人依稀可见俞秀莲乃至玉蛟龙的影子；徐鹰鹏的内省心态，也会令人联想到李慕白。是皆此作最为引人注目之处。此外，《黄河游侠传》和《燕赵悲歌传》《八侠夺珠记》这三部作品中也开始出现后来《宝剑金钗》《卧虎藏龙》里经常写及的一些地点，例如：鼓楼大街，后门桥（作者故家即在此近），德胜门外的马甸、土城，珠市口，打磨厂，等等。这些信息都提醒我们，此时，"鹤—铁五部曲"已经进入不自觉的孕育期了。但是，对比"鹤—铁五部曲"的开山之作也是巅峰之作《宝剑金钗》①，总觉得《黄河游侠传》等三部（还包括1938年在青岛发表的《河岳游侠传》）的水准，与之相差过于悬殊。

回望从《宝剑明珠》到《宝剑金钗》的发展历程，《宝剑明珠》虽基本确立了现代悲剧侠情小说模式，但在"鹤—铁五部曲"出现之前，这个模式并没有充分展开和强化，而只是常规武侠小说中的"配角"。那么为何王霄羽在《宝剑明珠》之后没能紧接着孕育出"鹤—铁五部曲"，却在近十年的停顿后才写出《宝剑金钗》呢？只要大致比较《宝剑明珠》和《宝剑金钗》，就会发现二者在小说技巧上的差距并不大，对悲剧侠情模式的把握也旗鼓相当，而真正的差距主要在于思想境界的变化，在于对爱情和人性的理解，在于对小说整体意蕴和美学风格的把握。要弄清楚十年间这些本来悬殊的差距是如何消弭的，就要考察《宝剑金钗》的创作基础，而不能只看早期武侠小说，既应扩及王氏全部早期作品——特别是社会言情小说，还应扩及他的早期杂文。

① "鹤—铁五部曲"中写得最好的是《宝剑金钗》和《卧虎藏龙》，二者之中，许多读者又更偏爱《宝剑金钗》。看来古龙、李安也是如此，后者执导的电影《卧虎藏龙》里就选取了大量《宝剑金钗》的内容，以致有的国外评论家误认李慕白、俞秀莲为该片的男主角和女主角。

第四章　和老哥儿们“谈天”——早期杂文

王度庐早期的杂文主要发表在北京《平报》和《小小日报》，已见最早的一篇发表于1924年，最晚的一篇发表于1936年。本章先论《小小日报》所载杂文，后论《平报》所载杂文。

谈天
世態
柳今
世界上最可惡、最可畏的，就是這「世態炎涼」四個字；這四個字最卑、鄙不過，最可哭不過。

《小小日报》的“谈天”栏目

1930年的《小小日报》有两个专栏：一是王霄羽用笔名“柳今”开设的个人专栏“谈天”（由于报纸残缺，开栏和结束时间未详），另一个专栏名为“小言”，王霄羽也用本名在上面发过文章。这两个栏目，颇可借来概括这些早期杂文的总体特征——以“小言”与小民（他也常用“老哥儿们”这一称呼）“谈天”。

第一节　“解饿”和“救国”

在王霄羽发表于《小小日报》的杂文里，“钱”和“窝头”是两个出现频率很高的词。“民国开基十九年，革命成功也有三四年了，但是民气反倒日趋苟安、颓废”（《快乐人多》）①，咱们的社会到底怎么了？咱们的民生为什么越来越糟？作者认为，只要抓住“钱”与“窝头”这两个关键词，联系社会现象、生活状态加以分析，就可发现问题之所在。

他在《中等人》一文中，剖析了“人分三等”背后潜藏着的一种无形标准：

---

① 本节所引柳今杂文之发表时间，均请参见本章第四节后“附录”。原文的标点符号均按现行标准做了必要的替换和调整。明显讹误或衍植的文字进行改正；疑为讹误、脱漏之处，改添之字均加方括号标示之。

“有学问的，自然是上等人，有权势的，自然是上等人；然而无学无势而有金银财产的，也可以算上等人。没学问的，自然是下等人，没品格的，自然是下等人；然而有学有品而穷光蛋者，也得算是下等人。”介乎“有金银财产”者和“穷光蛋”之间的，则是“中等人”。金钱既然成为判断人之价值、地位的唯一最终标准，必然导致人性的扭曲和堕落。所以，他在《发财学》中又说，天下最重要的既然是“钱”，那么“发财学”当然便成为最重要的学问了。这门学问的宗旨就是“不管什么廉耻、良心、公共的利益、国家的经济，只求的是我一己囊橐肥满，金银充溢。”“只要把头弄尖些，脸皮绷厚些，牛皮吹响些，马屁拍熟些，会献小殷勤，会说低下话，能投机，善拍虎”，起码也可“落一个小财主”。

作者还揭示金钱也已成为各种事业单位、社会机构追逐的唯一目标，它的魔力并且渗透到各行各业之中，于是导致全社会的畸形化。《贵族学校》中说：学校成为“认钱不认人的教育机关”，教育成为“阔人专享的权利”，将大批“未必有钱”的“有志的青年”拒之门外。《荒芜的青年》写“我”坐人力车回家的感受，说自己与拉车的青年车夫属于“同类”，都是具有相当的学问或能力的青年，然而都处于“不得用”或“屈其用”的境地。作者责问道：“我们是自愿荒芜呢？还是这社会国家叫我们荒芜的呢！”《落子馆》述在东安市场听落子（即大鼓）的感受：“我”一边听着鼓词，一边给这个演出团体算账，“一晚唱上十几个曲，至多三元钱，日夜算上，至多六七元，我不晓得他们这二十上下的人，电灯费……一切费用，怎样支配？”进而感叹道：“北平有一句习惯语，管维持生活叫‘找落子’，穷人叫‘没落子’；落子馆这个名词，可称是名副其实，然而自鼓姬以至听落子者，未必全都有落子罢！”

金钱第一造成了这样的后果：“上等人”越是有钱，“中等人”分化到“下等人”行列里去的就越多，他们“奔窝头”也就越艰难。作者在许多杂文里都描述了这样的“都市图景”：一方面是“上等人”在贵族商店里、在灯红酒绿中挥霍无度，追求醉生梦死的享乐；一方面是“下等人”在平民市场里、在百无聊赖中“溜窝头”“逛窝头”，苦度艰难的“穷愁人生”（《万寿寺》《什刹海》《快乐人多？》《自行车》等）。所以，作者在《财神……阎王……》中沉痛地说：“天下最公道的事，就是‘死’”，“最不公平的，就是‘财’”。他又用颠覆成语的手段来强化这种不公平的悖谬性——因为成语往往反映着“公理”。《人死不值钱》中说：如今的穷人，不仅死了不值钱，“活着也不值钱——刨除一般有特殊价值的女性，可以买去做丫头、姨太太、娼妓，因此可以有很高的身价；其余我辈男子，谁也不肯买去费饭。就以柳今我说，不信委托某拍卖行，挑起豆腐块的旗子，来拍卖我，就是公开参观八年，也恐怕没有一个人问问价钱啊。”《癞蛤蟆……天鹅肉》中则说：“癞蛤蟆想吃天鹅肉”这句俗语，本来说的是“癞蛤蟆绝对吃不了天鹅肉，因为天鹅就绝对不肯把自己的肉给它吃”；如今可不同了，“癞蛤蟆虽然癞，架不住有钱，蛤蟆有钱，诸事不难，不要说天鹅肉，凤凰肉我也能吃到嘴啊”。

鉴于以上认识，作者在《吃饭问题》中归结道：“饭是能使人争夺的东西。”又在《谋事》中发出警告：无事可谋则无饭可吃，“自然难免趋于‘弱者待毙，强者走险’一途；最可怕就是一般知识阶级，他们受过相当造就，他们胸中怀着无限的学识、智力，他们绝不甘沦落，他们绝对有抵抗这种恶势力的能力；如此，难免他们要造成种种大祸乱、大罪恶了”！在《由线订书说起》一文中，作者提出了总结性的论断：“解饿”第一，“救国”第一，“一切不能解饿、不能救国的东西，都是胡闹”。

这些短文，谈“解饿”问题的最多，都将读者目标锁定为中下层的都市平民。作者准确地把握他们的生存状态和感受，具有浓厚的生活性和世俗的沟通性，痛切陈词之中不乏幽默和谐趣。作者为自己设定的任务不在于做宏观的考察，也不在于做理论的辨析，而是抓住都市下层生活状态，抓住具体论题和平民切身体验的关联，试图在沟通中无形地提升读者的精神境界。它们是“载道”的，但又常于“载道”时“言志”；政治上则既有所规避，又透露出稍微偏左的“持中”立场。这些固然都与小报的办报宗旨、专栏的性质定位分不开，却也体现着作者的某些个性。

如果说，在谈说“解饿”问题的杂文里，作者的情绪总体上还是比较冷静的，那么议论“救国”问题的杂文就不同了。这类文章固然不多，情绪性却都很强，且多直抒胸臆，沉痛、慷慨无不溢于言表。他的爱国主义情感，主要都是针对中日关系而爆发的。

1928年“皇姑屯事件”之后，日本帝国主义加紧了侵占东北的各种准备，而国内军阀势力却正忙于“粤桂大战”和“中原大战”。作者在《恶五月》中回顾了“‘二十一条’的签字，上海英捕的大惨杀，济南日军的空前杀戮”之后，沉痛地倾诉道：“卖身的文契依旧高标在那里，死难同胞们的血迹还兀自如新”，国耻何时得雪，同胞何时才能齐心奋起呢?《跳楼者》就一位青年跳鼓楼殉情的报道发表见解说：鼓楼已被命名为“明耻楼”，“那上面陈设的‘甲午之战’‘庚子之役’‘英法联军破北京之役’‘五卅英日惨杀’种种的泥塑模型，‘割香港’‘租旅大’‘订二十一条’‘济南惨案’种种图说、书籍，哪一件不是足以激发青年志气，振起伟大精神”呢？为情而死固然可惨、可怜，但不足取，盼望情场青年，“要把爱一人的爱，推广成一个爱四万万人的爱”，“将欲牺牲一女子的勇气，而牺牲于四万万同胞”，那将会是何等的伟大啊！《团圞月照破碎国家》由李白的《静夜思》诗引出感慨，说：如水明月，照到别的国家都能使人欢悦，“惟独照到我们中国，往南，长江滚滚，数千万灾民，哀鸿嗥月！照到东北，则见长白山虎狼群踞，沈阳城无数同胞，屈服在异族铁蹄之下！”“我不知他们，将要愁肠几转！！”这篇文章不仅情感深沉、愤慨痛切，而且笔锋直指国内政治和国际强权，在这批杂文中是比较罕见的。

同样罕见的，还有《烛边思绪》，全文如下：

烛边思绪

人生在世是要自寻安慰的，江上清风，山间明月，黄卷青灯，自有真乐。这种静中所自寻出来的真乐，比什么歌台、舞榭、鼓场、娼寮，还要安慰得多。

我因为生活的单调，心志的孤孑，所以在环境上不得不于静中自求安慰。我纯粹是个［过］思想生活的人，极微细的事体、物质，我都要研究它，但是所得的结果，就是悲哀，然而于悲哀之中，我也曾寻出些乐趣来。

昨天夜里，无所事事，看了几篇“朝鲜义士安重根传”，令我胸襟起了无限的感慨，恨不得此时连浇三盏，一饮而尽。又看了两篇，灯光渐渐昏黑了，原来灯内的煤油尽了，我登时拿出一支蜡烛来点上，把煤油灯就吹了。又看了两篇，看那朝鲜亡国的惨痛，安重根刺死伊藤博文之慷慨激昂，不禁我又怀想我们老大中国现在景况，不禁怆慨。掩卷静思，猛然看见那烛光萤萤，一滴一滴地流下，啊呀，真真像眼泪！

“蜡烛有心还惜别，替人垂泪到天明”，真不愧是唐人佳句，晚近期内新诗家连影儿也追不上。我又想，我看的这本书是一本铁血的书，点上一支红蜡烛，似乎可以增加热烈悲壮，那红蜡的蜡油，不单可以代表国家兴衰之泪，而且还可代表书中义士的热血。我桌上正有一支红蜡烛，于是，点上。

红光艳艳，白光灼灼，我真要唱《双灯记》，于是我低吟道：“敲断玉钗红烛冷……”我本是要借这红烛砺一砺我的志气，不想倒教这一句诗，给我磨得壮志全销了！

回忆什么？往事都成烟了！现在我的痛苦还正是我的快乐呢。我把以往的事情，全都屏除不想，噗，噗，吹了两支蜡烛，说声：睡啊！

安重根（1879—1910）是著名的朝鲜爱国志士。日本帝国主义在日俄战争中获胜之后，加紧了灭亡、吞并朝鲜的行动，祸首便是时任首相伊藤博文。安重根早就参加朝鲜爱国者抵抗日本侵略者的革命活动，1909年3月，他断指血书“大韩独立”四字，与十一位志士结盟，誓杀伊藤恶贼。10月，获悉伊藤博文将经哈尔滨前往俄国；安重根于26日上午，在哈尔滨火车站以手枪击毙伊藤。被捕后，他在“关东都督府高等法院”的法庭上慷慨陈词，历数伊藤博文十五条该杀的罪行，独自承担谋刺的责任，于1910年3月26日从容就义。他在狱中写有自传，1911年，夏威夷的《新韩国报》社出版了《大东伟人安重根传》，有关他的出版物在当时的中国相当流行。

王霄羽夜读“铁血的书”，不禁热血沸腾。所谓“疾风知劲草，板荡识诚臣”，面对国难临头的危局，他慨叹中国之安重根何在！出离悲愤，反观室内，一灯如豆，长夜漫漫，他又体味到深切的孤独和无奈，于是以故作旷达的话语结束全篇。短短六百字，写得起伏有致，真挚感人。尽管文字稍有粗糙之处，但是此文完全可与“新文学”“革命文学”那些宣扬爱国主义的“主流散文”媲美。

这篇短文与八年之后作者首次用“度庐”之名所作的《海滨忆写》有着异曲同工之处，对于理解、探析作者在青岛沦陷时期的内心苦闷极有帮助。

第二节　“道德”与“伦理”

对于“解饿”“救国”这两大要务，王霄羽不想也不能提出可行的政治、经济方案和途径，他的“本业”毕竟还是文化。关于文化问题，他也确有自己的思考和见解。在他的这些杂文里，《道德》和《伦理与中国》是相当独特的：其他杂文罕谈理论，这两篇却专讲理论问题；其他杂文大都篇幅短小，这两篇却

談天

倫理與中國

柳今

一、倫理的產生

《伦理与中国》

都较长——尤其是后者，整整连载七天，共计五千余字。它们是研究王度庐思想的重要资料。

“打倒孔家店”这句口号，概括地体现了五四新文化运动对中国传统文化的决绝态度，传统道德、伦理当然亦在彻底否定之列。作者在《道德》和《伦理与中国》中却提出了与之不同的见解。他说：“伦理二字是起始于人类所特有的‘爱护心’”和“恻隐之心”，并非中国所专有；但是，中国使伦理“成了国的灵魂”，确实又与其他国家有别。至于伦理之“假”，不在本身而在“被利用”。

他对传统伦理中的“五伦”逐一进行分析，认为“‘兄弟’‘朋友’两伦”是“十全十美”的；“‘夫妇’一伦”表现了“男性的中心”，这是“环境”使然，需代之以“男女平等”观念。至于体现“君臣”一伦和“父子”一伦的“忠”与“孝”，则最明显地受人利用，因而被赋予了专制的内涵：“‘孝’字已被一般顽固爹娘利用了，把儿子看成是他们的产业了，私有品了；‘忠’字已被一些强盗变相的帝王用作骗术了，使一般人做他一家的奴隶了。”这种“被帝王利用的伪忠伪孝”确实必须打倒，但是，应该恢复“尽己之为忠”的本义，恢复“父慈子才能孝”的本义，因为这才体现着孔子所主张的“真平等、真义务”和“共存互助的真精神”。

作者承认，“自从汉高祖利用儒生以后”，便造成了“伦理化的”、亦即“有权者利用伦理而治民的中国”；他也承认，在有权者的利用之下，伦理是“有时无人道，有时使人痛苦”的，“但是人们的喜它心，毕竟能够战胜恨它心”，因为帝王的利用毕竟泯灭不了它所本有的“中华民族的特殊精神，勇敢精神”。这种精神根乎“家族观念”：中国人爱家胜于爱国，而伦理则起着“联络其中”的作用，“这实在是中国能延长这四千多年寿命的重大原因”。孙中山将范围较小的家族主义“推广到民族主义”，是对传统伦理的继承、改造和扩展。

作者说：“我也是曾做过盲目的狂人的青年”，现在则知道，“对于我们中国的伦理”，应“先不要宣告它的死刑”，而应去“详细地审问审问它”，看“它情屈不情屈”。可见此文包含着王霄羽对于“五四精神”的某种反思。

于是，我们看到了以梁漱溟为代表的“新儒家”的影子。事实上，作者写《伦理与中国》，正是对王鸿一某次演说的申论。王鸿一（1874—1930），名朝俊，字鸿一，山东鄄城人，同盟会员，教育家。曾任山东提学使、议长等职，致力于提倡、推行“村治运动”。他对梁漱溟的文化学说十分钦佩，而梁的“乡村建设”思想也吸取了他的实践经验。梁漱溟在1921年出版的《东西文化及其哲学》中主张通过改造西方文化精神、恢复中国文化本义，来实现中国文化的复兴。他后来又提倡以“乡村建设”改造中国，认为中国社会一向以伦理为本位而非以阶级为本位，所以中国的出路在于以固有精神为基础，实现中西文化的沟通，从而建设一种新的礼俗和社会组织。[①] 因此，梁、王都反对中国共产党的阶级斗争学说和武装革命主张。就此而言，王霄羽的上述观念与梁漱溟、王鸿一的思想学说有所契合，体现着一种折中主义，因此也是与五四新文化的主流思潮以及“左翼”文化思潮——特别是“无产阶级文化派”[②]——有所对立的。但是，在其大量杂文中，王霄羽又更多地表现出对五四新文化思潮的认同。例如，他曾多次批评传统的风习节俗和传统的世俗心理。《端午节》中认为，风习在形成之初原是“很可以调节人生，安慰人的劳顿生活”的，但是“因习成俗，日久加入迷信思想，反失却它本来面目”了，结果养“成一种苟安性”，走向了反面。《俗礼》中这样分析俗礼形成的原因：“人生在世，固然是痛苦很多，然而有许多是可以解决的；因为大家有一种苟安、将就的懒性，所以自甘负着痛苦的创痕，不去医治它；纵使有一二头脑稍清者，也没有勇力去反抗习俗”，于是俗礼就只剩下“热闹”，至多“惹起一般生活有缺憾者的伤感”，阻碍人们去“奋勇无畏”地“改造自己的生活”。《办白事》针对办丧事需请僧道放焰口，为死者“免罪”的风习发表评论：“我们以道德、宗教的眼光来看，可以说是没有一个人不染有‘罪’的色泽；但是以进化文明的公理来说，一个人生在世上，给人群作了事情，就无罪可言；若拿苛求的眼光来看，世界古今的大英雄、大科学家、大教主，哪个不是罪之魁、恶之首呢?”因此，以为人生必有罪，乃至借“免罪”之名“办白事”炫富，那是“神经病的表现”。“即便我们说世界上的人有罪恶，那么人死气绝，罪恶也就停止；所以只应该自免罪

---

① 梁漱溟阐述“乡村建设”理论的几种著作固然正式出版于1930年以后，但早在1921年结识王鸿一时，他就进行了一系列的思索和实验，并通过讲演、撰文宣传相应的理念。

② 1930年前后，一部分左翼文化工作者鼓吹“左”倾文化思想，粗暴地彻底否定传统文化，其思想渊源可以追溯到苏俄的“无产阶级文化派”。

于生前，不必［叫］人给你免罪于身后。”这样，作者就将风习的批判上升到人生哲学的研讨和国民性批判的层次了。

作者还有一些文章，善于从世态人心的细微之处入手，剖析、揭示其背后隐藏的国民性弊病。例如，北方人称醋为“忌讳”，而饭馆里的食客则因忌对女招待说“吃醋”而往往有意无意地更加强调这一“代称”。在《醋……忌讳……》一文中，作者就此剖析道：“你心里本来就有‘忌讳’两个字，你又‘忌讳——忌讳’的乱喊”，这不正是“矛盾的生活”之表现吗？《小算盘》则以“迁都”之后北平的落寞为背景，比较北京人和“各大商埠”人的心理差异。作者认为，北京人一方面“具有相当历史，受有相当文化，经过相当政治的潮流”，故有外地人不可企及之处；另一方面，由于“官派化”，“心地朴厚，拙于经济”，北京人往往又“独爱打小算盘”，结果是“小算盘打了半辈子，全都叫大算盘给轰出去了：大清国歇业……政府又一再迁移……只好穷愁坐困，口口声声迁都害人”。其实，“您早先在打小算盘时候，打一下大算盘，也不致如此呀！”这是从传统心理的剖析深入到现实政治的批判，从对平民百姓的劝告上升到对“大人先生”的鞭笞了。更加值得注意的是《造化儿子》一文，它批评世俗人情都希望生个儿子有“造化”的心理，认为“中国人的”这种将“享福希望”寄托在儿子身上，不愿他“做苦工”、不愿他为国牺牲的心态，正说明“家族主义之足以铲除”，否则国家衰弱的前途将永难改变。此文写于《伦理与中国》发表之后不到两个月，而对“家族主义”的态度与之迥然有别，其立意还颇受鲁迅《野草·立论》的影响。可见“德赛二先生”的效应，在王霄羽的心中仍是相当根深蒂固的。

男女平等，往往是民主主义思潮最先切入的一个主题，五四新文化运动的先驱者也经常把“男权”作为自己攻击礼教的首要靶标。作者对这个问题谈得也多。有的文章蕴含“引而不发”的用意，即只针对事象进行表层分析，深层结论则在文本之外，留待有心的读者自行思索。例如《香艳文章》，以陈栩的一首题画诗作为话头，引出议论道：

我想天下之文章，大半都是香艳的文章。以中国的文章说，自诗三百篇，以及于韩偓之《香奁集》、王彦泓之《疑雨集》，更不用说什么最显著的《高唐》《神女》《湘君》《洛神》等赋，反正都是有字皆香，无词不艳。孔二老爷说什么“国风好色而不淫”，其实我们展起《诗经》来看，由

《关雎》章往下读，真管包幽怨缠绵，比《性史》不在以下。

推及外国文学和戏剧、电影，加以概括考察之后，作者的结论是："天下要没有香艳的文章，就没有文章了"；"世界的艺术家，一百有九十九个是拜倒石榴裙下者。"表面谈的是艳情文字和文学史现象，启示读者进一步思索的是：女性在文学史上的地位和作用既然如此重要，那么她们在人类历史、社会生活中的地位和作用难道不是同样重要吗？为什么这种地位和作用数千年来一直受到扭曲和抹杀呢？为什么她们在历史的和现实的文本（包括"香艳文章"）中却一直"缺场"呢？

另一些杂文则专选平日习以为常的事象或话语，揭示其背后掩藏着的男权主义。例如《女朋友》一文，针对人们一见男女交往就会"好奇"的现象指出，这好奇心暴露的是一种潜意识：只把女性视为恋爱、结婚对象，它反映的是男性的"野心过大"。《"嫁"的问题》和《"娶"的问题》中说："嫁"和"娶"是"天下最不平等"的两个字，因为"只有男娶女，没有女娶男"，"嫁"字的含义虽相反而实相同，反映的是"男权重"，是男方"性欲与金钱"的决定作用；对于女子来说，这"不但不平等，而且残忍"。刘海粟在中国首创人体写生，被认为是对传统观念的一大挑战和冲击。作者在《人体美》中却说：刘海粟"原是以男性为标本的"，结果却造成"我国之人体美，只限于女性"的风气；宣扬画模特儿之进步性的舆论背后，还是"男性肉欲""男权中心"在起作用。《奸杀案》中出语惊人，认为"'奸''淫'这两个字，与所谓的'恋爱'是没有什么分别"的，它们的贬义内涵反映的是"情场之不平等"——如果真"欧化"，真"新派"，真讲"公理、人道"，真承认"恋爱神圣"，"那么'通奸''幽私'……'奸夫''淫妇'……这些名词"就"根本不能存在"，"何况只见男子捉奸，不见妇人捉淫"呢！作者在《性的文章》中所表达的一些见解，同样应作如是解读，例如文中说："《红楼梦》的'意淫'，比他书尤甚，所谓大盗不操干戈者也。"引述的虽是卫道派的成说，却含有"翻案"意味——"意淫"者，性爱之情也，表达的是推崇之意。

正因为民国建立之后女性地位仍无根本性的改变，所以作者特别赞赏女性的自强、自立行为，而且建议：处于"客位的男性，最应当看着女性这种自拔状况，应该喜欢，不可加什么非议"（《妓女问题》）。作者也最欣赏那些具有叛逆性格的女性，他在《颠倒雌雄》中表示："女性效法男性，或可以说是同化于男性，这是很可贺的一件事情，我非常敬爱这种女同志。”《敲钗小语》中有几段以花朵比喻各种女性的文字，其中独崇玫瑰：“色香与众花不同，而玩之则芒芒有刺之女子，可喻为玫瑰。此众品中，惟玫瑰最为奇绝，其他碌碌耳，然今世惟玫瑰式之女子最寡见。”

柳今即王霄羽的“女权观”是相当激进的，这一点非常值得注意，因为“女人与小儿的发见”，是关于“‘人’的真理的发见”，[①]是人道主义的重要内涵。这对于解读王度庐当时与后来的那些小说创作，是极有意义的。

第三节　“平民文学”

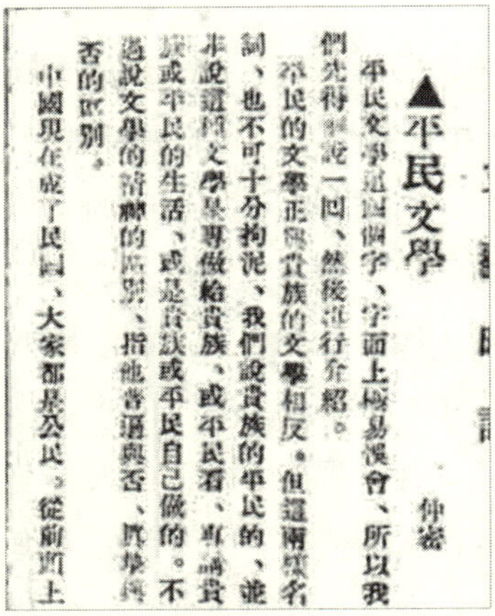
▲平民文學　仲密

平民文學這四個字、字面上極易誤會、所以我們先得解說一回、然後再行介紹。

平民的文學正與貴族的文學相反。但這兩樣名詞、也不可十分拘泥、我們說貴族的平民的、並非說這種文學是專做給貴族、或平民看、專講貴族或平民的生活、或是貴族或平民自己做的。不過說文學的精神的區別、指他普遍與否、真摯與否的區別。

中國現在成了民國、大家都是公民。從前頭上

周作人（仲密）《平民文学》（局部），载1919年1月19日《每周评论》第5期

关于“平民文学”，五四新文化运动前驱者从理论上阐释得最为详尽的，当属周作人1918年12月20日所作《平民文学》一文。王霄羽在其杂文中既认同这一文学观念，又对它做出了自己的诠释。

何谓“平民”，周作人说得比较笼统，或谓与贵族相反，或谓与“公民”同义，就是“大多数”。王霄羽在《平民化》一文中先做比较广义的解释：“平民就是民众”，“是‘平等之民’，使奴唤婢的老爷，位尊权重的大人，他们绝不配当平民这两个字。”再做狭义的解释：“平民的‘平’字，与‘贫’字的字音相近，所以我们中国就把‘平民’二字，无形中看成‘贫民’了”；如此，也就“只认定贫民、劳动者、无产阶级是平民”了。看来他是不赞成“把平民二字的范围弄窄”的，对比《中等人》一文里的观点，似乎认为“平民”应该包括“中等人”和“下等人”（特别是“有学有品而穷光蛋者”），亦即周作人所说的“大多数”。但是，他在《灯下人》《消夏》等文章里，又曾不止一次地颂扬劳工神圣，这说明他的“平民观”又是视劳工为平民之砥柱的。

何谓“平民文学”？周作人强调，不在于做给谁看或是谁做的，也不在于写哪一阶级阶层的生活，而在于“文学的精神”是否“普遍”“真挚”，是否合乎

① 周作人：《人的文学》，载《艺术与生活》，岳麓书社，1989，第9页。

“人生的艺术派的主张”[①]。王霄羽在《一位平民文学家》中，于推崇“平民文学家”的同时，也表达了他对“平民文学”的见解：“世界本来是平民的世界，尤其是文学家，更要有一种平民化的精神，他才能够用文学的力量，来转移风化，陶冶民情。”“作《水浒》的施耐庵，作《红楼梦》的曹雪芹，以及唐诗人中的元、白，元曲中的关、白、马、郑，宋词中的柳、张，以及近代吴趼人、李伯元等的小说家，他们都是平民文学家，因为他们能够把士大夫的文学、学者的文学，介绍到民间去，然而也不要失于俚鄙。”此文着重揄扬满族鼓词（即“子弟书”）作者韩小窗（约1820—1890）[②]，赞赏小窗所编鼓词一扫“盛世升平的气派”，“不但词句典雅而浅近传神，并且有一种哀婉慷慨之音”，“颇有一种讽世、唤世、奖忠、崇孝之意”。又说“这人确实是位有天才、有词藻、有思想的文学家；他能够把他这种才学，不去作八股，不去批试帖，而能够来编大鼓；他的平民思想可见了，他的环境可见了，而他的清高也可见了。”

从上述引文可以看出，王霄羽的“平民文学观”既与周作人的有联系，而又存在相当的差异。周作人虽然也说平民文学作家是“普通男女”中的一人，但他其实要求这些作家成为“先知或引路的人”；因此，他强调“平民文学决不是通俗文学”，“不必个个‘田夫野老’都可领会”[③]。他所提倡的“平民文学”，实际便是“人生派”的“五四新文学”，具有“先锋性”和“精英性”。王霄羽的“平民文学观”，其实就是“通俗文学观”。在他看来，平民文学是具有平民思想的作家所创作的一种文学，是他们运用俗众可以领会的语言，从精神上教化、愉悦、提升俗众（即“转移风化，陶冶民情”）的文学，所以，要让“平民”领会，这一点是非常重要的。但是，“通俗”又绝不是“随俗”“媚俗”，绝不是“俚鄙”。

周作人说，“平民文学”不是通俗文学；王霄羽则说，通俗文学可以、也应该是“平民文学”。他们的差别在这里，他们的联系也在这里。

霄羽的通俗文学观与刘复1918年发表的《通俗小说之积极教训与消极教训》有相通之处。它是在杂文中表述出来的，理论体系当然不如周作人的《人

① 周作人：《平民的文学》，载蔡元培《美学的盛宴》，新世界出版社，2018，第175页。

② 韩小窗，辽宁开原人，或以为属于八旗中的锡伯族子弟。关于他的生年也有不同见解，有人以为至迟应该生于1800年。参见胡文彬：《红楼梦子弟书》，春风文艺出版社，1985；王肯等著《东北民俗文化史》，春风文艺出版社，1972。

③周作人：《平民的文学》，载蔡元培《美学的盛宴》，新世界出版社，2018，第175-176页。

的文学》和《平民的文学》周严、深入，然而它是由通俗文学作家自己提出、自己阐释的通俗文学理论，既与“五四精神”相关、相容，又守持着自己的“非先锋层位”，从中国通俗文学史研究和中国现代文学史研究的角度考察，无疑十分值得重视和珍惜。

鉴于上述文学观，霄羽相当关注文艺商业化的现状，也很关注那时的流行文化以及相关的文化人。

作为旗人，王霄羽自幼熟悉、热爱传统戏曲——特别是京剧；作为吸取了“五四”营养的“平民文学家”，他又常用批判精神去审视传统戏曲。《中国剧》一文表达了这样的意见：“中国剧虽名为剧，其实其中的成分最复杂，因为中国剧里面，包括着歌、舞、音乐、武技……甚至于大鼓、评书都可以上场——如《溪黄庄》《八大锤》——而中国的戏装、脸谱、作功、台步，全都大可研究。”但是，他又认为传统戏曲“还没有完全达到艺术的程度”。他从戏曲的观演过程中看出中国人的两种特性：“不求甚解”和“悟会性”（即领悟性），前者表现为听不懂唱词还一个劲儿地叫好，后者体现在对表演程式的领悟。此文的言外之意是：如果中国人改掉“凡事都马马虎虎”的毛病，对传统戏曲肯“下苦心研究”，是可以使之 “达到艺术的程度”的。

这就在对待传统文化的态度上，又一次显示了霄羽与“五四”先驱者的区隔。众所周知，后者对传统戏曲是全盘否定的，周作人在《人的文学》中，就把“旧戏”称为九种非人思想的“和合结晶”；同时他又称《西游记》为“迷信的鬼神书”、把《水浒传》视为“强盗书”，一并加以贬斥。如前所述，王霄羽则认为《水浒传》属于“平民文学”；至于《西游记》，他说此书“是社会小说，不是神怪小说，是预言小说，不是寓言小说”（《西游记》），又说“中国自古无心理学专书，有之则《西游记》也”（《心》）。这里固然存在解读角度的区别，但最根本的还是对待文化遗产的态度的区别。前面曾经提到霄羽对韩小窗的赞赏，其中蕴含着革新鼓词艺术的期望；而在《何不当初》一文中，这种期望则“落实”为对鼓词新作的细致关心：作者回想“前两年”听雪艳琴演唱鼓词《黛玉归天》，认为这首新编作品让黛玉小姐在濒死时连说两句“早知今日，何不当初”，是很不符合人物身份的，因为那原是晴雯姑娘的话语。文中进而对“何不当初”“何必当初”“悔不当初”的不同含义做了详细辨释。这里既表现着作者对改造传统曲艺的关注，又显示着作者对于“人生的艺术”思潮以及“写实”的创作理念之认同，这种认同甚至可以表现为“咬文嚼字”式的“挑剔”。

可见，在对待文化遗产的态度方面，王霄羽和周作人等的区别之中，又是隐含着相似或相同之处的。

至于流行文化，霄羽曾对歌舞剧和电影有所评论。

黎锦晖创作的流行歌曲和歌舞剧，是西洋当代音乐文化和中国传统音乐文化的奇妙融合，也是当时中国都会文化的一个典型，影响之大，跨越整个民国时期，影响之广，扩及东南亚。王霄羽在《歌舞剧》一文中充分肯定黎锦晖的《月明之夜》《葡萄仙子》等歌舞剧，说它们以“裔皇富丽”和“淡雅幽秀”的风格而深得儿童喜爱；但也批评《毛毛雨》《妹妹我爱你》之类流行歌曲，认为其“肉恋的滋味”于儿童不宜；又认为黎氏歌舞的演出形态还有一种负面作用：在儿童中引起讲究穿着，追求“出风头，好虚荣”的倾向，这是不适合“穷困的中国，危险的中国”之国情的。

从上海兴起的早期国产电影，属于新兴电影人、鸳鸯蝴蝶派文人和新进戏剧家之“统一战线”的产物，其“类工业化”的创作—制作方式和商业化的运作模式，尤其显示着那个时期都市文化的“现代”特征。民国十九年（1930）9月，由联华公司摄制、孙瑜执导、阮玲玉等主演的《故都春梦》在北平公映。王霄羽于9日发表影评《看了〈故都春梦〉》，认为该片在“描写官场黑暗”和“家庭伦理间的挚爱”“其他如人情势力［利］，虚荣误人”方面，都是“很深刻的”。文中还对剧作整体、剧情设置、表演技巧、场景设计乃至道具、字幕、放映质量和运作（或是“炒作”?）方式，提出十九条或肯定、或批评、或建议的意见。作者的注意力集中于如何体现真实性上——他特别关注细节的真实。这些评论同样贯穿着“人生的”和“写实的”艺术观。

杨耐梅是一位出道比阮玲玉稍早的影界女星，原籍广东佛山，清光绪三十年（1904年）出生于上海一个富有的粤商家庭。1924年她首次在郑正秋据徐枕亚原著改编的影片《玉梨魂》中出演配角，一炮而红；随后在明星公司多部影片中担任主角，以善演艳丽、放荡的女性形象而著名，与胡蝶、王汉伦、宣景琳并称明星公司“四大金刚”。1930年7月间，北平忽然传说杨耐梅“香消玉殒”了。7月12日（?）的《小小日报》刊出相关消息，认为她的表演艺术虽然尚未至于上乘，然“以一弱女子，在中国女权极衰之际，国产影片不盛之时，只身奋斗，闯荡南北，其勇敢也如是。创办耐梅公司，热心电影事业，其提倡也又如是。呜呼！耐梅其我国之影界先进！我国影界之伟人也夫！”随后，王霄羽就发表了他的杂文《杨耐梅……朱素云》，此文可说有一多半是为杨耐梅而写的——所谓“一多半”，其根据除本文篇幅外，还有后来发表的《蟋蟀》和《看了〈故都春梦〉之后》两篇杂文，其中也是一唱三叹地为这位女星的“早逝”大发感慨。

《杨耐梅……朱素云》中提及“四年前耐梅挟《上海三女子》之片来燕，始演于新明大戏院，彼时都中娱乐界中，惊为新举，舆论沸腾，毁誉参半”。这是发生在1926年的事。当时尚无国产有声片，杨耐梅在《良心复活》①一片上映时，首次于放映中亲身登台，其时银幕升起，她在与银幕画面相同的舞台场景中哼唱主题歌《乳娘曲》，从而使无声片“局部有声”，造成极大轰动。据说她在北京也采用了同样的“映唱”形式，观众受好奇心驱使，趋之若鹜，票价居然高于梅兰芳。作者接着说她“为经济所迫”而“二次挟片来燕”，则应该是1928年的事。杨耐梅在这一年决定脱离明星公司，自组“耐梅公司”，拍摄影片《奇女子》。为了筹款，她应军阀张宗昌之邀，亲赴济南与之周旋。此前，她曾因下海从影而与家庭决裂；她的性格和生活又颇像所饰角色，风流、放荡，挥霍无度；她的下场当时已经有所显现——《奇女子》是在资金匮乏的危机中完成摄制的，其后公司倒闭，杨耐梅也退出了影坛。王霄羽在文中叹道：“近日忽耐梅以逝世闻，星殒香消，残片断梦，春申月冷，更听何人唱《奇女子忏悔词》耶！（《奇女子忏悔词》为耐梅近年所制，随其《奇女子》影片，亲自演唱，词意颓唐，不意竟成谶语。）”逝世的传闻是不实的，作者的怆怀和感慨却真的成了“谶语”，而且为我们留下一段关于当年北京—北平的电影文化记忆。

《杨耐梅……朱素云》中述及的朱素云是著名戏曲演员，生于1872年，卒于1930年7月10日，原籍苏州。初习昆旦，后改京剧小生，曾为“内庭供奉”，擅演“靠把戏”，常与梅兰芳、程砚秋、尚小云合作。王霄羽在文中引录王韬《淞滨琐话》中有关此人的记载后评论道：“朱在清季时，翘楚舞榭，衫履翩翩，实王孙等辈之不逮耳。”“如今伶官老死，感身后之萧条；故国早凋，怅当年之尘梦，素云亦沧桑劫数中之过来人乎！”最后，他针对杨、朱两位的艺术历程和生命归宿发出感叹：“杨耐梅芳年顿萎，朱素云垂老寿终，都是歌坛影场中之至堪凄凉惆怅者……观及此二人一世漂泊，衣冠色相，只博了些艳名浮誉；如今如此的归宿，美人白骨，春梦秋风，徒使人愁怀频扰而已！”这里固然含有庄周

① 该片剧本根据俄国作家列夫·托尔斯泰的名作《复活》改编，改编者是鸳鸯蝴蝶派的著名作家包天笑。

式的感慨（作者在另两篇杂文——《妙影》和《蟋蟀》中，更明显地抒发过这种感慨），但更多的是现实的悲怆——文艺的商业化造就出多少明星，又扭曲了多少明星的生命轨迹！其中纠缠着多少功过是非啊！

评析王霄羽的“平民文学观”，还应考察他与“鸳鸯蝴蝶派”的关系。

早期的《小小日报》应该写作“《小小》日报”——报头只有“小小”二字，是由樊樊山题写的；后来才改为排印的“小小日报”四字。樊樊山（1846—1931），名增祥，字嘉父，号樊山，湖北恩施（今属鄂西自治州）人，清光绪间进士，官至陕西布政使。辛亥革命后寓居上海，常在《民权素》等早期鸳鸯蝴蝶派刊物上发表诗文，被认为属于该派中的遗老型人物。《小小》日报的创办人宋心灯（信生），则与樊樊山有通家之谊。这些背景，有助于理解为什么这份北京小报染有较浓“鸳蝴色彩”的原因；王霄羽在该报发表作品、编辑副刊，当然不能不服从或顾及它的风格。他在《麻醉剂》一文中还自承：“早先我曾在《申报·自由谈》里，作过一篇短稿，标题是《茫不可解》。”这应不是杜撰。众所周知，当时的《申报·自由谈》正是“鸳蝴派”的阵地；霄羽是否还在《自由谈》上发表过其他作品，有待进一步调查。当然，在“鸳蝴派”或“类鸳蝴派”报刊发表文章者，并不一定就是“派”中人物，然而考察王霄羽的早期作品（包括现已查明连载于《平报》《小小日报》的大量侦探、言情、武侠小说），他的文学观念和创作倾向，确是有受“鸳蝴影响”的。

他在《小小日报》发表的杂文，有一些是涉及或评论鸳蝴派作家的。除《香艳文章》引陈栩的诗作为话头外，《殉情》中含有对徐枕亚《玉梨魂》的肯定。作者认为，《玉梨魂》“很给情场失意者”指出了“一条道路”：男主人公于情人、妻子双双亡故之后“投身革命军，死于辛亥之役，殉国而复殉情，真是死得值”。《聪明绝顶》一文则以反语对毕倚虹（1892—1926）做出高度评价。作者先引录上海《时事新报》上的两句话：“毕倚虹死了，上海滩上又少了一个聪明绝顶的人。” 认为毕倚虹之了不起，在于身居“繁华区”而不肯“随俗”；不“随俗”则“必要落伍”。“你处处落伍，时时感伤，悲观，远虑，那时你不死何待！”“所以我很馨香祷祝，苦口良言，劝大家莫作聪明绝顶的人。”《倡门》和《贵族学校》中对何海鸣（求幸福斋主）评价亦颇高，认为何氏所作小说《家声》，其谴责社会和贵族化教育的命意“虽未免过刻，但是可以说是极沉痛激昂了”！而何氏另几篇小说，如《倡门之病》《倡门之狗》《倡门送嫁录》，其中对妓界的描写“真深刻，真悲观，真感慨”！作倡门小说而欲超越“什么‘坠鞭一笑’‘纸醉金迷’”的陈词滥调，就应该像社会学者那样去进行实地的体验和研究。“花过些晕头钱，当过瘟大少”，而又保持冷静的头脑和揭弊的决心，这才可能像何海鸣那样，通过作品“宣布其中的罪恶，妓女之可怜、之待救”。

上述获得王霄羽肯定性评价的“鸳蝴派”作家及其作品，具有一个共同倾向，即“通俗”而不“随俗”，不同程度地表现出关注人生、谴责黑暗、批判社会现实的倾向。这里既显示着王霄羽和“鸳蝴派”的联系，又显示着他和这一文学流派之间的差别：他认同于这些作家的上述倾向，但不认同于该派以文学为游戏、为消闲的倾向（但他不排斥“趣味”）。“鸳鸯蝴蝶派”是一个并不科学的概念，这里对此不做申论；北派通俗文学与鸳鸯蝴蝶派的关系如何？是否存在一个“鸳蝴北派”？这需要做宏观的考察。我们目前仍倾向于称王霄羽为“京派的通俗文学作家”，以他的杂文为“京派的‘正格’通俗散文”——尽管他的文学环境以及他在文学观念、作品样式的追求等方面，确实与“鸳蝴派”有着并不疏远的关系。

第四节　气质与文章

柳今（即霄羽）有《署名》一文，以笔名“柳今”为由头展开论说：

> 我自从署了这花柳病的“柳”，今天没饭吃的“今”，刨出我一般老朋友，其余谁也不知这柳今便是孤王我；人不知，鬼不觉，一人两名，就是去做骗子，也是方便的啊。
>
> 有人问我说：柳今这人是谁？我说：这位朋友我没会过。有知道的，就说：你这名字没讲儿。我说：我署名自署名罢了，何必要你会讲呢？名字是为称呼的，何必要能讲？譬如说我叫鸿雁，你就拿鸿雁一般的看待我？我要是叫骆驼呢？你也叫我驼煤去吗？
>
> 差不多署名最多的，都是文人，尤其是投稿家……总而言之：是自命不凡，是卖弄才学，是闲着没事。要是像我这整天奔窝头的人，哪有闲工夫及此，随便署上一个“柳今”，不过比“无名男子一名”强一点罢了！

“无名男子一名”，是当时报章上报道发现横死者时的常用语。此文虽多调侃、自嘲之语，但作者对自己笔名的寓意，还是有其所“讲儿”的；这就不免令人联想起另一位著名的北派通俗文学作家耿郁溪，他为《小小日报》撰稿时，笔名用的是旧小说和旧戏里小角色的自称——“小的”。他们二人的用意，都在强调自己的“平民”身份，强调自己属于那些“有学有品而穷光蛋者”。

王霄羽的杂文常用第一人称进行叙述和议论，这个“我”既有虚构的一面——他所“自述”的许多履历、行状都不是霄羽本人的；又有真实的一面——他的自述确实又往往与霄羽本人分不开，特别是心态、气质、性格等方面。

他说自己是个“有相当学力，而‘不得用’或是‘屈其用’”的青年（《荒芜的青年》）。“在前几年，那时京华正是冠盖逐尘的时代；北京那时正是十分的繁荣。彼时我适交蹇运，身世的漂泊，学业的荒芜，情场的顿失，大病的缠身，经济的压迫，希望的失败，”使“我屡次将趋于自杀途中。如今我总算战胜了环境，在我生活的前途似乎有些光明了”。然而，“生计的鞭儿，在后面督策着我”的结果，无非初步造出一个“稿匠”而已，因此自感又“较前堕落了”。（《憔悴》《古城返照》《文士与蚊士》，按除“情场顿失”尚无实证外，这些自述都与王霄羽的经历、思想符合。）在他的杂文里，“病”是经常出现的词语。例如：“没有倾国倾城貌的我，而却修来一个多愁多病的身；自打去年直到现在，总是大病去小病来，没有一刻舒服”（《病》）。在这方面，《呻吟》尤其值得一读，因为它不仅生动地描述了病中感受和母子深情，而且是至今所见柳今杂文中最具“个人性”和“主观性”的一篇文章，还是用文言撰写的——

呻吟

人无不病者，而病未有不呻吟者，盖呻吟可以舒其气、减其痛也。予于昨日，偶感暑疫，吐泻并作，次日遂身沉头晕，不能起矣，而呻吟之声，亦出于予之病榻。

嗟乎！人生于世，痛苦亦甚矣！劳苦加其体，疾病缠其身，犹夫竞竞然，惧倘有一死，但终不可免，终须葬身于荒磷野草中。噫！人果思及此，天下之名利无物矣。

病榻呻吟，惟予之老母为予整理汤药，殷勤慰问，予亦娇若婴儿，盖此所谓伦理间天性使然也。“无家主义”，予诚证其谬也。

母以汤药予我，浓苦之味，殊难下咽，但予本“良药苦口利于病”之一语，遂勉强下咽；又思我茫茫华夏，百病待医，又谁人能进此一杯却病苦水也！

病与死连，予当呕泻剧烈时，几气绝者屡，诚知死之滋味，大约亦如是。呻吟握管，手颤难书，聊记我病榻之状况耳。

这是病榻上写成的文章，而且第二天他也并未停笔。虽然此文极富“个人性”，但却依然惦念着“华夏”。《礼拜六》上那些生硬地贴几条“爱国”标签的游戏文章，绝对没有它的真诚和切实——它们只会把沉重的国难化为浅薄、庸俗的嬉笑或自大。

他又自称是个习惯过“思想生活”的“无业游民”。《灯下人》中这样写道：

我是个惯在灯下讨生活的，作稿，阅书，每夜非过两点钟不能熄灯。有时搦管静坐，徐徐地吸烟，绕绕地思想，此时多少奇思、幻想、壮志、怆怀，都自我脑筋中、烟云里、灯光下涌现。

我想以往的种种“灯”的逝影，都成梦境了！歌舞场中的华灯辉煌，绝妙的女伶，在那里轻歌曼舞；酒筵间电炬高张，众友朋的高谈狂饮；小室中一灯荧然，索［素］心玉骨的伊人，低语的缠绵；深夜间路灯昏暗，独自归来，行行中所拟想的壮志……有形的，无形的，可记忆的，不堪回忆的，总之，都成了灯光一闪了！

“灯”，是最无情的东西，它那一寸红焰，正是那煎烧壮士的雄心、美人的青春、文人的心血啊！

这里不仅写“思想生活”，而且写“思想”的一种“生产过程”，也呈示了“思想”的一类“产物”。《琴声里》则更多地富有“内省性”：侧耳静听琴声，“此时澄静了我的俗虑，又涌起我的愁波了。我转想到二十余年来的我，已过去的我，未来的我；亲恩，友义，残恨，余情，生活的落拓，国事的纷纭，我真不禁凄然落泪了！”他的内心世界是既丰富而又五味杂陈的。类似的内心独白，后来被他赋予了《宝剑金钗》里的李慕白。

虽然自称“奔奔乎于窝头之间”的“弱者”（《病》），他却“野心太大”，以至认为一般画家、哲学家、诗人都“才气太小”。他说：“凡事我都不知足，要求它的发展。譬如说你给我一个破学校，能够教我发展它，建设它，我是愿意的；给我一个言论地盘，能够教我天天胡说八道，我是愿意的；说梦话吧，叫我去做县长，教我去办村治，我最希望不过……要是教我整天按套子办事，做那机械式生活，我真有些心里起急。”“我觉得无论什么娱乐，什么学术，只要我来驱使它，不要它来驱使我。”（《阔事》《迷》）可惜的是，这些理想和“梦话”都无法兑现；“驱使”娱乐和学术的“野心”，真要落实也难。

现代心理学认为，“人”不但是个血肉之躯，更是一个复杂的心理结构。我们不拟用弗洛伊德的“本我”“自我”“超我”理论及其分析方法来考察这位“我”的心理世界，但是上述引证说明，这个心理世界的“平面结构”也是充满矛盾的，这些矛盾包括“传统—现代”“理智—情感”“理想—现实”“物质生活—精神生活”“平民精神—精英意向”，等等。上述矛盾，对立统一于内向的、阴柔的性格和气质之中。这里映射出的，无疑就是王霄羽本人的内心世界。

考察这样一位未来的大师级通俗文学作家，我们在上述矛盾里突出地发现一种“角色认知”的矛盾。实际上，王霄羽初登文学舞台，就把自己认知为“平民文学家”“通俗文学家”。就此而言（排除“生活的鞭子”之驱策），他是认真、自愿，甚至以自己属于“知识劳工”而自豪的；但是，二十一岁的他，在理想、志向、学养、兴趣范围和自学方向上，却又远远超出上述“自我认知”，就此而言，他又有所不满，有所不甘，潜意识中甚至难免有点儿自卑。这是造成他内心痛苦的主要原因之一，也是他内心痛苦的主要内涵之一。同时，这又为开辟他后来的文学道路提供了充沛的动力，为他后来成就文学功业奠定了宽厚的基础。像王度庐这样自觉地接受新文化思潮，具备新文化—新文学素养，并能自觉融入通俗文学创作中去的现代通俗文学作家，为数甚少。据说历史只“算大账”：无论从“过程”还是“结果”评价，少了一位年轻的新文学作家王霄羽，多了一位大师级的通俗文学家王度庐，都不是“坏事”，而是“好事”——尽管这个结论有点儿“残酷”，尽管我们非常理解、非常同情王霄羽的内心苦闷。

《小难》一文，说的是“作小文字比作大文字为难”。作者说，如作“哲学演辞”，可以下笔千言，“但是一作短而俏的文字，竟扛笔如鼎”矣。可见“小难”之难不在“小”，而在“小”而还须“俏”，亦即如何在极其有限的空间内，实现有效信息的最大限度之优化。从实践效果考察，他是有比较成功的“应对策略”的。

霄羽的杂文多属议论文，但是他的议论一方面常与客观事象的描述相结合，另一方面，更又经常与本人的感受和思索相结合，其中包括本人的情感宣泄。

这样，“客观”与“主观”相伴，“理智”与“情感”相生，“再现”有“表现”烘托，“载道”和“言志”结合，呈现出多重色彩、色调，同时也十分有效地拉近了作者与读者的距离。不能说这些杂文篇篇都已臻于这种境界，但是其中的佳篇或较佳之篇确乎多具此一特色。这显然是与作者内向的气质、勤于思索的习惯互为因果的。由于善思索，所以每能见人之未见，发人之未发，言人之未言，表现为修辞和章法，则好作反讽、归谬，喜欢颠覆成说，从而形成“陌生化”；是故“小”而醒目，又一种“俏”也就出来了。文例除前面引述过的《人死不值钱》《癞蛤蟆……天鹅肉》《聪明绝顶》外，还有《笑》《活得弗耐烦》《送春》《雨天》等等。

《永垂不朽》中“披露”过自己获得的两条“较好批评”：

> 我的朋友T君（我也欧化欧化）说：你的“谈天”作得太好了，因为你所谈的，里面都有一种生命，绝不是泛泛而言的……
>
> 又有一位B君说：你这东西“谈天”倒不错，只是多半是临时性的，恐怕未必有永垂不朽的价值……

对于后一条批评，作者是这样回应的：

> 我这个“谈天”，就如同舞台的戏一般，比戏还不如；因为戏还能够演个重回，能够循环着唱，我这“谈天”可不然，最多也就分个等二本，倘或要演个来回，不要说阅者得大加攻击，就是主笔先生，第一他先不给我登。所以我这个“谈天”，只好教人看毕后往脑后头一扔，或是去包花生米，或是沉沦到臭茅厕里，或是用它去糊隔壁，作臭虫的大本营，拇指碾处，登时给我这“柳今”两个四号铅字上，来个血手印；还妄想什么“永垂不朽”！
>
> 末了，我感想到无论什么功业、什么学说、什么文字，最好要它能够合乎时务，能够给现代一种猛醒、一种指示、一种帮助，这才算真有价值……

这里说的“合乎时务”，既指命题、内容、意向，也指文体，只要为“时务”所需（所谓时务，应该包括“抒愤懑”的主观需求，包括不同层次读者的阅读期待），只要与“时务”相合，什么文体都可以采用。除了前面所说那样的“主流”文体之外，这些杂文还包括许多“奇支旁体”，而这也正是传统“杂文”的本体特征。例如，前面引录过的《呻吟》是纯主观的抒情文，而《跳舞场里》则是纯客观的白描速写；前面提及的《敲钗小语》是语录体，而《醋的考证》则是掌故考证小品……限于篇幅，恕不一一例举。值得特别一提的是，《雨天》写及自己对雨的偏爱和雨中的感受，其意象、心态，又曾在作者的后期小说《风尘四杰》中复现；《澡堂里》由澡堂联想到人的等级和人的“平等”，其议论也曾重出于后期小说《燕市侠伶》。这里不仅反映着素材、观念的“移植”和“延续”，而且也显示着文体上的互补关系——中国的小说传统，原本是不排斥适当的议论即适当的“杂文色彩”的。

附录：

残存《小小日报》所载王霄羽杂文发表时间表

说明：本表由王芹女士、王宏先生据现存《小小日报》整理、统计，我们稍有调整，并与报纸影印件重作校核、订正。1930年所载杂文，署名均作“柳今”，除加注者外均载“谈天”栏。

文题	发表日期	备注
世态	1930年4月1日	
荒芜的青年	1930年4月3日	
中等人	1930年4月4日	
架子	1930年4月5日	
性的广告	1930年4月6日	
笑	1930年4月7日	
永垂不朽(一)	1930年4月8日	
永垂不朽(二)	1930年4月9日	
女性的教育与生育	1930年4月10日	
一位平民文学家	1930年4月11日	
聪明绝顶	1930年4月12日	
道德(一)	1930年4月13日	

道德(二)	1930年4月14日	
伦理与中国(一)—(七)	1930年4月16—20、22、23日	
小难	1930年4月24日	
女招待	1930年4月25日	
落子馆	1930年4月26日	
麻醉剂	1930年4月28日	
万寿寺	1930年4月29日	
赘泽品	1930年4月30日	
童子军	1930年5月1日	
女腿	1930年5月2日	
颠倒雌雄	1930年5月3日	
歌舞剧	1930年5月4日	
招与待	1930年5月5日	
恢复北京	1930年5月6日	
野鸡	1930年5月7日	
女招打	1930年5月8日	
署名	1930年5月12日	
迷	1930年5月13日	
恶五月	1930年5月14日	
送春	1930年5月15日	
哭	1930年5月16日	
雨天	1930年5月17日	
名士派	1930年5月18日	
小算盘	1930年5月19日	
自行车	1930年5月20日	
穷北京?	1930年5月21日	
服从	1930年5月22日	
奴隶性	1930年5月23日	
澡堂里	1930年5月28日	
安慰	1930年5月29日	
中国剧	1930年5月30日	
游民	1930年5月31日	

端午节	1930年6月1日	
打麻雀	1930年6月3日	
谋事	1930年6月4日	
无聊的北平	1930年6月5日	
病	1930年6月6日	
造化儿子	1930年6月7日	
疯人	1930年6月8日	
阔事	1930年6月9日	
骗术	1930年6月10日	
财神……阎王……	1930年6月11日	
画中人	1930年6月12日	
醉酒	1930年6月13日	
夫妻间	1930年6月14日	
不开壳?	1930年6月15日	
憔悴	1930年6月16日	
伤心人	1930年6月17日	
情书	1930年6月18日	
琴声里	1930年6月19日	
☯	1930年6月20日	
什刹海	1930年6月21日	
凶杀案	1930年6月22日	
关于裤子	1930年6月23日	
三件痛快事	1930年6月24日	
诗人	1930年6月25日	
贵族学校(一)	1930年6月26日	
贵族学校(二)	1930年6月27日	
穷……住……	1930年6月28日	
妙影……	1930年6月29日	
罪恶场中之未来者	1930年6月30日	
吃饭问题	1930年7月1日	
平民化	1930年7月3日	
面子	1930年7月4日	

醋……忌讳……	1930年7月6日	
文士与蚊士	1930年7月7日	
人品与装饰	1930年7月8日	
消夏	1930年7月9日	
财神爷	1930年7月12日	
妓女问题	1930年7月13日	
杨耐梅……朱素云	1930年7月15日	
难民返国	1930年7月16日	
灯下人	1930年7月17日	
捧	1930年7月18日	
快乐人多?	1930年7月19日	
西游记	1930年7月20日	
火警	1930年7月21日	
人体美	1930年7月22日	
穷光蛋	1930年7月23日	
抵抗力	1930年7月24日	
香艳文章	1930年7月25日	
雨夜柝声	1930年7月26日	
爱河	1930年7月27日	
调戏	1930年7月28日	
“嫁”的问题	1930年7月29日	
阎罗王	1930年7月30日	
知音	1930年7月31日	
战	1930年8月1日	
时髦	1930年8月2日	
人诳人	1930年8月3日	
跳舞场里	1930年8月4日	
奸杀案	1930年8月5日	
阴阳电	1930年8月6日	
办白事	1930年8月7日	
眼光	1930年8月8日	
无与偶……莫能容	1930年8月9日	

喜新厌旧	1930年8月10日	
洋化的话	1930年8月11日	
发财学	1930年8月12日	
儿童……成人……	1930年8月13日	
英雄难过美人关	1930年8月14日	
交际	1930年8月15日	
呻吟	1930年8月16日	
枇杷巷里	1930年8月17日	
扑蝇	1930年8月18日	
殉情	1930年8月19日	
人死不值钱	1930年8月20日	
癞蛤蟆……天鹅肉	1930年8月21日	
作时评	1930年8月22日	
马路	1930年8月23日	
女朋友	1930年8月25日	
跳楼者	1930年8月27日	
蟋蟀	1930年8月28日	
古城返照	1930年8月29日	
惹气	1930年8月30日	
活得弗耐烦	1930年8月31日	
由线订书说起	1930年9月1日	
“娶”的问题(一)	1930年9月2日	
“娶”的问题(二)	1930年9月3日	
罂粟味	1930年9月4日	
忏悔	1930年9月5日	
想当然耳	1930年9月6日	
标奇与仿效	1930年9月7日	
复古	1930年9月8日	
倡门	1930年9月9日	
野草闲花	1930年9月10日	
看了“故都春梦”	1930年9月10日	不载于“谈天”栏
心	1930年9月12日	

乞丐	1930年9月13日	
短……小……经济	1930年9月14日	
性的文章	1930年9月15日	
逢场作戏	1930年9月16日	
浮云变幻	1930年9月17日	
敲钗小语	1930年9月18日	
俗礼	1930年9月19日	
何不当初	1930年9月20日	
醋的考证	1930年9月21日	
劲秋	1930年9月22日	
柴米油盐酱醋茶	1930年9月28日	
烛边思绪	1930年9月29日	
吵嘴	1930年9月30日	
团圞月照破碎国家	1930年10月29日	载"哈哈镜"栏
夏日的人们装阔容易	1936年8月29日	载"小言"栏，署"霄羽"
莲花灯成年人看/大觉无趣/孩子的心早灰逝	1936年8月30日	载"小言"栏，署"霄羽"

第五节　诗骚与传奇文

中国文化素有"史传"和"诗骚"两大传统，唐传奇文[①]则是在这两大传统影响之下出现的一个小传统。王霄羽在《平报》刊发的非小说文字，除少数杂文之外，最有特色的是诗词和武侠笔记（广义而言也属"杂文"），这两类作品正是"诗骚"大传统和"传奇文"小传统的接续，而"史传"传统又是融合在"诗骚""传奇文"之中来呈现的。

霄羽在《平报》单独发表的诗词共十三首，总的风格是"古风"[②]雄浑，"小令"婉约，"竹枝"平实。《吊屈原文并诗》是最早发表的一首仿骚体的诗作，从序言和诗作中可见作者对屈原之推崇，这种推崇不只着眼于诗歌艺术，

① 为了区别于宋人称诸宫调、元人称杂剧、明人称长篇戏曲为"传奇"，鲁迅《中国小说史略》于"唐传奇"后加一"文"字。我们承袭鲁迅的概念。

② 古风体的歌行，发表时也被标为"新乐府"。

更关乎人格气质。霄羽曾在《小小日报》上说："天地间最清高最聪明的动物，就是人类中的诗人。诗人的心思，水不能譬其清；诗人的人格，鹤不能譬其逸。忠臣、义士，未必有诗人一般为人景仰；显官、尊宦，未必有诗人一般为人羡慕；甚至于一切科学家、哲学家，在诗人看起来，他们都未免有几分俗气的。"①这样，与屈原有相同气质的诗人杜甫，自然就成为他追摹的对象，1928年8月11日《平报》所载《临征别》就是霄羽学杜的一首佳作：

谁人帘里剔红烛，一时咽呜一时续。生不怨地不愁天，惟怨大军出征酷。梨花着雨娇可怜，一杯绿酒送郎前。今夜春闺还绻缱，明朝赤野冲烽烟。阿侬出娇一年内，幼稚鸳鸯倍相爱。帐上将军命令宣，别家无言相泪对。岂真我是薄幸人，忍弃闺中薄弱身。临行最愿时如日，长夜漫漫永不晨。兵车辚辚街道阔，长戈在背不能脱。人人有此好头颅，此头不知被谁割。黄河之水水澌澌，紫花斑马不受羁。竞随大旗逐尘去，伤哉生离是死离。黄沙遍野吹怪角，长刀铁甲被敌捉。此日孤魂入绣帷，鱼更迟迟鸡喔喔。嗟吁呼，多少白骨长向夕阳斜，水气扑天起龙蛇。君不见，风清月明值清明，荒坟杜宇几声声。

这是一首古风体的歌行，发表时标为"新乐府"。诗人的情感共鸣显然来自杜甫《新婚别》，所以也可视为一首拟古之作。全诗贯穿着"叙述者"的视角，同时又先后叠加出新妇和征人的视角，"述"中有"情"、有"事"，颇得"放情长言""步骤驰骋，疏而不滞"②之妙。与之可做对照的是，三年前，霄羽在小说《浮白快》中，就以小说人物的口吻写过类似的古风体歌行，这就是吴棋的《庙中长歌》：

削峰密雪绝飞鸟，几株黄瘦依窈窕。天迷离耶地迷离，漫漫迷迷山河渺。空谷萧条声，寂寂少年征。寂寂山谷寂寂人，山谷不比人精神。山谷自有颓圮日，人却劲节老苍身。老苍年年旧，年年旧得青枝瘦。瘦枝挑开瘦窗幽，瘦窗风过兴油油。兴油油，兴油油，忆昔洪江野渡头。野渡一棹

① 柳今：《诗人》，《小小日报》，1930年6月25日。

② [明]徐师曾：《文体明辨序说·乐府》。

人去也，剩下楼阁自悠悠。高楼叹寡俦，千里使人愁。空谷落雷楼亦雪，两处铺银眼前秋。秋天八月时，月白几人知。月不如雪雪胜月，雪白能使游客歇。游客一歇即伤悲，何处胡笳向人吹。笳声在天际，冷雁嗥嗥唳。雁唳果何因，唳寒岂唳替。巢替身离事可伤，无怪孤鸿滋涕泣。雁伤悲人亦伤悲，人悲尚比雁难窥。雁悲其孤人悲苦，孤苦飘零各凄危。凄危此一生，无父母无兄。四亲俱无伶仃命，伶仃怎忍断肠声。断肠声，断肠声，临洪郊稻耕未耕？稻田紧靠松林地，松林古塚谁奠觥。父母骨在千里遥，父母儿身隔汉辽。父母灵魂哀也未，是托鸿雁寄言招。孤雁去矣孤雁回，是回临洪向坟陪。陪坟如是陪娘父，向坟切莫嗷且舞。舞时娱坟如敬觞，嗷则坟伤坟内苦。呜呼可惜三尺躯，不能反哺效乌雏。抛家背骨飘零外，恨矣难称大丈夫。雁去声遏雪落仍，剑光锵玉冷英升。此去迢迢千万里，得着珠串任夸矜。吁嗟乎，天凄凌也地凄凌，滚滚长风万里腾。待得事成十年降，再向爷娘死后称。

这是《浮白快》第三十六章中吴棋在庙中所作长歌，原无题，此题《庙中长歌》是我们所加。此歌是吴棋于雪夜古庙之中慨叹身世、怀念双亲、抒发心志的歌，同有《临征别》之妙，但视角比较单一。看得出三年之后王霄羽的诗艺进步不小，也看得出他一开始就有把诗歌引入小说的意图和才情，这显然增加了小说的抒情性，加强了叙事艺术的诗化风味。这样的诗作，要写得符合人物性格颇为不易，而王霄羽在替小说人物写作诗词时是非常用心、非常切合人物性格和所处的情境的。

另一方面，他为小说中人物写的诗歌，又经常具有超越小说语境的独立欣赏价值，例如，1926年在小说《玻璃岛》中，写有妓女绫君所唱的一首《金缕曲》：

倒挂鹦哥绿。说不尽，绮语绵思，莺簧又续。昨宵一捻兰花烛，已泻透灵犀玉。一点点，逗梦更筹。兽炉烟袅窥鲛幔，半边云，懒偎鸳鸯幞。任凭郎，心儿欲。　夜阑声声杜宇促。恼煞愁思一缕，蝶化成鹄。珠泪盈盈冷酥胸，离情不似幽怀梏。侬与汝，伤心同曲。艳说武陵桃花好，不过是、随霞逐渌。可奈何，天乎酷。

与之风格相似，可作对照的，有霄羽1928年8月6日在《平报》上发表的《醉红妆·伤别》：

> 愁人最是绿杨隄。水流紧，细风凄。玉鞭金勒紫骓嘶。伧杜宇，莫须外。　　黯然泪影翠眉低。碧山啼，日斜西。难驻萧郎征意切。千般恨，两枝栖。

《醉红妆》为宋代词牌，霄羽填的这首词与前面谈到的古风歌行《临征别》在内容、情感上有相似之处，都是男女伤别之咏。不同的是，这首词的抒情主人公纯为女性，用的是“隐性第一人称”，其中明用了“杜宇”“萧郎”两个典故，就视角而言不如歌行丰富，就书卷气而言则胜之。这两首诗词也是拟古之作，有点儿像命题作文——这“题”是诗人自命的还是由师长辈命的，无从查考，然而由此可见这类诗作的“表现性”很强——表现文采的成分又大于表现情感。反观《玻璃岛》中那首《金缕曲》，作为宋词著名曲牌又名《贺新郎》，历代填写者极众，变体多样。在小说里，它是妓女唱的一首词，然而与《浮白快》里的《庙中长歌》不同，唱者没那个文学水平，她绝不可能是作者，所以，它完全可以视为霄羽的又一首拟古诗骚，而且还是《金缕曲》的变体（有两句字数与正体不同，一句该押韵而未押）。它的独创性极其鲜明，完全可与单独发表在《平报》上的那些诗作视为一类，共同体现着霄羽当时的古典诗歌修养和才情。

以上几首诗作都是“雅”的，竹枝词则是“俗”的。1928年4月26日霄羽发表在《平报》上的《蟠桃宫》，是一组有着“史传意识”的《竹枝词》：

> 年年三月踏青忙，野花杂花十里香。是谁蟠桃宫里去，银红衫子别样装。
>
> 澈底清流浴锦凫，小船载客正半途。怪他歌儿无赖甚，偏唱《妈妈好糊涂》。
>
> 暮春三月树发花，娇小身躯女儿家。芳颜不许人偷看，故在头上罩轻纱。
>
> 十龄小女似青娥，两发齐齐初挽螺。进庙私向阿娘道：“男神没有女神多。”

鬓云腮雪不胜娇，小蹇追风鞭影遥。阿侬故显好身手，溪头折柳慢舒腰。

春尘十丈满玉京，小妹檀郎并肩行。多少闲情说未了，轻移莲步进茶棚。

千条柳线照清波，踏青公子由此过。进庙看遍仙女像，不知哪个是嫦娥？

柳眼青青欲窥谁，正是夕阳西堕时。人力车夫殷勤甚，请问小姐欲何之？

蟠桃宫在北京崇文门外东便门内，建于明代，是一座供奉王母娘娘的道观。三月三王母生日，向有庙会。王霄羽这八首《竹枝词》记录的就是青年女子赶庙会的情景，诗写得平实轻快，又有几分调皮的意味，堪称写实记事的佳作。例如，第二首的“澈底清流浴锦凫，小船载客正半途”就是纪实。据《明代北京城市形态与功能演变》记载，蟠桃宫 “开庙之前护城河往往开闸放水，崇文门至东便门的水路即可行船”[①]。由此可知，霄羽诗中之“澈底清流”，是因开闸放水而形成的景观，“小船载客”则说明当时游客多是取水路去赶庙会的，诗歌所咏和历史相符。这一首的后两句“怪他歌儿无赖甚，偏唱《妈妈好糊涂》”，描绘无赖子弟浪唱俗曲挑逗女性之状，同时记录了一首流行歌曲的名称《妈妈好糊涂》。《妈妈好糊涂》为当年北平时调，唱少女思春的情致，流传各地，衍有多种版本。右边是20世纪30年代白波演唱的一个版本[②]：

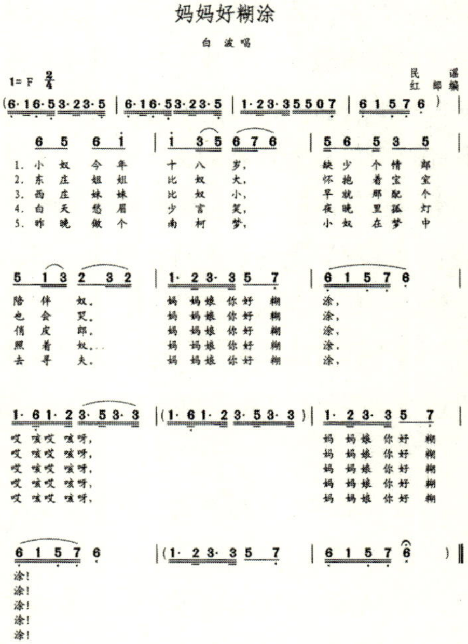

---

① 王越：《明代北京城市形态与功能演变》，华南理工大学出版社，2016，第194页。

② 罗洪、马怡雯编选：《难忘的旋律——中国二十世纪三四十年代流行歌曲集》，花城出版社，2012，第318页。

上面这个版本的《妈妈好糊涂》，其传唱时代与霄羽的《蟠桃宫》相同，两相对照，更能反映出无赖子“偏唱”之态和少女逛庙思春之情，构成庙会的一档“精神节目”。

蟠桃宫（原载《世界画报》1937年第592期）

王久成有《三月三蟠桃宫庙会》一文，对蟠桃宫景区及庙会盛况做过较详细的描述：

自蟠桃宫起向西沿护城河南岸布满茶棚、货摊、小吃摊等，打把式、卖艺、摔跤、杂技、变戏法、说书、相声、跑马戏等天桥的所有的游艺项目全部搬到这里。“拴娃娃”的人手腕上缠着红绳赶在三月三到蟠桃宫，上香跪拜后拴住一个殿前摆放的泥娃娃带回家，以求生子。清得硕亭的《京都竹枝词》中写道：“蟠桃宫里看烧香，顽耍沿河日五长。童冠归来天尚早，大通桥上望漕粮。”和杨静亭的《都门杂咏》中：“三月初三春正长，蟠桃宫里看烧香；沿河一带风微起，十丈红尘匝地扬。”都描绘了庙会的盛况。[①]

但是，这些描述并没有王霄羽《蟠桃宫》那么形象生动。辑录北京《竹枝词》的书并不少，可还未见到收录王霄羽这首《蟠桃宫》的。

王久成《三月三蟠桃宫庙会》一文还写道：

传统庙会除了抗日期间战乱的一九四二和四三停办两年外，延续了数百年至一九六一年终止，一九六五年护城河改为暗河，蟠桃宫于一九八七年因修路和社区改造而拆除，只留下一尊乾隆年间立在庙前的“护国太平宫碑”，二〇一一年建了一座六角亭，将石碑笼罩在亭中。二〇〇七年，停办四十一年的北京蟠桃宫庙会在明城墙遗址旁恢复，京城又增加了一个

①② 王久成：《古今花絮集锦》，北京燕山出版社，2016，第156页。

没有庙的庙会，作为象征的只有隔路相望的那尊护国太平宫碑。[①]

既然如今只剩了“没有庙的庙会”，那么王雪羽笔下的《蟠桃宫》情致就不可再见了，其民俗价值和史料价值就更应得到关注。1930年王雪羽发表在《平报》的《新年即事打油诗》虽然谦称“打油”，实际也是《竹枝词》，同样旨在纪事，每首诗后的小注，就是对诗歌所反映的实事的说明，它们也有一定的民俗和史料价值。既然以诗纪事，便是“史传”传统在诗歌领域的一种表现。

至于“诗骚”传统在小说领域的表现，可以上溯到唐传奇文。鲁迅论六朝小说和唐传奇文的区别，认为最大的不同是前者“好像很排斥虚构”，即在写作中排斥自觉地、主动地发挥想象力，因而留有浓厚的“笔记”特征；后者则往往“故意显示着”虚构，“以见他想象的才能”，故其“文笔是精细，曲折的”，“所叙的事，也大抵具有首尾和波澜”[②]。文采与意想的结合，史才与诗笔的结合，造就了唐传奇文的风姿，使之具有了成熟的古典文言小说形态。王雪羽在《平报》发表的武侠笔记有二十多篇，一小部分质实而短小，限于简洁记叙人物事迹，并未增其波澜；一大部分则篇幅较长，情节曲折，事奇而蕴有余韵，神隽而不落虚空，在追求史才、诗笔的结合方面，显示着传奇文的特色。所谓史才，就是剪裁史料、叙述故实的能力。雪羽这些武侠笔记的素材大多来自传闻，作者在剪裁、融汇这些材料时，善于发挥、运用自己的想象力和知识储备，显示着很强的写作文言小说的能力。所谓诗笔，则表现为赋予叙事以诗意的能力以及呈现作者诗人气质（包括诗作）的能力。我们称这些文言短篇小说为“武侠笔记”，原因之一是强调它们与作者随后开始撰写的现代型武侠小说的区别。无论在这些武侠笔记中，还是在现代型武侠小说中，我们都可看到作者追求融合史才、诗笔于一炉的努力，正是这种持之不懈的努力，促成了“鹤—铁五部曲”时期作者个人风格的成熟。

对于为何要撰写武侠笔记，王雪羽在《〈谈侠识剑〉序》中做过清晰的表述：“朱家英勇，岂是一时之誉；郭解豪刚，实为千载所夸。况挟权力以辅良，济危扶困；仗忠直而除恶，剪横诛奸。持此仙锋，扫尽人群蠹蠡；赖我神技，补全天造余缺。为儒士舒膈臆，惩恶嘉善；因凶夫败贪戾，奖良炯强。照苍穹

② 鲁迅：《六朝小说和唐代传奇文有怎样的区别?》，载《鲁迅全集》（第六卷），人民文学出版社，2005，第335页。

之报应，示黔首之循远。阴贼险恨，之所以不肆者，诚侠客之所制；贤恕慈柔，之所以无恐者，亦剑士之所恃。不犯法禁，何受韩子之讥；有益家国，自蒙史公所赞。天下不可无侠，而尤不可无剑，故圣人所不毁，而王者所不沮也。”这也是一篇很好的骈文，显示着作者的“诗笔”。简言之，霄羽认为“天下不可无侠”，侠者济危扶困，剪横诛奸，有益家国，是不可或缺的一种社会力量，因此像朱家、郭解这样的游侠，既“为千载所夸”，尤应得到表彰。从他后来的武侠小说创作情形看，这种思想不仅是他撰写武侠笔记的指导思想，也是他创作武侠小说的指导思想，在其早期现代型武侠小说中表现得尤为明显。到了后期武侠小说中，这种思想发生了进一步的深化，既认为“天下不可无侠”，又承认侠的力量有限，侠的人格不尽完美，从而塑造了许多血肉丰满而又处于悲剧情境的侠者形象。在这个“笔记阶段”，受制于体裁的约束，霄羽基本是以事传人，不追求人物形象的丰满。他着意的是故事的传奇性，因而偏向于用史传的笔法宣扬事迹，从而表彰游侠精神。

在这批武侠笔记中，《赛空空》较有代表性，特录全文于下：

昔清道光时，西城口袋巷，住有汪异者，号目奇，北京世家也，生而迥异，湛湛然有君子风。一夕饭后，眺望门前，遥一人搭搭然来，似不胜步者。洎近，憩阶。汪视之，盖翩翩美少年也，遂叩其所自。据曰姓蔡，悾恫名，闽人也，素业儒，今值大比年，故负笈京来。途遇劫，金物一空，幸脱得性命，迟些，亦付霜霜矣。而履入沙砾，步备坚艰，今一铢不遗，谁是东道，只除非丐死耳。言之，貌若甚戚者。汪悲之，曰：“盍倾履出之。”曰：“业倾去矣，而异地难栖，奈何？”汪延之入，煎茗供饵，抱膝长谈，以为得知己也。然掌故略漠，辄作吃吃，流水之兴，未免不稍为减。已而日落，指架曰：“闷来可看书，勿作泥泥态。”言讫，揖别归寝矣。

明日往省之，见其合衣靴卧椅上，床榻安置依故。及醒问之，曰：“我不惯床睡，否必头痛。”又指壁，曰：“此剑大好，我去时当赠给我，以作防盗用。”汪疾付之，佩腰间，不稍微谢。

居约五六日，一日同游某市场，见有卖把式者，抡双剑甚佳。蔡望而退，汪固挽之，方近，舞剑者骤起，越而搠，蔡挽衫，抽剑以应。战数合，蔡忽闪，锵然一声，金镖子中臂矣，舞剑者扑。随来十数人，皆赳赳汉子，持条枪阔斧，群抡而斗。蔡见人众，疾越某寺佛楼上，靴忽落，露其足，盖三寸余，纤纤女缠足也。大呼曰："我去矣！"遂不见。众太息，负伤者东去，有问之者，曰："我李尚书家卫也，斯贼曾害我哥儿（旗语，少爷也），累捕之不获，今脱去，又不知何时始能得也。"汪慄而归。

明日，方启衾间，忽枕前有物，疾兴而视之，盖贮匣一剑也。又花笺一纸，上书曰："原剑还君，他日再会。赛空空拜。"辞句虽俚，而书法缄草，大有武缪神韵，珍藏之。后白诸友人，友固精于武者，闻之骇曰："君何修得，幸逢此人？若女侠也，会发连珠镖，凡绿林中，无不奉之若菩提，即某，亦当祖视之也。"问其居址，答不知，第知其为绝公女弟。绝公者，名陶银，门中之至能者也，今大抵七十岁矣。汪疑其悖怴。

是年应试，中进士，任武夷县，途径某山，憩某寺，欲谒其方丈。僧导见，盖中年一沙门也，见汪喜曰："君非汪君乎？京门一别，倏尔数载，仰月望栋，常怀意意。惟憨老朽难移，恐不易会，孰意邂逅之间，偏逢佳客。去年舍妹多蒙照料，难报知己，情将女弟，愿事箕帚，幸勿辞却。"

汪始悟，其盖五年前，行盗僻巷中人也。先是某僻巷中，居一贝勒（清宗室爵），素刻于金，而贪黩无厌，凌民强赂，甘作钱虏儿。一夜，友招汪饮，达旦方归，路经巷，见府房上坐数人，向汪曰："速去！"汪唯之。至街上，灯忽灭。路有官厅一，因往取火，已□遂出，将行，忽背后曰："好朋友！"回视之，无人，迄今五年矣。

闻其言，知不可却，遂拜舅氏，又曰："亲家有此才，何患不显，乃埋首川野，胡为？"对曰："噫！非子所宜知，我明裔也，讵能北面事驼胡耶？仆近八秩矣，即任位公卿，朽骨尚存几年，诚大可骇者。仆今也，只待死已耳，复有它望哉？"

汪知其不可挽，经日携女去。结髮后，窃叩女，女曰："若非我亲兄。我二岁时，由其抚成，武艺文字，皆其所授。闻言我史姓，父穷士，母死不得养，故弃而去，为卒亡阵。我七年前，尚见之矣。妙手空空儿者，古剑侠也，我似之，故以是名。昔我旅于京，遇李尚书子辱其寡婶，故夜刺之，因结怨于彼。"汪始悉悉。

后往省舅氏，言业死矣，容若生，置椁而轻，或言尸解矣。汪后至抚台，解任去。越数年，京中贪宦多失首，据被害家言，系一僧，一文士，一女郎所为。吁，渠殆血滴子之流亚耶？

王霄羽在《浮白快》中曾说自己撰有《谈侠志剑》四百多章，《平报》发表的《〈谈侠识剑〉序》及其下几则笔记，应该就是《谈侠志剑》的开头部分[①]。由此推断，《赛空空》等篇很可能也来自《谈侠志剑》，它可能是一部“拟唐传奇”集，可惜这部书稿没有流传下来，无法做深入的评论。《平报》所刊武侠笔记大多发表于1924年，1925年之后作者主要转入创作现代型武侠小说，很少再发表此类笔记。因此，1925年是王霄羽文学写作的一个分水岭，此前主要写作诗词和武侠笔记，此后则转向创作小说，主要是现代型武侠小说。虽说主攻方向转向了小说，可诗词和武侠笔记并未完全退场，诗词一般出现在小说卷头或卷尾，有时又从小说人物笔下流出。而武侠笔记，除其传奇意蕴转化为小说风格外，更多的是其中的一些人物和故事情节被移植到了小说中。以《赛空空》为例，“赛空空”这个名号后来便移植给了《浮白快》中的史瑜珠，《赛空空》中的“陶银”则直接成了《浮白快》的中心人物。此外，有些情节也被复制化用到其他小说中。例如，前面说过，《风尘双侠》中女扮男装的瞿粲霞，打斗时掉了靴子露出莲钩的情节即来自《赛空空》。再如，《吴三》写吴三“至一县，近邻海，吴时囊罄，乃于码头，为负粮以糊口”，这个情节在《红旗岭》中变为魏二在江边抗肩。因此，这些武侠笔记单看颇具文章之美，而与武侠小说对读，又成互文关联。由此可以推知，四百多章的《谈侠志剑》无疑是王度庐创作武侠小说的大素材库，未曾发表的这些武侠笔记极可能多已化入后来的武侠小说。在这一过程中，“传奇”与“诗骚”渐由明河转为潜流，在武侠小说构型中转化为悲剧侠情，王霄羽由此也从拟传奇文作者化身为悲剧侠情武侠小说的大宗师王度庐了。

① 按前一书名中的“识”字与后一书名中的“志”字相通，故二者当为同一部书。

附录：

《平报》所载王霄羽（葆祥）杂文发表时间表

说明：本表由王芹女士据《平报》整理、统计，我们稍有调整。为呈现其各自面目，现将这些作品分为杂文、武侠笔记和诗词三类加以梳理。

文题	署名	发表日期	栏目
杂　　文			
座右箴并序	王葆祥	1924年6月5日	味之素
座右铭并叙	葆祥	1924年10月28日	味之素
请龙王	霄羽	1928年1月28日	应时小说
《平报》小传	王霄羽	1930年6月5日	三千号增刊
贺年片研究	霄羽	1930年12月28日	味之素 贺年片专号
羊年短颂	霄羽	1931年1月1日	新年特刊
聊斋与蒲留仙	王葆翔	1931年7月24日	味之素
有羡于孙菊仙	王霄羽	1931年8月4日	味之素
献于《平报》——十五周年之前	王霄羽	1936年10月13日	
武侠笔记			
述焦倜傥事	葆祥	1924年6月20、21日	味之素
咄咄怪事	王葆祥	1924年6月24日	味之素
大刀侠	葆祥	1924年7月5、6日	味之素—武侠琐记
谈侠识剑	葆祥	1924年7月18—20、22—24日	味之素
浔阳丐者	葆祥	1924年8月13日	味之素
狂戒	王葆祥	1924年8月21日	味之素
夜叉侠	葆祥	1924年8月28日	味之素—武侠琐记
侠盗报德	葆祥	1924年8月30、31日、9月2、3日	味之素—武侠琐记

镖客侠	葆祥	1924年9月23日	味之素—武侠丛谈
弄蛇汉子	葆祥	1924年10月8—10日	味之素—武侠琐记
吴三	葆祥	1924年10月17、18日	味之素—武侠琐记
坐上侠	葆祥	1924年10月29日	味之素—武侠琐记
赛空空	葆祥	1924年10月31日、11月1—4日	味之素—武侠琐记
丐剑仙	葆祥	1924年11月6日	味之素—武侠琐记
石达开	葆祥	1924年11月11日	味之素—武侠琐记
卖艺赚秘	王葆祥	1925年6月1日	味之素—武侠琐记
诗　词			
吊屈原文并诗	葆祥	1924年6月8日	味之素
恭贺平报五周纪念	王葆祥	1926年10月13日	味之素
蟠桃宫(竹枝词)	霄羽	1928年4月26日	味之素
盲目妪(新乐府)	王霄羽	1928年8月1日	味之素
少年游·伤秋	王潇雨	1928年8月6日	味之素
醉红妆·伤别	王潇雨	1928年8月6日	味之素
归去来·听曲	王霄羽	1928年8月10日	味之素
临征别(新乐府)	王霄羽	1928年8月11日	味之素
柳梢青·吊故京	霄羽	1928年8月12日	味之素
新年即事打油诗	王霄羽	1930年1月5日	
临江仙	潇雨	1930年3月3日	味之素
歌女儿(新乐府)	潇雨	1930年4月1日	味之素
中秋赋月	王葆祥	1930年10月6日	味之素

第五章　海滨“度庐”

李丹荃的伯父20世纪20年代就在青岛开私人报馆，后来赋闲，但仍略有资产。老两口没有子女，伯母不幸逝世之后，伯父就来信敦促李丹荃和王霄羽到青岛去，与他同住。霄羽本来不愿寄人篱下，但经夫人劝说，终于同意前往。

1937年3月，樱花初绽之际，王霄羽夫妇由北平来到青岛。他们住在博平路伯父宅中，过了几个月比较安逸的生活。

第一节　兄弟青岛话别

关于青岛，王度庐在所撰小说《海上虹霞》中是这样介绍的：三四十年前，“青岛不能整个都叫青岛。在现今的德县路以南，那时是官厅、洋行及西洋人幽雅住宅的聚集之地，那才叫作‘青岛’。至于北首，是一些中国人的低小的楼房和简陋的商店，叫作‘鲍岛’。所以胶州、即墨几县的乡民，要来到这新开辟的码头发财，都是说：‘二哥到哪里去？’‘到鲍岛去。’嘴里说青岛这名称的人很少。鲍岛却有大小之分，小鲍岛即今黄台路一带，那时那地方还是一片山林，没有许多住宅”。如今，青岛已“由一个荒僻的渔村变为繁华的都市”，但海水还是“一样绿”，“早晨太阳也一样的红”，人情也“尚保存着简朴的古风”。①

他在另一部小说《古城新月》里，则曾写及男主人公柏骏青来到青岛，初见大海时的感受——这应该也是作者自己的感受：

> ……当这辆车走到太平路上时，他才真正看见了海，看见了那像是在蓝色的毯子上缀着的一簇绿花似的小青岛，看见了那狭长而笔直的栈桥。他觉得那栈桥很像是一条佩在海蓝色衣衫上的领带，而冲击起来的白色浪

①王度庐：《海上虹霞》，北岳文艺出版社，2018，第1页。

花，就像是衣衫的花边。

他对于路径不大熟悉，虽然手中有一张从北京带来的“青岛详图”，可是他此时还没有辨明方向。他只觉得此地的建筑很好，风景天然，而由海面上吹来的风也不像北京那么干燥、炎热。……①

王霄羽喜欢青岛。蔚蓝的大海、雪白的浪花、细软的沙滩、翱翔的海鸥和灿烂的春花，都抚慰着他的心灵；宜人的气候，有益于他的健康；淳朴的民风，使他感到亲切。然而，日益严峻的时局，又使他和每一个有良心的中国人一样，忐忑不安，忧心如焚。

正当王霄羽夫妇来到青岛之时，日本帝国主义在发动“华北事变”的基础上，进一步策划了“五省三市自治”的阴谋，所谓“三市”，除平、津之外，就是青岛。日本企图不战而直接控制中国北方这个重要的港口城市，“达摩克利斯之剑”已经高悬在青岛人的头顶了。

另一方面，“西安事变”和平解决之后，抗日浪潮也进一步高涨。东北、平津的学生纷纷南下，寻求个人生活出路和救国途径。王霄羽的兄弟王探骊（葆瑞），此时也随流亡学生来到青岛，并在兄嫂这里住了几天。

霄羽夫妇和兄弟一起分析了形势，他们都支持弟弟去内地寻找出路。李丹荃女士回忆道：

他们兄弟一向感情很好，分手时不无留恋。最后王度庐慨然说：“你就放心走吧，我们以后会团聚的。母亲的生活，家里的一切，有我呢。”他把自己的怀表给了弟弟。

……

以后，我们又送走了弟弟的老师徐君和他在北平的几个学生，还有我的妹妹。我们是多么羡慕他们！当时在我们的心目中，他们是飞向自由天空的小鸟，而我们自己今后该怎么办，却茫然得很。②

事实上，他们夫妇曾急切地表示希望与徐君一起走，但是徐君说：“霄羽先

① 王度庐：《古城新月》，北岳文艺出版社，2018，第501页。

② 摘自李丹荃女士的一份手稿。

王度庐在青岛居住过的宁波路4号（原载《青岛画报》2001年第4期）

生您还是先待在这儿吧，您这身体不行。”

王探骊抵沪之后，几经转折，到达陕北安吴堡，参加了抗日队伍，成为一位布尔什维克。

七七事变后，全面抗战爆发。7月30日，平津失守。日军沿津浦路南下，10月，与中国军队在鲁北激战，几经争夺，占领德县，进逼济南。12月底，济南沦陷。12月27日，青岛驻军沈鸿烈部不战而撤。1938年1月10日，青岛全市被日军占领。

李丹荃伯父的博平路住宅被日军占用，其他财产也丧失殆尽。霄羽夫妇随老人迁往宁波路，赁屋居住。他们面临着一个严峻的问题：在侵略者的统治之下，如何度日。

第二节 沙滩上的沉思

1938年6月2日，《青岛新民报》[①]的副刊“新生”上刊出了这样一篇散文：

海滨忆写

度庐

去年樱花开的时节，我由北京初次来到青岛，目的第一是看望多年未晤的戚友，其次便是因为我过了多年的写作生活，把身体弄坏，需要觅一个适当的地方休养几个月。到青岛来察视了一番，到过了海滨、第一公园、崂山几个地方，被优美的风景线系住了我的心灵，被清凉的气候抚摸了我的身体，我认为这是我最好的休养之所，也就是我身体、精神重生的地方。

于是我决定在此住一夏天，陪着阔人们避暑，休养我的身体，恢复我的健康，为预备我的衣食，继续效力。但是我还需要回去，结果我身边的

① 本书所引《青岛新民报》资料，均由青岛市档案馆提供。

一些文字债务，我觉得这样才能维持我的“文丐”资格和信用。

是青岛四月底的天气，晚间吹来的海风恶意地打着人的脸，天空浮着几片彩霞，像送行人的花手帕。站上的火车牛一般地罗罗地气喘，蓦然又气愤地怪叫，在这时候，我离开了青岛回北京去了。车过沧口时，车窗外的海波雪堆似的向滩上拍卷，又似追赶着向我送行，我不无惜恋地怅然于暂别的海波。

西上的胶济车，寒暑表逐渐地往上起涨，旅客身上的衣服也一层一层地往下脱，走到济南的时候，我脱得只剩下了一件府绸衬衣，及到转过津浦路，把我送回北京的时候，几乎连那一件衬衣也穿不住了，热，热！有在青岛时所想象不出的热，尤其是我才从清凉的青岛回到炎热的北京，不啻拿肉身做了一次寒暑测验器，更觉那么不调和，那么难堪。

在实地体验了阔人们为什么夏天必要到海滨避暑的心理之后，看我素日清苦而干燥的生活便觉有些不满意了：对于公园里火团似的牡丹花，北海里浆汤似的池水，也十分不耐烦起来。见着人便表示我将要到青岛去，无意识仿佛我学会了阔人们的口吻。

果然在端午节之后，又由津浦胶济的联络车，三等的车厢，把我装到青岛来，我又像从炎夏走到深秋一样。青岛还是那般凉爽，下车时我身上的纺绸大褂几乎成了全市仅有之物。

于是高兴地买了一件廉价的游泳衣，预备到汇泉避暑阔人的行伍里厮混，使我这久为生活所蚀毁的身体，借着海水伟大的恩惠复生起来。然而，运命，不久便发生时局的变化。

把避暑变成了避难，快乐休养变成了忧患战亡，度了半载多的恐怖生活。结果还得归诸运命，青岛市又平稳起来，把我从忧患又置之于安定，自然，在我是侥幸的，然而我的身体却因为一往的忧患，需要更长时期的休养了，换句话说：我需要更长时期地住在青岛了。

我每时要走到海滨，要望那浩荡的雪一般的美丽，狮子一般凶猛的海波。我用视力去测量那辽远的水平线，发挥我无限的幻想。我要坐在沙滩上，掘发那细小的岩石，破碎的蚌壳，像科学家一般的沉思，感趣。我要身体沐浴在青岛凉爽的空气里，优游自适，不愿受世态一般的炎凉无常的气候。我要像王尔德一般地说：“快活着！快活着！”

这是我们收集到的王霄羽以“度庐”笔名发表的第一篇散文。文中表明，1937年4月，他曾独自返回北京，了却所欠“文债”，于端午节后回到青岛。次年某日，他偶遇正在《青岛新民报》任副刊编辑的北平友人关松海，关即向他约稿，于是有了《河岳游侠传》和这篇散文。文中最值得注意的是“时局的变化”五个字。这当然是指七七事变和青岛沦陷，同时也透露了作者撰文之时的处境：日寇统治这座美丽的海滨城市已经快半年了。所以，文章后两段中的有些说法，是“话里有话”的；结尾的“快活着！快活着！”实际也是因心灵的苦闷而萌生的一种无法实现的自我安慰。

王度庐当时坐在海滩上“沉思”什么呢？他祈望从“辽远的水平线”的那一边看到什么呢？他一定想得很多很多，然而，有一个问题肯定早就在他的脑海里萦绕了：在那样的处境之下，一个卖文为生者，怎样才能不损尊严地生活下去?!——虽然自称“文丐”[①]，他却绝对是一个很有操守的人。

对于王度庐沉思的这个问题，大致同一时期，天津有位笔名“白羽”的作家，也在费尽心机地思索着。后来，他的儿子是这样描述父亲的心态的：

> 自命具有五种谋生手段的宫竹心（家父真姓名），到此时际，却有四种本领无所施展。做机关小吏、编报采访、写杂文，就等于当汉奸，先父不想干。想教书，学校大都停办。只剩下一种谋生手段——写小说；又被报社文艺编辑套了一个小小的紧箍——只准写不要历史背景的纯武侠小说。为了吃饭，先父只得束手就擒，开始从事不愿做而又只得做的武侠小说写作生涯。这总比当汉奸强。[②]

事实证明，王度庐当时的想法，和白羽先生是基本一致的。

这一想法实际也已实施了——《海滨忆写》发表的前一天，即6月1日，在同一份报纸的第八版上，已经开始连载他所写的武侠小说《河岳游侠传》，署名即是“王度庐”。

李丹荃曾经问他为什么要用这样一个笔名。他说，“度”也就是“渡”，希

① “文丐”是20世纪20年代鸳鸯蝴蝶派文人曾经用以自称之语，如1922年10月21日上海《晶报》即载有署名“文丐”者所写的《文丐的话》。王度庐此语未必源自沪上，而且未必没有在特殊环境下“自贬身份”的用意。

② 宫以仁：《谈白羽传记小说〈泪洒金钱镖〉》，香港《明报月刊》，1986年第244期。

望能够“混一混”，“度”过这段艰辛，“渡”向“辽远的水平线”的彼岸。王霄羽就这样在沦陷区里，用自己创作的小说搭建起一所小小的“度庐”，为自己遮蔽风雨，也给挣扎在铁蹄下的人们提供一个可以寻求精神慰藉的处所。

第三节　《河岳游侠传》

在《河岳游侠传》刊载前两天，即5月30日和31日的“新生”副刊上，连续刊出了这样的预告（以后，凡是王度庐或“霄羽”的小说，连载之前都登类似的预告）：

本报增刊武侠小说预告

本报自六月一日起扩大篇幅（改为两大张），材料力求充实，对副刊内容，尤力加刷新！兹已征得名小说家王度庐先生之精心杰作长篇武侠小说《河岳游侠传》，由六月一日起逐日在第八版刊登，并聘专家绘制插图。该说部立意深远，情节玄妙，穿插紧凑，趣味浓厚。特此预告，敬希读者诸君注意是幸！（写真为王君近影）

“名小说家”这个头衔，是报社的广告用语，也是客气话。这份报纸在另一则为连载小说《海燕归来》而登的预告中，就称其作者陈慎言为“中国第一流名小说家”；是否“第一流”且当别论，当时陈慎言在北京的通俗文学界已经颇有名声，资格比“度庐”老，这是确凿无疑的。至于“王度庐”这个名字，实在是1938年5月30日才第一次公开出现于中国文坛，除了前面所引“预告”中提供的和《海滨忆写》中所透露的那一点讯息之外，当时的读者对他委实一无所知。所以，

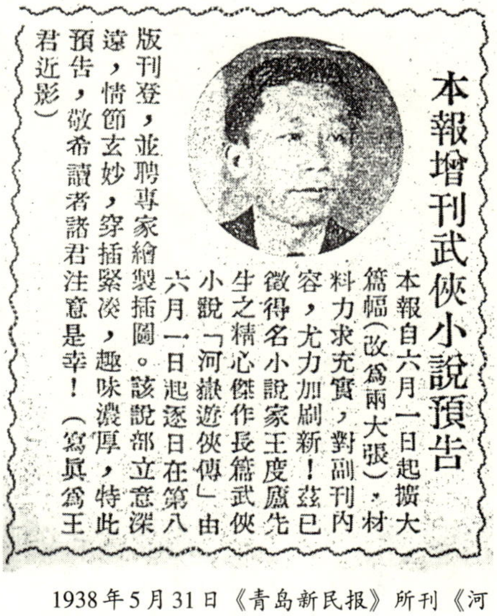

本報增刊武俠小說預告

本報自六月一日起擴大篇幅(改爲兩大張)，材料力求充實，對副刊內容，尤力加刷新！茲已徵得名小說家王度廬先生之精心傑作長篇武俠小說「河嶽遊俠傳」由六月一日起逐日在第八版刊登，並聘專家繪製插圖。該說部立意深遠，情節玄妙，穿插緊湊，趣味濃厚，特此預告，敬希讀者諸君注意是幸！（寫眞爲王君近影）

1938年5月31日《青岛新民报》所刊《河岳游侠传》连载广告

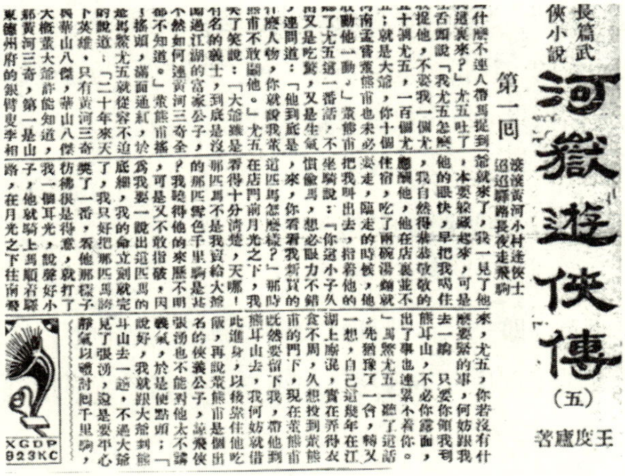

長篇武俠小說

河嶽遊俠傳（五）

王度廬著

第一回　淺淺黃河小村逢俠士　迢迢驛路長夜走飛駒

《河岳游侠传》开篇

还不排除刊出《海滨忆写》是有意让“度庐”先生直接出面“亮一亮相”的居心——这些都是办副刊的编辑常玩的“花招”。

《河岳游侠传》于1938年11月15日载完，共计二十回，连载一百五十一次左右。这部作品没有出过单行本。我们通检过青岛市档案馆所藏的《青岛新民报》，因为馆藏残缺，读到的文字约占原著的五分之四，基本情节大致可以掌握，兹介绍如下：

河南省灵宝县，侠士“小孟尝”董熊甫之宝马被盗。董与侠友杨玉才等奔走江湖，寻访盗马者，在赤眉镇遇“玉面小侠”龙继森。龙受奸人陷害，杨玉才助之诛仇，然后二人主动向官府自首。董、龙双方则由此结为至交。

董熊甫到南阳，又结识江湖著名豪士耿云蔚。耿助董救出杨玉才和龙继森，杨因伤重而死，龙则在耿的掩护下化装出走。出走前，耿府军师郎雅英以耿云蔚对龙有恩为要挟，请龙帮助谋害董熊甫。

龙继森经历若干奇遇后抵达灵宝，拜访董熊甫，董未归。夜遇刺客，龙助董府抗击，擒伏的刺客称受耿府派遣，龙继森极力对董府进行辩白，认为主使者决非云蔚。次日，忽有瘦侠送还宝马，此人名叫张涌，号称“飞侠”，乃驰名江湖的“黄河三奇”之一，也正是龙继森在途中奇遇的神秘人物之一。

耿云蔚受刁奴、恶吏陷害，毁家落草盘龙岭。董熊甫升任汉中府总镇，奉命进剿。龙继森也在军中协助，阵前与云蔚相会，深感无以报答当日救命之恩，于是拔剑自刎以明志。熊甫对云蔚也惺惺相惜，乃在交战时故意落马，助之脱逃。

班师回镇，董熊甫厌恶官场，辞职返乡。途经南阳，往耿府拜访，不知云蔚下落。后经瘦侠指引，到一古寺，见有道人耕作田中，原来就是看透人世扰攘、江湖险恶而归隐的耿云蔚。交谈之下，熊甫深有同感，下山之后，江湖上就“再无人提起河南孟尝董熊甫的名字了”。

不知王度庐是否读过南方党会武侠小说作家姚民哀的作品，就情节构思和内容而言，《河岳游侠传》略微近似姚氏的《龙驹走血记》（1926年连载于《红玫瑰》杂志，1929年与三个续篇合为一部单行，题为《江湖豪侠传》）。

《河岳游侠传》虽然写了不少江湖纠纷，但所揄扬的，无非一个“义”字，而且把它置于“法”和“情”“恩”和“疚”“公”和“私”的矛盾纠葛中加以展现，所以有相当大的冲击力。其间穿插龙继森和紫衣侠女黄幼凤的爱情，显示着“侠情”因素。结尾所写退隐江湖者之惆怅、孤寂心态，亦颇余味悠长。

青岛的读者在《河岳游侠传》里嗅到了不少新鲜气息，他们期待着这位“度庐”先生新作的出现。

第六章　为现代侠情小说开宗立派

虽然《河岳游侠传》总体上并未跳出描写江湖争斗的一般武侠小说窠臼，但是读者已经发现，这位王度庐手笔不凡。王度庐也果然没有辜负读者的期望，接着发表的《宝剑金钗记》，更令他们眼界大开。

第一节　“鹤—铁五部曲”的诞生

《河岳游侠传》终刊前十天即1938年11月5日，《青岛新民报》就刊出了王度庐新著《宝剑金钗记》（单行本改题《宝剑金钗》）的预告。这部小说于11月16日开始连载，大约在次年4月29日载完。

> 《宝剑金钗记》主要叙述世外高人“江南鹤”的盟侄、侠士李慕白和侠女俞秀莲的爱情故事。李、俞先由比武而结识，继而在旅途中共度安危，相慕相爱。但当慕白得知秀莲已经许配孟思昭之后，便认为自己既不应充当“第三者”，更应避“施恩图报”之嫌，所以决心割断痴情。然而，刻骨铭心的爱情岂是割得断的？所以他又时时为“情”而苦恼。
>
> 到得京中，慕白结识隐名匿姓伏处膈下的“小俞”即孟思昭，相谈甚欢，结为生死之交；而孟思昭则已察知慕白、秀莲的爱情。恰逢京中恶霸黄骥北纠集李、俞的强敌世仇前来寻衅，孟思昭于是孤剑出击，终因众寡不敌，壮烈牺牲。此时，李、俞方才知道“小俞”真实身份，他们被这位挚友的义气深深感动，以至觉得双方如果结合，就是对这种高义的亵渎，于是更加坚定了终身不论嫁娶的决心。
>
> 作品中还穿插了李慕白与名妓谢翠纤的一段情孽。李慕白的这次“感情滑坡”，实际是因爱俞秀莲不得，而下意识地寻求心理补偿；谢翠纤则

《青岛新民报》报头

《宝剑金钗记》开篇

因李的犹豫、吞吐而误以为他也不过是个无特操的“江湖人”。悔疚之余，她转而自暴自弃，委身腐朽官僚徐侍郎；慕白则因侠友史健刺死徐侍郎而蒙冤入狱。出狱之后，李慕白对谢翠纤失去热情，谢则因自己误解慕白而负愧自刎。这又在李慕白的心灵上留下了一处永远无法弥合的创伤！

李慕白、俞秀莲的恩人、挚友，内务府旗人德啸峰受黄骥北等陷害，流放新疆。慕白细密安排保护以及善后措施，然后刺杀黄骥北，再度入狱，决心以一死报答思昭、啸峰之恩义，了断对秀莲的痴念；不料却被盟伯江南鹤从狱中救走。在德府保护啸峰眷属的俞秀莲，夜间醒来，发现枕旁放着慕白所用宝剑一柄，又有纸柬一张，上写：“斯人已随江南鹤，宝剑留结他日缘。”

《宝剑金钗记》的发表使当时青岛读者颇受震动。许多人逐日剪报，装订成册，珍藏把玩。那些鉴赏水平较高的武侠小说读者仿佛发现了一个新天地；另一些读者则觉得从没有见过这样的武侠小说——“‘武’味儿”不强，“生活味儿”却那么浓，令人读得揪心，读得感慨不已，余味无穷。

他们之中的有些人，还可能看到了另一部武侠小说：同年2月，天津《庸报》开始连载《十二金钱镖》，作者就是前面提到过的白羽先生。对比之下，这些读者会觉得两部作品都很好看，都有新意，但是“味道”又不一样：白羽的这部小说虽然也有写情之笔，但总体上不注重写情，而注重揭示江湖险恶；王度庐的《宝剑金钗记》则把侠骨柔情写得水乳交融、荡气回肠。

沦陷区的读者，心理之苦闷、精神之枯竭可想而知。《宝剑金钗记》使他们在特殊的处境下品味到了中华民族文化传统的美，领略到了人性的复杂及其价值，给他们枯竭的精神以慰藉。市场需求在那种环境里仍然发挥着作用，连载结束不久，1939年9月，报社就推出单行本，“不及一月，即已售罄。乃决定重印五千部”[①]，不久又即售罄。于是一印再印，共售出“数万册”[②]。

在这个初版的《宝剑金钗》单行本上，有一篇王度庐的自序。后来印行的《宝剑金钗》各种版本都不见这篇序文，可见其珍贵，所以也全文引录如下，以飨读者：

> 昔人不愿得千金，惟愿得季布一诺，侠者感人之力可谓大矣。春秋战国秦汉之际，一时豪俊，如重交之管鲍，仗义之杵臼程婴，好客之四公子，纾人急难之郭解朱家，莫不烈烈有侠士风范，为世人之所倾慕。迨于后世，古道渐衰，人情险诈，奸猾并起，才智之士又争赴仕途，遂使一脉侠风荡然寡存，惟于江湖闾巷之间，有时尚可求到，然亦微矣！余谓任侠为中国旧有之精神，正如日本之武士道，欧洲中世纪之骑士。倘能拾摭旧闻，不涉神怪，不诲盗淫，著成一书，虽未必便挽颓风，然寒窗苦寂，持卷快谈，亦足以浮一大白也。频年饥驱远游，秦楚燕赵之间，跋涉殆遍，屡经坎坷，备尝世味，益感人间侠士之不可无。兼以情场爱迹，所见亦多，大都财色相欺，优柔自误。因是，又拟以任侠与爱情相并言之，庶使英雄肝胆亦有旖旎之思，儿女痴情不尽娇柔之态，此《宝剑金钗》之所由作也。去岁春间，自京来青岛，闲居无俚，遂日写一二千言，刊于《青岛新民报》，藉遣海滨风月，而销胸中块垒。积日累月，竟成帙矣，因得读者谬赞，社中嘉许，遂刊行单行本，乃使俚文陋作，亦跻书林，实不胜惭愧之至！书成，因弁数言于篇首，以示区区作书之意。明达之士如勿笑我，则幸甚焉！ 民国二十八年夏日王度庐序于海滨。

序言所署“民国二十八年夏日”是《宝剑金钗》初版本出版的时间。序中说：“去岁春间，自京来青岛。”其中的“去岁”则应是1937年，这有前面所引《海滨忆写》可以比证。可见，这篇自序是1938年写的，单行本出版前却被署上了印书日期，导致了与内文在时间表述上的不一致。

这篇自序显示王度庐已经形成一种创作追求：由于他对人生之艰辛、世态之炎凉感受极深，特别是对于金钱使爱情发生“异化”的现象以及因情场主角

①《〈宝剑金钗记〉再版出书预告》,《青岛新民报》1939年9月26日第六版。

②《〈剑气珠光录〉出书预约》,《青岛新民报》19401年1月10日第七版。

“优柔自误”而导致的人生悲剧体悟尤切，所以他要在自己的创作中把“武侠”的阳刚之美和“言情”的阴柔之美结合起来，营造出既慷慨又旖旎、既壮烈又缠绵、既苍凉又温柔的审美意境。如果说《宝剑金钗记》是这种艺术追求的起点，那么接连而来的一系列作品，就是这种艺术追求的继续和发展，但是其间也有曲折。

继《宝剑金钗记》而连续刊载的侠情题材作品是以下四部：

《剑气珠光录》（1939年7月30日—1940年4月5日，单行本改题《剑气珠光》）；

《舞鹤鸣鸾记》（1940年4月7日—1941年3月15日，单行本改题《鹤惊昆仑》）；

《卧虎藏龙传》（1941年3月16日—1942年3月6日，单行本改题《卧虎藏龙》）；

《铁骑银瓶传》（1942年3月7日—1944年5月2日，单行本改题《铁骑银瓶》）。①

《青岛新民报》对《剑气珠光录》的广告用语是：“内容曲折，结构精密，写儿女柔情之处如花开云展，述英雄勇武之处真石破天惊。”②

> 《剑气珠光录》上承《宝剑金钗记》，从李慕白被江南鹤救到北京郊区卖花老人杨公久家将养，并遵命往江南避案写起，继续表现李慕白、俞秀莲在江湖争斗中的情感生活。他们此时的相互关系，既有点儿“柏拉图式”（即满足于自称“情同兄妹”的“精神之爱”），又有点儿“中国君子”式（近乎“存天理，灭人欲”）。实际上，作者表现的是理智与情感的冲突：看起来，理智得胜了；实际上，情感总是不时盲动，永难安逸。
>
> 贯穿此书的情节，是江湖豪客围绕大内遗失的宝珠（事见《宝剑金钗记》）和镇江江心寺的一份“点穴秘图”而展开的纷争恶斗。李慕白和俞秀莲以“正派侠者”的身份卷入这场斗争，然而慕白又是偷盗“点穴秘图”者。尽管他对自己这一行为有种种“正义”的解说，然而从人物性格描写的角度考察，总给人以不够统一之感。

① 由于馆藏报纸残缺，所列部分始载、终载时间，有的属于推测，有的付诸阙如，凡此皆标以问号。

②《〈剑气珠光录〉出书预约》，《青岛新民报》1941年1月19日第七版。

从陷害德啸峰的杨总管家盗得大内宝珠的，是“黑道人物”杨豹，江湖人称“小太岁”。他和两个妹妹其实都是孤儿，因父母被杀，而由退隐江湖的老侠杨公久收养。杨豹盗珠是为了获得经费，寻找仇人，结果招来众多豪客夺宝，杨老侠被杀，大妹被抢走，小妹由德啸峰收留，杨豹自己也身负重伤而死。因为慕白、秀莲对他有寻妹、诛仇之恩，杨豹临死即将宝珠作为遗赠。李、俞乃夜入大内，留柬还珠，然后退隐九华山，钻研点穴法。

《剑气珠光录》的语言比较简洁，意象有时相当清新，叙述和结构也较精致。就继续描写李、俞爱情而言，此书延续了《宝剑金钗记》的路子；但是，由于书中的李、俞情感生活缺乏发展和新意，杨豹的故事又始终被作为暗线加以处理，所以此书的总体风格显得与《宝剑金钗记》反差较大，流于江湖打斗，缺乏深厚内涵。

对于这种“王度庐一向擅长的‘侠骨柔情’，竟全无踪影”的“倒退”现象，叶洪生先生是这样推测其原因的：“作者前此撰写武侠说部，可能遭受‘侠’而不‘武’之诮；在出版商和读者的双重压力之下，不得已而勉强步武，遂有此‘买椟还珠’不伦不类的表现。”①叶先生推测的可能性是存在的，但也不排除同时存在另一种可能：作者对于如何表现“侠骨柔情”，特别是如何创作既前后承接又互相独立的“系列作品”，经验尚不成熟，因此表现为步履游移，“《河岳游侠传》式”的“定型思维”于是起了干扰作用。

《舞鹤鸣鸾记》则标志着作者对于“侠骨柔情”样式的进一步探求，也标志着“系列作品构思”的成形。可以说，它在一定意义上弥补了《剑气珠光录》的部分不足。

1940年4月7日《青岛新民报》首载的《舞鹤鸣鸾记》前面有一“序言”，出版单行本时已被删却。这段“序言”对于考察这套系列小说的创作过程很有价值，亦全文引录如下：

---

① 叶洪生：《近代中国武侠小说名著大系·王度庐作品分卷说明》，按洪生先生撰写此文时，《河岳游侠传》尚未发现，也不知道《鹤惊昆仑》创作、发表于《宝剑金钗》和《剑气珠光》之后。

序　言

内家武当派之开山祖张三丰，本宋时武当山道士，曾以单身杀敌百余，因之威名大振。武当派讲的是强筋骨、运气功、静以制动、犯则立仆，比少林的打法为毒狠，所以有人说“学得内家一二，即足以胜少林”。此派自张三丰累传至王咸来，咸来弟子黄百家，又将秘传歌诀，加以注解，所以内家拳便渐渐学术化了。可是后因日久年深，歌诀虽在，真功夫反不得传。自清初至近代，武当派中的侠士实寥寥无几，有的，只是甘凤池、鹰爪王、江南鹤等。甘凤池系以剑术称，鹰爪王专长于点穴，惟有江南鹤，其拳剑及点穴不但高出于甘、王二人之上，且晚年行踪极为诡异，简直有如剑仙，在《宝剑金钗记》与《剑气珠光录》二书中，这位老侠只是个飘渺的人物，如神龙一般。而本书却是要以此人为主，详述他一生的事迹。又本书除江南鹤之外，尚有李慕白之父李凤杰，及其师纪广杰。所以若论起时代，则本书所述之事，当在李慕白出世之前数十年了。

当时，因为系列中的第一部出现在二、三部之后，所以不得不在连载时做如上说明；到出版单行本时，序次已经排顺，这个“序言”当然就没有存在的必要了。《鹤惊昆仑》的故事情节如下：

江南鹤原名江小鹤，童年时，其父因犯“淫戒”，而被师父鲍昆仑“清理门户”，率众徒残酷杀害。小鹤立志报仇，历经漂泊、凌辱之苦，终于拜九华山桐柏老人为师，学得武林绝技。十年后下山，寻找鲍昆仑，兑现复仇誓愿。

鲍昆仑的孙女阿鸾与小鹤青梅竹马、两小无猜，相爱甚深。祖父当然不会成全这份“孽缘”，于是做主将阿鸾嫁给大侠纪广杰，并使他们也与小鹤为敌。

小鹤非阿鸾不爱，然而却因身负“世仇”这个大包袱而不能与之结合；阿鸾始终为小鹤守贞，但亦因情仇交战而痛苦万分。

纪广杰与阿鸾入川保护鲍昆仑，中途陷身秦岭盗窟，小鹤先救出阿鸾，回身再救纪广杰 。阿鸾独坐山头，既恨爷爷当初做事太过，又觉愧对江小鹤与纪广杰，于是纵身跳崖。小鹤回来，只捡到她的红鞋一只。

江小鹤认为不能因与阿鸾的“私情”而不报“杀父大仇”，乃单骑入川，擒得鲍昆仑，押回汉中。途中忽生变故，鲍昆仑被铁杖僧救走。江小鹤追踪，竟然巧遇跳崖未死、也被铁杖僧救出的鲍阿鸾。阿鸾责备小鹤不肯放过爷爷，愿以身代爷爷受过，夺剑刺向自己胸膛，小鹤阻拦不及，已致重伤。江小鹤悲痛之至，鲍昆仑亦颇悔恨，离二人而去。

阿鸾、小鹤倾诉各自内心痛苦，深感互相都是“冤家”，所经历的都是“孽缘”，相约泯却上辈仇怨，只待阿鸾伤愈，立即结为夫妻。不料铁杖僧的师姐道澄，趁小鹤外出雇车之际，劫走阿鸾。道澄与小鹤曾有武当比武之约，江小鹤乃孤剑独闯武当，大战“七大剑仙”，正当他被众道人围困之时，纪广杰、李凤杰与小鹤师兄哑侠赶到，助小鹤会同武当掌门惩罚道澄及其同党，双方消释误会。此时，小鹤方知阿鸾又被哑侠从道澄手中夺回，现在庞员外家养伤。

小鹤、广杰化敌为友，一同赶到庞家，阿鸾已因伤重不治而香消玉殒。此时，鲍昆仑已经自杀，江小鹤也手刃了直接杀害父亲的凶手，但是当他护送阿鸾灵柩回到故乡时，不禁感慨无限，万念俱灰……

《舞鹤鸣鸾记》前面的“序言”，仍未回答下列问题：作者为什么先写第二、第三部，然后才回过头去写第一部？是不是原本没有写“江小鹤传”的设想，直至《剑气珠光录》写到一个阶段之后，“系列构思”方才成形（为《宝剑金钗》作序时，这一构思或许尚未成形）？或者本来只想把《宝剑金钗》作为系列的第一部，此时方才产生“向上溯源”的意图？这些问题，都还有待进一步加以探讨。

读者在《舞鹤鸣鸾记》里获得的，是一种和阅读《宝剑金钗记》不同的审美感受。《宝剑金钗记》写的是“情”与“义”的冲突，《舞鹤鸣鸾记》写的是“情”与“仇”的冲突；《宝剑金钗记》写的是优柔型的性格，《舞鹤鸣鸾记》写的是偏执型的性格。如果说李慕白、俞秀莲的爱情故事倾向于缠绵，节奏有如“紧打慢唱”，那么江小鹤、鲍阿鸾的爱情故事就奔腾着火一样的激情，回荡着力度强劲的旋律。情仇相扇，爱恨交织，各走极端的偏执性格互相碰撞、冲突，又相互牵连、纠缠，使这部侠情小说具有鲜明、独特的个性。

诚如叶洪生先生所云，《舞鹤鸣鸾记》第二十回“扶椋”之后的一大段，难免蛇足之嫌。

如果说《舞鹤鸣鸾记》反映着王度庐对于“侠情”样式的进一步探索，那么《卧虎藏龙传》就标志着作者创作风格的成熟，它是王度庐侠情小说的巅峰之作。

《卧虎藏龙传》承接《剑气珠光录》，男主人公“沙漠大盗”罗小虎是杨豹的兄弟，女主人公玉娇龙则是京城九门提督的女儿。

玉娇龙自幼即得名师高朗秋暗中传授九华派高超武功，在新疆大漠偶遇罗小虎，发现小虎并非一般盗贼，既同情小虎少年漂泊、备尝艰辛的身世，与之相惜相爱，但又觉得身为“名门小姐”，碍难委身“匪盗”。

回到京城之后，玉娇龙因盗“青冥剑”而遭到铁贝勒府护院拳师刘泰保的监视、追踪，又受到李慕白、俞秀莲等“白道”侠客施加的压力。因为当年窃取师父所藏《九华全书》等事，玉娇龙还受制于身边的“黑道”人物——师娘耿六娘，并卷入了官方和“白道”缉捕耿六娘的争斗。

更令玉娇龙忧愁苦闷的是，父亲已经做主将她许配给颟顸、庸俗的鲁翰林。而此时罗小虎也在京城出现，这既勾起了她对纯真爱情的怀念，又对小虎至今仍然混迹江湖甚为不满。罗小虎为向玉娇龙传信而夜探德啸峰府，误伤啸峰之子文雄。玉娇龙知道文雄实为小虎妹夫，为此严责小虎盗性不改，继而竟顺从父命，下嫁鲁府。

罗小虎后悔莫及，当即致书德府，向妹妹杨丽芳通报杀父仇人下落；并且获得德啸峰、刘泰保等侠义人物支持，潜入玉府，大闹玉、鲁婚礼。

玉娇龙亦有周密安排，于入洞房后突然“失踪”，再盗“青冥剑”，女扮男装，闯荡江湖。其间，既斗江湖恶霸，又因青冥剑与《九华全书》而遭李慕白、俞秀莲围堵；途中巧遇兄长携眷进京，暗中加以保护，并得知母亲病重。玉娇龙乃亦返京，夜探母病，却被鲁君佩勾结玉府仇家设计擒获，罗织四大罪状，损毁玉府名誉，逼迫玉娇龙之兄签字，使娇龙就范。

罗小虎知情后，设计挟持鲁君佩，命其当玉娇龙之面烧毁上述字据；又得刘泰保、德啸峰等协助，查明为鲁君佩出谋划策者，即当年之杀父仇人贺颂、费伯绅。俞秀莲率杨丽芳等追缉贺、费，小虎兄妹终于诛仇雪恨。

玉娇龙在为母亲办过丧事之后，一直深居简出，时而以泪洗面，时而愧愤自责。《九华全书》、青冥剑都被李慕白收回。她虽孤独，但刘泰保夫妇却成了她的知交，杨丽英则给她带来了罗小虎还在城外候她一见的消息……

时至四月，妙峰山又办庙会。玉娇龙为父亲病愈而上山还愿，舍身跳崖。人们或传她已死，或传她已“飞了”；只有刘泰保夫妇，从妙峰山逛了半个月后才回城，带去的一匹胭脂色骏马和宝剑、包裹却全未带回，他们一再声言自己和玉府小姐跳崖一事毫无关系；德啸峰府则对玉娇龙之种种传闻丝毫不加评论。

京郊僻地，罗小虎手下的喽啰接待了一位跨胭脂色骏马，带着宝剑、包裹的小姐。这位小姐和他们的主人在内室圆了一夜好梦，次晨，她又孤剑单骑，头也不回地向远方疾驰而去……

与前几部侠情小说相比，《卧虎藏龙传》不仅在情感上具有极大的冲击力，而且性格鲜明的人物最多，情节最曲折复杂，结构最严谨，展示社会风貌最广阔生动。

从人物性格塑造的角度考察，玉娇龙之热情、泼辣、为爱情而不计一切，都与鲍阿鸾相似；但是，这个人物的形象更加丰满，性格组合及其内涵更加复杂，给人的印象也更深刻、鲜明、生动。

《卧虎藏龙传》又塑造了刘泰保等一系列市井侠义人物形象，他们和作者描绘的京华风习、旗下民俗，构成一幅幅动态的、五光十色的风俗画。

读者还从这部作品里领略到侦探小说式的悬念、推理、紧张、绵密。

《卧虎藏龙传》的成功，给下一部作品的创作增添了无形的压力，它就是被叶洪生先生称为《卧虎藏龙》“后传”的《铁骑银瓶传》。

1942年，《青岛新民报》与《大青岛报》合并，更名《青岛大新民报》，《铁骑银瓶传》于此年3月7日开始连载，直至1944年方才载完。它的故事开始于玉娇龙与罗小虎分手约十个月后：

雪夜野店，单骑孤身，玉娇龙产下她与罗小虎的儿子，却被同店居住的方二太太用自己的女孩掉了包，留下一只银瓶为记。玉娇龙奋骑追赶，方二太太却被祁连山匪徒劫去，男孩也不知去向。出于天赋母性，玉娇龙对女孩视如己出，将她抚养成人，取名“春雪瓶”，让她称自己为“三爹爹”（满语，即“三姑姑”）。玉娇龙那被掉包的儿子，后来则被退隐江湖的原祁连山匪帮成员韩文佩收养，取名“韩铁芳”。

二十年后，玉娇龙母女闻名南北疆，人称大、小“春王爷”。

韩文佩亡故，铁芳得知义父真实身份和自己乃是“方二太太之子”，于是散尽百万家财，为寻母而闯荡江湖。途中仗义行侠，得遇女扮男装、身患重病的玉娇龙，结为忘年交。几经试探，玉娇龙已知铁芳确系自己离散的骨肉，但不便在途中相认，只告诉铁芳：要报劫母之仇，可先到天山之下，寻找一位自己“最亲近的人”帮助他，并嘱二人结为“终身伴侣”。铁芳决定服侍这位身怀绝顶武功而又病入膏肓的前辈一同入疆，行至白龙堆，遇狂风沙暴，玉娇龙终于不支，口吐鲜血，死在来不及相认的儿子怀中。

铁芳埋葬了这位“前辈病侠”，决定先将自己“寻母”之事放过一边，乘“病侠”所遗铁骑，西行了却她的身后之事。到达新疆尉犁，他在哈萨克赛马大会上初会春雪瓶，却被射伤，狼狈落荒而走。

春雪瓶往迪化寻找“三爹爹”，并欲拜见奉旨来疆的玉钦差即“舅舅”。途中得知“爹爹”死讯，赶往白龙堆，韩铁芳已在带伤料理起灵事宜。雪瓶十分惭愧，共同安葬亲人之后，给铁芳留下金银一包，自己前往迪化。铁芳追去，在古庙中结识罗小虎。

春雪瓶到迪化，玉钦差因玉娇龙之身世尴尬，不肯公开认亲。雪瓶夜探钦差府，被发觉，于战斗中杀死护府之镖头。官府搜凶，怀疑并逮捕在此住店的罗小虎。罗小虎始终认为雪瓶是自己和玉娇龙的亲生女，慨然为之顶罪。

罗小虎起解伊犁，在被雪瓶所杀镖头的同党私刑折磨之下，已经奄奄一息。铁芳、雪瓶得到哈萨克人支持，救出垂危的罗小虎。罗小虎至死不知铁芳是其亲生骨肉，惟谆谆敦促“女儿”快嫁铁芳，不要重蹈“父母”的覆辙。

韩铁芳与春雪瓶经历一系列情感纠葛和江湖争斗，终于亲眼见证了祁连山匪帮和方二太太得到应有的惩罚，二人也终成眷属。他们回想起父母天各一方、刻骨铭心的经历，咀嚼着自己身受的险恶诈伪，不禁感慨万千，于是决定携手归隐，永不再入江湖。

这部“后传”连载之前，《青岛新民报》为它所登的预告是这样写的：

此篇为继《卧虎藏龙传》之作，但书中另起主人公。描写：侠义江湖，风霜边塞，草原游猎，柳陌钟情，秦楼赋歌，天涯沦落，骨肉分离，英雄遇合，钗翘剑拔，花愁人泣。是度庐先生另换一番笔法，写人伦天性，儿女柔情，侠义行为，剑术技击之一部巨著。至于描写之细腻，情节之紧张，故事之回曲，结构之精严，又毋庸多为介绍。

预告中对《铁骑银瓶传》特色的介绍颇为中肯。所谓另起主人公，指的是韩铁芳和春雪瓶，但是书中最为感人之处，无疑是韩铁芳的身世，特别是他与罗小虎、玉娇龙的生离死别。诚如叶洪生先生在《近代中国武侠小说名著大系·王度庐作品分卷说明》中所云：

本书故事安排极富巧思……在第一回中，就写得高潮迭起，扣人心弦；这是一般旧式武侠小说中绝无仅有、极端罕见的。

在本书的结构上，最震撼也最戏剧化的情节便是：父、母、子，原本天各一方，在二十年后，父母却都分别与儿子相见订交，结为忘年友；又分别均死在儿子怀里——一死于大漠狂飙中，一死于大雪纷飞下……这些都是天愁地惨的永别场面……

更值得一提的是，作者把罗小虎、玉娇龙与韩铁芳的关系，从亲情的层次升华而臻“义”境……实是难能可贵。

《铁骑银瓶传》不仅在悲剧构思和情境设置上较前几部作品另辟蹊径，而且塞外天山、大漠草原的背景，哈萨克、蒙古等兄弟民族与汉族和睦共处的生活状况，也确实与“另换一番笔法”甚为协调。但是，罗小虎死后，韩铁芳、春雪瓶东行寻仇的一大部分，情节略嫌拖沓，在整体性上还是稍逊于《宝剑金钗记》和《卧虎藏龙传》。

从《舞鹤鸣鸾记》（《鹤惊昆仑》）到《铁骑银瓶传》（《铁骑银瓶》），先后写的是四代侠士侠女的爱情故事，其悲剧艺术成就，非常值得深入探讨。

叶洪生先生首先将上述五部既上下承接又相对独立的小说称为“‘鹤-铁’系列五部曲”，并称王度庐为“独创‘悲剧侠情’一派”的“我国北方武坛巨擘”。张赣生先生则说，在中国文学史上，是王度庐创造了武侠言情小说的完善形态，在这方面，他是开山立派的一代宗师。“鹤—铁五部曲”的诞生，标志着王度庐“宗师”地位的确立。

将“侠情小说”立为武侠小说一个类型的专称，可能是鸳鸯蝴蝶派的发明——民国初年该派以言情小说“起家”，在他们控制的报刊上发表此类作品时，往往标以“哀情”“惨情”“苦情”等等名目，“侠情”亦为名目之一。但是，就内涵、样式而言，“侠情”型小说的渊源甚古。论者常以唐传奇中的《虬髯客传》为侠情小说的先声，《昆仑奴》《柳氏传》《霍小玉传》《无双传》皆可归入同类。它们的共同模式或可称之为“古押衙模式”①：虽然有“侠”有“情”，但在这些故事中侠者皆非情场主角，而仅仅是帮助爱情成功的“救星”。此后的“侠情”型小说虽然有所发展，但是“侠”“武”元素与“情爱”元素的关系仍然大多处于互相游离状态；在写“情”方面，又多囿于“发乎情，止于礼”的桎梏。进入民国以后，顾明道的《荒江女侠》虽曾于20世纪30年代轰动一时，然而“武侠”与“爱情”游离、写“爱情”流于肤浅，仍是该书的致命弱点。历史证明，唯有王度庐，才是结束上述“困境”，开创侠情小说全新局面的第一人。

说到王度庐侠情小说所呈现的全新局面，就要关注他的武侠小说诗化追求。这是他在用性格心理悲剧调适“侠”“情”关系的大框架下，润滑“侠”“情”关系，诗化悲剧空间的一种艺术手段。其侠情小说之全新局面不仅在于有理性的情感空间，更在于这种空间是诗化的悲剧空间。从《浮白快》开始，王度庐就有借助唐传奇笔法打造诗化小说的努力，这种努力促进了他的性格心理悲剧型武侠小说的成熟。我们在评介《浮白快》时说过，“鹤—铁五部曲”之前的作品整体来看理性不强，总的趋势是感性减少，趋于质实，到《鹞子高三》就成了干瘪的武侠速写了。“鹤—铁五部曲”出现之后，用悲剧侠情模式彻底摆脱了用质实写游侠而失去诗性，没有思想支撑的感情流泻而缺乏深度的写作困境，使感性和理性得到了平衡，诗化特征在理性控制下较为克制沉郁，诗味倒不时地荡漾出来。这种诗化效果在“鹤—铁五部曲”出现前后分别有两次“爆发”：前一次是《宝剑明珠》，后一次是《彩凤银蛇传》。《宝剑明珠》和《彩凤银蛇传》都是悲剧侠情小说，但它们和“鹤—铁五部曲”又有区别，区别就在于这两部小说的诗化风格更为显著，将悲剧做诗化处理，向唐传奇的意蕴靠拢，因此这两部小说又可称为“诗化悲剧侠情小说”。电影《卧虎藏龙》结尾的跳崖情

① 古押衙，见《无双传》，是帮助无双和王仙客这对有情人终成眷属的一位侠士。

节虽不符合原著，但这种诗化处理却也暗合王度庐一贯的追求。李安通过电影手法把“悲剧侠情小说”《卧虎藏龙》改造成了“诗化悲剧侠情电影”，也许正用图像圆了王度庐追摹唐传奇之梦。

王度庐的侠情小说不仅解决了“侠”与“情”“武”互相游离的问题，而且与传统的“侠情小说”（包括民国时期其他作家的同类创作）有着本质上的区别。作为一个武侠小说作家，王度庐对“侠”的认识与传统武侠小说作家及同时代的多数武侠小说作家截然不同。他认为，“侠”在除暴安良方面的“功能”是有限的，至于安国定邦于危难、解民于倒悬，更是他们承担不起的负荷。强要侠客承担上述负荷，把他们或者塑造成“救世主”，或者描绘成“为王前驱”者，正是传统武侠小说式微的主要原因之一。而在他的侠情小说中，那些作为主人公的侠士、侠女所捍卫的，主要只是“情”和“义”的价值；特别是对于“爱的权利”的追求和捍卫，成了他们行动的主线。所以，王度庐笔下的侠士、侠女固然也可以说是“英雄”，但他们更是“人”，是觉醒着的“人”。

这样，王度庐的侠情小说必然突破传统武侠小说只描写浅层（往往还是概念化的）“善”“恶”“正”“邪”冲突的局限，而将围绕着“爱的权利”这一核心的矛盾斗争，升华为“人性”和“反人性”的斗争。这种斗争不但表现为外部力量和主人公的冲突，而且内化为主人公性格、心理的矛盾，从而展现了人性内涵的丰富、复杂、矛盾，以及灵魂的深邃。

品味王度庐的侠情小说，能够明显地发现作者的审美趋向和美学追求颇具“现代”色彩。他偏爱悲剧，其悲剧观念与西方美学思潮时有契合。在他的许多作品中，可以或隐或显地聆听到“命运悲剧”“性格悲剧”和“心理悲剧”的旋律，其中，他似乎又特别偏爱心理分析派的美学。

王度庐的多数侠情、侠义小说都仍采用章回体，但他自觉地对章回体进行改造，融入现代型的叙事话语和新文艺笔法，使之成为一种新型的而又保持鲜明民族特色的小说文体。他的作品渗透着独特的个人风格，尤其是那种“纳兰性德式”的情感色调，悲怆而又孤傲，执着而又哀凉，是别人无法模仿的。他的代表作“鹤—铁五部曲”的悲剧艺术，正集中地体现着上述特色。

第二节 “南京七书”之发现

1985年初，徐斯年在南京图书馆的书目卡中发现一张卡片，上面著录着南京京报社1942年印行的王度庐所著《风雨双龙剑》，但是提不出书。同年初夏，在青岛见到王度庐夫人李丹荃老师时向她求证，李老师却矢口否认王度庐向南京投过稿。因此，本书初版时便将《风雨双龙剑》列为1945年后的作品。然而，南京图书馆书目卡信息未得证实或证伪，终是一块“心病”，于是当张元卿到南京求学后，徐斯年即请他代为查核，结果不仅证实该书目卡所录信息无误，而且又发现了王度庐在南京《京报》上发表的另六部连载侠情小说。它们和《风雨双龙剑》的发表时间与“鹤—铁五部曲”平行交错，可以合称为“南京七书”。王度庐向南京《京报》投稿，很可能还是关松海起的作用，因为他也兼着南京“中央通讯社”的职，向《京报》推荐王度庐是很方便的。关松海生平事迹不详，据互联网上的资料称，关氏字竹邨，也是旗人，毕业于北平中国大学。曾任北平《老百姓日报》编辑，《青岛日报》编辑，南京“中央通讯社”编辑主任。1982年夏，关松海定居于北京顺义区，其夫人傅俐琳为青岛人。关氏也曾创作过通俗小说，著有《贪官报》（刊于1934年《北京白话报》）《流水无情》《粉墨春痕》（刊于1935年《诚报》）《春梦秋云》《相逢恨晚》（刊于1938年《青岛新民报》）《北国之春》（刊于1941年南京《京报》）等小说。

南京《京报》报头

据李丹荃老师回忆，王度庐写完一部分稿件，就交给刘镜海绘制插图并送交报社。但她一直不知道送出的稿件之中，还包含给南京《京报》的七部稿件。

南京《京报》是汪伪时期的四开小报，1940年8月15日前为三日刊，8月16日后改为日刊，1944年2月1日后改为《京报晚刊》，1945年8月16日终刊。就目前所知，《京报》和《京报晚刊》连载王度庐七部武侠小说的具体情况如下：

1.《京报》

《风雨双龙剑》，1940年8月16日至1941年5月9日，共十五回，署“王度庐”，刘镜海配图。

《彩凤银蛇传》，1941年5月10日至1942年3月1日，共十四回，署“度庐”，镜海配图。

《纤纤剑》，1942年3月2日至1942年10月31日，共十回，署“王度庐”，刘镜海配图。

《舞剑飞花录》，1943年1月23日至1944年1月18日，共十八章，署“王度庐”，刘镜海配图。

2.《京报晚刊》

《大漠双鸳谱》，1944年1月19日至1944年1月31日（时仍为《京报》），1944年2月1日至1944年7月3日，共六章，署“王度庐”，镜海配图。

《春明小侠》，1944年7月4日至1945年2月25日，共十八章，署“王度庐”。

《琼楼双剑记》，1945年5月1日至5月27日，连载至第三章，未完，署“王度庐”。

“南京七书”整体上比“鹤—铁五部曲”出现得晚，但《风雨双龙剑》《彩凤银蛇传》和《卧虎藏龙》《铁骑银瓶》基本是在同一时段交叉出现的。“南京七书”整体上不再走“鹤—铁五部曲”的悲剧侠情之路，基本都是大团圆结局，而且有一定的喜剧倾向，叙事手法也有变化，展示了“鹤—铁五部曲”之外的另一种追求。在这七部小说中，《彩凤银蛇传》和《风雨双龙剑》水平最高。《彩凤银蛇传》因为没有出版单行本，后来的影响并不大，很多研究者都不知道王度庐还曾写过这样一部高水平的武侠小说。直到2015年北岳文艺出版社首次出版这部小说的单行本，它才进入读者的视野。

南京《京报》版《风雨双龙剑》封面

与《彩凤银蛇传》相比，《风雨双龙剑》就很幸运。这部小说连载结束不久就由南京京报社出版了单行本。1948年6月，上海育才书局又出版了一套三册的单行本。因“京报本”流传不广，后来的许多版本都是按照育才版重印的，还出现了很多盗版。1983年11月，台湾万盛出版有限公司竟冠以“古龙”之名出版此书；1993年天津古籍出版社出版《风雨双龙剑》，更标明此书是“古龙三大武侠精品之一”，其内容提要结尾称：“本书是台湾著名武侠大师古龙先生的代表作之一。本社从台湾版权代理人处，重金购得版权，原版原貌，一字未删。”其实，1984年11月，台湾联经出版事业公司就出版过王度庐的《风雨双龙剑》，是叶洪生批校本，台湾万盛公司真是盗版也盗得极不“专业”！1988年7月，北京日报出版社出版了王度庐的《风雨双龙剑》，1993年，天津古籍出版社却还在出“古龙著”的《风雨双龙剑》，还要从台湾“重金购得版权”，则是自毁名声之举！《风雨双龙剑》既有这许多版本，就有必要对其版本系统做个梳理，以正本清源。

《风雨双龙剑》版本虽多，但都出自两个系统，即《京报》连载本系统和京报社单行本系统。《京报》连载本和京报社单行本内容基本没有变化，但分回却有很大差异。育才书局本是依据京报社单行本重印的，内容基本相同，但将京报社单行本变成三册共三集出版。这三个版本的区别参见下表。

回目编号	回目标题			备注
	《京报》连载本	京报社单行本	育才书局本	
一	逞锋芒宝剑折钢刀 聆凶吉强徒生恶念	同左	同左	第一回第一段，京报社单行本改为序言，字句有修订；育才书局本删去了第一段。
二	心摧肝碎锦村举哀 力尽声嘶侠女遭难	同左	同左	
三	走荒山艳贼援难女 观明月温语感痴心	同左	同左	
四	枫叶村雪天死大盗 凹子峪半夜遁飞驹	同左	同左	
五	忍饥耐苦千里寻亲 仗义扶危双钩拒盗	同左	同左	
六	萧寥古庙老尼收徒 荏苒华年女郎成技	同左	同左	育才书局本在本回末尾增加如下内容： 要知秀侠大战一代侠客袁亦帆，谁胜，谁败，怎样访查宝刀张三，路遇张云杰，北京城叔侄巧遇，同报大仇，许多惊奇事节，请看下集分解，不日出版，读者诸君留意为幸。

七	战名侠初次试白龙 寻宿仇单身渡黄水	同左	同左	育才书局本这一回后归入第二集
八	斗强梁深庄抒孤愤 触情网茅店暂双栖	同左	同左	
九	窥深庄女郎展奇技 对宝剑侠少颓情心	同左	同左	
十	投旅店女盗献温柔 闹歌场铁拳惊莺燕	同左	同左	
十一	逢劫骑皓手掳单身 宿盗窟银灯消永夜	同左	同左	
十二	辣手狠心波涛覆艳 横财暴富日被惊愁	辣手狠心波涛覆艳 横财暴富日被惊愁 （详后）	同左	育才书局本在本回末尾增加如下内容： 要知陈仲炎怎样访查宝刀张三为兄报仇，张云杰如何结识铁面灵官陈仲炎，欲解两家之仇，北京巧遇红蝎子，陈秀侠为何隐避海潮庵，一起奇情曲折事节，均在下集分解。
十三	小室斟情突来怪客 双雌斗剑互争情郎	赚豪雄假妆投旅店 寻恨仇诚意结新交	同左	育才书局本这一回之后的内容归入第三集
十四		小室斟情突来怪客 双雌斗剑互争情郎	同左	
十五		证恩仇堕马伤芳心 分敌友摔鞭击宝剑	同左	
十六	证恩仇堕马伤芳心 分敌友摔鞭击宝剑	车走飞尘难逃残命 马阻骤雨愧见红娥	同左	《京报》连载本编号错误，应排作十四
十七	娇娆女盗濒死忏情 永久仇家临危援手	娇娆女盗濒死忏情 永久仇家临危援手（详后）	同左	《京报》连载本编号错误，应排作十五

十八		千回衷曲订此良缘 百炼精钢沉于浊水	同左	

从上表可知，《风雨双龙剑》共十五回，只是第十四、十五回曾误排作第十六、十七回，有的研究者就认作了十七回。京报社单行本和《京报》连载本最大的不同是第十二回后的内容重新分回，第十二回拆分为两回，第十三回内容不动，编号顺延成第十四回，原第十六回（编号错误，应为十四回）拆分为两回，编号顺延成第十五、十六回，原第十七回（编号错误，应为十五回）拆分为两回，编号顺延成第十七、十八回。此外，京报社单行本把原第一回“引言”的第一段修改成了序言，置于卷首。1941年7月16日，《京报》刊登广告称“本书补充材料，排印需时；读者预约拥挤，增加印数，故延期出售”。此处所称“补充材料”主要是重新分回，添加回目，修订序言。

后来的各种版本内容均无变化，都出自十八回的京报社单行本，其中又以育才书局本流传最广。但育才书局本删掉了京报社单行本的序言，后来据育才书局本出版的诸本就都没有这个序言了，这导致王度庐修订《风雨双龙剑》的痕迹被遮蔽，《风雨双龙剑》经典化过程中最重要的一个版本被埋没，现将这则长期被埋没的序言整理于下：

序

中国铸剑之秘法，至今早已失传，古传有名剑曰“湛卢”“纯钢”“胜邪”“鱼肠”“巨阙”等等，现今只在古籍上徒留其名，宝物未见发现。偶有嗜古之人，得三尺烂铁，亦妄以炫人曰：“此汉唐以前物也。”其实多半是漫无考据。倒是那些以武技传家、所谓历代以走江湖吃饭的尚有的家中藏着名器，不过那些素不知书，只晓得宝剑锋利，却弄不清他的来历。又自交通便利之后，镖客武师都归淘汰，他们的后人亦皆改操他业，能保存祖遗之名剑利刃者亦很少。著者于十年前浪迹至河南某小县，遇有布商陈姓，自称为百二十年前中原大侠陈铁掌之后裔，萍水结交，旅夜倾谈，陈君随由匣中出一剑，约二尺八寸长，剑身作黝黑色，望之似不甚利，然试将铜元叠成二寸厚，挥剑一斫，即纷纷俱裂。又以帛覆剑锋上以扇扇之，立时帛断如刀裁，真堪称奇器。陈君言，此剑名“白龙吟风剑”，系其先人所传，尚有一剑名曰“苍龙腾雨剑”，当年陈铁掌即因那口剑以致丧失性命，所以被陈铁掌之婿一怒弃于黄河之中。因述一百年前旧事，其事激昂壮烈，兼有儿女柔情，著者听之忘倦，一夜未寐，随于旅舍灯下记成此“风雨双龙剑”故事之梗概，次日即与陈客别，剑已不能复睹。今夏日多暇，因将此故事翻为小说，虽于文字之间不无渲染及点缀，然故事皆为当年陈客一夜所实述者。

这个序言和连载本第一回第一段有多处不同，现摘记于下：

1. 宝物未见发现，连载本作：宝物始终未见发现。

2. 偶有嗜古之人，连载本“偶”前有“即”字。

3. 其实多半是漫无考据，连载本作：其实多半是信口开河，漫无考据。

4. 只晓得宝剑锋利，连载本作：只晓得宝剑的锋利。

5. 又自交通便利之后，连载本作：又因自交通便利之后。

6. 能保存祖遗之名剑利刃者亦很少，连载本作：所以能保存祖先所遗之名剑利刃者亦很少。

7. 挥剑一斫，连载本作：挥剑一砍。

8. 立时帛断如刀裁，真堪称奇器，连载本作：立时帛即断裂如刀裁，真堪称为奇器。

9. 系其先人所传，尚有一剑名曰“苍龙腾雨剑”，连载本作：系其先人所传，其先人得此非易，尚有一口名曰“苍龙腾雨剑”。

10. 所以被陈铁掌之婿一怒弃于黄河之中，连载本作：所以被陈铁掌之婿一怒给毁坏了。

11. 兼有儿女柔情，连载本作：兼杂有儿女柔情。

12. 随于旅舍灯下，连载本作：因于旅舍灯下。

13. 今夏日多暇，连载本作：现今夏日多暇。

由此可见，连载本文字是较为粗糙的，经修订后文字精练典雅，文气也更为顺畅。由此亦可见，优秀通俗小说确实存在经典化的问题，而对作者本人所做的修订更应留意。

第七章　对仇恨的惩罚——《鹤惊昆仑》

《鹤惊昆仑》使我们想起莎士比亚的《罗密欧与朱丽叶》，它们所表现的，都是两个家族之间的仇恨如何扼杀了一对年轻人的纯真爱情。

当《罗密欧与朱丽叶》的大幕即将落下之时，作为评判者的亲王说道：

> 这两家仇人在哪里？——凯普莱特！蒙太古！瞧你们的仇恨已经受到了多大的惩罚，上天借手于爱情，夺去了你们心爱的人；我为了忽视你们的争执，也已经丧失了一双亲戚，大家都受到惩罚了。①

《鹤惊昆仑》的悲剧也是“上天”对于“仇恨”的惩罚。

第一节　不全无辜的无辜者

《鹤惊昆仑》悲剧的根源在于江志升（小鹤之父）的错误和鲍昆仑的罪行：前者的错误即使视为罪过，也不当死；后者虽然有权惩处徒弟，却无权实施“私刑”，何况还是一种“罚过于罪”的滥杀。然而，“上天”的惩罚却更多地落在了江小鹤与鲍阿鸾的身上。他们在不懂事的童稚时期，就被注定分处于仇雠双方；他们的爱情，也从一开始就被命定地要与“仇恨”相伴。于是，阿鸾与小鹤以不同的方式承担了祖辈、父辈的罪责和错误，以至一个牺牲了年轻、美丽的生命，一个终生经受着啮心的熬煎。他们遭受的都是“不应遭受的厄运”，

① 莎士比亚：《莎士比亚全集》（八），朱生豪译，人民文学出版社1984年版，第113-114页。

民国版《鹤惊昆仑》封面

都“负荷着不应得的不幸”①。他们的痛苦和牺牲，从根本上说是由无法抗拒的身外原因造成的；就此而言，他们与罗密欧、朱丽叶一样无辜，他们的悲剧也是“命运悲剧”。

当然，《鹤惊昆仑》又和《罗密欧与朱丽叶》有所不同。

《罗密欧与朱丽叶》所反映的仇恨属于“两家门第相当的巨族”之间的“宿怨”②，其相互复仇的行为表现为典型的“血亲复仇”。不仅家族成员，而且连仆佣都卷入了不断冤冤相报的血腥仇杀，并经常祸及无辜。但是，罗密欧、朱丽叶本人（特别是后者）并未主动参与仇杀行动——罗密欧是在反复表白“尊重”对方、“爱”对方、力主“讲和”的情况下，被迫与对方决斗的，并且因此而受到了法律的惩罚③。

《鹤惊昆仑》所写的仇恨属于江湖人间的杀亲之仇，江小鹤的复仇行为基本属于“同态复仇”（它可能发展成“血亲复仇”），他是作为死者的近亲而向凶手履行“以命抵命”的复仇“义务”的。江小鹤的复仇行为有其正义性，同时又有其“主动的残酷性”（尽管这是“以暴易暴”）。正是这种残酷性，使江小鹤处于既是恶行的受害者，又是悲剧的加剧者的地位；在某种程度上，甚至也可以说他是新的悲剧制造者。鲍阿鸾则卷入了“反复仇”（即保护鲍昆仑的行动）之中，她对江小鹤的爱常常以“恨”的形式表现出来。江小鹤并不恨鲍阿鸾，但当后者的行动明显地阻碍了他的复仇意志和行动时，他也会对阿鸾产生恨意或误解。就此而言，这两位主人公又不像罗密欧和朱丽叶那样无辜——他们对于自己的悲剧并非没有责任，特别是江小鹤。

① 亚里士多德在《诗学》第十三章中论述悲剧效果时曾说，“怜悯是由一个人遭受不应遭受的厄运而引起的”。高乃依《论悲剧以及根据必然律与或然律处理悲剧的方法》中，则引亚里士多德语曰：“对于我们所见的那些负荷着不应得的不幸的人们，我们感到怜悯”，载伍蠡甫主编《西方文论选》，上海译文出版社，1979，第255页。后者可能即是前者的法语译文，再经过一次中文转译，因而语句结构有所不同。

② 莎士比亚：《莎士比亚全集》（八），朱生豪译，人民文学出版社，1984，第5页。

③ 同上，第59-64页。

第二节 隐含“否定”的正义性

江小鹤复仇行为的正义性取决于作者设定的故事背景和情境。鲍昆仑虽非极端意义上的恶人，然而他的刚愎、残忍、蛮横、自私、卑劣、颟顸确乎属于恶德。这使他的杀人行为更加令人憎恨，这种罪行不能不受惩罚。

作为原始积习的遗存，中国古代一直默认“血亲复仇”和“同态复仇”（直至20世纪40年代，一些穷乡僻壤仍然流行此风）。之所以如此，一方面是因为暴行必须得到惩罚的朴素逻辑在起作用，另一方面是因为儒家文化特别崇尚伦常，所谓“《春秋》之义，子不报仇，非子也”（《后汉书·张敏列传》）；“父母之仇，不与同生”（《大戴礼·曾子制言》）。这也正是江小鹤的复仇意志如此坚定、执拗的主要原因。

江小鹤、鲍昆仑、纪广杰、鲍阿鸾等都是江湖人，都遵循江湖行为准则。江湖行为准则里重要的一条，就是那种不受法律制约的决斗权：江湖人的是非、纠葛、恩怨，最终的解决途径就是决斗。此时，无论是非、善恶、正邪，唯力强者为胜。所以如此，一方面是出于排斥主流社会的心态，认为江湖人“找官”帮助就是“丢份儿”“没面子”；另一方面，复仇者往往是嫌法律的制裁不够直接、残酷、痛快，被复仇者可借此获得一条逃避惩罚的途径。因此，连与江、鲍之争并无直接关系者也说：“江湖人死伤有命，谁强谁生，谁弱谁死，何必打那鸟官司？”连承认祖父有罪过的鲍阿鸾也说：“我爷爷既是早先他杀了人，结了仇，如今就是被江小鹤杀死，那也没得可怨。只要强硬，就是英雄！”所谓“只要强硬，就是英雄”，既指战败或被杀时，只要保持“好汉做事好汉当”的姿态，就还能在江湖上博得一声“硬汉子”的赞语；也指在决斗中只要战胜对方，即仍可以逍遥于是非之外。当鲍昆仑在川中又误杀了秦小仙的弟弟时，他虽口称愿意“抵命”，却坚持“私事私了，也用不着又去麻烦官人”，就是因为遵循“私了”准则，他还有“一口刀”可作凭借：“弱者就叫他受我一刀！”。

这种江湖行为准则，是江小鹤、鲍昆仑的复仇与反复仇的矛盾演成一连串江湖恶斗的主要原因——连清虚之境武当山上的道士们也无可奈何地接连两次卷入这些恶斗。这种江湖准则是武侠小说存在的前提。一般武侠小说写复仇，也就写到这个“层次”：复仇者与被复仇者经过惊险、曲折、残酷、复杂的对抗，终于在终局决斗里，恶人得到恶报，复仇者成为维护正义的英雄。

《鹤惊昆仑》第十四回之前，虽然也展现了小鹤、阿鸾之间以及他们各自内心的情仇之战，表现了江小鹤在“复仇之战”中对鲍阿鸾的“有情”和对纪广杰的“留情”，但是江小鹤的行为逻辑基本并未超越上述范畴。也就是说，作品的“叙述倾向”，是肯定小鹤复仇行为的正义性、合理性的。至此，作者一直隐藏在“叙述者”的背后，我们看到的是“叙述者”流露出来的价值倾向，它似乎是完全倒向江小鹤的。然而，这种价值判断的内部，又隐含着一种自我否定。

第三节　爱情失败了，它又胜利了

亚里士多德的悲剧理论十分重视情节（他又称为“行动”），甚至视之为“悲剧艺术的目的”“基础”和“灵魂”，并且将情节的地位置于“性格”之上，认为“悲剧中没有行动，则不成为悲剧，但没有‘性格’，仍然不失为悲剧”。在情节诸因素中，他又特别注重“突转”和“发现”。

情节既是悲剧艺术的“目的”，则作家的价值判断、美学追求，主要就蕴含在故事的叙述方法和人物的“行动”之中。这一观点，对于解读《鹤惊昆仑》尤具理论价值。

《鹤惊昆仑》的“突转”，似可分为“叙述倾向”的“突转”和“人物行动”的“突转”。前者始于阿鸾跳崖（第十四回）；后者始于阿鸾重现（第十七回），它同时也是“发现”；这些“突转”和“发现”，皆终结、完成于阿鸾的死亡（第二十回开头）。

鲍阿鸾跳崖之后，江小鹤虽极悲痛、极担心，但找鲍昆仑讨还血债的意志并无丝毫动摇。就此而言，情节（行动）并未发生突转；然而，此时小说的叙述者很快便让小鹤“退居幕后”，转而用了一回多的篇幅，正面描绘鲍昆仑在川中的经历。尽管鲍昆仑的“本性”未改，又连续犯了许多错误，但是在叙述者的“客观”叙述之下，这个人物的身上渐渐出现了某种悲剧色彩。这是因为，他的狼狈、他的色厉内荏、他的知事不明和固执地维护昆仑派声誉等言行的背后，越来越多地透露出自信心的动摇，透露出对于自己严重过失之后果的极端恐惧。江小鹤虽然还没有在他面前出现，但是这个白发苍苍的老者肯定已经处于弱者的地位。阆中侠对鲍昆仑说："直到前两天，我听说你被江小鹤逼到这里来，我还非常可怜你，想出头给你们江、鲍两家排解冤仇。"[①]这种"可怜"，并非只是由于对鲍昆仑的劣迹了解不够而产生的：在阆中侠是如此，在读者更是如此。

如前所述，此时江小鹤的行动并未发生"突转"；鲍昆仑形象中所显现的悲剧色彩，透露出的是叙述者"叙述态度"的某种"突转"。此时，叙述者的价值倾向与作者渐渐重合，因为它向江小鹤的行动逻辑提出疑问：对于那样一个虽有恶德、恶行却已须发如霜、孤身漂流、狼狈不堪，而且在一定程度上已经有所追悔的老者，是否必须实行以命抵命的嗜血复仇——何况他还是你所钟爱者的祖父？（亚里士多德恰恰认为，对亲属的杀戮，是最具悲剧性的题材，亦即最能引起恐惧或怜悯，从而导致心灵净化的题材。）

上述疑问，当江小鹤擒得鲍昆仑后却不忍心马上杀害他时，实际已经在他的潜意识里犹犹豫豫地萌生了；它在江小鹤的显意识中明确涌现，则是在他于九仙观遇到阿鸾之后。此时的阿鸾，经历了跳崖以来的种种痛苦、磨难，见过了从小鹤手下逃脱、变得像痴子一般的祖父，她"情爱与怨恨交缠，血泪并死念齐涌"，竟然劈手夺过小鹤的宝剑，刺进了自己的胸膛。手足无措的江小鹤"不由跺脚放声大哭"，他"托着阿鸾这半死的身子"，无处安顿，无处雇车，无处觅医求药……一位顶天立地的英雄，顿时变得极其孤独而又颓靡、软弱。此时，他深切地体验到命运的惩罚是何等严酷，他猛然觉悟：这种惩罚也是自己招致的——

> 江小鹤……对阿鸾说："阿鸾，我对不起你，我们的遭遇太苦了！现在我不但恨你的爷爷，我还恨我那父亲！……咳，这都是冤孽，都像是神差鬼使……"……又说："唉！什么事也不要再提了！只要你的伤能痊愈，我就放心了！然后我独身远走，不但不再逼你的爷爷，一些故人我也不愿再见，我也不愿再在江湖上争强斗胜……"
>
> 阿鸾流了许多泪，呻吟了半天，就断断续续地说："我们俩是冤家！小时候你跑了以后，我虽然恨你，但我也总想你，可是我又说不出来。

---

①王度庐：《鹤惊昆仑》，王芹点校，北岳文艺出版社，2015，第419页。

……我若死了，你也别忘了我。十年前你在我们家里受苦，你知道我是多么心痛！我爷爷时时要杀你，你知道我是多么担心！你逃跑后生死不明，我是多么……”①

这是江小鹤行动的真正“突转”。就此而言，江小鹤倒有点儿像哈姆莱特，他“在完成指定由他完成的复仇任务时的犹豫不决”②，进而转化为一种明确的选择，这选择同时也是“发现”③：对于那种“指定由他完成的复仇任务”之“非正义性”的“发现”，对于爱情价值和人生真正价值的“发现”。尽管鲍阿鸾终于死亡，江小鹤受到了最大的打击，然而他的灵魂已经得到升华和净化，读者也是一样。

在规定情境下，作者似乎先肯定小鹤的复仇意志和行动的“合理性”；继而在展开人物内心的情、仇交战之中，逐渐否定了这种“合理性”。爱情失败了，爱情又胜利了。此一“否定之否定”的过程，经由情节（特别是“突转”和“发现”）和人物性格的发展而表现出来，并从“外部冲突”转向“内心冲突”而使之深化。凡此，在在显示着作者思想观念和美学观念的现代性。

---

① 王度庐：《鹤惊昆仑》，王芹点校，北岳文艺出版社，2015，第459-460页。

② 弗洛伊德：《〈俄狄浦斯王〉和〈哈姆莱特〉》，载《二十世纪西方美学名著选》，蒋孔阳主编，复旦大学出版社，1987，第404页。

③ “‘发现’如与‘突转’同时出现（例如《俄狄浦斯王》中的‘发现’），为最好的‘发现’。”——亚里士多德：《诗学》，罗念生译，人民文学出版社，1982，第34页。

第八章　挣扎于情义之间——《宝剑金钗》

民国版《宝剑金钗》封面

《宝剑金钗》的宏观结构包括两条线索：一条线索是李慕白、俞秀莲的侠义行动，另一条线索是他们的爱情遭遇。前一条是外部的行动线，它以恶人受诛、正义得到张扬而告终，所以单就这条线索而言，它并非典型的悲剧结构。后一条线索是内部的、心灵的动作线，它以深沉、真挚的爱情不能发展为婚姻而告终，这才是真正的悲剧结构。两条线索构成互补的、辩证统一的关系，统一于后者。所以，这是一部“心灵的悲剧”。

宏观结构里又有微观结构：李慕白、谢翠纤的故事是一个小结构，李慕白、孟思昭（“小俞”）的故事又是一个小结构。这两个微观的悲剧结构也各由内、外两条线索构成，既从属于宏观结构，又作为宏观结构的有机组成部分，以很大的冲击力“干预”着、充实着宏观结构。

第一节　悲惨的选择，未尝不崇高

《宝剑金钗》开头就写理智和情感的冲突：李慕白上了席仲孝的当，误以为俞秀莲的父亲真要替女儿比武招亲。他与秀莲比武，挑得姑娘头上一块绣帕之后，才知秀莲已经许配孟思昭。回到客店，他“坐在椅子上不住发怔”，暗想道：

> 我李慕白所以年过二十，尚未婚娶，就是为物色这样的一个佳人。现在完了，俞姑娘已是孟家未婚的媳妇，我绝不能再对人家有一点儿非分之

想。可是我如今见过她以后，我的婚事就越发难有成就了，天下哪能再寻到像俞姑娘那样色艺双全之女子？[①]

尽管在理智上他已知道不应再有“非分之想”，但是感情却不听理智的管束——

当日晚间，李慕白饭也吃不下去，书也无心去读，只是对着孤灯发怔，心中怀着无限的惆怅。少时就寝，在睡梦中也仿佛正与俞秀莲姑娘比武，又梦见俞老镖头已经答应把女儿许配给自己了。醒来看得明月满窗，四面寂静，又是不禁唉声叹气。到了次日，他连宝剑都懒得去练了，并且看到那村前的麦苗、舍旁的桃花，以及远远的含烟杨柳、似黛青山，就更增加了无限新愁，他的精神也振作不起来了。[②]

从心理学的角度考察，理智属于理性认识，感情属于感性活动。感性活动包括欲望，作为关乎性爱的欲望和情感，爱情最能反映弗洛伊德所谓“本我”的要求。个人的理性认识和礼教、道德等社会规范，则属于弗洛伊德所谓“自我”“超我”的范畴。李慕白排斥“非分之想”，就是“自我”中的礼教观念对“情欲”的干涉和制约；然而“本我”、情感又是最非理性、最“不肯”受制约的。李慕白后来曾经自问：为什么明明已对秀莲姑娘不存幻想，自己却还要先对德啸峰、又对谢翠纤和“小俞”（孟思昭）一而再再而三地倾诉那份爱恋的感情呢？用弗洛伊德学说解释，就是“本我”范畴的情感在作怪。所以，当“本我”与“自我”“超我”发生严重的冲突时，人们便会“情不由己”，便会在心灵上陷入极度的痛苦，便有可能导致各种悲剧性的后果。《宝剑金钗》展示的正是发生在李慕白、俞秀莲内心的此类冲突。

李慕白是在初到北京不久，往齐化门外的二闸游览时，向德啸峰诉说自己对秀莲的爱慕之情的。德啸峰认为此事仍有希望：孟思昭既然久已不知下落，秀莲又未过门，若与慕白结合，“不能算是改嫁”；李慕白却以为万万“不可把她作为我的妻子，否则我对不起已死的俞老镖头”。这里，德啸峰强调的是，

① 王度庐：《宝剑金钗》，王芹点校，北岳文艺出版社，2015，第35-36页。

② 同上书，第36-37页。

李、俞如果结合，并不悖于“礼教”；李慕白强调的则是，即使如此，对他来说仍有悖于“义”，因为俞老镖头临终时，曾嘱咐他千万护送秀莲到孟家，并嘱秀莲须“把李大哥当亲哥哥一般”对待。既然接受了老镖头的嘱托，就不能违背，否则岂不是“贪色忘义”！

作为中国传统文化的德目之一，“义”主要规范人与人的关系。江湖伦理最重“朋友”一伦，故特别注重“义”字，所谓“为朋友两肋插刀”、所谓“士为知己者死”，皆指此也。整部《宝剑金钗》，着重表现的不是“礼”与“情”的冲突，而是“义”与“情”的冲突。孟思昭牺牲之后，李慕白的上述态度变得更为坚定。在别人（包括铁小贝勒、德啸峰、史胖等）看来，孟思昭的死亡，使李、俞的结合完全变得合情、合理、合法（亦即合于礼教）了；而在李慕白看来，这恰恰成为他与秀莲结合而无法逾越的障碍——后来俞秀莲的认识也是如此，这恰恰注定了他们爱情的悲剧色彩和悲剧结局。

李、俞悲剧的根本原因，不宜用笼统的“封建观念”简单地加以归结；当我们用弗洛伊德学说分析这一悲剧时，也不宜笼统地否定一切属于“自我”“本我”范畴的伦理因素。

如前所述，连铁小贝勒那样的宗室贵族，都认为此时的李、俞结合已是顺理成章，亦即为“封建观念”或“礼教”所容了，何以当事人却仍不肯从命呢？这当然不是李、俞比铁贝勒等更加“封建”，而是因为孟思昭的牺牲对李慕白、俞秀莲的心灵冲击之剧烈，非铁小贝勒等所能体会。

孟思昭的孤剑出击，固然是想“以酬李慕白知己之情，而成全俞秀莲的终身幸福”，但是他这“舍生取义”的行动实在太震撼人心了。同样重情重义的李慕白、俞秀莲觉得，自己如果结为夫妇，那就亵渎了思昭这份高义。与其说他们没有摆脱“封建观念”，不如说他们做出了自己的慎重选择。这一选择的背后固然并非没有“封建观念”，然而它更多地反映着选择者的价值观念——套用裴多菲的诗句：“生命诚可贵，爱情价更高。若为道义故，二者皆可抛。”以“道义”二字代替“自由”，虽与原诗颇不协调，但却绝对符合小说中李、俞的心态。而李、俞所“抛”的，其实不是“爱情”而是“婚姻”——他们始终未结连理，但却始终相爱，不结连理的另一面是“深埋情爱，至终不渝”。

对李、俞二人的选择，人们自然可以有所批评（德啸峰就说过慕白未免“矫情”，史胖更是如此），然而主人公对于“义”的那种近乎宗教式的虔诚，又不能不说确实可薄云天。这种虔诚的观念和行为，也并非只是“封建”的。正如张赣生先生在对《宝剑金钗》进行总结性评价时所说，李慕白、俞秀莲的选择，“产生了惊心动魄的悲剧效果”，“谁都知道这样太惨了，谁都没有办法挽救，势必至此，不得不然”[①]。

我们可以批评李慕白、俞秀莲的选择在实质上含有对人性的拘挛，然而我们又会发现，其中确又闪耀着人性的光辉——这就是对于“友情”的虔诚；我们可以批评这种选择包含着禁欲主义的色彩，然而又会发现其中确有情欲的净化和升华——这就是对于“友情”的弘扬，其中融合着“爱情”的升华：人毕竟不是动物，人性毕竟不是只有性的欲望。而且，“情”“义”并非必然相悖，李慕白的选择中固然有他对孟思昭的深切友情，同时，谁又能够绝然断定，俞秀莲决定终身只与金钗相伴之时，她的感情里丝毫没有对孟思昭的某种爱恋呢？李慕白、俞秀莲的价值判断当然不是作者的价值判断。读者阅读这部作品，既为过去的人的心灵痛苦而动情，又为这种痛苦中所显露的崇高而慨叹，这里折射着作者的价值判断。

一部好的文学作品所描绘的人生和人物，当然与特定的社会、文化环境分不开，但是这些人生内涵和人物性格之中，往往又蕴含着某些永恒的东西。它们与生活本身一样复杂、一样丰富多彩，这是无法以简单的“是”或“非”、“进步”或“落后”之类单向思维和单元标准进行判断的。

第二节　“这个领域属于心理剧”

“义”与“情”的冲突，是黑格尔所说的“由心灵性的差异面而产生的分裂”[②]，是“善”与“善”的冲突。弗洛伊德则在论述了宗教剧、社会剧和性格剧的特点之后，专门分析过“心理剧”的特点，他说：

> ……这个领域属于心理剧。这里，造成痛苦的斗争是在主角的心灵中进行着，这是一个不同冲动之间的斗争，这个斗争的结束决不是主角的消逝，而是他的一个冲动的消逝；这就是说，斗争必须在否定中结束。这个心理剧的先决条件和前面几个类型结合起来当然是可能的；比如，这制度

① 张赣生：《民国通俗小说论稿》，重庆出版社，1991，第297页。

② 黑格尔：《美学》（第1卷），朱光潜译，商务印书馆，1982，第262页。

的本身也可以是内部冲突的原因。这就是爱情悲剧的所在；因为被社会文化、人类习俗或“爱与责任”之间的斗争所压抑的爱（我们在歌剧中常常看到这种斗争）就是繁衍不绝的冲突场面的出发点，这些场面就像人们的繁衍不绝的色情白日梦一样。①

《宝剑金钗》就是以被压抑的“爱”为出发点，以主人公的“内部冲突”为悲剧冲突的作品。当“五四”新文艺的许多悲剧作品仍然未能突破“善恶冲突”的范畴之际，王度庐在他的这部侠情小说里就对悲剧境界做了如此新颖的开拓，其在文学史中的地位和意义无须赘言。

“冲突还不是动作，它只是包含着一种动作的开端和前提，所以它对情境中的人物，只不过是动作的原因。”②心灵冲突所导致的“动作”，既有内心的，又有外部的。在生活中，窥视一个人的内心活动是不容易的；在文学艺术作品里，表现内心动作更是不容易的。

《宝剑金钗》善于通过貌似平淡的人物语言来表现其复杂的内心活动。张赣生先生曾引录该书第七回的一段文字加以详细分析。这段文字写的是李慕白护送俞秀莲及其母亲抵达宣化孟家之后，俞秀莲夜访李慕白，诉说孟思昭至今不知下落，自己孤独无助之感。赣生先生分析道：

俞秀莲真的是来求李慕白寻访孟思昭吗？也许是。俞秀莲来不是以心相许吗？也许未必不是。这层窗户纸不能捅破。捅破就索然无味了……俞秀莲在等待，等待什么呢？她能奢望吗？她也许知道这办不到，她是一个明白事理的姑娘，她能体贴李慕白的处境。李慕白能说“他跑了，你嫁给我”吗？那还是什么侠义道？那还能受她俞姑娘尊敬吗？她或许都明白，但她还是来了，还是等待了；她走了，也许有些失望，也许恰好相反是没有使她失望。这便是“势”，“势”迫人不得不如此……一个小说家不但要善于写文、写事、写情，更要善于写势……③

所谓“势”，大而言之，可指人情世态的复杂结构及其张力；小而言之，可

① 弗洛伊德：《弗洛·伊德论美文选》，张唤民、陈伟奇译，知识出版社，1987，第24页。

② 黑格尔：《美学》（第1卷），朱光潜译，商务印书馆，1982，第280页。

③ 张赣生：《民国通俗小说论稿》，重庆出版社，1991，第293页。

指平淡语言背后那丰富的“潜台词”（在戏剧学中即称“内动作”或“内心动作”）。作为旗人，王度庐热爱并熟知京剧。京剧中有“唱工戏”，那是形体动作极少，专以唱词唱腔感人的；又有称为“紧打慢唱”的板式，那是以紧张的伴奏与舒缓的唱腔形成对比，来抒发感情的。王度庐深得个中三昧，化为他的小说技巧，形成了“武戏文唱”的独特风格。

作为文体，小说又有别于戏剧，除了人物语言之外，它还可以调动景物描写、细节描写、心理分析、内心独白等手段来进行综合性的“文唱”。在这方面，《宝剑金钗》中李慕白和谢翠纤的故事，亦属细腻、委婉、深沉、揪心的杰作。

李慕白初被德啸峰“架”到宝华班，至多无非听说翠纤有“侠妓”之名，以为未尝不可一见而已。然而，翠娘尚未出来，屋里的摆设已先吸引了他的注意——

> 德啸峰说话时，李慕白就四周看这屋里所挂的字画和镜屏，只见当中一幅工笔的“风尘三侠图”和一副对联，最为惹人注目。那联语是“翠竹千竿思卿侠骨，纤云四卷度我良宵”，下款是“燕山小隐”，笔力遒劲，摹的是魏书《张黑女志》。李慕白心说：这位侠妓倒真与一般的妓女不同。
>
> …… ……
>
> 本来李慕白眼光很高，早先在巨鹿长春寺见了俞秀莲姑娘，他就认为秀莲姑娘是人间的绝色，后来因为事实上不可能，他就失望了，心里有些消沉，人也显得颓废。不想如今见了这位侠妓纤娘，竟是别有一番幽艳，那眉目之间仿佛比秀莲姑娘更可爱，更可怜，他不禁有些销魂。谈了几句话，又见纤娘言语委婉，虽然有些是应酬话，但也似是由衷之言。起先是纤娘问什么，李慕白才答话，后来李慕白竟也发问起来。①

一个是情场失意、谋生艰难、眼界甚高而得遇知己，一个是身在平康、心存芳菲、满眼溷沌而恰逢知音，于是，华灯丽影，啼香笑粉，两位天涯沦落人度过了一段旖旎风光。然而，由于李慕白的困顿境遇及其意识深处总有一个俞秀莲，翠纤身处下贱并因其父亲的惨死而惧怕“江湖人”，最终酿成纤娘下嫁徐

①王度庐：《宝剑金钗》，王芹点校，北岳文艺出版社，2015，第106、107-108页。

侍郎、自刎明志等一系列悲剧。

当李慕白终于来到纤娘坟上祭奠时，他的心里真是百感交集——

> “唉！这些事情到底该怨谁呢？不能怨她，因为她并非薄情；也不能怨我，因为我对她并非毫无真情实意，只怨命运，只怨事情纠缠错误，只怨人世坎坷。我们都是命苦，彼此都是受人伤害的人，才至彼此反倒不能了解。唉！这都是前生孽债，情海浩劫！”①

这些“文唱”场面，真“像人们的繁衍不断的色情白日梦一样”，一波接一波地展示着人物心灵的律动，若即若离地隐显着他们蕴蓄的衷曲，显示了“心理剧”特有的艺术魅力。

武侠题材的心理悲剧，当然不能没有强烈的外部动作。《宝剑金钗》及其后续作品的成功之处，在于妥善地处理内部动作和外部动作、“文戏”和“武戏”的辩证关系，与主人公有关的主要“武戏”多能独具内心逻辑和“性格”。

如果说李慕白打魏凤翔打冯隆、冯茂等主要出于“路见不平，拔刀相助”的侠义动机和“扬名立万”的江湖心理，这些既果断又不无鲁莽的行动，与他在情感领域的优柔自误形成了鲜明对比，那么他怒杀黄骥北就颇为不同了。此时，孟思昭的牺牲，更使他深为辜负秀莲姑娘而感到内疚。他对秀莲的那份被压抑的“情”转移到了报德啸峰知遇之“义”上，升华为舍命锄奸的行为。他深思熟虑地妥善安排德啸峰起解，周密细致地策划诛奸计划，并且坐在安定门城墙根的草地上，仰望着满天闪烁的繁星，对自己一年多来的经历做了一番总结：

> 真是世路坎坷，人情鬼蜮，我李慕白当初在家乡攻书学剑之时，哪里想得到人间还有这许多的事情？现在自己虽未三十岁，但世事都尝受尽了，不但身体恐怕一时不易恢复，而且生活也觉得懒惫了。说实在话，即使自己现在忽然扬名显身，得意起来，但也无法忘了那因我而死的义友孟思昭与侠妓谢翠纤，而且仍然无法将秀莲姑娘救出那凄凉的环境。自己内心既已损伤了，表面上的荣华又有什么趣味？何况以我这个性情，还未必就能够得

①王度庐：《宝剑金钗》，王芹点校，北岳文艺出版社，2015，第454页。

意呢！所以倒不如杀死黄骥北，了结仇恨，自己也随之一死倒好！[①]

当俞秀莲和史胖要救他越狱时，李慕白又“很坚决”地说：

姑娘不可，即使不为姑娘自身想，也应该为德五哥的家里着想。我杀死黄骥北，非是为我自己报仇，乃是为使德五哥将来回京之后，得以安居度日，我死无遗憾！我不是故意使姑娘伤心，实在自去岁孟二弟在高阳为我的事惨死之后，我对于人世便已觉无味。那时我就想死，只因对德五哥的恩义未报，故延至今日。俞姑娘，你现在身世如此凄凉，完全是因我所致，我一日不死，也一日不能心安。姑娘！你快走！……”[②]

这段话表明了李慕白自认为应当舍命取义的三条理由：为德五、为思昭、为秀莲，皆只能以死报之。三条理由归根于一条，即对秀莲之“情”。情欲的转移和升华，使他的性格由优柔、缠绵变为冷峻、坚决、无所顾忌。所以，他杀黄骥北、提剑自首、狱中绝食等行动，不仅与“情场”上的内、外部动作有着明显不同，而且其坚毅心态、悲壮色彩也与他过去在“战场”上的表现有别，其中贯穿着“思辨性”颇强的“李慕白特色”。

俞秀莲的心态，则经历了更加曲折的演变过程。

秀莲姑娘匹马双刀来到北京，要寻找李慕白，询问孟思昭的下落，遭遇的却是李慕白的逃避和德啸峰的躲闪。她满怀痛楚，冒雪放马追赶慕白——

当下马蹄踏在冰雪上，发出喳喳之声，刀鞘磕碰着铁镫叮当地响。天沉地厚，浑然一片白色，少时秀莲姑娘的青衣裤也全都落满了雪。行过了几个村子，没看见一家茅舍里还有灯光，也许因为冷的缘故，连声狗吠也没有。……这银色的天地仿佛被她一个人占据了。秀莲四下观望，见什么东西也没有，正如她的身世一般，于是不由又背着寒风流下热泪来，她连

① 王度庐：《宝剑金钗》，王芹点校，北岳文艺出版社，2015，第488页。按王子久在《王度庐和他的小说》一文中说，王度庐“一生耿直，落落寡合，他曾对笔者说：‘咱们的命太苦了，为什么干了耍笔杆子这一行呢！穷愁潦倒，太不幸了！’”所记王度庐语与李慕白语情调类似，可见王度庐描写慕白心态时，未尝不曾掺入自己某些胸中块垒。

② 王度庐：《宝剑金钗》，王芹点校，北岳文艺出版社，2015，第496页。

擦也不擦，任凭泪水在她那冻得紫红的脸上去结冰。①

此时的俞秀莲已与宣化夜访李慕白时颇不相同。她父母双亡，世仇未报，未婚夫家中无法容身，孟思昭下落不明，孤苦伶仃，悲愤交织。尽管有时她也觉得自己“可怜”“锐气全失”，但是她已横下一条心，“把一腔凄凉的心情磨得像刀刃一般的坚强锋利”了。所以，她杀苗振山、伤刘七太岁和黑虎陶宏等，除一般的复仇惩恶之外，还有一种化“凄凉”为“狂热”的、火山爆发似的发泄欲。确证了思昭噩耗，洞悉了慕白苦心之后，她虽也改变性情，专心守在德啸峰家，尽保护德府妇孺之责；但当李慕白自首入狱，决心一死之时，她又抛却女儿之态，两次深夜入狱相救。她虽孤苦不堪，却并不颓唐、绝望。“情”的转移和升华，使俞秀莲的性格在总体上呈现由幽婉、拘谨转向热烈、决断，进而向稳重、老练发展之势，虽然其“开放性”远不如她的后辈玉娇龙，却与李慕白的绝望、冷峻形成了颇为强烈的反差。

第三节　“名士气”及“矫情”

李慕白到北京，是因为表叔祁主事答应为他谋一文案之职。为此，他应表叔的要求，送去一篇小楷。祁主事看后对他说：

> 你的字虽写得不错，可是人家只要一看，就知道你是练过魏碑的。这种字只是名士字，拿它求功名、写公事可是不行，怪不得你下了两次场都没中，大概就是因为你的字太不规矩。现在你看，哪一个殿试的折子和衙门里的文书告示，都是赵字！你手下有赵字帖没有？要没有，可以到琉璃厂去买一部赵子昂的《龙兴寺》。把那所有的草字全都挑出去，专练那规矩的字，用上三两个月工夫，也就差不多了。现在无论做什么事，都得笔底下好，你那笔字给人写写对联还可以，若是拿它找事挣钱，可不容易！②

祁表叔不愧刑部主事，一眼就看出了表侄骨子里的名士气。

① 王度庐：《宝剑金钗》，王芹点校，北岳文艺出版社，2015，第388页。

② 同上书，第109页。

名士气是大部分中国知识分子摆脱不掉的一种人格精神。汉魏以来的所谓名士（末流除外），其传统人格似乎包括这样一些内涵："在野"的立场和背离主流文化的倾向、对个性的张扬、"狂""狷"的气质，等等。子曰："狂者进取，狷者有所不为。"似乎将"狂"与"狷"视为不同的两个极端，实则"狷"者何尝不"狂"，无非其进取方向与孔老夫子的期望以及"中庸"标准不完全符合而已。

李慕白听了表叔的训诫之后，"出得门首，又伤心又生气，暗道：'雕虫小技，壮夫不为。'我李慕白堂堂男子，难道非得给人家佣书写字，就不能吃饭吗？一赌气，也不到琉璃厂买什么赵子昂的《龙兴寺》"了。这是"狷"，同时何尝不是"狂"？——"狂"得根本不把"求功名"那一套放在眼里。不过，李慕白之"狂"，其"进取"方向不在"魏阙"，而在"江湖"。所以，他的性格是"狂"与"狷"的复杂组合，"江湖气"与"名士气"的复杂组合，而其"名士气"，主要还是表现为社会生活和情感生活领域里的"狷"。

谢翠纤与李慕白是有缘的，因为她喜欢的是所谓"目中有妓，心中无妓"的名士派头的人。"心中无妓"就是把妓女当"人"，但是在李慕白一方，这也有个前提，即这位妓女须不是庸俗的风尘女子。当他们双方都觉得对方符合"标准"，互相都有所了解之后，顿生"同是天涯沦落人，相逢何必曾相识"之感。

名士之所谓"目中有妓"，就是要"承认现实"，即不能无视对方的妓女身份。由此导致两种态度，一种是"逢场作戏"，只把对方作为暂时的"红粉知己"，只图失意时从她这里获得一些感情安慰，但决不会与之论婚嫁。名士之所以取此态度，有的是因为无力帮助对方脱籍，有的是因为根本没有这种帮助的念头，并非真正把对方视为与自己平等的"人"。李慕白与翠纤的初期交往，持的就是这种"逢场作戏"的态度。后来，随着对翠纤了解的深入，他转而持另一种态度：不以对方的身份为"卑贱"，认真地准备与她论婚嫁，觉得她是一个可以代替俞秀莲的女性。

李慕白和谢翠纤的"误会"，始于他痛殴卢三，翠纤误以为他也是那种霸道的"江湖人"。翠纤委身徐侍郎，则令李慕白以为她是那种只认财势的风尘女子，从而加深了这种误会。虽然在史胖谋杀徐侍郎和卢三之后，这些误会逐渐得以消除，李慕白对翠纤的态度却发生了很大的变化。他认为，"像这样的女人，自己怜恤她则可"，再"恋恋不舍"则决不可。正是他的这种态度，直接导致了翠纤的引刃自刎。个中原因当然极为复杂，然而李慕白的"狷"确实也是酿成悲剧的酵素之一。

当李慕白与翠纤最后告别时，他是这样说的：

> 我现在比你们还要可怜，被事情折磨得心都碎了。我想一两日内就离开北京，此后也许永不再到北京来了。所以，咱们认识了一场，今晚大概是最后的一面。你现在弄得这个样子，我虽无力救你，但也不能一点儿法子不替你们想。明天午后，你们可以到我庙里去一趟，我给你们再借一二十两银子。你先把病治好，你们母女再去谋生路吧！①

其实并非“无力救你”，而是“有所不为”，原因也很复杂：从翠纤嫁徐侍郎，看到了她不够“清高”的一面，原来那种爱情已不复存在，此其一也；自己确实有一定困难，孟思昭之死等事确实搅得心烦，此其二也；秀莲姑娘重又出现在自己身边，这是自己潜意识里谁也不能替代的偶像，此其三也，而且很可能是最主要的原因……如此看来，李慕白当初钟情于翠纤，仍然难免“逢场作戏”之责。他对处于绝境的翠纤没有尽全力救助，乃是因为爱惜他自己的名声和别的什么难以明言的东西。而且，翠纤作为一个女人的内心痛苦，他是缺乏会心的体验的，这也正是过去那些不避“狭邪”行为的名士所共有的“男权意识”，在那种制度之下，没有人认为这不合理。李慕白生活在那个制度里，他无法超越它。

俞秀莲固然是李慕白心中不可侵犯的女神和偶像，但是李慕白对于俞秀莲的处境、痛苦同样缺乏真正会心的体验。在他看来，父母和未婚夫皆亡的俞秀莲，能够回到巨鹿老家，拥有祖上留下的产业，得到崔三夫妇的照顾，也就“算放心”了。他确实爱俞秀莲，但他在这个问题上又确实比俞秀莲更显得“矫情”。尽管他对俞、谢二女的不幸和死亡反复不断地发出忏悔、自责，且这些忏悔和自责也是真诚的，然而他的许多抉择，至少证明他在下意识里更加注重自己的“名声”。此时，甚至连“义”也须服从于“狷”，而他的忏悔和自责，也就往往夹杂着不少自怜了。

李慕白潜隐的“男权意识”，折射着王度庐显意识层次上的某种“女权主义”观念。

---

①王度庐：《宝剑金钗》，王芹点校，北岳文艺出版社，2015，第371页。

据说美国有人评论电影《卧虎藏龙》，认为可以用“女权主义”进行解读。这种理解是不肤浅的，王度庐的“鹤—铁五部曲”均可作如是观（而且，在他的全部作品中，女性形象也都比男性形象写得成功——李慕白除外）。这也并不奇怪，因为从辛亥到“五四”，女权主义在中国热过不少时候（当时侧重于争取男女“平权”），它完全可能渗入王度庐的社会意识和审美评价。但也应看到，即使是王度庐，在他的思想或潜意识里也并非没有“男权残留”，这明显地表现在几部写得并不成功或比较平庸的小说里，“南京七书”中的《纤纤剑》就是其中之一（详见后文）。

在民国时期的武侠题材小说里，王度庐笔下的李慕白和宫竹心（白羽）笔下的小白龙（见所著《联镖记》），是两个写得十分成功的人物。尽管他们一个属于“白道”，一个属于“黑道”，性格、行事颇为不同，却都是“名士气”很浓的“江湖人”。还珠楼主笔下的狂狷型人物也不少，但他的作品“童话色彩”更浓，在创作方法和格体上与王、宫两位距离较大。

第四节　“失意的男人”之谱系

古龙在《写当年武坛风云人物于酒后》中曾称，李慕白是王度庐“写得最成功的一个男人”，也是“写得最失败的一个男人”，“因为李慕白已经脱离了王度庐的控制”，有了“自己的生命”。这是“一个作家对另外一个作家”难得的“赞扬”。

作品中的人物获得了自己的生命，以至“脱离了”作家的“控制”，这种现象，文艺理论或称之为“形象大于思想”。古龙说：“王度庐绝不想把李慕白写成一个失败的男人，更绝不想把李慕白写成失意的男人。”然而李慕白失败了、失意了。这就是“形象大于思想”，就是李慕白不同于其他武侠小说里的“大侠”，而成为不可替代的“这一个”的原因。这也是王度庐在创作方法上获得的可贵的胜利。

细读李慕白下定锄奸决心之后坐在安定门城墙根的草地上所做的那番自省，我们不禁回想起王霄羽在《红绫枕》里写过的一段文字——男主人公戚雪桥为桑泪月和熊阿大营葬之后，迎着更紧的北风，映着纷飞的磷火和晃晃的灯光，他一面哭着，一面暗想道：

这个世界我活着还有什么兴趣？纵是我此时争光耀祖，难道就算把泪月忘了吗？何况如今这个时代，想我这穷措大，不会杀，不会抢，哪里能够得意啊！咳，不如我就死在他二人的坟墓前吧！

十二年前写下的这段文字与《宝剑金钗》里的“慕白自省”构成互文，它们显露着两种相似的心态和性格，尽管一个是武功高强的大侠，一个是手无缚鸡之力的书生，但是他们的内心都很软弱，他们的情绪都很颓唐。

当我们咀嚼着戚雪桥和李慕白的内心独白时，又绝对不可忽略“柳今”（即王度庐）的一篇杂文——1936年6月16日发表于《小小日报》“谈天”栏的《憔悴》。其中有这样一段文字——

在前几年，那时京华正是冠盖逐尘的时代；北京那时正是十分的繁荣。彼时我适交蹇运，身世的漂泊，学业的荒芜，情场的顿挫，大病的缠身，经济的压迫，希望的失败，那时我屡次将趋于自杀途中。如今我总算战胜了环境，在我生活的前途，似乎有些光明了。然而省察我现在的人格，清高？是较前堕落了！咳！生活驱人，能日日于堕落途中去抚今思昔，真不禁令人痛哭啊！

文中所说的“前几年”，大致便是撰写《红绫枕》的时候。作者自述的那种心态，文中弥漫的那种情调、那种不甘心和那种无奈，与戚雪桥、李慕白何其相似！我们当然还应把《烟霭纷纷》里的柳慕新、《黄河游侠传》里的徐鹰鹏和《玻璃岛》里的祁熨也归入这个人物谱系。他们都是“失败/失意的男人”，懦弱中含有坚韧，颓唐里不无独善，他们用自己的失败去毁伤敌人的胜利，他们又在失意中追寻着意义。在王度庐的内心里，这些“失败/失意的男人”业已形成自身的性格逻辑，以至把他放到《宝剑金钗》的环境里，就自然而然地成了李慕白。李慕白的故事，也就是戚雪桥们的白日梦；戚雪桥、李慕白们的故事，又都是柳今（王度庐）的白日梦。这些白日梦的酝酿始于《红绫枕》，至《宝剑金钗》实现质的飞跃，出现了最有血肉、最“浑圆”的人物典型。理论家们曾为文学是“再现”的还是“表现”的而争论不休。王度庐写小说取的是“再现”的路子，然而考察上述现象，其中难道没有“表现”吗?!

第九章　“江湖”不讲“理”——《剑气珠光》

“鹤—铁五部曲”中，《剑气珠光》是唯一不算成功之作。一个作家的创作历程里出现此类现象并不罕见。仔细考察王度庐的后续作品，我们可以发现《剑气珠光》中的“败笔”，对于丰富作者的创作经验，同样起着积极作用。即使在作者的创作趋于成熟的态势之下，仍然可能出现一些并不成功的作品（王度庐的后期作品，质量也是有所参差的），探讨个中原因，其意义不下于总结成功经验。

第一节　写作策略之瑕疵

《剑气珠光》很难被视为悲剧。但是，这部作品里却有两个带悲剧性的构思：一个是李慕白与俞秀莲的情感纠葛，一个是杨豹兄妹的杀亲之仇。

李、俞情感纠葛是《宝剑金钗》中故事的延续。由于在《宝剑金钗》中已经充分展开了男女主人公内心“不同的冲动之间的斗争”，这个斗争亦已在“自我克制中结束”，所以，若用同样的格体续写这个故事，主人公必须有新的内心“冲动”和“斗争”，否则绝不可能超越《宝剑金钗》已经取得的成就。《剑气珠光》仍以李慕白和俞秀莲为主人公，然而全书所表现的他们的内心“冲动”，就“性质”而言，却始终停留在《宝剑金钗》结尾时的状态。

在《剑气珠光》里，李慕白和俞秀莲并非没有

民国版《剑气珠光》封面

《剑气珠光》插图（刊于1940年2月7日《青岛新民报》，镜海绘）

"故事"。应该说，李慕白作为一个"逃犯"从京郊一路奔赴凤阳的情节，还有他伪装"龚道士"，暗中保护、救助俞秀莲的情节，就故事层面而言，还是比较"可看"的（尽管后者写得过于拖沓，以致转为矫情）。

李、俞也并非没有"内心动作"。应该承认，俞秀莲识破李慕白的乔装之后，责问他三年来为何疏远自己；她还主动提出，愿与慕白公开并辔走江湖；以至她在故事结尾坚决要与慕白同归九华山，共研点穴图，这些情节都显示了俞秀莲在感情方面的主动性。但是，从"性格"或"冲动内涵"来看，上述言行与她在《宝剑金钗》结尾的表现相比，并无"质"的不同。至于李慕白，他对秀莲姑娘的心意是一清二楚的：他想起当初在监狱里，秀莲姑娘如何不避嫌疑地用双臂托住他的身体（事见《宝剑金钗》第三十四回）；又想起这次为她解开被点的穴道时，自己如何无法避免肌肤接触，而秀莲姑娘又是如何满脸绯红地抓住自己的胳臂。面对这种"越来越深"的"情思"，他"又想起孟思昭和谢翠纤，那两件在自己的心头永久难消的恨事"，觉得自己仍然十分"难办"。他最终答应与秀莲同隐九华山，是在向盟伯江南鹤表明不能与秀莲论婚嫁之后，但仍显得相当勉强；因为他想，这样一来，两人势必"朝夕相处"，自己势必"要用一番克制私情的决心和毅力，不然不但自惹情魔，而且要为盟伯所笑了"①。

如果说《剑气珠光》里俞秀莲的"冲动"比《宝剑金钗》中还有一定程度的发展，那么李慕白的"克制"则仅仅是重复着他的"优柔"（即德啸峰之所谓"矫情"、史胖之所谓"别扭"），作为"性格"，这是《宝剑金钗》的"同义反复"。主要由于这一点，他们的内心活动虽然不能说写得不细致，但总令人感到缺乏新意。

相同的主要人物，在相同的关系中没有新的内心冲动，就不能形成新的"势"并产生新的悲剧冲突，这是《剑气珠光》虽以李、俞为主人公却无法构成新的心理悲剧的主要原因。在这部作品里，外部动作虽不缺乏，内部动作却因缺乏动力而常呈"静态"，至多只见"波动"，而无《宝剑金钗》中那样的波澜起伏和惊涛骇浪。

从后续作品中，确实可以看出作者对《剑气珠光》的败笔是进行过认真总结，从而获得了经验教训的，这对《鹤惊昆仑》《卧虎藏龙》《铁骑银瓶》的成

---

① 王度庐：《剑气珠光》，王芹点校，北岳文艺出版社，2015，第423页。

功具有积极意义。在《卧虎藏龙》中，李慕白和俞秀莲的故事虽也没有明显的发展，但是由于该书以玉娇龙、罗小虎为主人公另创全新构思，作者对李、俞两个人物的拿捏又极有分寸，所以他们很好地起到了配角的作用。在《铁骑银瓶》中，玉娇龙、罗小虎虽是从“前传”延伸过来的人物，而且在“后传”中也是重要角色，但是由于他们的性格比《卧虎藏龙》里有了明显的发展，他们的内心产生了全新的“冲动”，所以与之相关的两段故事，成为该书最富悲剧精神的构思。这些成功，都是汲取《剑气珠光》失败的教训而获得的。

《剑气珠光》中关于杨豹兄妹杀亲之仇的情节，倒是一个极富张力的悲剧性构思，作者也写得颇有悬念。遗憾的是，这条线索只被作为一条时隐时现的副线处理，杨豹这个“新人”更被加以“暗处理”，变成了一个基本不出场、只起结构作用的人物。

没有“潜力”的人物、故事被“强令”作为主人公和主干情节，富有“潜力”的人物和故事却被“强令收缩”，得不到施展，这是《剑气珠光》写作策略上的最大失误。

上述失误在后来几部续作中，或转化为积极因素，或得到了补救（但是仍有“贻害”）。我们应该记得，《鹤惊昆仑》其实写在《剑气珠光》之后，复仇主题在江小鹤的故事中得到了尽情的演绎，这不能不说是对《剑气珠光》写作失败教训的积极总结，而且观念不凡，格调甚高。至于杨豹兄妹的复仇心愿，则在《卧虎藏龙》里得到兑现。倘若把《卧虎藏龙》中这段杨丽芳的复仇故事和有关杨豹兄妹身世的故事抽出来，与杨豹盗珠故事合为《剑气珠光》的主干情节加以演绎，对李慕白、俞秀莲的故事则加以弱化处理，以王度庐的才情，肯定会使这部作品出现截然不同的全新局面。

第二节　性格逻辑的悖离

前面说李慕白的性格在《剑气珠光》中并无发展，这是就他与俞秀莲的情感纠葛而言，是遵循“心理剧”的理论框架和人物已经形成的性格逻辑进行立论。倘若撇开这个前提，则不能说李慕白的性格没有“发展”。事实是，在《剑气珠光》里，李慕白的“名士气”大为削弱，“江湖气”则大为增强。这种性格“发展”，背离了《宝剑金钗》中已经确立的人物性格逻辑，又未充分表现催生上述“发展”的内在动力，所以也不可取。

《剑气珠光》第十九回，静玄禅师要求李慕白归还三年之前盗走的“点穴图”，李慕白是这样回答的：

> “静玄师父，穴道图现在我的身边，我已完全学会，要那图籍也没有什么用处。不过因为我忘不了在长江边逼我落水之仇，又因你们这次也索要得太急了，而且毫不客气，所以我本想还给你，现在却不能还了。”
>
> 说到这里，他横剑冷笑，又说：“你们若不服气，随时可以找我李慕白，将图夺去，我毫无反悔。但是切记着，你们只可以找我李慕白，却不应与我的朋友们去作对。你们若能忍耐呢，那么在半年之后，我一定将图籍全份送到当涂县江心寺，决不食言！”①

除这里所说“逼我落水”和“索要得太急”两条外，李慕白还举出了静玄师徒“滥用”点穴法对付俞秀莲和孙正礼等理由。总之，他是要把自己偷点穴图并且三年拒不交还的行为说成是“正义”的行为，而给失主加上种种“不正义”的罪名。

实际上，李慕白的上述说法，多数是经不起分析的。盗图是三年之前的事，静玄点倒俞秀莲等是三年之后的事（而且还曾特别关照白云庵的尼姑把俞秀莲接过去调理，并非不留情面），怎能作为强占图籍的借口？三年之前，他之所以被逼落水，不正是由于偷了人家的图籍又不肯物归原主吗？强占了三年，还嫌失主“索要得太急”，岂不有点儿“贼喊捉贼”？李慕白的“大义”背后，委实透着几分强词夺理的无赖气。

在《宝剑金钗》中，李慕白曾经十分赞赏孟思昭甘处贫贱而从不苟取的品德。孟思昭后来虽然“偷”了铁小贝勒的马和剑，但都光明正大地打过招呼，且其目的不在图一己之私利，而在舍生以取义。两相对照，李慕白的盗图显得不太高尚，他的动机经不起推敲。

江南鹤从狱中救出李慕白后，特别嘱咐他往江南避风，并且务必到当涂去拜访静玄禅师，这是为李慕白介绍得力奥援。李慕白为什么把盟伯的嘱咐置于脑后，不惜与这位父辈老禅师作对呢？既不是因为静玄作恶而他要“主持正义”（江南鹤后来的评价是客观的：“静玄禅师虽未脱江湖习气，但他确无大恶”），

---

① 王度庐：《剑气珠光》，王芹点校，北岳文艺出版社，2015，第375页。

也不是为了别的什么拿得上桌面的理由；他的唯一动机，只因“那静玄和尚大柜里所藏的人身穴道图却真是秘宝”。后来说的种种理由都是强辩，见到“秘宝”，不偷就难受，才是真的原因。既是“秘宝”，就有“价值”，“价值”就是一种“利”，所以，李慕白的盗图动机实有“见利忘义”之嫌！

“在半年之后，我一定将图籍的全份送到当涂县江心寺，决不食言！”这根本不是侠者的“千金一诺”，而是拖延、搪塞之词。就在李慕白做出这一承诺的前几天，他对俞秀莲说过实话：因盗图而被静玄师徒打入江中之后，“我便悄悄到了池州，就住在九华山上。后来江南鹤老侠也去了，他因与静玄有旧，就劝我将点穴图送回，可是那时我早已将图籍秘密收起，只告诉他老人家我在落水之时已将图籍完全遗失”①，为了永占“秘宝”而不惜欺师瞒祖。直至最后，当李慕白又为此而受到江南鹤的责备时，他的应付策略仍是当面答应“一二日我就南下，先到江心寺去将点穴图还他”，转过身去，却赶快复制副本，以为永远占有之计。这里透露出的，依然是一连串背信弃义的小狡诡。

作者绝不想把李慕白写成见利忘义之徒。他写李慕白和俞秀莲归还大内宝珠的行动，就是企图表现他们不取“不义之财”的侠德。但是，李慕白偷盗并强占他人“秘宝”的行为本身，还有那些强词夺理、文过饰非的言行，与他过去“知书识礼”的种种表现确实太自相矛盾、太判若两人了。

也许作者构思上述情节时认为，点穴图不属于金银珠宝那样的“财物”，因此也就不属于“义利之辨”中的“利”。就事论事，李慕白的偷窃行为也确乎并非出于狭义的“物欲”，而可解释为对于“武学”的痴迷。这种痴迷类似“为艺术而艺术”：“艺术”成了唯一的目的，为了追求这唯一的目的就可以不顾一切，于是，对于艺术的贪欲也就变成“合理”的贪欲了。从这个角度考察，李慕白那些拒不还图的宣言，其逻辑近乎孔乙己之所谓“窃书不能算偷”。不同之处，无非在孔乙己是弱者的自嘲，在李慕白乃强者的大言而已。

李慕白的“大言”里有一个主要逻辑根据：点穴法是武当绝技，秘图由我占有，便可捍卫武当家风，保证用于正义。为此目的而采取盗窃、复制等行动，也就合乎“行经从权”的古训了。尽管这是偷盗行为发生之后才宣布的一种解释，却也反映着江湖上流行的“道义观”。这种说法颇有“卫道”色彩，所“卫”的当然是江湖之“道”。至于“卫道”的资格，实质是打出来的。第十二

① 王度庐：《剑气珠光》，王芹点校，北岳文艺出版社，2015，第326页。

回写到郁天杰要从张庆手中夺回镖店时，他们之间的“默契”便是，谁被打败，谁就让出镖店——一切决定于“力”。李慕白在“点穴图纠纷”中，所遵循的何尝不是这样一种准则？何况点穴图的价值恰恰也在于“力”——谁得到并学会了它，谁就获得了战无不胜之力。

后来，李慕白在《卧虎藏龙》里对玉娇龙盗《九华拳剑全书》和青冥剑一事的处置，遵循的也是这一准则。其实，玉娇龙盗此二宝的动机，与李慕白盗点穴图并无不同，只不过她从不对自己的动机加以文饰，而李慕白却总要“假借大义”罢了。如果把这种“大义”比作儒家的“王道”，则江湖人的“王道”归根结底取决于“霸道”，在“力”的方面倘若占据不了压倒他人的地位，什么“王道”都是空的。这条准则反映了江湖人的不讲理之处，此等“江湖相”，如果视为某种人生寓言，倒是可以发人深思的。

以上分析的是《剑气珠光》中李慕白形象的认识价值。从艺术角度考察，由于人物的实际形象与作者意图背离，特别是与人物已经具有的面目大相径庭，所以不是成功之笔。鲁迅评《三国演义》写人之失云：“欲显刘备之长厚而似伪，状诸葛之多智而近妖”[①]，《剑气珠光》写李慕白之失，殆近似焉。

---

① 鲁迅：《中国小说史略·元明传来之讲史》，载《鲁迅全集》（第九卷），人民文学出版社，2005，第135页。

第十章　生命力的飞跃和突进——《卧虎藏龙》

民国版《卧虎藏龙》封面

就情节而言，《卧虎藏龙》直承《剑气珠光》，而就悲剧类型、观念内涵、情感趋向、作品格体而言，它却与《宝剑金钗》具有更加紧密的血缘关系，二者既有互补性，又有对比性。

《卧虎藏龙》的结局“不是主角的消逝，而是他的一个冲动的消逝”，它所表现的斗争也在主角的“自我克制中结束”。就此而言，它和《宝剑金钗》一样，属于“心理剧”。但是，《卧虎藏龙》的人物关系、矛盾冲突远比《宝剑金钗》尖锐复杂，社会背景更为广阔，故事情节更加曲折迷离。其主人公玉娇龙和罗小虎的性格更加富有叛逆性和偏执性，他们的内心动作和外部动作都比李慕白、俞秀莲更具力度。李慕白、俞秀莲那种被压抑的情感在他们这里得到了火山爆发般的喷放，李慕白、俞秀莲的终身遗憾在他们这里得到了“补偿”，然而，他们也没有进入“自由王国”，他们的痛苦竟比李慕白、俞秀莲二人更加撕心裂肺。

第一节　八方受敌的玉娇龙

在《卧虎藏龙》里，玉娇龙置身于若干组盘根错节的矛盾冲突之中。她既是这些矛盾冲突的焦点，又以“八方受敌、四面出击”的姿态，几乎成为每一组矛盾冲突的主要方面。

玉娇龙首先面对的是以刘泰保为代表的势力——可以概称为“侠义”势力。这股势力十分强大，除刘泰保、蔡湘妹夫妇外，还有李慕白、俞秀莲这样的

"白道大侠"，以及包括史胖、猴儿手、众镖头、众混混儿在内的许多"闾巷之侠"，在他们的背后，则是铁贝勒、邱广超、德啸峰这样的"贵胄之侠"。玉娇龙与他们的冲突过程实际上是一个"互相认识"的过程，即整体上"化敌为友"的过程。

最先赏识玉娇龙的，是俞秀莲。书中对于她和玉娇龙的初次公开见面及互相试探，写得极为细腻、生动。俞秀莲对这位大胆妄为的贵族小姐的判断是"这人倒是个很有意思的人""非常奇怪，但又非常可爱"。也许出于女性的细腻直觉，也许是在对方身上发现了自己所失去或被压抑的某些东西，俞秀莲对玉娇龙产生了一种惺惺相惜之感。此后，她虽然与玉娇龙兵刃相见，但始终手下留情，而且表现了相当的理解和关怀，尽管这种理解和关怀没有达到完全"知心"和"负责"到底的程度，对玉娇龙的叛逆精神也估计不足。俞秀莲追缉、诛杀费伯绅，既为杨丽英报了杀亲之仇，也替玉娇龙出了那口误中奸计、备受挟制的恶气。

德啸峰、邱广超的态度与俞秀莲相似。特别需要指出的是，后来在掩护罗小虎、支持玉娇龙的行动中，刘泰保固然身居"第一线"，实际的"指挥者"却是德啸峰。他的动机不仅是因为与玉府是"老亲"、与小虎为"新眷"（小虎之妹杨丽英是他的儿媳），更是出于他那种"及时雨"式的侠义胸怀。这个人物，虽然出身于上层社会，却富有人情味儿，而且遇事不惊，看问题比李慕白更清醒，更"拿得起，放得下"，对玉娇龙也始终相当宽容。

最不能赏识玉娇龙的，是李慕白。他对玉娇龙、罗小虎的情缘倒并无多大异议，甚至还对玉娇龙表示过："我盼你从此改过自新，或在鲁家做官眷，或跟罗小虎去走，我们都不管。"[①]他所耿耿于怀的，是玉娇龙手里的《九华拳剑全书》和青冥剑。当李慕白获得这两件宝物之时，玉娇龙对于自己的过失确已悔悟，并曾向他当面认错，恳求归还她所手抄的《九华拳剑全书》副本。李慕白的回答却是："以你过去杀人放火的行为，我不信你能够改悔，而且你在家中绝住不长，早晚你还是要去为非作歹的！"

> 玉娇龙忽然扬起脸来，忿然地说："你不信又当怎样？你不是我的师傅，又不是我的亲族，你凭什么要永远管辖着我呢？"……"你说我恶，

① 王度庐：《卧虎藏龙》，王芹点校，北岳文艺出版社，2015，第447页。

我就不服，干脆你就说，你是怕我将书中的武艺再学几年，本领将你迈过去罢了！”①

面对这位十九岁的姑娘的责问，已有三绺长髯的李慕白的内心应该是十分尴尬的——如果他“记起”自己当年如何偷盗静玄禅师的点穴图，并且如何背着盟伯偷录副本的话。事实证明，李慕白式的“管辖”和“垄断”，确乎也阻止不了玉娇龙追求自己的人生目的，即以武学修为而言，到了《铁骑银瓶》时期，玉娇龙不是已经自行“重编”出了一份顶尖儿的“武学教材”吗？其中道理并不复杂，《九华拳剑全书》本来不也就是人编出来的吗？这倒也是一个有关人生真谛的很好的寓言。

铁贝勒的态度近似李慕白，但略有区别：对于青冥剑的被盗，他显示了一种贵族式的宽容；他所不能宽容的是玉娇龙对罗小虎的感情，在他看来，这未免太“出格儿”了，其中反映着身居庙堂的贵族之矜持。

尽管如此，铁贝勒和李慕白最终并未成为玉娇龙的敌人。

与玉娇龙有着杀亲之仇，作对最久，然而最终却对她理解最深，并且结为莫逆之交的，是刘泰保和蔡湘妹。他们态度的转变，始于对罗小虎的逐步了解和同情，这导致了他们泯灭与玉娇龙的仇怨，转而成为她最可靠的亲信、最坚定的支持者。当玉娇龙在自己所属的贵族阶层里处于极端孤立之时，她却从以刘泰保夫妇为首的一帮“闾巷之侠”那儿得到了无私的援助。玉娇龙曾对刘泰保夫妇说：“总算我败于你们手里！”其实，得到这样一批江湖朋友，倒是她最宝贵的胜利。

玉娇龙与上述“侠义”势力“结仇”，始于她偷盗青冥剑和纵容耿六娘。如果说前一件事反映着她的任性，那么后一件事则反映着她的善恶不分，二者又都与幼稚分不开。玉娇龙与耿六娘的关系属于既互相利用又互相制约的关系，因而亦蕴含着冲突。玉娇龙为庇护耿六娘而误杀蔡湘妹之父，是她犯下的最大错误。她与耿六娘的冲突，则因后者被俞秀莲诛杀而未能激化；但是，玉娇龙乔装闯江湖时与那些江湖豪客、匪类的争斗，实与她和耿六娘的冲突属于同一性质。这是善与恶的冲突，从显示人物性格的角度考察，可以视为玉娇龙与耿六娘的冲突之“转移”和“爆发”。李慕白（加上俞秀莲、孙正礼）的“搅局”

---

① 王度庐：《卧虎藏龙》，王芹点校，北岳文艺出版社，2015，第561页。

和玉娇龙的任性，使得这种矛盾复杂化，以致后来玉娇龙自己反倒成了“白道”侠客的对立面。李慕白斥责玉娇龙“杀人放火”，主要指这一阶段的行为，这种指责显然不够公允。

直接造成悲剧后果的，则是玉娇龙的婚姻。主要是她与鲁君佩的冲突。鲁君佩的背后则有阴险的费伯绅等，这是一股极其强大、十分阴险的邪恶势力。他们主要不凭借武力，而是看准了玉娇龙的弱点，以她的天伦之情为打击重点，以她父兄的身家性命为威胁，迫使天不怕、地不怕的玉娇龙不得不就范。围绕这对矛盾的是玉娇龙与其家庭、与罗小虎的关系，这两层关系中也都包含着冲突。

玉娇龙与鲁君佩的婚姻，是父亲强加的。作为贵族小姐，她不能直接反抗父亲的决定，她与罗小虎的关系绝不可能得到家庭的首肯，而她自己对于罗小虎的“不长进”也有所不满。加上她盗剑、包庇耿六娘等行为，给身为九门提督的父亲带来了种种麻烦，以致全家不得安宁。然而，父母从未直接对她责备。这一切使玉娇龙面对上述复杂情境之时，除了亲情这一天性之外，更增添了对家庭的深深的负疚感。正是这些沉重的精神包袱，迫使她始而接受婚事，继而在出走之后又潜回北京，中计被擒，乃至屈服于鲁君佩、费伯绅的压力。

当玉娇龙处于上述境况时，德啸峰、刘泰保等都提出过这样的问题：她的本领这样高，为什么还投回鲁家？俞秀莲甚至责备她：“你玉娇龙受这欺辱，自愿忍气吞声，我还看不惯你给江湖丢人哩！”他们不知道，此时玉娇龙所面对的问题，并不在于如何杀出鲁府，而在于如何才能既使自己获得自由，又能保全家庭的名誉和兄长的顶子、官声。解决杀出鲁府的问题很容易，解决后一问题，对她来说则很难。所以，她对罗小虎说：“你想我这脾气，鲁君佩他能制服得了我吗？我随时可以杀死他，但我却不能，我一点儿办法也没有！”罗小虎的回答则一针见血：“什么没有办法？就是官儿没办法！”果然，他用他的“强盗办法”，把刀架在鲁君佩的脖子上，强迫他毁掉挟制玉府的文书，立下“勾结大盗半天云”的字据，很容易地解决了这个问题。可见，玉娇龙难以战胜的“敌人”是自己，既包括自己的贵族身份、习惯和观念，也包括自己与贵族家庭、上层社会的千丝万缕的联系，还包括自己的孝心、亲情。

然而，玉娇龙毕竟是玉娇龙，她以自己惯有的细致、精密和狡诡，策划了妙峰山跳崖之计，以骇人听闻、神机莫测的方式，坚决摆脱了贵族社会的羁縻。但是，这一方式本身，仍然带着那个作为“敌人”的“自己”的烙印——作者为这一回拟的回目是：

礼佛妙峰投崖尽愚孝

停鞭精舍入梦酬痴情

“愚孝”二字蕴含着作者的“价值判断”——这种复杂、惊险的计谋，只有玉娇龙才想得出来，因为只有她才需要。经典作家论及人物性格的塑造时曾说，不仅要写他“做什么”，更要写他“怎样做”。换了罗小虎、刘泰保，是不会也不必“这样做”的，他们如果遇到这样的问题，绝对无须策划、实施如此繁杂的计谋。是即玉娇龙之所以为玉娇龙也。

作为一个“社会角色”，玉娇龙与贵族阶层的联系已经割断。她付出高昂的代价，获得了自己所渴望的自由，终于和罗小虎重温了一夜绮梦。然而，次日清晨，她却又单骑孤剑地离开了罗小虎。作者写道：

而至玉娇龙，既难忘爱人的痴情，又不能不守母亲未殁之时的遗言。总之，她虽已走出了侯门，究仍是侯门之女；罗小虎虽久已改了盗行，可到底还是强盗出身，她绝不能做强盗妻子的。①

作为一个悲剧角色，她仍须和“自己”这个“敌人”斗争，直至生命的终结。其实，不仅玉娇龙如此，我们每一个人也都如此。这又是一个关乎人生真谛、带有悲剧气息的寓言。

《卧虎藏龙》中显现的悲剧意识，激起了我们进一步考察王度庐的创作思想与现代美学观念契合状况的兴趣。

第二节　深入骨髓的孤独感

20世纪20年代，日本厨川白村的文艺理论著作《苦闷的象征》被介绍到中国，并在文学界、知识界产生广泛的影响。鲁迅首先翻译并用该书为教材，其译本出版于1925年。郁达夫则在1925年发表的论文《生活与艺术》中，运用厨

① 王度庐：《卧虎藏龙》，王芹点校，北岳文艺出版社，2015，第581页。

川白村的理论，阐释了生活的本质及其与艺术的关系。丰子恺也翻译过厨川白村的这部著作。

厨川白村的理论是以伯格森（H.Bergson）、尼采（F.Nietzsche）、叔本华（A.Schopenhauer）的哲学为基础，批判地吸收弗洛伊德的精神分析理论、荣格的分析心理学而建立的。它“将那闪电似的，奔流似的，蓦地，而且几乎是胡乱地突进不息的生命的力，看为人间生活的根本”，而包括经济生活、社会生活等的人们的“外部生活”，则既束缚、压制着生命力的要求，又依靠它而运行。“人生的深的兴趣，要而言之，无非是因为强大的两种力的冲突而生的苦闷懊恼的所产罢了”，“但这两种的力的冲突，也不能说仅在自己的生命力和从外部而至的强制和压抑之间才能起来。人类是在自己这本身中，就已经有着两个矛盾的要求的”：“我们有兽性和恶魔性，但一起也有着神性……如果称那一种为生命力，则这一种也确乎是生命力的发现。这样子，精神和物质，灵和肉，理想和现实之间，有着不绝的不调和，不断的冲突和纠葛。所以生命力愈旺盛，这冲突这纠葛就该愈激烈”。哲学意义上的“世界苦恼”，“总不外是想要飞跃突进的生命力，因为被和这正反对的力压抑了而生的苦闷和懊恼”。

厨川白村以上述哲学思想为基础，提出了概称为“苦闷的象征”的文艺创作论和鉴赏论等。《卧虎藏龙》（也包括《鹤惊昆仑》《剑气珠光》《宝剑金钗》《铁骑银瓶》的若干方面）与它的契合，则主要表现为王度庐对人生、人性的阐释，与上述“生命哲学”颇有相符之处。

用这种生命哲学演绎人生、阐释人性，能够充分展示二者的复杂性和丰富性，避免陷入用庸俗社会学图解人生、抹杀人性的偏颇。庸俗社会学，正是20世纪30年代中国现代文学许多作品共有的一个痼疾，而包括武侠小说在内的中国传统小说则一直未能摆脱以绝对的“正、邪”“善、恶”观念图解人生和人物的倾向，庸俗社会学的思想方法未尝不可溯源于此种道学气极浓的思维路线。在上述文化、文学背景之下，愈益显出《卧虎藏龙》这样的作品之难得和可贵。

上文分析了围绕玉娇龙所展开的若干组矛盾冲突，其中固然包括“善”与“恶”的冲突，同时也包含着许多“善”与“善”的冲突，而且处于矛盾中的各个方面、各种人物，都各有不同的行为动机、价值判断以及情感、理念。这一切构成了玉娇龙的“外部生活”，既是她的生命存在的前提和依据，影响、决定着她的生命形式和内涵，又形成了强制、压抑她的生命意志之外力。这个以“合力”形式存在的强大的“外部生活”之中，包含着一种郁达夫称为“硬壳”

的僵化的“生活方式”[1]，强制、压抑之力即来源于此。这一“硬壳”不仅由通常所谓“恶”的因素构成，也由许多通常所谓“善”的因素构成。

在玉娇龙与“外部力量”的斗争中，作者从正面描写得最为惊心动魄的，不是与通常所谓“恶”的势力的斗争（赢得这种斗争的胜利，对她来说并非难事），而是她与李慕白、俞秀莲等“善”的势力的斗争。例如，第六回、第十二回两次写及这样的战斗，每一次玉娇龙都处于下风，然而她那“困兽犹斗”式的、近乎疯狂的精神力量，委实令人产生极大的心灵震撼。对于这些场面，固然可以解读为侠者内部因为理念不同，甚至由于误会而导致的武力冲突，但若从“象征”的意义加以解读，它们难道不正象征着玉娇龙那被压抑的“生命力”之飞跃突进吗！

如前所述，王度庐的深刻之处，在于将上述冲突“内化”为玉娇龙的性格冲突：僵化的“硬壳”不仅存在于外部生活，而且存在于她的内心生活。玉娇龙的性格十分复杂：既善又恶，亦正亦邪，狠辣而又优柔，工于心计而又不无天真幼稚，极富叛逆性而又难以挣脱传统……而始终伴随她一生（直至她在《铁骑银瓶》中死于大漠）的，则是那种深入骨髓的孤独感。

《卧虎藏龙》中第一次写到这种孤独感，是十六岁的玉娇龙随着父母从伊犁返回且末时，她有一种“如被囚在笼中的小鸟”似的心态。其实，这是一种无人“囚”之却油然而生的“自囚”感。此时她身边的“外部生活”并未主动对她的“生命意志”施加抑制和压力。玉娇龙的这种心态，在形而下的意义上是对草原生活、青春恋情的顾恋，而在形而上的意义上则是“灵与肉（不应简单地阐释为肉欲）”的冲突在她的“内部生活”中的发酵，是“灵”的觉醒与求索。

在玉娇龙经历一系列的争斗、挫折、挟制、屈辱之后，虽然罗小虎替她制服了鲁君佩，但是她仍旧感到十分凄凉、颓唐。此时，作者一再大力渲染她的孤独感——

> 玉娇龙，这貌美多才、出于名门的玉娇龙，现今已被人视为一个可怕的东西，大家猜疑着她，就像是迷人的女鬼、美丽的毒蛇。连她的兄嫂，仆妇丫鬟中除了绣香一人之外，谁也不敢跟她接近，见了她的面就想立时

---

① 郁达夫：《文学概说·生活与艺术》，载《郁达夫文论集》，浙江文艺出版社，1985，第118页。

能够躲开才好。她现在成了一个孤独的人，自觉得在家里、在北京是不能再住了，但往外去，可又往哪边去呀？《九华拳剑全书》和青冥宝剑、珍珠弩已全都失去，赤手空拳揣着一颗受伤的心，可往哪里去呢？……[1]

这种孤独感与四年前在新疆的心态不同，这是真正被“囚”的“囚徒心态”，而且怀着鲜血淋漓的心灵创伤——人生最大的痛苦，即是得不到人们的理解。而这种四面受敌的境遇，又恰恰促进了玉娇龙的叛逆精神及其能量的积聚，酝酿着激烈的爆发。但是，爆发之后，玉娇龙还是没有摆脱那种孤独心境。当她“头也不回”地挥鞭离开罗小虎时，伴随她的是凄清、悲凉。这又是一种孤独——获得自由之后的孤独，它在很大程度上是玉娇龙自己造成的，既意味着生命力为克服内外敌人而进行的斗争不会停止，也意味着它将向新的高度飞跃、突进——孤独者的生命意志和生命力是极为旺盛的，他们是真正的强者。

因此，《卧虎藏龙》和玉娇龙形象的意义，并不仅仅在于对传统婚姻制度的叛逆，更有其形而上的价值。

第三节　生龙活虎的“闾巷之侠”

……我上不在衙门当差，下不在街头讨饭，平日就是无家无业，游手好闲。可是银钱随手去，也随手来。没有高亲贵友，可是到处有人帮忙。……恭维我们的人称我们是好汉、光棍。不恭维我们的人，叫我们是混混、无赖，俗名叫作地痞，官名叫作流氓！[2]

这是刘泰保的一段“自我介绍”。这位市井豪杰，是王度庐塑造得最为生动、最为成功的人物之一。

作为北京城里的“混混儿”，刘泰保身上沾有不少国民的“劣根性”。“酒色财气”四字，他几乎都沾上了边儿，虽然“色”常常表现为想入非非的白日梦，“财”也限于赌场上的风头强健。他又好吹牛，死要面子，善用精神胜利法对自己的失败进行自我安慰，很有几分阿Q相。然而，刘泰保却是一个生龙活虎、

---

① 王度庐:《卧虎藏龙》,王芹点校,北岳文艺出版社,2015,第550-551页。

② 同上书,第28页。

相当清醒的“阿Q”（就此而言，他又有几分近似金庸笔下的韦小宝，当然，没有后者那些好运气）。他在大节上却并不含糊，是个明是非、有骨气、有智能、有血性、肯为朋友两肋插刀的好汉子。尤其是他那虽屡战屡败而仍屡败屡战、遇事“咬住不放”的“青皮精神”，极其值得赞赏。

刘泰保是《卧虎藏龙》一书的结构型角色，全书的主要情节都是经由他的行动而得以层层演进的。他的推理能力颇强，虽然第一个判断（以蔡九父女为盗剑者）是错误的，但是这条错误的线索把他带近了真正的“嫌疑对象”，并且使他得到了一个称心如意的老婆——泼辣而且同样有血性的蔡湘妹。继之，他就把“侦察目标”锁定于玉府。尽管对于谁是“小狐狸”，他的判断出了错，走了不少弯路，但是其观察分析事象的细密、“反侦察”手段的机智（如擒伏、利用“长虫小二”）、“正面试探”行动的大胆，都显示着这位热衷于“出名”“捞面子”的混混儿，确实不乏智慧和老练。在武艺上，刘泰保是被动的，是弱者，然而在谋略上，他步步为营，转化成为强者，令整个九门提督府惶惶不安、愁眉莫展，连过年都过得忐忑而惨淡。

刘泰保的行为动机是复杂的。他自己向玉娇龙承认：“早先，说实话，我实在是想借您的事出风头，露一露脸，好找一碗饭。”但是，随着情节的发展，其动机中闪光的方面也逐渐显露出来。

在青冥剑失而复得、因耿六娘之死而自知理亏的玉提督过访铁贝勒之后，刘泰保被铁贝勒作为“替罪羊”，婉言解雇了。此时，他说了一段掷地有声的话语——

> “贝勒爷不必说啦，我明白啦！蒙贝勒爷知遇，叫我在府上住了一年多。如今辞散了我，并不随便派个人摆摆手就叫我滚出去，还亲自叫我来，当面告诉我。这种洪恩，我刘泰保掉了脑袋也不能报答！”
>
> 旁边得禄直向他使眼色，暗示着叫他别说这些粗话。刘泰保却装作没看见，只愤慨着说：“我因为在府中吃了一年多的闲饭，自己惭得慌，才想借着寻宝剑立一件功，可是没想我武艺不高，手段拙笨，弄坏了。就是贝勒爷不辞我，我也没脸再干了！再说到提督正堂玉大人，他跟我远日无冤近日无仇，他是统辖九门军马的大官，我是个草民，天大的胆子我也不敢欺负他！唉！事已如此，我也不敢多说话使贝勒爷生气，我走就是啦。请贝勒爷告诉玉正堂，以后他也不必跟我这个草民一般见识。至于爷赏我

那五十两银子，我不敢不收，可是我求爷还是收回成命，因为我不短少钱花。我会保镖，我女人会卖艺，走到哪儿都能混饭。不应当得的赏，我收下了也得害一场病！好，请爷歇着吧！我走啦！若干年后，我刘泰保拿性命来报您的洪恩！”①

这段话未必由衷，然而总体上显得很有骨气，对“贝勒爷”的苦衷心里透亮，对“玉正堂”则软中有硬，既得体，又真诚。当然，真正的心里话还未说尽，所以，回到家中，刘泰保又与妻子蔡湘妹有一段精彩的对话——

湘妹擦着眼泪说：“你不是说铁小贝勒向来对会武艺的人都顶好吗?”

刘泰保说：“会武艺的人可也得分谁！李慕白来了许行，我刘泰保可没有那么大的礼面！现在我倒不恨铁贝勒，别说我还以教拳师傅的名义在外招摇，就是不招摇也该辞，本来我在他尉里就是吃闲饭。我只恨的是玉正堂，我给他留脸面，他可不给我留活路!”

蔡湘妹跳起来说：“谁叫你给他留脸？咱们不会把碧眼狐狸死在他家，小狐狸现在还藏在他家的事情，给他满处去抖露吗?”

刘泰保点头说：“从今天起，咱们自己得抖露抖露他们，……”②

“失业”的刘泰保并未放弃他的“事业”——小而言之，替自己恢复名誉，为岳父报仇；大而言之，维护正义，打抱不平。当然，他对“正义”的认识也在逐步深入，经历了一个“否定之否定”的过程。如前所述，刘泰保认识的转变，始于追踪罗小虎（他曾误以小虎为“小狐狸”），并进而了解、同情罗小虎的身世和爱情。此时，他的愤怒转而指向鲁君佩和下嫁鲁府的玉娇龙。直到发现玉娇龙才是“小狐狸”，又进而了解她的痛苦之后，他的“认识过程”方告结束，夫妻二人成为玉、罗的坚决支持者。

在上述曲折的过程中，刘泰保那“咬住不放”的“青皮精神”得到了充分显现。同时，刘泰保的性格又突出地显示着一种“平民精神”。他虽以结识豪门为荣，而且很难摆脱为豪门所“养”的地位，但是在价值观念、是非标准、爱

① 王度庐：《卧虎藏龙》，王芹点校，北岳文艺出版社，2015，第125页。

② 同上书，第127页。

憎情感方面，他却与豪门截然不同，而且与同为江湖侠客的李慕白等人也反差鲜明。

对于玉娇龙、罗小虎的爱情，铁贝勒、李慕白、俞秀莲的态度是或反对，或有所保留，没有一个真正理解玉娇龙的痛苦和追求，他们有意无意地都以要求玉娇龙牺牲自我为前提。就此而言，连最早赏识玉娇龙的俞秀莲，也表现出某种隔膜和冷淡。所以，他们不会支持玉娇龙最后采取的叛逆行动。唯有刘泰保及其伙伴，在这个问题上毫无保留地支持了玉娇龙的选择，正如刘泰保嘲笑"英雄"李慕白时所说的："幸亏还有我们这一伙不是英雄的。"他们"这一伙不是英雄的"对玉、罗二人的支持，甚至比玉娇龙自己还更坚决、更义无反顾。

对于这种平民精神，可以借用鲁迅的一段话加以评论：

> 诚然，老百姓虽然不读诗书，不明史法，不解在瑜中求瑕，屎里觅道，但能从大概上看，明黑白，辨是非，往往有决非清高通达的士大夫所可几及之处的。[①]

作为侠的一个类型，刘泰保的这种性格接近于"原侠"[②]精神，即未受或罕受其他意识形态（例如儒家或道家）"沾染"的、原始形态的民间游侠精神。这种民间游侠，在总体上属于"闾巷之侠"（说"总体上"，是因为刘泰保比朱家、郭解之类"闾巷之侠"更具"民间性"）。

"闾巷之侠"这一称号，首见于《史记·游侠列传》：

> 古布衣之侠，靡得而闻已。近世延陵、孟尝、春申、平原、信陵之徒，皆因王者亲属，借于有土卿相之富厚，招天下贤者，显名诸侯，不可谓不贤者矣。比如顺风而呼，声非加疾，其势激也；至如闾巷之侠，修行砥名，声施于天下，莫不称贤，是为难耳。然儒、墨皆排摈不载。自秦以前，匹夫之侠，湮灭不见，余甚恨之！以余所闻，汉兴，有朱家、田仲、王公、剧孟、郭解之徒，虽时扞当世之文罔，然其私义廉洁退让，有足称者。

---

① 鲁迅：《"题未定"草（九）》，载《鲁迅全集》（第六卷），人民文学出版社，2005，第449页。

② 关于"原侠"，参见徐斯年：《侠的踪迹——中国武侠小说史论》，人民文学出版社，1995，第1-16页。

显然，太史公对“闾巷之侠”的评价，比对“卿相之侠”的评价更高，而且深为此类侠者被“湮灭”“不载”而惋惜。这种情况，不仅见诸史部（某些野史除外），而且也见诸清末以来的多数武侠小说（以前，如某些子部著作及唐人传奇、宋人话本中，则颇可见到此类形象）。

王度庐在《〈宝剑金钗〉序》中曾经说过，古之一脉侠风，今几荡然寡存，“惟于江湖闾巷之间，有时尚可求到”。对照上引太史公语，可知这一见解不算新鲜。此外，早在民国初年，李定夷也在其《义侠列传》自序中说过侠风仅存于“野老细民”之间的话。真正能在自己的作品里塑造出刘泰保这样血肉丰满、个性鲜明、“浑圆”的闾巷之侠形象的，在现代武侠作家中，王度庐可能要算第一人（白羽、郑证因的作品中或有此类形象，然而其分量、丰满程度和性格的复杂性皆不如刘泰保；还珠楼主的仙魔武侠小说亦然）。

在《卧虎藏龙》中，玉娇龙是生命力极其旺盛的人，她的生命力主要投射于突破“外部生活”的桎梏，实现“灵”的追求，所以永远伴随着“世界苦恼”。刘泰保也是生命力极其旺盛的人，却又与玉娇龙很不相同。他的生命力来自灵与肉的一致，即对现实生存状态的投入与执着。这种人物与“知识分子型”的侠者相比，固然缺乏形而上的内蕴，但是其生命形态别有充盈健康之处。《卧虎藏龙》的悲剧结构正是由于有了刘泰保这个贯穿全书的带有喜剧性的人物，以及史胖、猴儿手、前门外打磨厂的众镖头那“一伙”所体现的带有喜剧性的精神，它的美学内涵才更加辩证、更加丰厚。

附论：

电影的二度创作

根据度庐先生《卧虎藏龙》改编的同名电影，当然是成功的。改编者对原著的思想情感内涵和人物性格的把握都很准确；李慕白、俞秀莲“戏份儿”的加强，说明改编者对《宝剑金钗》相当偏爱，片中增添的相关情节与小说《卧虎藏龙》原有情节颇能水乳交融；度庐先生拙于写“武”，影片则充分发挥了综合艺术、声画艺术的长处，把武打场面设计得精彩纷呈，各具“个性”，张弛有度；电影语言也极流畅。但是，改编必有得失，与原著相比，刘泰保这一人物在电影中显然失之苍白、“扁平”。这是可以理解的：把一部五十多万字的小说改成两个小时长度的电影，必须“减头绪”，关于刘泰保的许多精彩内容，不得不忍痛割爱。至于某作家所“改编”的小说《玉娇龙》，却以“阶级观点”把刘泰保加以“拔高”，这一做法与电影改编者相比，就有“猫虎之别”了。

电影与原著的不同之处，主要还有以下几点：一、李、俞“戏份”过重，难免夺玉娇龙和罗小虎的戏，以致国外有的评论者误以为玉娇龙是片中的配角；二、让李慕白在这部戏里死去，对于渲染“钗剑情缘”固然不失为妙笔，然而在原著里，却是俞秀莲先亡故，其时李慕白则犹健在（见《铁骑银瓶》）；三、影片结局为玉娇龙设计的跳崖情节固然浪漫，但原著中妙香山庙会所具有的那种“人间性”却削弱了；四、在“阐释武学哲学”方面，影片有把王度庐加以“金庸化”之嫌。“谈玄”本非度庐先生之所长，而片中此类内容，自金庸成名之后，几乎已成为当代武侠文艺的套语，这可能是影片当时在大陆观众中并未形成轰动效应的原因之一。

以上并无指责之意，只不过说明影片与原著之异同而已。艺术领域的许多问题，应该提倡见仁见智的。例如，以上几点虽然与原著精神、风格不尽符合，但是，如果这些策略恰恰有助于激起国外观众对中华文化的兴趣，能够帮助他们了解中华文化的精神，则其积极意义显然应该充分肯定，何况改编者本来就有自己的“话语权力”。

第十一章　亲子情，生死别——《铁骑银瓶》

在艺术构思的若干方面，《铁骑银瓶》皆可与《剑气珠光》互作对比。

这两部作品里分别都有从其前传“延伸”而来的主要人物：《剑气珠光》中的李慕白、俞秀莲是其前传《宝剑金钗》的主人公；《铁骑银瓶》中的玉娇龙、罗小虎是其前传《卧虎藏龙》的主人公。如前所述，李、俞二人的性格在《剑气珠光》里缺乏发展，而玉、罗二人的性格在《铁骑银瓶》里则有明显的发展。

这两部作品里都有新的重要人物：在《剑气珠光》中是杨豹，在《铁骑银瓶》中是韩铁芳和春雪瓶。如前所述，《剑气珠光》中的杨豹并未真正成为主人公，他的位置被李慕白、俞秀莲“占”去了；而在《铁骑银瓶》中，韩铁芳、春雪瓶则真正成为新的主人公，玉娇龙、罗小虎虽系重要人物，却没有“夺”韩、春的“戏”，两组人物的关系处理得十分得当。

这两部作品在总体上固然均非严格意义上的悲剧，但其中又都包含着极有潜力的悲剧结构。如前所述，在《剑气珠光》中，李、俞情感冲突和杨豹世仇两个结构的“能量”均未得到充分发挥，没有形成理想的悲剧故事；而在《铁骑银瓶》中，母子、父子生离死别的两个悲剧故事，被演绎得淋漓尽致，它们又与全书的大结构相得益彰、有机联系。

民国版《铁骑银瓶》封面

这两部作品都写及作者并未亲身经历的地理环境和风俗民情，在《剑气珠光》中是被作者称为“江南”的安徽当涂一带（实际上是长江西部），在《铁骑银瓶》里是天山南北的新疆大漠、草原和雪山。这一特色，使这两部作品的风格都具有一定的浪漫色彩，后者尤为浓郁。

《铁骑银瓶》后半部分写韩铁芳独闯祁连山报仇，春雪瓶化装暗中追随相助。这一构思和写法，与《剑气珠光》中李慕白化装“龚道士”暗助俞秀莲的故事未免雷同。这是《铁骑银瓶》的未能尽如人意处之一。

以上五点，前三点都显示着作者在创作《铁骑银瓶》时，认真地总结了《剑气珠光》的教训，并使自己的艺术功力上升到了一个新的、更加圆熟的境界。

第一节　“通则浅，隔则深”

《铁骑银瓶》里的玉娇龙之死和罗小虎之死，可以视为两个既互有联系而又相对独立的悲剧结构。

在玉娇龙与韩铁芳生离死别的故事结构中，作者虽然设置了除恶扶弱的江湖争斗等冲突，但是真正具有悲剧性的冲突，却既不是善与恶的冲突，也不是一般意义上的善与善的冲突，而是母子的天伦关系与这一关系不能得以相认的冲突。这一冲突，完全是在人物的心灵之中展开的。

母子之情出于天性，这种天伦之情的交流本来应该是毫无障碍的。然而，玉娇龙与韩铁芳母子之间的关系和情感交流，从一开始便面临一重又一重的阻隔。交流与阻隔的矛盾，构成了他们母子之情的特殊形态。

韩铁芳散尽百万家财，西行寻母。他并不知道自己的真实身世，仅从养母秦氏口中得知自己的“母亲”原是一位被祁连山匪首霸占的姓方的官太太。玉娇龙女扮男装东行，则是因为自知病入膏肓，将不久于人世，所以她重入江湖，欲向李慕白还《九华拳剑全书》；她更有一个一直没有对韩铁芳公开的东行目的，则是查访亲生骨肉的下落，同时使养女春雪瓶得到一个可以信赖的伴侣。之所以不公开，是因为她绝对料想不到，竟然会与十九年前刚出生便被人换走、至今音信全无的亲生骨肉萍水相逢。然而，料想不到的事情，却鬼使神差般地发生了。

当他们相遇之时，在玉娇龙的眼里，韩铁芳是位武艺一般却敢路见不平、拔刀主持正义、除恶扶弱的少年侠客。尽管他长得有点儿像罗小虎、正好十九岁、曾经自称姓“方”等情节挑起过她的疑心，但经盘问韩铁芳的出身、师门之后，似乎那些情节都是出于巧合。她不敢往那个揪心的方向追究，但她喜欢这个年轻人，喜欢他的侠义心肠和那种初生牛犊不怕虎的朝气。韩铁芳作为富家公子而舍财出走、闯荡江湖的行动，还令她想起自己年轻时的经历，所以她关心这位年轻人，规劝他多做侠义之事，但要少伤人……玉娇龙还把自己那位远在新疆的“相依为命的人”托付给这位少年侠客，希望他们远离丑恶，终身相守……

在韩铁芳眼里，这个脾气暴躁的“前辈”是位奇特人物。“他”形销骨立却容貌清秀，重病缠身、咳声有如“铜钟”而武功卓绝。在自己面临大敌时，“他”一再出手相助，但行踪诡秘，有如神龙见首而不见尾。韩铁芳曾经推想：这病侠定是一位隐姓埋名的江湖知名人物，也许就是李慕白……不料这种推想竟惹得“病侠”大为生气。

此时，母子二人的关系纯属忘年的“道义之交”，但是其间又有一种难以言表的情感在时时涌动。当“病侠”咳得喘不过气时，韩铁芳为“他”轻轻地捶背，“像侍候父亲或母亲那样恭谨”。当韩铁芳和“病侠”在客店再次相遇交谈时，作者这样描写他的心理感受——

> 说完了，他觉得心里还像是有许多话，但是不知应当怎样说出口。
>
> 他转身轻轻开了屋门，走到院中，向自己客房才迈了两步，却又站住发呆。此时那屋里的咳嗽声仍是甚紧。韩铁芳心里就想：这样的一位盖世奇侠，竟为病魔所困扰，实在是可怜可惜。他不禁长叹了一声，就低着头走回自己屋里。在屋里他也是除了来回走，就是站立着发呆。那屋里的病人实在是时时叫他挂念，记得只有在他母亲秦氏病殁之前，他的心里确曾有过这种凄惨情形。
>
> 外面，二更敲过了又敲三更，室中的那盏油灯越来越黯淡，韩铁芳这才掩门熄灯就寝。他本来已经很疲乏了，一躺下便要睡着，但是那屋里的咳嗽之声，却又如一条线牵在他的神经上；那边一动，这边就立刻惊醒。①

这是一种根于母子天性的心灵感应。然而，这种天性的流露，在韩铁芳一方，却一直只能停留于潜意识层次。作者设定的情境是：此时玉娇龙已得到不少根据，怀疑面前这位年轻人为自己的儿子；而韩铁芳除了曾经疑心面前这位“前辈”或许属于女性之外，无论如何也想象不到“他”竟会是自己的生母。然而，由于韩铁芳不肯透露自己和方太太的“母子”关系（他认为“母亲”被匪首霸占是十分屈辱的事），玉娇龙的怀疑一直得不到进一步的印证。

---

① 王度庐：《铁骑银瓶》，王芹点校，北岳文艺出版社，2015，第171－172页。

这几层阻隔，使得母子天性不得不以“忘年”的形态，在“道义之交”里表现出来。在韩铁芳这一方面，尤其觉得“病侠”的许多话语都“暧昧不明”，似乎既有对过去经历的回顾，对少年气盛的忏悔，对某些骗人、害人者的痛恨，又有隐藏于内心深处的极大苦痛……但是，韩铁芳弄不清楚这些话语背后究竟有什么样的“潜台词”。至于病侠所说那位“相依为命的人”，韩铁芳认为一定是个武艺高强的小伙子，于是他又犯了一个不完全存心要犯的错误——隐瞒了自己失败的婚姻，这就埋下了后来他与春雪瓶之间的“阻隔”，延长了有情人终成眷属的过程。

玉娇龙和韩铁芳之间的这些阻隔，既增强了人物关系的复杂性，丰富了人物的情感内涵，又加深了人物——特别是玉娇龙心灵深处的痛苦。

这些阻隔，还使人物的天伦之情常常与一种“超天伦”的“泛爱”品性合而为一，在彼此不曾确认血缘关系的情境下流露出来。其实，在《铁骑银瓶》的第一回里，玉娇龙这种宽厚的母性和母爱便已得到充分的展示。叙及玉娇龙怀抱女婴冒雪追赶方二太太时，作者写道：

> 此时她是向东去走，意欲追赶上方二太太的车，将自己亲生的儿子换回。但这小女孩藏在自己的怀里也不哭了，直用小脸儿拱奶，她的小身子倒很暖和，小脾气倒很乖。玉娇龙用一条绸带将她系在腰上，所以小女孩藏在怀中掉不下来。她腾出手来，一手挽住缰绳，一手摇着皮鞭，款款地向着灰茫茫的前途走去。①
>
> …… ……
>
> ……她现在的心仿佛极容易发软似的；即使立时将那群贼人追上，他们若不动手，她也不愿多杀伤人，也就只想将那方二太太主仆救出，将小孩换回来就是。她感到做母亲的生个小孩儿不容易，因此融化了她一向骄傲狠辣的性情，更忏悔她过去所做的事。②

生命的创造具有如此伟大的力量，竟使这位曾对生命的毁灭熟视无睹的女侠大彻大悟。这是玉娇龙的“生命意志”的升华，升华为博大的母爱。亲子之

① 王度庐：《铁骑银瓶》，王芹点校，北岳文艺出版社，2015，第22页。

② 同上书，第28-29页。

情，人皆有之，然而并非人人都能做到“以人之父母为我之父母，以人之子女为我之子女”。反观玉娇龙、韩铁芳的忘年之交，反观他们那种受“阻隔”的天性之流露，在人性论的高度自有其独特的价值。

玉娇龙、韩铁芳故事的“转折”，产生在玉娇龙发现韩铁芳随身珍藏的一角红罗——那是当年秦氏从玉娇龙的红罗衣上剪下，塞在铁芳襁褓里，后来又亲手交给他的认母标记。这一标记的发现，加以韩铁芳透露了方二太太的存在，使玉娇龙得以完全确认母子关系。但是，她又克制住向韩铁芳挑明这一关系的冲动：诸多因素之中，最重要的一条，当是因为她自己所存的那件缺角的红罗衣不在身边，无法与铁芳的认母表记相验、相证。所以，她准备与韩铁芳到达新疆之后，再当着春雪瓶的面揭示一切。玉娇龙的克制，成为母子之间一层新的阻隔。此时，母为“知”者，子为“不知”者。“知”与“不知”的矛盾，使人物的性格和心灵撞击出了更为耀眼的火花。

由于在途中偶然得到与罗小虎有关的信息等，韩铁芳对“病侠”的某些暧昧不明的言语有所“破译”，他越来越觉得这位前辈与玉娇龙有密切关系，而“十九年前祁连山的风雪之中的那件事绝不就是那样简单”。然而，“病侠”时时对他表现出的母性的关切仍令他困惑不解。另一方面，他的一些言语似乎也令“病侠”感慨万分。例如，当他承认“母亲”就是被匪首掳去的方二太太时——

> 病侠说：“我看你对于你那没志气的母亲，也不必怎么悬念她了！”韩铁芳摇头说：“那怎可以？乌鸦尚且反哺，羔羊尚且跪乳，为人岂能忘了他的母亲？莫说我母亲还是不幸落于贼手，就是她真的是盗妇，难道我还能不认她？”
>
> 病侠听了，突然变色，嘴唇动了动，仿佛要说话似的，可是没有说出来。韩铁芳又说：“儿子对于母亲，应当原谅母亲的难处。除非是私生孩子没法子相认，否则无论如何，儿子也得见见他的母亲的，即使别人晓得了，也不能够笑话！”
>
> 病侠的脸色忽又一变，竟簌簌地落下眼泪来了，说：“你说的话，令我也很难受！就这样吧！我们快到新疆去，我命我那个亲近人跟你在一块儿，你照拂她，她替你报仇。”[1]

---

① 王度庐：《铁骑银瓶》，王芹点校，北岳文艺出版社，2015，第213-214页。

这段对话，玉娇龙的内心活动是极其复杂的：既为儿子的孝心所感动，又因触动了内心的隐痛而苦楚，还为不能将内情和盘托出而揪心。

此时，她的精神变得空前亢奋、旺盛，恨不得马上赶回新疆，完全忘记了自己的病情已经危殆。这就促成了悲剧结局的到来——经过“消魂岭”一夜惊险、大施神威之后，她仍决定冒着起风的危险，加紧赶路。终于，在飓风、沙暴之下，她的生命之路走到了尽头。作者这样描述韩铁芳用自己的身体挡着狂风卷起的沙砾、细石，保护着处于弥留状态的“病侠”：

> 韩铁芳赤着背，觉着就像是有无数的咬人的小虫子，直向他的身上撞。他的眼睛有时能够睁开，有时却又被沙子迷住，流出许多眼泪。他将身子靠住了病侠，取了“万应锭”往病侠嘴里去塞，急急地问：“还觉渴吗？你还觉得难受吗？前辈……”却听病侠微弱地发出呻吟，忽然又一挣扎，反将双臂紧紧地抱住了韩铁芳。他的脸热得像熨斗似的，身体连连地颤抖、抽搐。……
>
> 过了许多时，忽听病侠也不知说了一句什么话，韩铁芳才将眼睛睁开。却见病侠已把覆在脸上的那件衣裳扔开了，他披散着头发，脸上又如金纸一般黄而发光，他刚说出：“铁芳……你……可知道吗？”突然他又苦痛地一皱眉，两只手紧紧地按胸；然而没有按住，一口鲜血就整整喷在了韩铁芳的胸脯上。……
>
> ……风声像一群恶鬼在号叫，天像要坍塌下来；地也不像是地，尤其不是宽阔的大地，简直是坟墓，是死人窟。韩铁芳想要以全身遮护住病侠，愿以自己的性命换病侠喘过来一口气，但可惜，真叫韩铁芳痛心，他竟觉出病侠的呼吸是出气愈少，那一缕生命之丝竟是在这飓风之中飘荡着，随时都可能被吹断。[①]

一代奇侠、慈母玉娇龙就这样死在了亲生儿子的怀里。她带走了韩铁芳的身世之谜，给他留下了最后一个“阻隔”，以至儿子掩埋母亲之后，虽然确认了她就是玉娇龙，却仍旧以为只是一位关心自己的异性前辈。这层“阻隔”，又为

① 王度庐：《铁骑银瓶》，王芹点校，北岳文艺出版社，2015，第229-230页。

后来与罗小虎的相遇留下了富有戏剧性的伏笔。

玉娇龙、韩铁芳的悲剧是典型的“心理剧”，却被作者写得极富戏剧性，既回肠荡气，又曲折迷离、跌宕起伏。除了所穿插的江湖争斗情节之紧张吊诡、自然环境的严酷凄凉以外，这主要得力于作者对于“流通”与“阻隔”、“知”与“不知”、“隐曲”与“发现—转折”这些悲剧因素及其技巧的圆熟运用。看来，“通则浅，隔则深”这一美学原则，并非只适用于建筑艺术。然而，《铁骑银瓶》在使用这一原则时也有“人为”痕迹太过之处，包括对于伏笔的“点送”过多（在戏剧演出中，导演为了提醒观众切勿忽略某些剧情，往往采用某些舞台手段进行强化刺激，戏剧学、导演学的术语谓之“点送”）——罗小虎故事的叙述，亦稍有此弊。

这段悲剧故事的独特审美效应，还与叙述方式分不开。在阅读过程中，读者实际上和作者一样，是“全知”的，因为他们都知道第一回的情节。而“叙述者”和“假定的读者”却被作者设定为非全知者。因此，整个故事是用第三人称的非全知叙述角叙述的。玉娇龙、韩铁芳两个人物也处于非全知的境地，而且大部分故事又是通过韩铁芳的非全知视角展示的，他实质上是一个重要的“次叙述者”。“全知”的读者，以“局外人”的身份看着“非全知”的人物演绎一出人伦悲剧；对于那些“局内人”觉得“暧昧不清”的言行，读者理解得十分清楚。所以，读者的悲悯之感必然特别强烈，而且他们还特别清楚地“窥视”到了作为强者的玉娇龙那柔弱、惨痛的心灵。王度庐善于运用这种“双重非全知”的叙述方式，这在《卧虎藏龙》中已有充分表现，我们还将在他的另一些作品里多次看到类似的范例。

第二节　雪山皑皑映悲情

围绕罗小虎之死而展开的悲剧性冲突更为错综复杂。善与恶的斗争成为故事的主要矛盾：以张仲翔为首的邪恶势力不仅是残害罗小虎并置其于死地的元凶，而且对玉钦差也不怀好心；而以韩铁芳、春雪瓶为代表的侠义力量拯救罗小虎的行动，则将情节推向高潮。与这一主要矛盾纠缠、穿插在一起的，还有韩铁芳、春雪瓶身世之谜的破解（这又直接涉及他们与罗小虎的关系），玉钦差对妹妹这一系的亲属是否相认，“官家”与邪恶势力在对待罗小虎方面的分歧等矛盾冲突，以及韩铁芳与春雪瓶的情感纠葛，等等。与罗、韩、春相关的若干组冲突，也多表现为“知”与“不知”、“相认”与“不相认”的矛盾，它们均属善与善的冲突。其中包含的丰富的情感内涵和性格内涵，极大地充实了整个故事，增强了它的悲剧色彩。

主要矛盾的激化，始于春雪瓶初探钦差公馆。

春雪瓶会同韩铁芳安葬了她的“三爹爹”之后，先行赶到迪化，欲向舅舅玉钦差报告“三爹爹”的死讯，并且希望能将灵柩迁回北京，归宗认祖。不料这位舅舅却因有所顾忌而不肯接见。雪瓶因而夜探公馆，于绿霞楼和保镖争斗，杀死张仲翔的同党“铁霸王”。张仲翔及其党羽于是搜索全城，逮捕了刚与韩铁芳结为挚友而来到迪化的罗小虎。罗小虎一直认为春雪瓶是他和玉娇龙的亲骨肉，所以当堂把“女儿”的人命官司揽在自己头上。

张仲翔一伙名为替钦差护院，实则图谋伺机洗劫。“铁霸王”之死和罗小虎（他们知道是钦差之妹夫）的被捕，既使他们得到一个要挟钦差的机会，又满足了他们残酷的兽性，得以通过百般折磨罗小虎而向玉娇龙挑衅（他们以为玉娇龙未死），引春雪瓶上钩。

春雪瓶、韩铁芳营救罗小虎的过程，也是他们的身世之谜破解的过程。

由于罗小虎出现并坚称自己是春雪瓶的父亲，所以“绣香阿姨”向春雪瓶透露了玉娇龙、罗小虎当年的爱情故事以及十九年前的“换子”惨剧。春雪瓶得知自己与“三爹爹”、罗小虎并无血缘关系之后，反倒憎恨生母方太太，同时更加深了对“爹爹”的理解和热爱，更坚定了投身于这场冲突的决心。作者写她回到自己屋中——

> ……对着孤灯，默默地想着。想当年爹爹玉娇龙自幼受艺，那真是一件奇怪的事……又想在沙漠中，一个小姐钟情于一个大盗，也绝非偶然。罗小虎必有一种可爱之处，少年时也许长得很英俊，跟现在的韩铁芳一样。
>
> 一想到这里，她突觉双颊发烧……她不由得低下头去，又想：爹爹玉娇龙跟罗小虎这一生的情史，真是亦温馨亦凄惨，早先他们在北京不定把事情闹得怎样的满城风雨了！她觉得爹爹的生性真是豪侠、义烈，真如一条兴云作雨、神秘不测的一条玉娇龙！自己几时才能赶得上她的威名、勇武呢？……爹爹的遭遇太惨，她那么大的英雄，竟为一个平庸的妇人奸计所算，夺去了亲生子，也无怪她终生衔恨；而她把我抚养成人，如自己孩

子一般地看待，尤其难得，尤其使自己永生难以报答。①

对于玉、罗情史，《卧虎藏龙》《铁骑银瓶》中的不少人物（包括玉娇龙、罗小虎自己）发表过各种各样的评论，而春雪瓶的这段“评论”则是最动情、最“知心”、最具价值意义的。这是人物的心理描写，亦可视为作者的“现身说法”：关于玉、罗的一切指责之词，都是对于“情义”之真正价值、对于“自由”之真正价值的亵渎或隔膜；为“情义”、为“自由”而受难，是痛苦的，同时又是最美的。

春雪瓶与“爹爹”的心灵契合，使她在发现自己与“爹爹”并无母女关系时，却从心灵深处迸发出了最纯真的亲子之情，也使她更深切地体验到了自己对韩铁芳的情意之价值。这就促使她义无反顾地二探、三探钦差公馆，为罗小虎申冤，为“三爹爹”报丧，为韩铁芳认亲，直至玉钦差深受感动，表示：“我的胞妹纵不是你的亲母”，但“我就是你的舅父”。作者对于“情”（亲子之情、长幼之情）和“义”的关系之阐释，至此达到一个新的境界。

韩铁芳得知罗小虎是自己的亲生父亲之后，却对是否相认的问题颇为犹豫。

他是在一座破庙里邂逅罗小虎的，由于罗声称自己是玉娇龙的丈夫、春雪瓶的父亲，两人还痛打了一架。罗小虎挨了打，反而异常高兴，说：“你护着她们，难道我倒恼你？”于是，互相都以为“非亲非故”的一老一少成了好朋友，儿子叫老子“罗兄”，老子叫儿子“老弟”。一心以春雪瓶为亲生女儿的罗小虎先是劝这位“老弟”接受自己的教训，千万不要“弄上那些相思的事儿”而自寻烦恼；后来，他已看出韩铁芳对春雪瓶有意，便对前来探监的韩铁芳说：

……大丈夫做事得痛快，别那么酸溜溜的，像个秀才。那天在沙漠里，你遇见春雪瓶，那时候我好像看了一眼，她是什么神气我可没有看见，你的神气却瞒不了我。哈！别看如今我这样儿，早先我可比你还漂亮，年轻人的这些事我都知道，你何必跟我装假？听我的话，你娶了春雪瓶就得了！但是千万记住，别说你将来一定不要做官，就是朝廷给了你督抚、提镇那么大的官，你可也别做！有本事，无论干什么都能吃饭。可惜我把一口宝刀掉了，不知落于谁手，不然，我可以送给你。你拿着它，跟

① 王度庐：《铁骑银瓶》，王芹点校，北岳文艺出版社，2015，第435—436页。

雪瓶两人闯一闯江湖，走走地方，争些个名头，叫人知道玉娇龙跟罗小虎还有个好女儿、好女婿，那也是我们的荣耀……①

罗小虎以自己的豪放风格，表露了对“女儿”的宽厚、深切的父爱，这父爱实已施及于儿子。儿子则因听到这位“罗兄”的肺腑之言，感受到他的豪情、爱心而更加钦慕这条好汉。他决心为侠烈慷慨的“罗兄”和“春前辈”挺身赴义。

但是，在绣香根据那角红罗确认了韩铁芳的身份之后，韩铁芳却产生过暂不认罗小虎为父亲的念头。他觉得父母的那段情爱“不对”，罗小虎尤其“太不务正、太鲁莽、太把事情做得丢人了”。救罗小虎的决心虽未动摇，但他将其“定位”为“尽友谊”，而非“报父恩”。

韩铁芳的上述观念包含着复杂的内涵。

这首先反映着他的正统观念，这种观念来自韩铁芳自幼所受的教养：韩文佩是以“善人”著称于乡的（而且是真心改恶向善），韩家让铁芳接受的也是正统的儒学教养，所以他特别注重出身之是否“端正”。他没有料到命运先给了他一个反讽——养父原来曾是大盗！现在他又面临着一个更大的反讽——贵族出身的母亲却带给他一个强盗出身的父亲！面对是否接受这样一位父亲的现实，评价起父母那段浪漫情史来，他做不到像春雪瓶那样“超脱”。

与正统观念相联系的，是他在“审美”范畴和感情范畴上的取舍：在韩铁芳心目中，母亲玉娇龙既高贵又美丽，既雅洁又超凡——春雪瓶也是一样，这样两座洁白无瑕、美好绝伦的偶像，怎么可以和一个粗豪、野气的男子具有亲情关系?！所以，当韩铁芳仅仅听说罗小虎是春雪瓶之父时，他就对罗有所“鄙视”：“并非因为他是强盗出身，却是因为总觉得他不配当玉娇龙的丈夫，当春雪瓶的爸爸，不配！真不配！”在韩铁芳看来，罗小虎这样的汉子完全可以成为自己的好朋友，然而一旦与自己心目中的“女神”有关时，这个朋友绝不能占有比自己更亲近的位置——用心理分析的观点考察，这大概就是广义的“恋母情结”。韩铁芳和春雪瓶都曾提出这样的疑问：玉娇龙怎么会爱上罗小虎？这也是不少读者都会提出的疑问。作者塑造罗小虎的形象，似乎从《卧虎藏龙》起就有所不足：粗豪有余，而未从“灵”的层面充分展示他与玉娇龙的爱情基础。

---

① 王度庐：《铁骑银瓶》，王芹点校，北岳文艺出版社，2015，第464-465页。

韩铁芳把营救罗小虎"定位"为"尽友谊"而非"报父恩"，一方面表明他对"父亲"的要求和期望比对"朋友"更高，一方面表明他对"义气"的看重——父亲可以不认，朋友却不能辜负。这又是江湖人凡事以"义"为先的一个典型例证，与他所接受的正统儒家教养既有联系，又有微妙的差别。

江湖社会属于"亚社会"，其价值观念、价值标准与主流社会在本质上有相同之处。"正路"的江湖人也重"五伦"，也循"八德"，这与主流社会是一致的。但是，主流社会在"五伦"中视"君臣""父子"为首、在"八德"中视"忠""孝"为首，江湖社会却把"朋友""义气"置于首位，这就反映着"江湖文化"与"庙堂文化"的差别。后者以儒学的伦理文化为核心，伦理文化的基础是纵向的血缘关系，故重"上同"；前者既以"义"字为先，重视的便是横向的关系，这就使得江湖文化、游侠伦理具有了"下比而不上同"的品行。然而，具体到韩铁芳身上，他的"不认父"又并非"不孝"，而是对亲子关系更加珍惜（这又折射着"恋母情结"），更加带有情感选择的倾向。人性和人生毕竟不像抽象理论那样范畴分明。

营救罗小虎还有一层障碍，这便是如何对待"王法"。

罗小虎的案子，涉及"现行"范畴的那一部分情节，经春雪瓶申雪，已经澄清；于是案情转向"历史"问题，即二十年前在新疆为盗时的"犯禁"行为，以及大闹京城（见《卧虎藏龙》）等事由。官方决定将他押赴伊犁追究，这对张仲翔一伙是个机会——可在押解途中"杀虎"以解恨；这对韩铁芳、春雪瓶也是一个机会——"路劫"是最有把握获得成功的营救行动，他们的难处则是"投鼠忌器"。

所谓"投鼠忌器"，既指唯恐促成张仲翔等加紧"杀虎"，更指张仲翔等恶人混迹于"官人"中间，杀戒一开，必然触犯"法禁"。

春雪瓶说过："……我爹爹生前嘱咐过我，什么事情都可做，什么人都可以斗、可以杀，但对于官人差役却不可妄为，朝廷王法必须遵守，这也是因我爹爹乃是宦门出身之故。"[①]其实，这更是王度庐写侠义行为的一条准则——既揄扬义侠，又力避"以武犯禁"。有研究者指出，这里体现着王度庐的法治意识；我们认为，这不排除特定政治背景下的"谨慎"。然而，就"侠"（不是"侍卫""捕快"）的本性考察，既欲以"武"主持正义，又要"不犯禁"，这实在是他

---

① 王度庐：《铁骑银瓶》，王芹点校，北岳文艺出版社，2015，第531页。

们与生俱来的一个两难命题。太史公在《游侠列传》中曾说，游侠“设取予然诺，千里颂义，为死不顾世，此亦有所长”，这就难免会“时扞当世之文罔”，在“窃钩者诛，窃国者侯”的时代尤其如此。看来司马迁对游侠的“难处”是了然的。对于这个问题，武侠小说作家只能做到“准确把握分寸”，而在情节构思上是无法彻底“贯彻”现代型的“法治理念”的。在那种人民的身体或财产可以任意受到损害的“非法治”的时代和社会里，怎能期望人们具有“法治”的观念和行为呢？这就是“侠”存在的依据，同时也注定了“侠”必将随着时代的前进而消亡。

在那样的特定情境之下，春雪瓶面对上述“投鼠忌器”的局面时，表现得胸有成竹：她知道另外有人会来“投鼠”——远在边陲的哈萨克地区当时属于“王化”未及之域，重交情而且最崇敬“春大王爷”（玉娇龙）的哈萨克，是不受“王法”管辖的自由雄鹰。这些剽悍的哈萨克朋友已经出动了。

当初，罗小虎之所以未能逃脱追捕，是由于中了春雪瓶的哈萨克族女伴幼霞的一支暗箭。事后幼霞十分后悔，发誓要救罗小虎。她返回家乡，率领千余名哈萨克人，与韩铁芳、春雪瓶同时追踪押解罗小虎的车队，并在博洛霍罗雪山大开杀戒，一举救出了被私刑折磨得奄奄一息的罗小虎——

> 韩铁芳却伸出双臂去抱罗小虎，想把他抱在那边官人遗下的车上。不料罗小虎忽然用出来平生之力，将臂一振，架住他的右臂的那个哈萨克人立时就架不住了。他的双腿要努力想站起来，却站不起来，巨大的身子如山一般向后倒了下去。幸仗韩铁芳用力把他紧紧地抱住，他的大胡子一根根如刺猬毛似的都扎在韩铁芳的脸上。
>
> 罗小虎喘息着说：“我要死了……可是我死得高兴！”又咧开大嘴哈哈大笑，说：“我半天云有个好女儿……”他微微睁开那只右眼看，看了半天，才看出蹲下身来的穿黑衣的才是春雪瓶。他不禁欢喜地笑了，说：“你认得我吗？女儿！”
>
> 春雪瓶却高声争辩说：“我不是你的女儿！他，韩铁芳，才是你的儿子呢！”韩铁芳也忍不住流泪，向他的耳边哀声叫着：“爸爸！爸爸！”
>
> 但罗小虎这时耳朵似也聋了，没有听见，又向雪瓶说：“你妈妈的脾气真……”他两只眼睛都睁起，说：“你快嫁韩铁芳！快嫁！快嫁！别等他做了官再嫁。别学……别学你妈妈，你，听我的话，当韩铁芳的老婆

吧。韩……嘿！朋友……”他的力气尽了，喊也喊不出来了，双目都闭上，睁也睁不开了。他的头也颓然向下垂去，脖子搭在韩铁芳的臂上。北风卷着山雪，吹得他的头发和胡须更乱。无主的数匹野马四下奔跑着，地下卧着的横七竖八的死人和刀剑也都被雪给半盖住了，流的血也早就结成了冰，那边的净海仍在哗哗地发着狂啸，似是昂壮的歌声。①

哈萨克朋友协助韩铁芳把罗小虎葬入一个冰洞，外面封以冰雪，“很像一座坟，皑皑生光，呈现出一种凄惨之色”。

罗小虎之死与玉娇龙之死，两个故事在悲剧气氛上形成了鲜明对比。玉娇龙的母爱表现得欲言又止、回肠百折，罗小虎的父爱（虽然至死仍然错认对象）则表现得直率粗犷、袒露无遗。玉娇龙死在茫茫大漠的飓风沙暴之中，母子二人处于叫天天不应、呼地地不灵的绝境，一片凄怆；罗小虎死在尸横遍野的雪山疆场，群斗方歇，战马嘶鸣，雪山巍巍，净海滔滔，凸现着激昂悲壮。

此后，《铁骑银瓶》所写的韩铁芳、春雪瓶故事，比起玉、罗之死这两个悲剧结构来，显得稍为逊色和拖沓。但是，父母的悲剧终于转化为后一辈有情人终成眷属的喜剧；韩、春两人舍弃享受繁华豪贵生活的机会，双双回归草原，喜剧性的结局里又浸润着几分悲凉。全书的情感色彩显得统一、贯通，保持着不凡的格调和品位。

① 王度庐：《铁骑银瓶》，王芹点校，北岳文艺出版社，2015，第545—546页。

第十二章 “南京七书”的失与得

“南京七书”总体上虽未能达到“鹤—铁五部曲”的艺术成就，甚至存在某些失误，但在另一些方面出现了一些“鹤—铁五部曲”中所未曾见到的新鲜笔意，与“鹤—铁五部曲”形成了呼应。

第一节 无能的“英雄”——《舞剑飞花录》

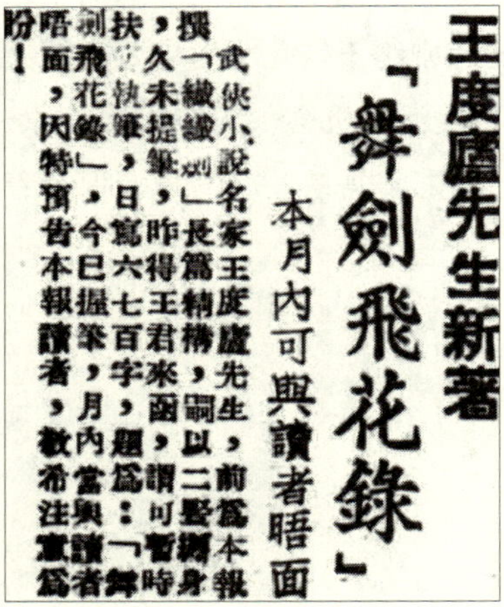

王度廬先生新著

「舞劍飛花錄」

本月內可與讀者晤面

武俠小說名家王度廬先生，前爲本報撰「纖纖劍」長篇精構，嗣以二豎纏身，久未提筆，昨得王君來函，謂可暫時扶病執筆，日寫六七百字，題爲：「舞劍飛花錄」，今已提筆，月內當與讀者晤面，因特預告本報讀者，敬希注意爲盼！

《舞剑飞花录》连载预告（刊于1943年1月1日南京《京报》）

在《舞剑飞花录》里，李剑豪应该列为“男一号”。对于这个人物，作者是明确地做过“角色设定”的，这设定可以归结为三点：一、武艺高强，以诛杀“天下无二、南北唯一”的万里飞侠高炯而名闻江湖——“天下无二”之侠都死在他的手下，他的武艺当然是“宇内第一”了；二、容貌俊俏，李剑豪男扮女装时与苏小琴日日亲密相处，以至玩累了会胳膊压着胳膊同睡一炕，而苏小琴还察觉不出他是男身，可见这个男人多么像女人了；三、性格“刚烈”，这是借书中其他人物之口一再做出的带有肯定性的评价。

李剑豪这个人物的主要动作线，则可归结为两个方面。一是“躲”——为了躲避以高炯师弟岳大雄为首的徒众之追杀，李剑豪遵从父命，男扮女装躲到苏家。他的性别及其与小琴的爱情被苏老太爷发现，竟于争执中重伤苏老太爷而致其死亡，从而断送了自己的爱情。二是“逃”——为让小琴对自己断念，李剑豪与自己不爱的云媚儿流落外乡并结为夫妻。这既是逃避苏小琴的追寻，也是继续逃避岳大雄一伙的追杀。最后李剑豪是在一场战斗中失足落入山谷，伤重而死的。

细读文本可以发现，李剑豪的第一、二条“角色设定”常被他的主要行动颠覆乃至摧毁。

首先便是开头那一大部分男扮女装、避祸苏家的情节。从情理上考察，很难设想一个性情“刚烈”、武艺达到“宇内第一”水平的年轻侠客，竟会顺从老父意旨，低声下气地扮成女子，千里迢迢地从南方来到洛阳，投奔业已年老体衰的苏老太爷，托庇护佑。况且众所周知，男扮女装比女扮男装要困难得多。苏小琴与之日夜亲密相处，竟然识别不出这位“李姐姐”的真实性别，很难令人信服。即便真的合乎情理，那么关于李剑豪的第二条“角色设定”只能意味着他是一个非常“娘娘腔”的、极端女性化的，以至生理特征都与女性并无二致的男人。但是，这又与“刚烈”的角色设定极难相容，也与他的其他行为极难相容。

李氏父子来到苏家，无异为之带来严重祸害，对于原已面临危机的苏家来说，有如雪上加霜。然而，他们长期未对主人说明实情，这是有悖于侠义之道的。苏小琴一开始喜欢“李姐姐”，乃至长期与之形影不离，是由于不知其为男儿身；而在李剑豪一方，情况显然相反，这显然属于“趁人之昧”。

以上两件事情都包含着欺骗，有失光明磊落，皆非侠者之所当为。

“误伤”苏老太爷致死并且始终隐瞒此事，又是一次欺骗。这一情节还颠覆了武艺“宇内第一”的设定。武功高强的侠士，理应具有不伤弱者的本事，也就是在与弱者交战时，应该会用自己的高超武功解除对方武装，给对方留下活路。这不仅是武艺高强者应有的侠德，而且也是此类高手必备之艺，何况对方不仅是位老年体衰的长辈，还是自己的“准岳父”。即便没有掌握不伤弱者之艺，善于“高来高去”的李剑豪难道不会逃跑？然而他却让老爷子受了重伤，这意味着他不仅用兵刃还击，而且还刺中了对方的要害。这究竟是“武艺高强”还是“艺有所失”“德有所缺”呢？！相同的行为还发生在与云媚儿出逃途中——李剑豪在相似的情境下，又刺伤退出江湖、不练武功的陈文悌，同样致其死亡。两个例子都可归结为恃强凌弱，都是与第一条“角色设定”格迕并违背侠义伦理的。

在“武艺评级”方面，该书还有明显的自相矛盾之处：杀死高炯，武艺达到“宇内第一”的李剑豪却对岳大雄避之犹恐不及。书中确曾写到他和苏小琴双战岳大雄，还是占不到一点便宜。可是，在后一场战斗中，苏小琴居然只用三两个回合，便把岳大雄杀死了！这在书写上属于“硬伤”，是不应出现的。

李剑豪的爱情遭际与《风雨双龙剑》里的张云杰近似——他们与所爱的姑娘都陷入了“有缘无命”的境地。但是，面对困难、坎坷，张云杰始终主动作为，努力化解，最终战胜命运而获得了爱情；李剑豪则是一个事事被动、没有担当的人。他不爱云媚儿却与之出走并结为夫妻，这是可以理解的，但是他对云媚儿动辄拳打脚踹，则显得极其暴虐。云媚儿不仅甘心忍受，而且想尽办法为他筹集路费，寻找安身之地。相比之下，云媚儿显示出的是有作为、有担当，而暴虐的李剑豪却是空虚、渺小、卑劣的。所以，这是一个无能乃至窝囊的“英雄”，实在不值得苏小琴为他千里奔波，呕心吐血！

一部小说可以写一个有缺点的英雄，也可以写一位少女爱上了不值得爱的男子，《舞剑飞花录》的问题在于李剑豪这一角色的性格设定并不清晰，具体描写常有不合情理乃至自相矛盾或之处。文学作品有充分的想象、虚构自由，但是必须能够自洽。《舞剑飞花录》的缺点集中地违背了自洽原则，作为写作策略的失误，它比《剑气珠光》更加严重。这可能是由于同时撰写几部书稿，作者无暇潜心构思、反复推敲而导致的。还有一个可能，是王度庐宅心过于仁厚：他写李剑豪这个有缺点的英雄时，始终舍不得把他逐出“正面人物”行列，因此未从人格、心理层面去挖掘形成那些缺点的深层原因，由此导致人物的性格逻辑不清，行为叙写的尺度把握欠准。如果王度庐“狠心”一点，肯在人格层面就“善中之恶（自私之极端膨胀）”加以深挖，在武艺层面就“精中之疏（只会置人于死命，不会给人留活路）”加以深挖，或可写出一个“东方不败型”的李剑豪。果能如此，倒是颇有价值的。

鉴于上述原因，《舞剑飞花录》对李剑豪这一形象的塑造谈不上具有新意，这部小说的亮点体现在另一人物楚江涯的身上。后来，当励力出版社向王度庐索稿时，他把《舞剑飞花录》加以压缩、改写，并将书名改为《洛阳豪客》，交付社方出版单行本。所谓压缩，主要指李剑豪故事的相对弱化（也有改写）；所谓改写，主要指加强楚江涯的故事并使之更加集中。这样，《舞剑飞花录》里的亮点就发展成为创作方法意义上的新意而得到了发扬光大。所以，我们把后来出版的《洛阳豪客》提前放到这里来做评述。

第二节　隽永的幽默——合论《洛阳豪客》

初看起来，《洛阳豪客》的主要故事依然是苏小琴和李剑豪的爱情悲剧，主人公也应是苏、李二人。其实，此书的“男一号”已经转为楚江涯。这位“一半少爷，一半江湖侠客”的“凌霄剑客”是个贯穿全书的人物：他是所有事件的见证者；他曾给予苏氏父女和李剑豪以得力的援助；作品最后一章题为“闻说有人刎颈死，古都三访，洛阳豪客尽余情”，所谓“刎颈死”，指的是李剑豪因为无颜再见苏小琴而自杀（这一情节与《舞剑飞花录》不同，属于改写）；所谓“洛阳豪客尽余情”，则指楚江涯第三次走访洛阳隐凤村，探望因病不出的苏小琴。由此可见，《洛阳豪客》这一书名都是因楚江涯而确定的。

楚江涯的特殊之处，还在于他是一个暗恋着苏小琴的有妇之夫。他的暗恋是一种单相思，具体又表现为“物恋”。他初访洛阳，被朋友拖去帮鲁家五虎做攻打隐凤村的见证，亲眼看到“美剑侠”苏小琴的容貌和神勇。于是，这位“家里有妻子”“平时又是一个守规矩的人”，“灵魂竟似被小琴摄去”了。楚江涯捡到苏小琴在战斗中失落的一条汗巾和一双绣鞋，这两样物件便成了他的暗恋对象。

楚江涯出身于河南中牟“翰林楚家”，父亲做过知州，自己是一位知书识礼的公子。因此，在他的“显意识”里，不仅从来没有把自己对苏小琴的爱慕当作可以实现的愿望，而且还觉得这种情感有点儿见不得人。尽管灵魂是被苏小琴“摄”去了，楚江涯却没让自己的行为跟着“灵魂”走，他一直想把汗巾和绣鞋还给苏小琴，否则太“有损阴骘”。

楚江涯的太太柏秀卿是孝廉公的千金，虽然脾气不小，与丈夫不甚投合，然而楚江涯觉得太太说的话有时也很在理，夫妇“一向感情还好”。这次发现丈夫带回“野女人”的汗巾、绣鞋，柏秀卿虽也醋意大发，但当丈夫说明详情之后，两人也就很快地在“春宵漫漫”中“消除了他们之间的小小误会”。所以，当楚江涯提出要再下洛阳，归还汗巾、绣鞋时，柏秀卿并未吵闹，只是提醒丈夫：他的行为将会被认为是对“人家姑娘”的“羞辱”。平心而论，这个见解相当在理。

汗巾、绣鞋象征着楚江涯被压抑的欲望，但是，压抑的力量不大，被压抑的那个欲望也不强（尽管用弗洛伊德学说分析，这种“不强”也是压抑的结果），因为楚江涯一直让它停留在“白日梦”的状态。所以，他的再访和三访洛阳，在“下意识”里固然是受着那被压抑的欲望的推动，而在“显意识”里，他却并不以实现“暗恋欲望”为行动目的。

在二访洛阳的过程中，他先是出手营救苏老太爷，继而规劝、救助那位从隐凤村逃出并失手杀了苏老太爷、动辄哭哭啼啼的李剑豪。为了帮助苏小琴和李剑豪抵抗仇敌，楚江涯还被敌方打得伤痕累累。在他的身上，下意识里的“单相思”与显意识里的“行侠仗义”，下意识里的“为我”与显意识里的“利他”，奇妙地统一在了一起，但他自己却把上述行为解释成完全无私。

作者曾反复剖析楚江涯的心理活动。当楚江涯得知苏老太爷的死讯时，作者写道：

> 天很热，许多的小虫都飞进来了，围着灯不住地乱绕，就仿佛逞英雄似的，可是一个不留神，就跌在火焰里死了，也就像苏老太爷死了似的（笔者按，此一意象显然来自鲁迅的《野草·秋夜》）。这引起来楚江涯的无穷悲哀，心说：“一个人的一生也不过如此。我这次是为苏小琴来的，我虽对她没有邪心，但也要叫她知道我是为诚意给她送还东西才来的。她也不要谢，只要说一声我好，就心满意足了。……”①

此时的楚江涯，似乎已经实现了“道德的自我完成”，认为自己对于苏小琴绝无邪念，完全“问心无愧”。

然而，当楚江涯协助苏小琴和李剑豪击退敌人，回想起战斗中自己被苏小琴误认为李剑豪的情景时，又不免百感交集：

> 回到他的朋友家里，虽然疲惫，周身疼痛，一躺在床上再也起不来，然而他的心里是快慰、高兴的，觉得一生所做的事也没有昨夜那样作的漂亮、得意而且惊人。这也就够了，使美剑侠对我一生也忘不了啦！“一举赢得美人心”，我这次到洛阳来得可真值得。又想：“昨夜小琴在黑暗中误把我当作了李剑豪，她说的话可真甜蜜，足见他两人感情之深。我没有说出我的姓名，那是我的不对，虽然也因为我没想到她会认错了人，但究竟

① 王度庐：《洛阳豪客·绣带银镖》，群众出版社，2001，第136页。文字、标点略有变动。

是有些轻浮，以后真不好意思再见她了。我只有尽力地替她跟李剑豪排除艰难，叫他们有情人成了眷属，那虽然不必使人知道，我可也不负‘侠义’这点虚名和我一生为人帮忙的抱负。”①

由于被压抑的欲望在特定的条件下竟又蠢蠢欲动起来，所以楚江涯此时用自己毕竟对苏小琴、李剑豪都“问心有愧”来加以压抑。这样，用弗洛伊德学说分析起来，他的侠义行为实际上也是那被压抑的欲望的一种“转移”或“代偿”。这有点儿像《宝剑金钗》中的李慕白，然而李慕白的欲望转移，带着浓郁的悲剧色彩；楚江涯的欲望转移，却透露出隽永的喜剧精神。《洛阳豪客》的结尾，就是这种喜剧精神的点睛之笔。

楚江涯回到中牟县的家里，汗巾和绣鞋依然被带了回来，虽然受了太太一顿奚落，但一家人还是“快快乐乐地过了一个新年”，而且柏秀卿还给他生下一个啼声洪亮的胖男孩。听到李剑豪自刎的消息之后，楚江涯又想起那两件尚未归还的东西，于是征得太太同意，三访洛阳。这次，他终于把它们交给了苏小琴的仆妇金妈，病中的苏小琴则让金妈将父亲的遗物“青蛟剑”转送给了楚江涯。

宝剑在手，楚江涯又不免有点儿想入非非，于是，隔着一层窗帷，他在苏小琴面前炫耀起自己的剑法来——

……正在练得高兴，忽听背后有很厮熟的女人声，说：“你在人家这儿干什么啦?”他赶紧煞住了剑势一回头，忽然看见他的太太柏秀卿抱着孩子在垂花门那边了，手里还提着一个蒲包儿。他不禁心中万分地纳闷，心说：“这么远，她怎样也来啦?”

这时金妈也下了台阶，柏秀卿就进了院子，笑着说：“这位老太太是伺候苏小姐的吧？我，是他……”一指提着宝剑发怔的楚江涯，又说：“我是他的妻子。这次，我们俩是一块儿来洛阳看孩子的舅舅，顺便又来看看这儿的小姐。刚才在外边他不让我进来，我也听门上的人说啦，这儿的小姐正病着，那么我们就更不好意思打扰啦！这是由我们家里带来的两斤柿霜糖!”把礼物交给了金妈……②

---

① 王度庐:《洛阳豪客·绣带银镖》,群众出版社,2001,第179页。文字、标点略有变动。

② 同上书,第203页。文字、标点、分段略有变动。

柏秀卿是雇了车，暗暗跟着楚江涯而来的，不过一番鬼话倒给丈夫留足了“面子”。但是，楚江涯的“本我”即被压抑的欲望仍未因太太的“干预”而消除，踏上归途之后，他还在想入非非：

……路过洛水，楚江涯的心事虽已完了，但觉着没把李剑豪已死的事情告诉苏小琴，虽是由于不忍使她伤心，终觉有点儿遗憾似的。尤其遗憾的是，苏小琴的病到底将来能不能够好呢？真得求天保佑了。她现在这种生活可有多么孤寂呀！青春就应当这样虚度吗？请洛水的宓妃梦中别去找曹子建，快去给她做个伴儿吧！

此时“二套车”已经走过了石桥，他在车上还回望着那清清的河水、碧绿的杨柳。迎着阵阵吹来的牡丹风，他又掣出半截“青蛟剑”，心说：“来吧！美剑侠！快些病好吧！走一走风尘……”旁边的柏秀卿却拧了他一下，说：“你发什么怔？你又犯了病啦吗？来吧！还是替我抱抱咱们的儿子家福吧！”这才打断了楚江涯的遐思，一路风尘，往中牟县去了。[①]

楚江涯这个人物身上所体现的喜剧精神，在于他对苏小琴的单相思与他的“显意识”及其他种种外部制约的矛盾。这种矛盾的性质、形态与《宝剑金钗》中的李慕白、《卧虎藏龙》中的玉娇龙所面临的情形都有区别。于是，我们在此又发现了王度庐的创作与弗洛伊德美学理论的契合。

弗洛伊德在他的有关论著中，曾从两个角度来解释“幽默”这种喜剧精神的实质。一是观众、听众的角度。弗洛伊德从这一角度考察“幽默”和“快乐”的起因，认为其实质在于“期待的落空”和“感情消耗的节约”。他说：

听众知道某人处于一种引导他期望某人产生某种感情迹象的地位上，诸如某人将愤怒、抱怨、诉苦，将被恐吓或者被震惊，甚至或许将处于绝望之中；旁观者或听众准备跟着某人的引导在自己身上唤起同样的感情冲动。但是，这种感情的期待却落空了，这个某人表现得无动于衷，只是开

① 王度庐：《洛阳豪客·绣带银镖》，群众出版社，2001，第206页。文字、标点、分段略有变动。

了一个玩笑。这种在听众身上节约下来的感情消耗就变成了幽默快乐。①

二是当事人的角度。从这一角度考察，弗洛伊德认为幽默情境的产生，源于“超我”对于“自我”的“安慰”和“保护”。这种安慰和保护是通过“心力贯注（cathexis）”的大量转移而实现的。按照弗洛伊德的分析，当人们对某一对象施以无限量的心力贯注时，就会使“自我”与“超我”处于剧烈对抗的境地，这是一种类似“妄想狂攻击者”的状态，是痛苦的状态、悲剧的状态。而当自我在一定程度上“接受”超我的“管制”，使自己的“心力贯注”发生转移时，就会出现喜剧情境，仿佛“超我”对被吓坏了的“自我”说出了如此仁慈的安慰话：“瞧啊！这儿看来是一个多么危险的世界！可这只是孩子们的一场游戏——仅仅值得开个玩笑!”②

楚江涯的故事所具有的，正是这样一种喜剧精神。读者看到他对苏小琴的暗恋，期待在这条情节线上会出现波澜、冲突，然而“这种感情的期待却落空了”，“节约下来的感情消耗就变成了幽默和快乐”。而在楚江涯身上，他的暗恋的“心力贯注”，则被“超我”抽掉或削弱了。这个“超我”既包括楚江涯自己的道德观念和他对现实的理性认识（例如明知苏小琴并不爱自己——即使爱，自己也不可能为此而与太太离婚），也包括外界的其他制约力量，例如柏秀卿的态度、社会的舆论等等，它们对楚江涯的“自我”都是相当宽容的。

上述情态下，“超我”作用产生的结果，又十分类似弗洛伊德所说的梦的“改装”。

弗洛伊德对梦进行心理分析，认为“梦思”是梦的真实内涵（愿望、隐意），但是人们即使在做梦的时候，他的属于本我层次的愿望也要受到自己另一个心理系统的“检查”。经过“检查”之后，“梦思”就被改装成为“梦内容”（梦的显意）了。这个检查者或检查系统，弗洛伊德后来即称之为“超我”。如果说楚江涯对苏小琴的暗恋是“白日梦”，那么他的“梦思”当与婚姻的不够如意有关。然而，他与柏秀卿之间又并非全无恩爱，加上前述其他种种属于“超

① 弗洛伊德：《论幽默》，载蒋孔阳主编《二十世纪西方美学名著选》（上），复旦大学出版社，1987，第414页。

② 同上书，第418页。按弗洛伊德在本文中所说的“自我”，是与“超我”相对而言的，所以既包含一部分“超我”，更包含“本我”，或者有时径可理解为“本我”。至于“心力贯注”，文中特别指出，这是一个“忠实”的“习惯术语”，近似然而有别于“心理力量”。

我”的因素的“检查作用”，他的“梦内容”就常常呈现为自认“无邪”，以及把自己与苏小琴有关的行为统统解释成纯属“行侠仗义”了。对于他自己来说，这是双重的“自慰”——在“下意识”层次满足了“暗恋欲”，在“显意识”层次满足了“道义感”，而在两个层次之间则构成了“反讽”。对于这样一个处于特定情境的特定角色，“超我”的“检查行为”在宽容之中包含着某种嘲讽。于是，楚江涯就成为一个喜剧性的角色了。

由《洛阳豪客》体现出来的喜剧精神之所以值得注意，至少有三个原因。其一，它的审美内涵、形态不同于“鹤—铁五部曲”中所含有的喜剧因素。例如，《鹤惊昆仑》里少年江小鹤身上的“小顽童”精神或《卧虎藏龙》里刘泰保身上的“甘草人物”精神，都带有“灵肉一致”的色彩；而楚江涯故事所含的喜剧精神，则呈现为幽默，这是一种与自嘲、睿智相联系的喜剧精神，显现着“灵”与“肉”的反差。其二，在《洛阳豪客》中，喜剧精神是贯穿全作的，这是一部含有悲剧因素的喜剧作品；而在“鹤—铁五部曲”中，只有包含喜剧因素的悲剧作品，并无一部总体上可称之为“喜剧”的作品。其三，这种具有幽默色调的喜剧精神，体现为作者的另一种创作倾向，不仅见诸《洛阳豪客》，而且见诸《风雨双龙剑》《春秋戟》和某些非武侠作品，反映出作者创作风格的多样性。

正如弗洛伊德所说，“当一个作家或者一位叙述者以幽默的方式描绘真人或想象中的人的行为时，幽默就产生了。那些真人或想象中的人自己并不需要表现出任何幽默；幽默态度仅仅是那个把他们当作他的对象的人的事”。[①]所以，在这类含有幽默倾向的、具有喜剧精神的作品之中，王度庐对所写的人和事，自觉地保持着一种心理上的距离，更多地以“剖析”的、“睿智”的态度来观照。他也不那么强调道德评价，只是凭借自己的睿智，冷静地揭示着人生和人性的复杂、丰富、矛盾乃至悖谬。

第三节 “得意”的男人——《风雨双龙剑》

楚江涯身上的喜剧精神体现在他对“婚外恋”并不拒斥的态度，由此可见，

① 弗洛伊德：《论幽默》，载蒋孔阳主编《二十世纪西方美学名著选》(上)，复旦大学出版社，1987，第413页。

在两性问题上，他虽然也受着“传统”的制约，却比其“前辈”如李慕白等更加开放。这种开放性，表露着一种新的性格，《风雨双龙剑》中的男主人公张云杰，更可视为这种新性格的代表。

《风雨双龙剑》以有情人终成眷属而结束全书，张云杰不属于那个“失意的男人谱系”，因为他最终是个“得意”的男人。张云杰原本是不可能“得意”的，因为他是张三的养子，而张三正是谋杀陈伯煜、劫取“苍龙腾雨”宝剑的凶手。张云杰先后遭遇陈伯煜之女秀侠和女盗红蝎子，既爱上了仇家之女，又被女强盗所爱，成为三角恋的核心。他对红蝎子的爱是“随遇”的、“临时”的，而对陈秀侠的爱则是专一的、无可替代的。当他知道秀侠的身份时，就知道自己业已置身于“有缘无命”的处境了。他的性格也就在处理上述境遇的过程中逐渐地显示出来。

《风雨双龙剑》插图（刊于1940年8月16日南京《京报》，刘镜海绘）

张云杰尽管也有接二连三的难题和苦恼，然而他是一个“行动派”而非“内省派”，所以其性格比楚江涯更富喜剧性：楚江涯的喜剧性在于他一方面压抑不住“单相思”，另一方面又自欺欺人地企图加以否认、掩饰；而张云杰的喜剧性则主要表现在对付尴尬处境时的爽快（有时伴以轻佻）、机智（有时难免狡黠）和自嘲式的幽默。《风雨双龙剑》是“南京七书”中写得最好的一部，人物语言、行动描写均颇为精彩，张云杰的形象刻画得相当鲜明、生动。

张云杰对待爱情，一开始并不是专一的，他的思想言行也远非“无邪”。初见陈秀侠，二人确曾一见钟情，但都隐瞒了真实身份：陈秀侠这样做主要是为了“防御”——怕“吃亏”，张云杰这样做却是为了“进攻”——可以掩饰自己的“轻薄”。然而，当他发现秀侠的“白龙吟风剑”就是“苍龙腾雨剑”的配对之剑、它的主人竟是仇家之女时，他的“钟情”就发生了动摇，“心想：白龙剑、陈家的侠女，我与你无缘了”，随后便“发生一种奇想”：“红蝎子的那两个女徒之中，或者就给我预备着一个”相貌美、武艺好的未婚妻吧。此时的张云杰，活像一个见到美女就想入非非的登徒子。

面对江湖人闻风丧胆的女盗魁红蝎子，张云杰倒是毫不畏惧的，伶牙俐齿、应答如流之中，透着几分玩世不恭：

> 红蝎子又说："我不信你忽然来此，是没有贪图的！"
>
> 张云杰又笑了，说："说起我的贪图，也不算大。我就是听江湖人传说红蝎子之名，闹得附近几个县，客商全都断绝了；这倒不足为异。最使我高兴的是，我听说红蝎子跟她那两个女徒弟全都美貌绝伦，有人说长得跟天仙一般，我这才想来看看。本想到太行山去找你们，不料走到这里就遇见了，果然名不虚传，红蝎子你真是一个标致的人物！"
>
> 红蝎子转过脸来，她的脸上像铺着一层秋霜，瞪着眼睛说："你可不准无礼！我是孀居。"张云杰拱手笑道："这倒是我的错了！我原来不知绿林中还有守节的寡妇，贼窠里还有贞节牌坊……"红蝎子瞪眼说："谁是贼？"张云杰笑说："我们全是贼！我是个男贼，你是个女贼。现在，你这位女贼我是瞻仰了，可是你门下的那两个小女贼我还没见着；只要看一看她们，我就走！"①

张云杰在红蝎子这里又遇到了尴尬：红蝎子的两个女徒相貌平平，令他大失所望；而红蝎子对他却情深意切，一心要以身相许。她虽美艳异常，毕竟比他大十几岁，名声也不好，所以这种示爱成了张云杰的负担。当与红蝎子派来服侍、监视他的女徒翠环说说笑笑时，张云杰心中不免烦恼，"暗想：弄这么两个强盗婆到家去，我一辈子就休想翻身了！如果这翠环有红蝎子那一副模样，红蝎子有她这年岁、娇憨，我也还值得，如今……我非得设法脱身不可"②。于是，向来善于改变主意的张云杰，便利用翠环的善良和不备，在策马渡河之际，将她推入河中，自己不但顺利脱身，而且随手得了一包珠宝。尽管他以对方属于盗党来安慰自己，但这一手毕竟过于毒辣，所以张云杰又不禁在心中嘲笑自己："我倒是跟我父亲一样，无意中发了一笔不义之财！可是，人是阔了，但品格却丢了，天下的英雄侠义、美女才媛，谁还能瞧得起你？"这是良心的责

---

① 王度庐：《风雨双龙剑》，王芹点校，北岳文艺出版社，2016，第136页。

② 同上书，第154页。

备。直到故事的最后，他才意识到，那两位女强盗的品格，居然在很多方面比他更高。

张云杰再次见到陈秀侠时，不得不与一场即将爆发的血腥仇杀直面相对。秀侠与其叔父陈仲炎来到张家附近。陈仲炎脾气暴躁，报仇心切，不杀张三决不罢休，为此，他已得罪了许多江湖豪杰。正是这一严峻的局面，迫使张云杰再也不能以玩世不恭的态度对待自己和他人，迫使他认真思考、处理面临的问题和种种难分难解的矛盾纠葛。

对于自己养父的罪行，张云杰感到十分羞愧，但是对于今人称之为“血亲复仇”“同态复仇”的江湖规矩，他却十分厌恶。由于养父张三已经年迈，而且对过去的罪行有所追悔，所以张云杰决心劝养父赔礼赎罪，化解两家仇怨。同时，他又化名寻访陈仲炎，一是试图规劝陈仲炎放弃追杀张三之心，二是借此找到秀侠。他的寻访方式极具“张云杰特色”，即“行动性”非常强、“进攻性”非常强：张云杰探明了陈仲炎的下处，来到胡同里的一家小酒馆，从酒保口中得知，内中两位年轻酒客就是陈家的人。于是——

> ……随就向伙计说：“你给我挪过去吧，我们是一块的。”
>
> 当下伙计拿着他的那四盘菜一壶酒，挪到那桌上，那边短小的人正把一条腿蹬住板凳，张云杰就把身子向那条腿上一顶，说声：“借光！”那人的腿就被顶下去了，瞪了他一眼，张云杰却不大觉得。坐下，张云杰把那四盘酒菜，一盘卤煮麻雀、一盘葱丝拌豆腐干、一盘老腌鸭蛋和一盘小方块儿的兔儿肉摆成一列，像供神似的，把别人的菜盘酒壶都怔给推到一边。那个黑胖脸的乡下人立时发怒，瞪眼抡拳；短小的人却向他的朋友使眼色，拦住了，两人全注意瞧着张云杰。张云杰却一切不睬，只端端坐着，仿佛自己把自己给供上了；他用筷子夹菜，笑微微地自斟自饮。①

张云杰这一手挑衅式的“结交”果然奏效，不仅通过一顿打斗引出来陈仲炎，而且使之很快就对自己推心置腹。然而，陈仲炎虽然在江湖纠纷中数次得到张云杰的救助，却总不肯答应饶恕张三。令张云杰欣慰的是，陈秀侠倒同意他的见解，愿意消解杀亲之仇；而陈仲炎与他结交的主要目的却在捕杀张三，

---

① 王度庐：《风雨双龙剑》，王芹点校，北岳文艺出版社，2016，第173页。

并且以此作为允许侄女嫁给张云杰的条件。这又使张云杰和陈秀侠的爱情横遭许多波澜。最终，张云杰还是未能保住养父的性命，但他也决不肯为养父被杀而向陈仲炎报仇。于是陈仲炎自断左臂以报云杰，并且允诺了侄女的婚姻。“有缘无命”的绝境终于因为仇雠的化解而转变为“有缘有命”的胜境。

当张三被陈仲炎杀死的惨剧发生前后，困于悲愤的张云杰又见到了已经病危的红蝎子，而引见者，正是那位被他推入漳河却又“复活”的翠环。惭愧万分的张云杰对翠环说：“现在我父亲已给陈秀侠的叔父杀死。至今我才知道，那些所谓江湖的侠义，还不如你们做强盗的人量大……”翠环则啐了一声，骂道：“到现在你还说我们是强盗？凭良心，不定谁是强盗生的强盗养的呢？”临死的红蝎子也对张云杰说：“你们跟陈家已经抵过来了，已经一报还一报，够了！何必再往下结仇？你要是不肯忘掉了父仇，那翠环也就应当立时把你杀死；你想一想，你对翠环的手段，比陈仲炎对你家的手段辣不辣？”此时的张云杰，方才体会到“百感交集”这四个字的滋味。

因此，当张云杰与陈秀侠抱着红蝎子的遗孤一同回家，行经黄河，把作为嫁妆的“苍龙腾雨剑”投入河心之时，他的灵魂已经得到真正的净化。

如果说《鹤惊昆仑》中江小鹤对“血亲复仇”“同态复仇”的否定还停留在感性的层次，那么《风雨双龙剑》中张云杰和陈秀侠的否定就进展到了理性的层次。他们清醒地认识到，后代不应承担前辈的仇雠和罪责，冤冤相报只能造成互为受害者的后果，而互为受害者同时也就意味着互为罪人。这种因袭复仇的恶性循环，应该终止了。与江小鹤相比，他们的觉悟无疑更具有“现代意义”。

张云杰上述“现代型”的理性认识，应该有其多方面的原因——对于这些原因，作品本身或许揭示得还不十分清楚，但是有一种原因在作品中却展示得特别鲜明，这就是“性格”，或曰“气质”。

从心理学的角度考察，李慕白的气质应该偏于“黏液型”，其特点是内向、稳重、善于自制；江小鹤应该偏向“胆汁型”，易冲动、行动坚决、刚愎自用。而张云杰和楚江涯的性格，则与那两位前辈反差甚大。张、楚二人属于典型的“多血质”气质，其情商具有很强的“表现性”和“外倾性”；他们的注意容易转移，思想灵活，适应力强。这样气质和性格的人，比较喜爱独立思考，容易突破传统的生活程式和思想桎梏。他们的性格特点不是偏于“狷”，而是偏于“狂”，因而难免“正”中有“邪”，乃至亦“正”亦“邪”。所以，从楚江涯、张云杰的身上，我们不难窥见后来金庸、古龙在其作品中经常描绘的那些游戏人间、玩世不恭的浪子型侠士的影子。

其实，和喜剧精神一样，上述新型性格的出现，无非是作者的一种“选择”。这种选择，反映着作者对人性的观照更趋于扬弃“神性”或“英雄性”。这些，与“鹤—铁五部曲”的悲剧艺术一样，都应视为对于侠义题材小说“现代化”进程的历史贡献。

第四节　缺陷即是美——《彩凤银蛇传》

《彩凤银蛇传》写得也较好，其特殊之处在于，因它而引出王度庐的一番美学论述。此事因读者对故事情节提出异议而起。

该书主人公叶允雄绿林洗手，从湖北来到渤海边的白石村隐居，与美丽、文静的渔家女梅姑娘结为夫妇，但他对水灵山主人之义女鲁海娥的高超武艺、泼辣性格也颇倾心。汉中捕役联合叶氏世仇追缉叶允雄，叶允雄携妻逃避，交战中梅姑娘连车翻入山谷，生死不明。叶允雄被捕，押经梁山泊，被流落其地的鲁海娥救出，经居停主人撮合，二人又结为夫妇。此后叶允雄得知梅姑娘未死，但已落入世仇之手，乃往汉中追寻，鲁海娥一路协助，屡败强敌。叶允雄获悉梅姑娘终于得到严员外收留，并被严家一位老太太认为义女，而这位老太太竟是鲁海娥失散多年的生母。叶允雄立即赶回襄阳向鲁海娥通报这一喜讯，不料鲁海娥已在敌方围攻下身负重伤，未及与母相认而死于途中，留下终生遗憾……

彩鳳銀蛇傳
第一回

《彩凤银蛇传》开篇

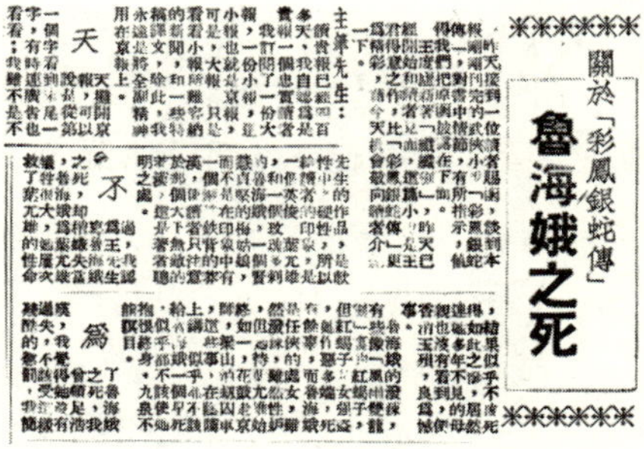
關於「彩鳳銀蛇傳」
魯海娥之死

傅佑民《关于〈彩凤银蛇传〉鲁彩娥之死》（刊于1942年3月3日南京《京报》）

1942年3月1日，《彩凤银蛇传》在南京《京报》连载结束。3月3日，该报刊出一封署名“傅佑民”的读者来信。信中表示非常喜欢读《彩凤银蛇传》，很钦佩“王度庐先生的笔法”，但是认为作者对鲁海娥之死的处理有所失当："鲁海娥为叶允雄牺牲很大，她屡次救了叶允雄的命，结果似乎不该死得如此之惨，居然连她多年不见的母亲也没有看到，便香消玉殒，良为憾事。""我觉得她没有过失，不该受这样残酷的惩罚。""在阴骘上讲，似乎都不该给鲁海娥一个早死，似乎都不该使她抱恨终身，九泉不能瞑目。"信中还说，以上意见不仅是个人的意思，而且也代表着许多读者的意思。

3月6日，《京报》又刊出署名"陈中"的读者来信。这位读者表示与傅佑民"实有同感"，认为《彩凤银蛇传》"虽不必落旧小说佳人才子百年好合老套，然'见娘'似为必要。因海娥母女十余年不见，若能令其带伤到严家，母女大哭大笑一场，不独身处其境者不至抱恨终天，即阅者亦可嘘一口痛快气。然后再死，则海娥虽非善终，究属得所。小说感人最深如此，庶不至使一般读者抱'天之报施善人其何如哉'之疑问，无形中较可收劝善之果"。

3月17日，《京报》再刊出署名"王德孚"的读者来信。这位读者一方面认为王度庐对鲁海娥之死的处理并无失当——如把鲁海娥"写到像梅姑娘子孙满堂，白发苍苍，老态龙钟，岂不大煞风景?"，另一方面又认为，如果作者能在鲁海娥临死的时候"再加上一番劝导叶允雄迁善改过、为民造福，托他善待老母，代以尽孝"等等的话，这个形象就更伟大了。

对于上述读者反应，《京报》编辑在按语中说明：王度庐如此写鲁海娥之死，正是"脱去中国武侠小说的旧套"，"读者越是这样着急、气愤，越是著者的成功，越见王先生文笔感人之深"。同时该编辑又致函王度庐，希望他亲自出面给读者一个总答复。3月24日，该报刊出王度庐所撰《关于鲁海娥之死》一文，如下：

关于鲁海娥之死

关于《彩凤银蛇传》中的女英雄鲁海娥之死，很有几位读者为她惋惜，认为作者的笔下似乎太残忍了，不应该叫她的结局那么可怜，然而不知这是作者预定的写法，在写该书的第一回之前，我就预备着末了是一幕悲剧。

也许有人要特别爱着她

我有一种幻想，想写一个生长于荒岛之上，行走于江湖之间，貌美而心慧，多情可又嫉妒，武艺高，水陆皆能，而且孝义兼备，有女性的温柔，可是没有女性的矜持和羞涩，这么一个女子；于是便从我的笔下出现了一个“粉鳞小蛟龙”。不瞒读者说，我写的时候我实在对她有些偏爱，譬如在海中追叶允雄的船；郓城敲板度歌搭救情人；花鼓寻夫；汉江水斗；以及浓妆艳抹地走进襄阳城那一段，我都是非常用力写的。同时我还弄出一个贞节、坚苦的梅姑娘来与她相互地陪衬、比较，我为的是显示出两个性格不同的女性。我知道一般人一定都喜欢梅姑娘那样的妻子，然而我想也许有人要特别地爱着鲁海娥。

“花好月圆” 庸俗的日子！

但是，这么个人物铸成了之后，我可又为难了，因为这样的女人绝不可叫她去与人“花好月圆”，度那庸俗的日子；尤其不能叫她跟十三妹一样去二妻一夫的给男子开心。而且怎样才能使她在叶允雄的脑中战胜了那温柔端秀的梅姑娘呢？又如何使这本书的后半部的刺激性加强而不至于叫读者越看越索然无味呢？于是，只好把她写死。

不许人间见白头

向来“大团圆”的玩意儿总没有“缺陷美”令人留恋，而且人生本来是一杯苦酒，哪里来的那么些“完美”的事情？“福慧双修”的女子本来就很少，尤其是历史或小说里的“美人”。古人云：“自古美人如名将，不许人间见白头。”西施为千古美人，原因是她后来没有下落；林黛玉是读过了《红楼梦》的人一定惋惜的，原因也是她早死。近代的赛金花就不够“绝代佳人”的条件，她是不该后来又以老旦的扮相儿再登台。“好花不常开，好景不常在”，美与缺陷原是一个东西。本此种种理由，于是我更得叫我们的“粉鳞小蛟龙”死了。

以上，谈不到什么“文学理论”，我这篇文章也并非向读者诸君辩解，不过是借此以表明我的写作的手法罢了，但也不含有什么炫耀的意思。同时我要再表明的，就是《彩凤银蛇传》本来是随写随登，为文很是潦草，有许多地方也许有罅隙或写得太不细腻。我想以后若能印单行本时再加以补充及修改。

上述材料再现了通俗文学作家与读者的一次对话，弥足珍贵，具有很高的“阅读史研究”价值。

它们首先显示出王度庐作品在“俗众”中受欢迎的程度。从知识结构角度考察这个“俗众”读者群，应该呈现为金字塔形。那封署名“陈中”的读者来信中说：“笔者某日路过平江府街，闻一擦皮鞋者与一少年，亦在津津然预测鲁海娥之未来，其他可想。”可见“金字塔形读者群”的“基座”，是由稍识文墨的体力劳动者和广大青少年构成的，他们是一群“沉默的大多数”，也被有的学者称为“不自觉的读者”，数量之大，无法做出准确统计。通常固然听不到他们的声音，但这并不意味着他们没有阅读反应，而傅佑民等三位恰巧做了“沉默的大多数”的代言人，其阅读反应具有代表性。

其次，三封读者来信表明，通俗文学读者的阅读感受与作者的写作意旨存在落差是一种常态，这种落差包含着审美观念上的“断层式”差异。读者的观念受传统桎梏颇深，一时很难实现“质”的提升，此时作家如能结合作品的流布过程现身说法，与读者进行直接对话，这种“导读”的作用是很有价值的。它不同于居高临下的说教，有助于在潜移默化中达到大众读者素质的提升。20世纪30年代左翼文学在大众化讨论中出现过“大众化”与“化大众”的争论。王度庐与读者的上述对话表明，“大众化”并不意味着作家应把自己降到“大众”的水平，至少在受传统观念的桎梏方面，“大众”的水平是低于那些具有现代意识的通俗文学作家的。“化大众”如果是指与创作-阅读过程相结合的、作家与读者进行的导读式对话，则其作用完全可以具有非常正面的意义，因为这里的“化”是“潜移默化”之“化”。类似情况在阅读史上并非绝无仅有，民国武侠作家中的白羽与读者也曾就《联镖记》做过同样的对话，其作用、效果相同。当然，“潜移默化”主要还是通过阅读实现的，如今的通俗文学读者对通俗文学作品里的悲剧构思已经完全接受并习惯了，这表明“沉默的大多数”的素质业已实现迭代提升。这应归功于张恨水、王度庐、白羽那一代作家的辛勤耕耘。

虽然王度庐说他的答复“谈不到什么‘文艺理论’”，但他确实提出了一个关于文艺理论和美学的重要命题——“美与缺陷原是一个东西”。他是在解析《彩凤银蛇传》的构思时提出这个命题的，因而其答复首先是对悲剧艺术的阐释。鲁迅说“悲剧将人生的有价值的东西毁灭给人看”[①]，而“死亡是现社会最动人的悲剧”[②]。“有价值的东西”之毁灭对读者造成极大的心灵震撼，促使

① 鲁迅：《再论雷峰塔的倒掉》，载《鲁迅全集》（第一卷），人民文学出版社，2005，第203页。

② 鲁迅：《〈凯绥珂勒维支版画选集〉序目》，载《鲁迅全集》（第六卷），人民文学出版社，2005，第493页。

他们更深切地去体会“价值”的崇高，这就是悲剧之美、“缺陷”之美。

王度庐的“缺陷美学观”与其“平民文学论”是一脉相承的，同样显示着他的文艺思想与五四新文化思潮的契合。新文化运动的先驱者提倡“平民文学”，其要义之一即在“为人生”，由此而反对崇尚“大团圆”的、“瞒和骗”的旧思想和旧文艺，倡导正视人生及其阴暗面的写实主义创作方法。王度庐的答复中显然贯穿着这样一些思想。这正是他能开创并确立悲情武侠小说这个类型的内在原因。

鲁迅关于悲剧、喜剧的定义着眼于“价值”即内容，王度庐关于“缺陷美”的命题则是从形式切入的。人们对形式美的关注始于造型艺术，无论中外，传统上都以完善、统一、均衡、对称、圆融等作为“美”的形式的标准。“缺陷美”的观念却把“不完善”视为特殊的、更有个性、更能吸引人的美。这种美学观念也是无论中外都古已有之的，例如构图学上的“破绽圆”（“苹果”电子产品的商标就是据此设计出来的）、古希腊雕塑研究中的“断臂维纳斯”课题，以及中国篆刻艺术所追求的“做残”，等等。作为美学命题，它又包含两个方面的意蕴：一是指缺陷使人联想“完形”，并在审美意识里更强化对“完形”的追求，因此“缺陷美”又被称为“期待的美”；二是指表现缺陷的作品，它们本身就是不可替代的、具有独特个性的审美对象，例如篆刻艺术的“做残”，即与追求、表现“金石气”分不开——形式即是审美内容，即是风格。由此可知，王度庐提出的“美与缺陷原是一个东西”，作为美学命题，不仅涵盖悲剧，而且也涵盖喜剧。鲁迅说：“喜剧将那无价值的撕破给人看。”[①]“撕破”就是暴露缺陷，人们由之看清了什么是“无价值”，产生滑稽感，领会到幽默趣味，这就是喜剧之美，前面分析过的《洛阳豪客》正是一个这样的范本。

回过头来审视王度庐和读者的这次对话。从另一个角度观察读者一方，他们对“鲁海娥之死”的意见那么强烈，恰恰说明在感情上已被这一悲剧情节深深地打动了，心灵已经受到极大震撼，只是在理性上还没有摆脱旧文艺的“大团圆”模式而已。在作者一方，王度庐固然摧毁了“大团圆”，却又保留了一个“小团圆”——让梅姑娘陪伴着叶允雄，远离江湖，与世无争地安度余生。这既是对叶允雄的慰藉，也是对读者的慰藉。这也是作者的一点“慈悲”吧！

---

① 鲁迅:《再论雷峰塔的倒掉》,载《鲁迅全集》(第一卷),人民文学出版社,2005,第203页。

第五节　逃离、回归与自我放逐——《纤纤剑》《大漠双鸳谱》

《纤纤剑》里的徐雪卿为抗拒父亲加予的婚姻而离家出走，令人联想起易卜生笔下的娜拉；后来她却接受了这桩婚事，又令人联想起鲁迅《娜拉走后怎样》所说的“娜拉或者也实在只有两条路：不是堕落，就是回来”①。《大漠双鸳谱》中的魏芳云也是抗拒父亲加予的婚姻而离家出走，只是她后来没有像徐雪卿那样回头屈就父亲安排的婚事。《大漠双鸳谱》和《纤纤剑》一样，也在南京《京报》连载，但比后者晚两年问世，它提供了另一种抗婚模式，即自我放逐。王度庐用这两部小说的不同结局，回答了“娜拉走后怎样”这个社会问题。鉴于王度庐是经受过五四新文化洗礼的通俗文学作家，他的侠情小说蕴含着现代性——特别是女性主义，所以上述联想并不突兀。就此考察，徐雪卿的“回归”可以视为女性主义的失败，魏芳云的“自我放逐”则是女性主义的坚守。

鲁迅曾说“中国亲权重，父权更重”②，这父权就是指父亲通过强力行使家长权力来统率和支配家庭成员的家庭形态。这种家庭在“前现代”中国是很普遍的，鲁迅在婚姻问题上也受制于此（父亲去世，母亲是行使父权的人）。从父权对子女的控制和压迫上讲，那时多数家庭是“玩偶之家”，多数子女是父权制度下的傀儡。所谓女性主义，其核心是争取女性作为独立的人的自由生活的权利，并强调和落实这种权利。而所谓争取，就是要挣脱父权的控制，在王度庐武侠小说中主要表现为父女之间的冲突。

王度庐描写这种冲突，不自《纤纤剑》始，其早期小说就有涉及，最为典型的是1928年至1929年在《平报》连载的《江湖十六奇侠》。在这部小说中，老拳师赵金荣和女儿赵胜男的冲突，就是父权和女性主义的一次正面交锋。赵胜男与父亲的徒弟白庆霞日久生情，并已怀孕，其父赵金荣发现此事后自觉颜面尽失，逼胜男自尽。面对父亲的严逼，胜男没有服从，她选择了逃离。也在《纤纤剑》之前，王度庐的社会小说《海上虹霞》里，孙主事发现女儿小卿与车夫柳贵生情，亦已怀孕，乃亲自配药，逼女儿自杀。女儿喝药没死，孙主事竟说：“滚出去吧！再也不许到北京来。”后小卿在青岛沦为暗娼，向父亲投书陈

---

① 鲁迅：《娜拉走后怎样》，载《鲁迅全集》（第一卷），人民文学出版社，2005，第116页。

② 鲁迅：《我们现在怎样做父亲》，载《鲁迅全集》（第一卷），人民文学出版社，2005，第134页。

情，希望能回家去，竟得不到一点回音。父权之残酷，于此可见一斑。《纤纤剑》写徐三爷将女儿雪卿许配给高文豹，十天之内就叫高娶她，说把镖店给他们夫妇，他想享几年晚年之福。而雪卿看不上文豹，并不愿意接受这样的命令，她也像《江湖十六奇侠》中的赵胜男一样，选择了逃离。

显然，在王度庐小说中，为解决父女冲突设置的逃离已成为一种模式。他一再地写"逃离"，除了小说结构上的叙事要求外，无非希望把"娜拉出走"的问题写得更深刻一些，因为在其早期的社会小说中就很关注女性问题。例如，在《夫妻残杀记》和《北平新镜》中也都存在一个"娜拉走后怎样"的问题：《夫妻残杀记》是妻子逃离家庭后以堕落被杀结束，《北平新镜》是妻子逃离家庭之后先堕落后回归。这正印证着鲁迅所说的"两条路"。《夫妻残杀记》和《北平新镜》中的妻子是向往时髦生活而逃离家庭，目的是自私的，但这自私却是女性主义的朦胧觉醒，是想自己重新掌握自己生活的尝试，可惜这觉醒还停留在利我的层面，又没有充分想到外面有鹰，有猫，鹰和猫的凶残并不亚于夫权的压制，于是只好回归。当王度庐在描写父女之间的冲突时，女性问题再次成为他关注的内容，这次女性面对的不是家庭和夫权，而是爱情和父权，但问题的解决并未超越《夫妻残杀记》和《北平新镜》。

《海上虹霞》中孙小卿和《江湖十六奇侠》中赵胜男之逃离，都是已有身孕遭发现后被迫出走，她们并没有自觉的女性主义意识，其出走多半是出于无奈，对父权和女性独立追求幸福的权利之冲突，还没有明确的认识。《纤纤剑》中徐雪卿之逃离，比孙小卿、赵胜男要前进了一步。她的逃离虽有婚期逼迫的外因，但其内心已喜欢"毒剑客"唐松，选择逃离是坚持自己的独立判断，她的逃离是有追求的。但从后来徐雪卿的回归看，当初的逃离主要还是负气出走，对爱情和父权的问题并没有清醒的认知，其女性主义的觉醒还只是一种感性冲动，当冲动已过，预想的爱情并没有结果时，在愚孝思想和姑且意识作用下，她只能回归，按照老父亲先前的命令嫁给高文豹。徐雪卿的婚姻并不是爱情的结果，而是对父权的服从，她只是完成任务，接受了一个貌丑而忠实可信的男人，接受了一个还算不坏的婚姻，放弃了自己在爱情上的审美和追求，先前的女性主义就彻底成为冲动的回忆了。《纤纤剑》的问题不在于写了女性主义的失败，而在于美化了这一失败。其实，徐雪卿的"回来"还谈不上是女性主义的失败，因为她从未真正有过女性主义思想，先前她只是本能地在捍卫自己的审美判断，并对这审美的落实存有幻想，故于豪侠之气鼓荡下逃婚而去；现在她则是因为高文豹出手帮助她和唐松战胜强敌，加上父亲和师傅秦夫人（她代替了母亲角色）的“温情关怀”，乃在孝义之心“敦促”下归来，实现父权赋予的“大团圆”。作者和“叙述者”对这大团圆的结局是持赞赏态度的，至少并无批判倾向。

《大漠双鸳谱》中魏芳云之逃离，就比徐雪卿理性得多。当她和父亲在婚姻问题上发生冲突时，她有正面抗争，也有明确回应：

> 如今神剑魏就直说明了，他把女儿找回来，是要叫女儿跟胡公子订婚。芳云觉得这如同是在头上响了个霹雳，她坚决地摇头，哭着向神剑魏说：“爸爸！我不愿意，我宁可死，也不能愿意！”
>
> 神剑魏怒斥着：“你不愿意，也得依从着我。我的女儿不能下嫁江湖，也不攀附高门，只像胡公子这样的，是最如我的意，人既老成，品德也好，他家虽已败落，但他的父亲却是一位大大的忠良！胡公子是你的终身依靠！”芳云说：“我不依靠他！爸爸，你别再逼我啦！若逼急了我，我可就去寻死！”神剑魏怒说：“你就去死吧！”芳云擦着眼睛说：“我先杀死了胡公子，我才能去寻死！”因此，父女二人就伤了感情。[①]

她宁死也不接受父亲的命令，是对父权的抗争，而“我不依靠他”，则是对婚姻的理性认知，是女性主义思想的表现。《纤纤剑》中的徐雪卿还不具备这样的思想，她的回归，不仅是感情上对父亲有内疚，对父权屈服，还有经济上的依赖（父亲给她和高文豹在化龙庄买房置地）。徐雪卿的失败，尽管还称不上是女性主义的失败，却实实在在是理想主义的失败，半生豪侠，最后却安于平庸，这样的结局总是让人气闷。王度庐自然也了解读者这种心理，因此才会在《纤纤剑》结束一年多后为读者送上《大漠双鸳谱》，续写“逃离”的故事，让魏芳云真正扛起女性主义的旗帜，让女侠成为女性主义者，成为“前现代”岁月的觉醒者，这样武侠小说便在“当下”获得了更宽广的讨论空间。

而魏芳云对婚姻的觉醒，其实是从对父亲、对侠客的人格解构开始的。其父神剑魏是世人眼中的沙漠大侠，她也随着父亲成为侠客，但后来在面对吴三妹妹被恶商何子成劫走的事情上，她发现父亲“徒负侠义之名”，算不得是侠客：

---

① 王度庐：《大漠双鸳谱》，王芹点校，北岳文艺出版社，2016，第173页。

芳云姑娘说："我灰心的是咱们枉负侠义之名，其实也不过杀一些毛贼小盗，真正的恶人咱们却没把他剪除！"神剑魏有点生气地说："你快说出来！哪个人才是真正的恶人？只要你说出来他的恶名恶事来，我绝不容他生在人世！"芳云说："就是那个何子成，他比谁都恶！"

神剑魏怔了一怔，就又说："你说的是那做买卖的何子成吗？他在兰州虽开设着镖店，可是他本人并不会武艺，我也没听说他纵容手下的人做出过什么恶事？"芳云也愤愤地说："他自己做出的恶事也就够了！还用得着再纵容他手下的人吗？"神剑魏说："我们虽与何子成没有交情，可是我知道他做的是正经的买卖，而且乐善好施，譬如路上常有倒毙的人，只要被他知道，他就要施棺雇人给埋了。"芳云又哼了一声，说："那算得什么，埋了死人是为沽名钓誉，他可抢去了活人，给他为婢为妾，害得人家兄妹分离！"

神剑魏一听这话，就更诧异了，他的脸色此时是极为可怕，又瘦又青，真如宝剑一般，两眼更发着可怕的光芒，仔细地望着他的女儿，并专心听女儿说那何子成的恶行。芳云就说了，但是她并未说出那被抢去的吴锦娥的哥哥是谁，也没说出刚才在狼儿庄与吴三相见之事。但是神剑魏听了，哪能够不细细地问，他就问说："这些话你是听谁说的？"

芳云说："我是听狼儿庄里的一个强盗说的，他还说咱们父女是徒负侠义之名，真正的恶人倒不去剪除，真正的难女咱们也不去救，他非常看不起咱们。当时我一生气，就要了他的命。可是我细一想，他说的那话也对，本来咱们只能跟些毛贼小盗为难，却不曾看出那么坏的何子成。爸爸你还说他是什么乐善好施，我竟觉得咱们实在应当羞愧！"①

从这时开始，她对父亲热衷于救助落难的忠臣公子，对眼前普通人的劫难反而不愿出手相救，有了理性的认识。她认为父亲"徒负侠义之名"，算不得是侠客，她为此感到羞愧，父亲的侠客形象从此开始被解构。

后来魏芳云爱慕的英雄吴三，竟被神剑魏认为是江湖强盗，还不准她和吴三来往，父亲的侠客形象就彻底破碎了：

① 王度庐：《大漠双鸳谱》，王芹点校，北岳文艺出版社，2016，第40页。

芳云低着声儿说："哼！既是侠义，可不去救人？"神剑魏没有听见，就在灯旁一把椅子坐了，那张瘦脸，沉得令芳云害怕。他就指着女儿严加教训，说："你的母亲临终时就曾对我说，说我都已经沦落于江湖，务必使你做一个贤孝有德的女子，不可使你一生也漂流着，所以我在各地行走，带着你，但什么事也不让你办，叫你学着安娴一点。我东奔西跑虽说是为行侠仗义，但实在是为给你寻一门好亲事，咱们并不要攀什么高贵的门第，可也得把你给个正经的人家，念书的人！"

芳云的脸绯红了说："爸爸！你就不是个念书的人，我自幼也只练过武，没念过书，如今忽然你老人家又要叫我看得起念过书的，那如何能够？"神剑魏说："念书的人都是深明礼仪！"芳云说："哼！也不见得吧！"神剑魏又说："念书的人全都有远大的前程，将来都能够治国安民！"芳云说："有的可就做了贪官，有的又变成穷酸。"神剑魏说："无论如何，也比江湖强！像我这一生就颇使我后悔！"并对芳云说："不能再管吴三的事！自从甜水井村你背着我跑出来，就各处胡撞；如今你得跟着我回去了，不能再理吴三！"①

此处，神剑魏不仅否定了自己的侠客人生，还盲目地认为念书人都深明礼仪，"都有远大的前程，将来都能够治国安民"，要把女儿嫁给读书人。而魏芳云却清醒地认识到读书人"有的可就做了贪官，有的又变成穷酸"。父女之间人生观的不同于此暴露无遗。魏芳云至此才真切地认识到："爸爸什么都好，就是不知道女儿的心！"②

此时，魏芳云说神剑魏"什么都好"，只是从普通人的角度来说。神剑魏开始不愿去救吴三，只是有负侠客之名，并不坏。他想把女儿嫁给读书人，希望女儿不再漂泊江湖，也是一片爱心。可他不懂得女儿已觉醒，不该代替女儿设定婚姻和人生之路。这样当他对女儿发号施令，让她嫁给胡公子时，父女之间就发生前面那场不可避免的冲突。

和魏芳云女性主义相对的是神剑魏的人格分裂。在这几部小说中，王度庐

① 王度庐：《大漠双鸳谱》，王芹点校，北岳文艺出版社，2016，第167页。

② 同上书，第172页。

一边写女性主义的失败与坚守，一边写侠的人格分裂。神剑魏和《纤纤剑》中的徐三爷都是人格分裂的人。他们的第一人格是侠客，这是他们的公众人格，但其第二人格却是父权化身的父亲，这在他们老迈之时更为突出，只是在世人面前他们还要强撑第一人格，在女儿面前就把第二人格暴露了出来。他们的第二人格其实是潜意识人格，在第一人格凸显时并未隐退，而是像荣格所说的“第一人格就是那提灯者，而第二人格则像一个影子那样跟随着他”[①]，而当“在第二人格处于支配地位时，第一人格便被包含在他里面而被湮没了”[②]。当神剑魏和徐三爷第一人格越来越萎缩时，他们已不再是剑客，而成为向女儿发号施令的“命令者”。当“命令者”成为暗影吞没了第一人格时，女儿面对的就是一个世俗的要左右自己人生的霸主。压迫女儿的是曾经行侠仗义、追求自由的侠客，否定侠客的正是先前的侠客。面对这样的父亲，不同的女儿有不同的表现。在《纤纤剑》中，徐雪卿在父亲那里看不到侠的旗帜，只剩下了苟且于庸常的苍老背影和依然坚毅的霸主神色，这让她灰心，却没有精神力量能让她挣脱，她也就从心底接受了庸常的高文豹，被父亲第二人格的暗影所吞噬；在《大漠双鸳谱》中，魏芳云面对第二人格凸显的父亲，看清了不再是侠客的悲哀，却认同了父亲的第一人格，其女性主义意识更激发了她不依靠别人，独自面对生活的勇气，这使得她走出了父亲第二人格的阴影，没有像徐雪卿那样在逃离之后又选择了回归。

魏芳云最后成了道姑，这和《江湖十六奇侠》中的赵胜男出家为尼，是相同的归宿。为什么魏芳云会有这样的选择呢？她爱吴三，她的逃离也是对吴三抱有希望，以为吴三在前面等她。然而，当她发现吴三虽然有英雄的一面，但在婚姻上却很世俗，吴三认为女侠不能过日子，交友不妨结侠客，娶妻当娶贤淑女，并不愿意娶她这个女侠，只是把她当作可以为其赴死的朋友时，她彻底失望，也彻底清醒了，原来吴三并不能欣赏她，并不爱她。而真正能欣赏她也爱她的秦雄，却为救他的未婚妻吴锦娥而在与贼人厮杀中惨死了。她没有纠缠吴三，成全了他和李玉兰的婚姻，又把爱慕自己的于朗月介绍给吴锦娥，让他们成了夫妻。这样的结尾实在很荒诞，且不说于朗月和吴锦娥的结合太过突兀，即便是吴三和李玉兰，也缺乏足够的铺垫。这使得《大漠双鸳谱》后半部分显

①［瑞士］卡尔·古斯塔夫·荣格：《荣格自传：回忆·梦·思考》，刘国彬、杨德友译，译林出版社，2014，第90页。

②同上书，第89页。

得过于草率，双鸳结合的大团圆也实在有些平庸，本能成为悲剧侠情的小说，悲剧却只助长了结局的荒诞。也许王度庐就是想写一部荒诞剧，写侠客的人生终被世俗所淹没，写爱情不敌世事之变幻，写“前现代”岁月中觉醒的女性主义者是没有世俗之路可走的。这样的想法是好，但小说后半部分没能在这样的思路下充分展开，可惜了小说第一回“风沙里的兄妹”写得那么沉着、那么自然，即便在“鹤—铁五部曲”中也难觅那样精彩的段落。

魏芳云最后成了道姑，这说明当整个时代从国家到家庭都还在专制主义之下，世俗之路还容不下觉醒者的脚步，他们只有自我放逐到专制主义的边缘地带，才能安身立命。这不是性格悲剧，是早醒者的悲剧，是时代的悲剧。

鲁迅在《娜拉走后怎样》中写道：“可是走了以后，有时却也免不掉堕落或回来。否则，就得问：她除了觉醒的心以外，还带了什么去？倘只有一条像诸君一样的紫红的绒绳的围巾，那可是无论宽到二尺或三尺，也完全不中用。她还须更富有，提包里有准备，直白地说，就是要有钱。”[①]魏芳云除了觉醒的心以外，似乎并未带了什么去，这就愈见其悲壮，然而她内心正像荣格一样都有“一盏灯”，与无情尘世的风霜相比，“这盏灯虽然显得无穷的小和脆弱，但它却仍然是一盏灯”[②]，有了这盏灯，放马戈壁与栖身道观本无差别，这是吴三们所不能理解的。

第六节　心灵史与市井图——《春明小侠》《琼楼双剑记》

1944年5月3日，《青岛大新民报》开始连载《紫电青霜录》，两个月后，南京《京报》开始连载《春明小侠》。这两部小说基本是同时写作，也都关注少年的心灵成长。《紫电青霜录》中的“小石头”虽为配角，却很出彩，少年侠客的成长过程是随着身边大侠的人生起伏而逐渐成长的。《春明小侠》则把“小侠”鲁少华作为小说的中心人物，通过叙写他与少年情人阿环的悲欢离合，来写少年的心灵史。《春明小侠》结束后接着在《京报》连载的《琼楼双剑记》，虽只连载三章就中断了，但从残存的内容看，它依然是在写少年的心灵史。

为什么王度庐会在这个阶段连续地把少年的心灵史作为其武侠小说创新的

① 鲁迅：《娜拉走后怎样》，载《鲁迅全集》（第一卷），人民文学出版社，2005，第167页。

②［瑞士］卡尔·古斯塔夫·荣格：《荣格自传：回忆·梦·思考》，刘国彬、杨德友译，译林出版社，2014，第90页。

突破口呢？

“南京七书”是与“鹤—铁五部曲”相伴而生的，其中《风雨双龙剑》早于《卧虎藏龙传》，《彩凤银蛇传》与《卧虎藏龙传》基本是同时推出，而在《铁骑银瓶传》连载的同时，《纤纤剑》《舞剑飞花录》和《大漠双鸳谱》在《京报》接龙连载，《春明小侠》和《琼楼双剑记》则是在《京报》结束后的《京报晚刊》连载，其成就远不及《京报》连载的五部小说。“南京七书”是一个泛称，就风格而言，前五部应称“《京报》五书”，因这五部小说水平比较接近，风格各异，展示了“鹤—铁五部曲”之外的新追求（最鲜明的是在喜剧和诗化方面的探索），是与“鹤—铁五部曲”具有“对话性”的“复调”，它们共同造就了王度庐武侠小说巅峰期的特色。就此而言，把王度庐武侠小说定位为“悲剧侠情”小说是不够全面的，因为在其巅峰期开创“悲剧侠情”武侠小说模式的同时，也在探索喜剧武侠小说和正剧武侠小说，只是“《京报》五书”除《风雨双龙剑》外，一直没有被研究者发现，是被遗忘的“复调”，因此，读者和研究者只看到了“悲剧侠情”的一面。《春明小侠》和《琼楼双剑记》，是“鹤—铁五部曲”和“《京报》五书”结束后出现的，《春明小侠》与前面十部小说相比，是个断崖式的下沉，《琼楼双剑记》未载完，暂且不论。这两部小说虽然时间上和前十部接近，实际上已属于巅峰过后的后期写作，这就要从王度庐后期的写作追求上来论得失。

《春明小侠》写的是这样一个故事：

京师名医“赛华佗”鲁老先生六旬时收婢女梨香为妾，梨香生一男孩，名叫少华，是家中二少。少华在杂耍场遇到小艺人阿环，互生情愫。阿环本随养母依范五爷卖艺为生，认识少华后不久，顺天府尹私宅、某王府和中堂家被盗，官府限期破案，衙役以为是范五等人所为，要去捉拿。少华得知消息前往报信，当晚阿环被养母吴氏强迫带离京城。吴氏到山东改嫁大盗屠猛，阿环身陷盗窟，看到强盗的种种恶事，活泼天真的她被吓得胆小怯懦。后屠猛山寨被攻破，吴氏带着阿环逃到临清，嫁了当地流氓马屎蛋，买了几个姑娘开起了娼寮。后阿环被吴氏熟人余氏带到汝宁府，余氏在那里犯案，阿环也被捕下狱，幸被知府戚大人收为婢女。后戚大人升任浙江布政司，阿环成了姨太太。

少华离京去寻阿环，遇到曾与阿环一起卖艺的龙碧珠，龙说阿环被凤阳财主刘百万买去，双目被剜，成了盲女。少华去凤阳救出盲女，才知救的是殷秀华，不是阿环，便送秀华到其杭州家中。少华在杭偶遇阿环，发现她已是布政司姨太太，想让阿环和他一起走，阿环却说要等待机会。少华以为阿环变心，再去找时，发觉她已随卸任的戚大人回京，遂叫了快船，沿运河去追，中途却在石龙山与恶霸赵凤臣争斗，陷入土牢。后被范五的老伙计胡大升搭救，又因胡赌博受牵连，被关入淮安府监狱。这时戚大人生病停留在淮安府，阿环得知少华陷狱，遂托谢知府的二太太搭救。谢二太太便叫文案先生开脱了少华罪名，又派人送少华到泗州城外庙中，与等在那里为戚大人求签的阿环相聚。少华与阿环相见，共订白首之盟，约在京城净业湖再聚。

这个故事分为前后两大部分，第七章以前写春明小侠在北京的遭遇，第七章以后写小侠“江湖寻旧侣”。前半部分主要叙少华和阿环的少年情，当时少华十三岁，阿环与少华年岁相当。在这部分他们的相识相恋是放置在范五爷等江湖艺人在京城行侠仗义的背景下来写，他们是以“局内人”的视角来近距离地感受和参与这些江湖侠客的活动，而且是未成年的视角，因此很多故事是透过孩子的眼睛来呈现，与以往的成人视角不同，写得还比较新颖生动。这和《紫电青霜录》写“小石头”的命意相同，就是要写“小侠”，从未成年人的视角看世界、看江湖，从江湖险恶和世态炎凉来写未成年人的心灵成长过程，——这是这个时期王度庐武侠小说的一个自觉追求。《紫电青霜录》只设计了“小石头”一个未成年视角，《春明小侠》则有少华和阿环两个未成年视角。少华是庶出，母亲是婢女出身，在“赛华佗”家中备受歧视，小小年纪就体弱、忧郁，“竟像是个中年人”，心灵受到过伤害，在接触范五等江湖人士后，他发现江湖人的纯朴和真诚是他家中亲人所没有的，这些人仗义助人的行为又为他树立了生活的榜样，他逐渐不再忧郁，体格也健壮起来。阿环是个孤女，生身父母和养父都没有了，依着养母和范五为生，养母时常打她，有时不给她饭吃，其心灵也是在被虐待被忽视中成长的。这两个小小的受伤的心灵一旦接近，自然惺惺相惜，但江湖世界在他们心灵中的投影又不尽相同。少华在范五等人身上感受到的是朴实、真诚，阿环体会更深的则是冷漠和粗野。少华不谙世事，阿环已通世故；少华忧郁未除，阿环坚韧冷静。这些心灵成长的历程在前半部分基本是隐形呈现的，表面的江湖纷争、世态炎凉虽然和他们心灵的成长还不尽合拍，但大体是和谐的，只是少华和阿环的心灵之声还不够细腻，他们的声音还不能冲破世事的压迫呈现出自己的思想层次来。这样，我们看到的心灵史还在情节的边缘，这和王度庐最初的追求还是有距离的。还好，王度庐认识到了这一点，故而在第七章让少华去寻找阿环，增加其江湖历练，丰富其心灵世界。但第七章后的大半内容是少华一再地遇难，一再地逢凶化吉，最后与阿环同订鸳盟。读者感受到的多是情节的纷繁，却看不到少华心灵的成长。这样后半部分就成了"小侠"的游侠史，小说又回到了《草泽英雄传》《河岳游侠传》的老路上去，主角却没有从前那些游侠的"本领"和气质，"情"压倒了"侠"，却没能由情及于思，心灵的变化总还是停顿在上半部的水准，但是此时少华已经十九岁了，十九岁的心灵对爱恨、善恶、高尚、卑微、希望、失望等的体认和应对，在历经磨难后并未留下太多的痕迹。也就是说，借助故事的传奇性，将少华的经历置于各种社会势力之下，由此来描写他心灵的成长，却看不到恶势力对其心灵"斫伤"到何种程度，"斫伤"不深切，心灵的变化就没有切实的缘由，由何处得以成长就交代得不清晰。心灵的成长必始于对"斫伤"的具体反应，才能在心灵世界的不和谐中寻求自洽，而心灵史小说所要做的就是将这种在不和谐中寻求自洽的精神状态呈现出来。传奇性情节的密集呈现，若不能与心灵的密集冲击，及由此出现的寻求心灵自洽的精神变化相应和，则故事的起伏跌宕与精神的波澜不惊必会使小说止步于传奇，而不能成为展示人物心灵、震撼读者心灵的小说。因此，《春明小侠》与"鹤—铁五部曲"及"《京报》五书"相比，是个断崖式的下沉，这自然与作者在创作巅峰之后写作的倦怠和一时的草率为文有关，却也说明心灵史的写作在故事情节设置和人物内心开掘上还须精心设计，以某人为中心的游侠传奇与心灵史写作是不很匹配的。

《春明小侠》处在王度庐写作的巅峰期之后，寻求突破，求新求异，自然不只是这一部小说的追求，而是他后期写作的一贯追求。但就《春明小侠》而言，选择写心灵史，不但不是错的选择，而且是新的突破，只是效果不佳而已。王度庐当时能做出这个选择，是因为他在十几年前就很关注儿童和少年的心灵成长问题。他在《儿童 成人》中写道："儿童时代真是黄金的时代，处在学校里，哪里晓得什么叫罪恶的人群、黑暗的世界？我小时候又何尝不如此，我在作小学生时代，一般人也拿我当将来不可限量的人看待，但是如今呢？咳，我自己承认，我确是生活堕落，辜负亲朋师友之厚望了！不独是我，我看许多人，在幼年时代都是很有希望、很有作为的，可是，长大成人，却与前判然如同二人。

咳！社会上的恶势力压迫人，真是可怕啊！”[①]王度庐所说的“恶势力压迫人”，其实不仅来自社会，也来自家庭。《春明小侠》中少华的哥嫂就是家庭“恶势力”的代表，书中写道：“他对待庶出的兄弟实比严父还严，比酷吏更酷，但他说这是受先父的遗命，不能不管束兄弟，以免有玷先人之誉，而败坏家风。他的太太更不用提了，看待梨香不如猪狗。梨香虽然忍气吞声，也是无法生活。同时感觉出来，鲁继儒夫妇现在使用着一种毒计，他们放纵着一个年轻的男仆，向梨香无理调戏已经是两次了；白天梨香也不敢开屋门，丫鬟婆子们都啐着她这间屋，又盯着那个男仆，撇嘴冷笑，私下里谈说。”王度庐写庶出子女之心灵，早期小说《红旗岭》也有涉及，《红旗岭》中的程金貂也是庶出，三个姐姐是正夫人所生，对其母亲非常慢待。但《红旗岭》还是把这种出身当作人物背景来写，并没有把它作为心灵史来对待，《春明小侠》虽有意从心灵史的层面来把握和呈现这种人生境遇，却未能把少华这种境遇和他日后的人生合观，从而提炼出重大的情节，通过情节把这种受压抑的气质在心灵层面的变化展示出来。王度庐其实是有这样的能力的。他曾在《有羡于孙菊仙》中写道：“不过我还有一种感想，就是孙菊仙为什么如此高寿？推其原因，一来是善于摄生，素无嗜好，而究其实说，也是因为少年时没有受过什么忧患。虽然据报载，少年时也曾投身行伍，身受重伤，然而那是体肤上的忧患，不致斫伤到精神心灵，而且他引吭高歌，正不知宣泄胸中多少烦恼。至于我辈现代青年，生丁兹世，满目蒿棘，前途维艰，命运坎坷，心灵精神上，不知蒙了多少剧烈的打击，壮年时已如同死灰槁木，将来年老气衰，尚怎样支持？要想活到孙菊仙这样的年纪，真是难得很吧。”[②]很显然，十几年前他已认识到精神心灵斫伤尤甚于体肤上的忧患，“鹤—铁五部曲”和“《京报》五书”对成人精神心灵的斫伤的成功刻画，就是这种思想的体现。但《春明小侠》却反映出如何在武侠小说中表现少年精神心灵的斫伤及其自救，他还没有把握。因此，《春明小侠》实际上是王度庐用游侠传这种传统的武侠小说模式来处理心灵史写作的尝试之作。

《春明小侠》不仅在大结构上复制以前的武侠小说模式，小细节也有复制，这也说明“《京报》五书”完成后他确实有些倦怠。

如小说中写少华走到铺陈市，发现“原来这条街虽也热闹，可是又窄又脏，

① 柳今：《儿童 成人》，《小小日报》1930年8月14日。

② 王霄羽：《有羡于孙菊仙》，《平报》1931年8月4日。

附近有许多门户，门前都有玻璃灯，上写着什么‘四喜下处’‘三等云仙下处’，有一些不大体面的人出入，还有打扮得极妖娆的妇女在门前站着。少华猜出来这不是好地方，就赶紧走”。这和《宝剑金钗》第八回描写妓院的笔调是一致的：“李慕白看了人家这样得意欢喜，自己却如此落拓无聊，不禁暗自感叹。忽然看到几家门灯上写着字，两旁并挂着小牌子，写的却是什么‘福仙班’‘丽春馆’‘百美班’等等。李慕白顿然明白了，暗道：这大概就是北京城内的平康巷吧？我一个穷困潦倒的人，来到这纸醉金迷的地方，岂不是笑话吗？于是赶紧转身就走。”除了笔调一致，细节也有相同的，比如都写到了玻璃灯。

又如，小说写到将阿环从高处踢下的龙碧珠时，说“她长得确是很美丽，今天穿的衣裳又尤其鲜艳，是银红色的一身绸小裤袄，腰身和袖口都极窄，裤腿且用带子扎着；下穿着的小鞋却是铁的，鞋尖比枪尖还许要锋利，鞋底却衬着棉布，走路所以无声”。此处对铁小鞋的描述，就源自他早期的侦探小说《怪皮鞋》。在《怪皮鞋》中凶犯的“皮鞋是深黄色皮子制成的，白绒的底儿，鞋头钉着一块电镀的铁片，鞋后跟钉着一个铜英文字”。这双铁小鞋在《春明小侠》下半部又出现了：“一言未了，忽然由北房里跳出来持剑的‘一枝梅’，依然是一身粉红，云髻上且系着一条粉红的纱帕。只见她的脚下又蹬着一双铁尖的弓鞋，泼悍不减当年，她用剑指着少华，怒声说：‘好！顺天府没把你这小贼捉住弄死，现在你还活着？从哪儿学了几手儿武艺，就跑到临清来找你的姑祖宗、祖奶奶，还敢在酒楼上胡说白道？说什么早先就跟我相好？你妈的屎！’”这“一枝梅”的泼辣总让人想到刘云若笔下“铁屁股六二”“大巧儿”等泼辣女子。《春明小侠》本想写少华的心灵史，但写得最出色的却是这铁鞋“一枝梅”。

再如，少华南下寻找阿环，在运河船上看到一个歌妓，穿着红裤袄儿，脸色跟黄蜡一般，敲着竹板儿唱着：“流泪眼望着流泪眼，断肠人对着断肠人……前生没修来好福分，月下老人错系了线，到如今，落得竹篮儿打水，一场儿空！且不表，那薄命的佳人儿她一去无音信，单表那多情的公子就痛坏了心……”这段唱词在《风雨双龙剑》第十回也出现过，那个歌女“脸上虽然擦着许多胭脂粉，但掩不住本来的雀斑。梳着条长辫，穿着红衣裳绿背心，没有多么动人之处，可是她的喉音却很清亮，如百灵鸟一般在那里叫”。唱的是什么，张云杰也听不懂，只隐隐听了一句：“这才是，流泪眼望着流泪眼，断肠人对着断肠人。……”

这些仿袭以前小说的地方，虽是创作力减退的证明，却也有作者新的用意，即用市井图来展示少年眼中的人群和他所处的世界。上面出现的铺陈市妓院、走江湖的铁鞋女艺人和船上唱曲的歌妓，无不充满了市井气息。写这些，无非就是把心灵史置于市井图中来呈现。这样的写作计划无疑是好的，关键在于市井图打动或“斫伤”小说人物的程度如何把握，市井的声音和人物的心灵是否处于潜在的“对话”状态，“对话”是否到位。在这方面，《琼楼双剑记》虽只连载了三章（现存的只有两章），却比《春明小侠》处理得好。

《琼楼双剑记》现存两章的主要内容如下：

> 清朝京城于宫保女儿莺香与表哥岳文韶少时相恋，后岳家遭难，文韶父亲惨死，母亲病故，家产被抄，文韶随家中护院铁头蜈蚣许七流落塞北。文韶在塞北漂泊五年，跟许七学了通身武艺，许七死前赠他双剑留念。文韶回到北京来，原想大干一番，却被他的伙计坑骗，竟囊空如洗，衣食无着。他无颜面去见莺香，又无处可去，徘徊在京城。后在其旧仆黑丫头帮助下，到于府与莺香相会。文韶自觉年过二十，既无出身，又无功名，更不会经商，无力迎娶莺香。莺香却忿然说：“实情是实情，可是我不望你的前途有什么发达，中什么状元，又做什么高官，我只……我只愿意现在你就带着我跟小黑猫我们都走！”岳文韶竟摇头说：“这如何使得呢？”莺香反问说：“有什么使不得？我们随你到别处去，并不用你出钱养活呀！”岳文韶说：“落一个拐带之名！”莺香说：“你还怕落这个名吗？”

文韶和莺香是表亲，自髫龄至十几岁，时常往来。文韶遭难回京时是二十岁。他们的年龄和《春明小侠》中少华和阿环的年龄基本是一样的。也就是说《琼楼双剑记》也是在写少年的心灵史，只是《春明小侠》是按时间顺序去写，而《琼楼双剑记》直接从文韶回京落笔，由“现在进行时”带出“过去进行时”，把握到了描写心灵变化的核心情节（文韶回京），由此来展开心灵变化的过程，而不是像《春明小侠》那样一泻而下，没有核心情节，写成了流水账。

在《春明小侠》结束后，马上写同一题材的小说，说明王度庐对《春明小侠》也是不满意的，并不想辜负这样的题材，而是希望通过《琼楼双剑记》来弥补这样的缺憾。《琼楼双剑记》敢于截取重大事件，深描细节和心理来展示各种人的心灵世界，通过各种人的心灵世界的碰撞来展示主要人物的心灵变化。这就使得心灵的对话和交锋更直接，也更深入，使得剧情并不复杂的事件获得了超越事件本身的宽广的心理空间。B.基尔波京在《费·米·陀思妥耶夫斯基》中指出："每个人的'心灵'史，在陀思妥耶夫斯基作品中都不是孤立表现的，都是同描写许多他人的心理感受结合在一起的。在陀思妥耶夫斯基作品里，不论是用第一人称的自白体，还是用讲述者代替作者的形式，我们总可以看出作家的一个出发点，即同时共存的感受着的人们是地位平等的。作家的世界，是一个由众多客观存在着的、相互作用着的心理所构成的世界。"[①]同样，在《琼楼双剑记》中，我们也看到了"由众多客观存在着的、相互作用着的心理所构成的世界"，在这个世界中"同时共存的感受着的人们是地位平等的"，他们都在发声，有直接对话，有潜在对话，使得特定事件所引发的心理感受都结合在了一起，从而展示出宽广的心理空间，心灵的撞击由此强烈地被呈现了出来。

《琼楼双剑记》中的"醉诸葛"是于府的护院，是个典型的京城市井人物。王度庐写"醉诸葛"是从他吃烂肉面开始的：

> 他所住的地方，是在前门外大街的一家茶馆里，这茶馆的字号叫"福源居"，里面有楼，地方儿是非常的宽敞，可容二三百人，每天清晨，总有二三百个都是游手好闲的人，提着鸟笼，揉着核桃，揣着鼻烟壶，还多半是自带着小包的茶叶，来到这儿泡上一壶茶，彼此闲谈天，一直耗到了正午方散。这里也卖着各样的菜饭，有一种叫"烂肉面"是在面条儿上浇上卤，再搁上几片煮烂了的肉，价钱特别的便宜。

关于烂肉面，徐城北曾这样描述："在本世纪初的北京，在前门外'广和楼'戏园子旁边，有一个名叫天泰楼的小饭馆。说饭馆是夸张，主要生意是卖烂肉面，也即是打卤面。卤的质量极差，不过漂着几片很薄的肥肉，吃时必须从蒜盆中舀些烂蒜搁进去，才觉得提味儿。一碗烂肉面卖两大枚铜子儿，要算相当便宜的伙食。但比起门口的豆腐脑挑子，又显得'正规'多了。"[②]老舍《茶馆》也写过烂肉面，不过他们都没有深入描写吃烂肉面的市井人物的心理。《琼楼双剑记》却把吃烂肉面的食客"醉诸葛"的心理写活了，请看：

---

① B.基尔波京：《费·米·陀思妥耶夫斯基》，载巴赫金《巴赫金全集》（第五卷），钱中文等译，河北教育出版社，2009，第50页。

② 徐城北：《先绿后园》，宁夏人民出版社，1996，第132页。

醉诸葛就是每天必到这儿来的一个，他是天才亮就来喝茶，到午间吃完烂肉面，喝得半醉了，方才走，每天如此。他是一个无家无业，又无有来历，可是在北京已经流落了多年的人。他姓朱，因为能谈惯道，有时给人帮忙办点事，他都能出特别的新主意，办得漂亮而稳妥。对朋友和气，很得人佩服，因此才公送一个绰号，叫他为“醉诸葛”。他每天至少约喝半斤烧酒，吃十来碗烂肉面。朋友遇着困难的时候，三十五十两的他总不吝啬帮助。残废的乞丐，贫苦的孤孀，他更是时常地对之慨解义囊。但是他却没有个事儿，毫无收入，也没人见他放过账或讹诈过人。他会些武艺，但家里向来没放着过刀剑。他跟京城中许多著名的镖头全都认识，他可也不保镖。他自称是山东人，可说的是纯粹的北京话。他年纪快到五十了，然而头发不白，面皮永远红润，身体也颇为结实。赛许褚是受过他的好处的，所以一见了面就尊称他为“老师”“师父”，没钱的时候常常找他来周转，遇着什么看看家信，写个红白事份子的封儿，都要请他代笔。醉诸葛也有一个脾气，别人若夸他武艺高，智谋广，行为磊落或是酒量超人，他是一点也不好。但若是恭维他的文学高，写得字喜，他就乐不可支。这茶馆里就挂着他所写的一副对联，是：“座有一人诸葛亮，世无半个孟尝君。”他也没养着什么鸟儿，更不惯闻鼻烟，手里只长揉着一对发亮的铁球儿。每天来到这儿就找一个固定的座位坐下，喝着酒儿，眼望着他所书的这副对联，就时常发出来微笑。他的生活很是恬静。别人都把一些“大姑娘跑了，妻妾争风，婆媳顶嘴，镖行人争生意，江湖人打架比武的事”每天在茶馆当作大事一般地谈说，他却连听也不听。

这里展示的是一幅鲜活的市井图。对“醉诸葛”这种配角如此下力气去写，就是要把他生活的场景刻画细致，因为那主角岳文韶也是这场景中的人物，这场景是他们共有共享的，他们的心灵史是在这市井中成长变化的。有了这市井图，心灵史就有现实依存，现实烟火映照出的就是具体可感的心灵。这种写法自然和《春明小侠》一脉相承。

写“醉诸葛”吃烂肉面只是铺垫，写他到于府护院与岳文韶相遇才是深描：

醉诸葛在窗外还正在观察室中的动静，却忽觉出不好，身旁有人来了，他赶紧回身缩首，向旁去闪，却见一短小精悍之人，手持三尺长的一道寒光向他削来。他急忙将身体跳出了栏杆，身落于楼下，轻得和一只鸟儿似的，但上面也如苍鹰，嚓的一声追赶下来，那道寒光如银翅向他又击。他一言不发回身又跑，人家就追，他跑得直到了假山石畔，只听“当啷”一声，无意之中，他撞倒了一件东西，原来是一把铁锨。大概是花匠铲地，铲完了就放在这儿了。醉诸葛立时转身将它抄起来，就当作了一件兵器，抡起来又如一口大砍刀，于是等着那人持剑来到时，他就以此物迎敌，然而交手不到三合，又当啷的一声，铁锨的头儿就被人家的宝剑削掉了，他只剩了一根木棍了。又胡抡了两下，才就赶紧跃上了假山，想要逃走。不料人家如飞一般追上来，宝剑嗖的一声，真危险，几乎把醉诸葛的胳臂连肩膀都削下来。他急得向下又一跳，只听噗通的一大声，他跳得太远了，脚没有落到平地，却将整个的身子都掉在月牙河里了，水还真不浅，不知道由什么地方引来的，几乎没了他的肚腹，冰凉，两脚底下全是稀泥。他索性连步儿也不动了，就半蹲半立的在水沟子里浸了多时，才觉出那个使宝剑的人是已经走了，他这才慢慢地爬上了，全身都湿，心里是又气又恼，暗道：诸葛亮都已经成了这个模样，还有什么脸再见人？这口气我非得当天就把它出了不可！于是急跃出墙，就急急地过街巷带爬城，回到了他的寓所。

前段写的是“醉诸葛”的“形”，此处就刻画出了“神”，反讽中流露出了喜剧的意味。这是王度庐后期小说的一个追求，他不再只把配角在情节上做简单处理，而是让他们也饱满地发声，把他们的心理也尽可能丰富地呈现出来，因为配角的心理和现实状态与主角的心理本身就是潜在对话的关系，在呈现其“共存的感受”时，他们的地位是平等的。《春明小侠》的失败，除了没能截取重大事件做重点描述之外，也没能从潜在的对话关系上来安排主角和配角的话语分量，心灵的呈现被流水的情节打断、淹没，最终只能以大团圆草草收场。

《琼楼双剑记》中的“醉诸葛”是和岳文韶对照而写的人物，“醉诸葛”的贫滑和恬静，正反衬着岳文韶的性直和焦急。他二人在茶馆正面交锋，醉诸葛和气地说：“岳君！你原是生长在世家，本是一位公子少爷，因为家中遭受不幸才致你饱尝世态炎凉和风尘艰苦，然而你始终不堕家声，你虽未荫子封妻，可是你也没做什么不才之事，要不然你绝没有脸回京见你幼小时的情人。你有志气，可钦佩，但你也常常因为性直就得罪人，因为气傲就结下对头，你跟神箭李，你们的麻烦、冤怨，我虽不大清楚是为什么，可是我想着必是不怪他也不怪你，你们全都是好汉。”岳文韶听了这番话心理起伏很大：

岳文韶胸中的怒气虽已渐渐消散，可是醉诸葛的那一夕话，又引起他加倍的愁烦。他在长街上慢慢地踱着，肚子里不住“咕噜咕噜”的直响，本来他只在上午吃了一点东西，这多半日，连一点水米也还没进，原因是他的财物都被一个伙计给拐跑了，他有两只最擅于捕山狐、野兔的猛禽和一匹在沙漠日行数百里的骆驼，也被另两个伙计拐走，到底是卖了没有，他也不知，他直是连一文钱带那个人都未见着，又无物可以典卖，而他也不愿去做不义的事，以得到钱，他更不愿受人的怜悯。今天因为在街上听了些个人胡言乱语，侮辱的正是他的表妹，而那些话的来源，却又是有一个名叫“醉诸葛”的人造出，他料到这个人必是一个坏东西，是恶徒地痞，所以他就忿忿地找到茶馆里，但不想见了醉诸葛竟是那样一个人，是个“世故精”，是个“老江湖”，而且那人毫无血气，只是耍了一阵“贫嘴”。所以岳文韶觉得与那样的人也不值得一斗，只恨自己时乖运舛，不但自陷于穷途，且使闺阁中的红粉知己也因之受辱招欺。他忧郁地在街上踱着，不觉就回到了他住的店房，进了屋子，黑乎乎的，什么也看不见，他仔细地查看了一过，觉得倒是没有藏着人。他这才长叹了一口气，接着就高声呼唤店家，连唤了几声，才把个伙计唤了来，替他点上灯，但灯里的油添得极少，伙计刚一转身出屋，这盏灯就摇摇地欲灭了。这盏灯就像是他的苍茫的家世，本来是已经完了，只留下他一个人，他虽极力地想要发挥光亮，挣回来荣耀，重振起家声，但怎奈已没有了这种力量。他愤恨人情的淡薄，世态的可怕，他家中遭事之时，除了他家的护院人铁头蜈蚣许七，简直没有一个人给予过他一点温暖。他随着许七学会了通身的武艺，高超的身手，在塞北漂泊了五年，结果许七遗留给他做人处世的道义箴言，给他挣来了一封宝物。许七死了，他含着泪亲手将许七葬埋在大漠的旁边。他回到北京来，原为的是做一番高尚惊人轰轰烈烈的事情，给他那些寡情的亲友们看一看，但不料他的伙计又坑骗了他，他的仇人又来逼迫着他，他想要离开，但在这里还有一缕柔丝系着他，使他割不断也扯不开。他不想离开，但他已囊空如洗了，衣食无着了。若是在外乡外县，他就是当街去打拳卖艺，摆个摊子卖卜，代写家信，也觉着不算丢人，但在北京他不能露出家困的样子，而又惹得那些寡情的亲友们一番冷笑，他不能做。

这番自省不仅用“醉诸葛”的市井状态照出了文韶自己的无力和卑屈，也将此前的行踪自然地交代出来，这就是心灵经受“斫伤”后产生的强烈反应。若无“醉诸葛”的“斫伤”，这反应就不会被逼出来，人物心灵的变化就不能在其他心灵的冲击下“共时涌出”，而“共时涌出”最能呈现不同心灵的碰撞，也最能打动读者。文韶和莺香在琼楼的对话就是这样的“共时涌出”：

> 他在此时此地不禁想起来他那既为恩师且是侠友的铁头蜈蚣许七，更觉得这一些浮华富贵之象，实在惹他的憎恨。他这表妹现在忽又多情了，但在那时，纵然她的年龄还小，一切都做不了主，自己又出不了门，但也何曾想出个方法来资助或安慰过他？这其实也都不必计较了，但他觉得这个表妹，无论如何相思之绳索虽然还紧缠着未断，但却无什么可以永相继续，缱绻追随，以至白首，那种期望，那种梦想了。所以如今他很拿出理智来，决不多瞧莺香一眼，决不说什么重叙旧情的话儿，连那靠着锦缎的绣椅，他全都不愿坐，直挺直了身子说：“你屡次叫人去找我，到底是有什么事？”
>
> ……
>
> 岳文韶的心也渐渐发软而觉出来痛，但仍然倔强地说：“都没忘！记得很清，我记得当年的富贵，锦上添花；我尤忘不了昔时在难中，没个人向雪中送炭！”莺香说：“你都记着，你如今难道是要恩仇全报吗？怪不得我姨母他们说是你勾来了什么五鬼，要闹得这家宅不安。也许你真是有这种打算，要使我这家和你的家一样。其实我正是求之不得，我腻烦死了这座深宅，恨死了我的小姐身份，我也不愿住在这座楼上，我愿意点把火把这座楼烧了，我飘流在街上，当乞丐，受你早先没受过的苦，我想那比现在总强！”说到这里，她竟咽呜地哭了，将身子投于绣椅之上。

此处写到的绣椅使得对话很有画面感，也见证了交锋之激烈。经过这番交锋，二人最终走向了问题的核心，面对核心问题的心灵撞击遂“共时涌出”：

> 岳文韶说："可是我的前程一定不能发达，我家中的沉冤才雪，今日我才将能出头与人见面，但是我年已过了二十，既无出身，又无功名，无论文状元、武举人，今生都已对我无望了。我更不会经商，而且我即时能够成为一个豪商富贵，拥有多资，也绝不配娶你！因为你的身份太高，所以，你我二人的姻缘，今生全无希望，非用慧剑斩情丝的办法，一下两绝，这非是我无义你薄情，实在是……"他的话尚未说完，莺香小姐的眼泪又不住地急涌，说："你说的这话，是逼着我死呀！"岳文韶说："我说的难道不是实情吗？"莺香忿然说："实情是实情，可是我不望你的前途有什么发达，中什么状元，又做什么高官，我只……我只愿意现在你就带着我跟小黑猫我们都走！"岳文韶摇头说："这如何使得呢？"莺香反问说："有什么使不得？我们随你到别处去，并不用你出钱养活呀！"岳文韶说："落一个拐带之名！"莺香说："你还怕落这个名吗？"岳文韶说："我若是个无所不为、不惜名誉的人，我也不至于今日。"

小说至此中断，没有下文。《纤纤剑》中徐雪卿的归宿是女性主义的失败，《大漠双鸳谱》中魏芳云的自我放逐是女性主义的精神坚守，只有于莺香的女性主义是现实的、胜利的，她只要文韶当下就带她走，不要他养活自己，也否定了文韶做状元高官、经商发财的迷梦，只希望"到别处去"生活，现实地生活，这已是现代女性的呼声了。王度庐用于莺香重又恢复了弘扬女性主义的写作追求，也用这种追求给现实中像文韶那样沉迷旧梦的人以狠狠一击："你还怕落这个名吗？"

《琼楼双剑记》虽只有三章，但它呈现的面貌已迥异于《春明小侠》，是王度庐经历《春明小侠》断崖式下沉后的成功自救。

第十三章　工笔描绘社会世情

大致与王度庐同时，还有一位著名的武侠小说作家李寿民（即还珠楼主），他们同被列入民国时期武侠小说“北派四大家”或“五大家”①。李寿民以仙魔武侠作品见长，但是他也写人间之侠，所以论者谓其一手写仙、一手写侠，颇有称霸“武坛”之气概。王度庐没有这样的雄心，然而他也善于“两手分用”“左右开弓”——与李寿民不同，王度庐是一手写“武侠”，一手写“社会”。当时青岛的一般读者，是逐渐发现他的这一才能的。

第一节　“霄羽”也在青岛“现身”——《落絮飘香》

当《宝剑金钗记》连载将要结束时，《青岛新民报》在1939年4月20日的第四版上，又刊出这样一则广告：

本报日内刊载

言情小说　落絮飘香

本报为充实内容、增进读者之兴趣起见，特请北京名小说家霄羽先生撰述《落絮飘香》言情说部，并由许清君绘制插图，日内即在本报逐日刊载。霄羽君年少多才，其文笔之流畅，早为各界读者所赞佩，尤为青年男女所倾慕。值此风和日丽、鸟语花香之际，此精妙作品，当可为读者诸君增兴非浅也。

① “北派四大家”是张赣生先生首先提出的一个称号，指宫竹心（白羽）（社会武侠小说）、李寿民（仙魔武侠小说）、郑证因（会党武侠小说）、王度庐（悲情武侠小说）；后来叶洪生先生增补一家——朱贞木（奇情推理武侠小说），称“五大家”。

隔了三天，即4月24日，《落絮飘香》就在该报第四版和读者见面了（第八版还在连载“度庐”的《宝剑金钗记》）。这是一部章回体长篇社会言情小说，至1940年2月2日载完，共三十二章；这时度庐的《剑气珠光录》载至十八回，也快结束了。

《落絮飘香》以北京为背景，叙述失怙孤女范菊英与穷学生秦朴相爱，但双方都经济拮据，生计无着。菊英的叔父嫌贫爱富，不愿她与秦朴结合。阔少章绍杰垂涎菊英美貌，玩弄手段，引她上钩，同居之后又另求新欢。菊英遭遗弃后，又被叔父骗卖到郑州为娼，受尽苦难，幸遇在北京时的邻居二秃子，仗义相救，送回北京。

菊英虽然跳出火坑，但已身染二期痨疾。秦朴从上海赶来相见，表示无论发生什么变化，对她的爱永远不变，但菊英已不堪承受重新到来的爱情，她的“心病”虽因秦朴的到来而得到治疗，“身病”却日益严重。“春光一天一天地老去”，落絮扑天，柳丝拂地，然而秦朴回到上海之后寄给菊英的信，已经永远没有收信人了。“虽然还是春天的北京，但已不像处女那般美丽了”！

就谴责纨绔子弟对纯情少女始乱终弃这一点而言，这部小说似乎未脱俗套。但是，作品对菊英的苦难、软弱、动摇，对陷害者们的诡计和手段，描写均颇深刻。不仅对下层社会的各色人等及其生存情态描绘得栩栩如生，而且对中、上层社会的歌场酒楼、声色犬马生活以及京华都市文化，也展示得色彩缤纷；加上文学性相当强的“新文艺笔法”，令青岛读者甚为入迷。

《落絮飘香》出单行本时被分为四册，分别题作《落絮飘香》《琼楼春情》《朝露相思》《翠陌归人》。①这部小说连载之时，大多数青岛读者都在询问“霄羽”是谁，因为这个名字在青岛是第一次出现。1940年2月20日，《青岛新民报》上发表一篇文章，回答了这个问题：

《落絮飘香》读后　傅琍琳

世人皆知小说家言尽属空中楼阁，然而小说亦有移风易俗之力；其感

① 据李丹荃女士说，中、长篇社会言情作品出版单行本时，各分册之不同书名皆系书商所起。

人之深，与戏剧不相上下。常见一般青年因迷于《红楼》而以“贾宝玉”自命，觅“黛玉”而不可得，竟至神魂颠倒。亦有阅剑侠说部而欲入峨嵋山修炼者，可知小说潜移默化力之深，实有不可思议者。

余生平最喜读小说，尤喜章回体者。本报曾载王霄羽之《落絮飘香》，系一中篇言情说部。王君曩在北京主编《小小日报》时，以著侦探小说知名，此次为本报撰言情者，实属不可多得。

综论全部最精彩处当属“秦朴密偕淑玲进城，于大雨倾盆中遣请菊英相会，菊英以愧极而拒绝之”，此节情绪紧张，描写入微，令人读之如身临其境，不禁为之惋惜感叹。

至其结尾，则似嫌过于仓促，于三太太、章大少爷均以“秃头文章”了之，颇令阅者难消其愤。然正因阅者难消其愤，才是《落絮飘香》的优点。

该说部刊毕，会曾有人询余有何批评。余曰：“小子不才，岂敢妄评他人作品？”不过余觉《宝剑金钗记》似与《落絮飘香》多有相仿处，如史胖子与二秃子、德啸峰与邱亚男、小蜈蚣与淑玲，在在均显示此二说部如出一人之手笔。

或曰：“王度庐与王霄羽究系一人否？”余当莞尔笑曰：“然也。”霄羽君秉其生花之笔，同时撰两小说，而能使数十万读者为之倾倒，其写作技巧之精熟，穿插布局之适宜，实令人赞佩之至。

这位“傅琍琳”正是《青岛新民报》那位副刊编辑关松海的夫人。文中列举的“史胖子”“二秃子”“德啸峰”“邱亚男”“小蜈蚣”“淑玲”等人物，分别见于《宝剑金钗》和《落絮飘香》，是带有市井侠义或“贵胄侠义”性格的配角，他们都为帮助主人公扭转命运而出过力。傅琍琳提出上述两部作品人物设计上的相似之处，就分析言情、侠情小说构思的程式化规律而言，是不无意义的；至于以此作为推论“霄羽”即“度庐”的根据，则难免有点故弄玄虚之嫌，因为她自己接着就说：“霄羽”即度庐也。

对于一般读者，这是一个新消息。他们不仅获得了一些关于“王度庐”即“王霄羽”这位作家的背景讯息，而且知道他正在以“一心二用”“两面开弓”的工作方式，同时撰写着一部悲剧侠情小说（有时是两部）和一部社会言情小说，而且自此以后连续五年一直如此（参见本章后附《本期作品连载情况一览表》）。

第二节　京华月色照愁人——《古城新月》

1940年2月3日，即《落絮飘香》连载结束的次日，霄羽的又一部长篇社会言情小说《古城新月》就接着见报了。它于1941年4月10日载完（其时《舞鹤鸣鸾记》刚结束，《卧虎藏龙传》才开始），共三十五章；后来出单行本时也被分为四册：《朱门绮梦》《小巷娇梅》《碧海狂涛》《古城新月》。

王度庐的社会言情小说，当时影响最大的是《虞美人》。但是，由于我们至今尚未看到《虞美人》的全部文字，所以只能将《落絮飘香》《古城新月》和《海上虹霞》作为他此一时期社会言情小说的完整标本，而这三部之中又以《古城新月》成就最高。这样，就有必要对《古城新月》的故事做一较为详细的介绍：

> 某年除夕将到之时，富家公子柏骏青为逃避父亲强加的婚姻而来到北京姑母家中。表妹祁丽雪与骏青原有感情，现在对其更为倾心；骏青却因失去父亲的经济支持、生计尚无着落而不敢回应表妹的爱意。
>
> 姑父祁悦斋不满骏青的叛逆行为，更不愿丽雪与表哥亲近，所以对骏青十分冷淡。骏青于是迁出祁府，在西城水车胡同的一个破庙里租房，与落拓作家刘醉生为邻，并且结为好友。醉生介绍骏青在慈善学校教书，遇到一个好学而调皮的女学生白月梅，骏青对她由厌烦到同情，教育她要自信、自强。
>
> 白月梅是一户暗娼收养的孤女，因为拒绝养母非分逼迫而遭毒打，逃到水车胡同，骏青收留了她；丽雪将她带回家中，祁太太认她为干女儿。骏青发现月梅长得和祁悦斋的二姨太梅素卿极为相像，而梅素卿则称与之毫无关系。月梅养母家的流氓小高向骏青要人，月梅为了不连累骏青而重回火坑。
>
> 丽雪告诉骏青：父亲已正式禁止她与表兄交往，但是她已决心背叛家庭。骏青却说要向姑父说明自己与表妹并无特殊关系，丽雪闻言，颇觉寒心。骏青生活窘迫，又忽患肺炎，幸得丽雪尽心照料并给予经济支持。痊愈之后，骏青又失业，丽雪为之另在府右街租屋将养。骏青十分感动，表

示愿接受她的“一切”。

刘醉生发现白月梅行踪，与骏青一起再将她从白家救出，丽雪留她住在祁府，视若姐妹。梅素卿已猜出月梅确是自己的私生女，却不敢相认。丽雪的同学，张次长之女淑范一再向骏青表示爱慕之心，其兄锦生则表示要为他谋职。骏青一方面决定要与丽雪结婚，一方面又对张淑范说：自己与丽雪仅为亲戚而已，并无其他亲密关系。月梅知道后，责备他辜负丽雪，敦促他快与丽雪订婚。订婚之后，骏青又因丽雪无吃苦准备而暗生反悔之念。

丽雪偶然发现张淑范给骏青的情书，骏青说明自己对张毫无感情，但在争执中又说丽雪本来也不是他理想的爱人。丽雪挑明他爱的是白月梅。月梅因此又出走，白家则将骏青扭送衙门，告他“拐带”养女。丽雪请刘醉生与白家谈判，白家同意由丽雪偿付抚养费，还月梅以自由，同时撤诉。骏青回来，丽雪却说要去青岛休养，治疗爱情的伤痕。

民国版《古城新月》封面

《古城新月》插图（刊于1940年9月19日《青岛新民报》，许清绘）

骏青托醉生为白月梅谋一职业，自己随后赶到青岛。丽雪对他颇为冷淡，自己则更加奢靡颓废。骏青发现丽雪与一青年男子同看电影，深夜未归；寻到海滨浴场，发现丽雪与该男子在海里游泳，竟把此人淹得半死。骏青救起此人，原来即是张锦生：他因追求丽雪不得而生嫉恨，前述种种纠葛，多由其阴谋造成；所以，丽雪设计对他加以惩罚。

老邻居张大爷以介绍职业为名，欺骗白玉梅，使她又落入另一家暗娼之手，企图通过她来敲诈某督军的少爷。月梅伪允，趁与少爷外出之际，摆脱监视，在梁霞等女大学生的掩护下逃脱虎口。

骏青回京，对月梅诉说丽雪挥霍、乖戾，无法忍受；又表示与月梅永远是严肃的师生关系，自己将到西山孤儿院上班，不再回城。丽雪亦归，对月梅说，骏青爱的正是月梅；月梅表示决不可能与骏青结合，希望丽雪与骏青和好。她决心离开柏、祁二人，先去访问生母梅素卿，梅仍不肯相认，反劝月梅安心做骏青的“姨太太”。月梅伤心之至，昏昏然出门，被汽车撞伤。

刘醉生将月梅送到平民医院疗伤，经过一系列曲折，医院将伤愈的月梅留下，作为见习护士；因其成绩优秀，还保送她进护士专科学校。又到除夕，丽雪请月梅一同过年，当夜竟服安眠药自杀，被月梅救活。月梅雪夜上西山，拉回骏青，使与丽雪和好，确定婚期。

不久，丽雪访月梅，说婚事已获双方家长谅解，自己将先到上海，争一份遗产，好与骏青过活。骏青则为月梅安排和生母见面，揭开了她的身世之谜。他对月梅说：离家一年来，所获得的唯一成功，就是造就了自立、自强的白月梅。祁丽雪实际上颇阴险，自杀事件是她的预谋，决定结婚也是为了争遗产。月梅发现骏青向丽雪屈服乃是自我牺牲，就劝他留下。骏青却说：自己尚无与社会奋斗的能力，要回去好好学习学习。于是，白月梅向柏骏青赠照而别。

《古城新月》的情节比《落絮飘香》更为曲折、紧凑（但又不无拖沓之处，这是当时看连载的读者不太容易注意到的）。它也未能完全摆脱“三角关系”和“小人拨乱”的言情套路，但是又运用得颇具新意。作者笔下的柏骏青大概不能博得当时读者的同情，祁丽雪也许让人觉得可爱之处多于可憎（读者还有理由责备作者对她的性格写得不够统一），白月梅则会得到读者的同情和首肯，还有那位落拓而侠义、沉醉而清醒的刘醉生，肯定是许多读者最喜欢的一个人物。

读书面较广、文化层次较高的读者可能还会发生一种联想：王度庐在青岛发表作品的四年前即1934年，曹禺在北京发表了著名剧作《雷雨》，然后又连续发表剧作《日出》《原野》。这些读者或许会在《古城新月》（还有后来的《海上虹霞》）里嗅到某种“曹禺气息”，例如：祁丽雪的身上似乎就隐隐约约地有着陈白露的影子；《古城新月》里还写到丽雪的四哥正在排演《日出》，该书第一章的描写，略含“曹禺式”的戏剧笔法。当时的青岛，还真上演过曹禺的《雷雨》。看来，王度庐对曹禺的作品是相当熟悉的，无形中受到它们的某些影响。

《古城新月》还有一点值得注意：它开始不用回目而用章题（如第一章为“复杂的家庭”，最后一章为“惜分飞”），这表明作者的文体意识也更向“新文艺”靠近了。

第三节　风魔了青岛女学生——从《海上虹霞》到《寒梅曲》

《海上虹霞》始载于1941年4月11日，大约结束于同年8月（与《卧虎藏龙传》中部同时），共计十章；单行本分为两册：上册《海上虹霞》，下册《灵魂之锁》。这是一部完全以青岛为背景的中篇小说，用倒叙开头：

> 三十年前，北京某户部主事家的小姐小卿，跟车夫柳贵私奔到青岛。投亲不得，柳贵抛下小卿，独闯南洋，小卿乃被流氓“皮鞋邓”霸占。
>
> 三十年后，三宝垄富商柳贵甫（即当年的柳贵）来青岛养病。女儿柳香蓉平时被父亲管制甚严，到青岛后，偶然遇到在四方路附近摆摊卖袜子的青年高林，发生爱恋。高林则是沦为暗娼的小卿之子。
>
> 柳贵甫被人认出本来面目，小卿闻讯，登报联络，二人相见。柳贵甫见小卿尚有姿色，想把她收为临时外室。香蓉与高林的恋情被父亲发现，大受责备，她致信高林断交，说现在方晓得“爱情原来还需要身份与金钱”。高林得知母亲身世，发誓要对贵甫报仇。
>
> 风雨之夕，小卿找到贵甫别墅，贵甫却责备她三十年来未守妇道，现在又让儿子来勾引香蓉，所以拒绝接纳小卿。争执中，小卿被打，旧病复发，吐血不止；埋伏暗处的高林忍无可忍，现身痛殴贵甫。
>
> 小卿归后不治身亡。贵甫父女返回南洋。高林接到香蓉来信，说青年应该快乐，不要让老人的阴影覆盖在我们身上；又说，现在又晓得了爱情是月，可观而不可摸，是海水，可看而不可在其中生活。
>
> 之后，高林又在海水浴场见到婚后来青岛避暑的富家少妇香蓉，不禁感慨万千……

从上述情节中，我们也不难发现，这部作品在构思方面似乎有着《雷雨》的影响。该书前半部分写得很好，后半部分的情节构思则显得随意性很大、现实感较弱。

1940年以后直至1945年，王度庐还先后在青岛私立圣功女中（今青岛七中）和青岛市立女中（今青岛二中）代课，分别教授国文和历史、地理。他的社会言情小说特别受到那些女中学生的欢迎，据说，“下课后学生常常把他包围起来，要求他不要把‘范菊英、白月梅们’的下场写得太惨了”[①]。因为《海上虹霞》纯以青岛为背景，这部小说的语言和描写方法比《落絮飘香》和《古城新月》更带“新文艺腔”，故事又被写得相当浪漫，所以那些女学生更加风魔了，据说竟有女孩子特地跑到四方路一带去寻找那个“高林的袜摊儿”；由于书中几次写到高林与柳香蓉在海滨公园（今鲁迅公园）的海滩礁石上约会，所以青年男女也就把此地“变成了‘鸳鸯海岸’”[②]。

《寒梅曲》广告（青岛市档案馆提供）

《虞美人》于1941年8月28日开始连载，1943年10月6日载完（与《卧虎藏龙传》后部及《铁骑银瓶传》大体同时）。由于青岛市档案馆所藏《青岛新民报》（其间更名《青岛大新民报》）残缺，所以连载文本也未搜全。其单行本，已知前三册为《琴岛佳人》《少女飘零》《歌舞芳邻》，《琴岛佳人》未见；对照已经见到的连载文本和后续章题，估计后面内容还可印成三个分册。

《虞美人》的主人公虞婉兰是一位出身贫贱却能自立自强的女子，她比白月梅更成熟，能力也更强。她的爱人谭思禹，则是一位既有才华又有一点儿呆气的穷书生。他们的爱情由于富商张啸潮的介入而发生了种种波澜。从已经见到的内容看，这部作品中的人物性格和关系更加复杂。婉兰的结局，在物质生活方面是优裕的，精神上则很惨。与《落絮飘香》中的章绍杰不同，张啸潮曾经对虞婉兰表现出似乎出于真心的爱情；虞婉兰经过游移、动摇之后，也确实被张的诚意感动，并且成为名副其实的“张少奶奶”。但是，婚后不久，她发现张啸潮对自己并不忠实。谭思禹此时已与婉兰的同学马爱芳结婚，他虽表示仍然爱着婉兰，而实际上优柔如旧。真正始终爱着婉兰，并且一直在暗中保护她的，只有一个自幼与她一起行乞、后来当了厨师的“秃子小三”。然而，婉兰已经精神失常，即使精神不失常，她也没有与“小三”结合的可能……这部小说的情

① 王子久:《王度庐和他的小说》,《青岛日报》1988年1月9日。

② 王铎:《王度庐与“卧虎藏龙”》,《青岛画报》2001年第4期。

节结构更加复杂，对社会生活的描绘面更加宽广，其中多处写到京剧的传授、清唱、表演、观赏场景。叙事方式与《海上虹霞》一样，也采用倒叙手法。

1943年10月5日，《青岛大新民报》刊出一则连载霄羽新作《寒梅曲》的广告。这则广告虽属商业行为，然而其中对于作者学养和《虞美人》《寒梅曲》两部作品的介绍，仍有参考价值，也反映出霄羽作品当时所产生的影响。全文如下：

霄羽先生

新作广告　寒梅曲　名作佳图即将刊登

名小说家王霄羽先生自为本报撰《落絮飘香》《古城新月》《海上虹霞》《虞美人》等数篇之后，篇篇脍炙人口，远近交誉，百万读者每日争先竞读，投来赞誉之函件无数。盖王君文学湛深，复精研心理学，对于社会人情，观察最深；国内足迹又广，生活经验极为丰富；并以其妙笔，参合新旧写法，清俊流畅，细腻转宛；描写之人物，皆跃跃如生，令人留下深深印象。其所选之故事，又皆可悲可喜，新颖而近情合理，章法结构，亦极严谨，无懈可击。即以现刊之《虞美人》言，连刊二年余，若换他人之著作，恐早已令人生倦，然王君之文，日日有新的描写，故事有新的发展变幻，令人如食橄榄，越嚼其味越长；如观大海，久望而其波澜无尽。是以每日每人争相阅读，并常有向本社函电相询者。此均系事实，凡读者皆能信而不疑者也。故虽饱学之士，极富人生阅历之人，对王君之著作亦莫不称誉，谓之为当代第一流之小说家。

今《虞美人》即将终篇，新作已由王君开始动笔，名曰《寒梅曲》。系由民国初年北京极繁华之时写起，先述女伶之生活，但与一般的俗流写法迥异；次叙一好学上进的女子，于艰苦环境之中不泯其志气，不失其天真。渐展为一段恋爱，男主角为一音乐家，于是《寒梅曲》遂写入本题矣。其后则此女主角遭境改变，如寒梅之遇风雪，花片纷落，然不失其皓洁。中间穿插许多新奇而合理之故事，出现许多面貌不同、心情各异之人物，但人物虽多而不杂乱，每个人又都是在前几篇中未见过的，可也就许是读者眼前常见的。写至中段，则情节极为紧张，能不下泪、不感动者恐少；斯时又写一洁身自爱、有为之少年人，排万难立其身，颇富伦理知识，且有教育意味。至篇末结束之时，写得尤为高超，读者到时自然赞佩。并且此书与前几篇不同，王君之作风稍加改变，简洁流丽，不作繁冗之藻饰，不用生涩的字句，更以悲哀与滑稽相衬而写，非但令人回肠荡气，有时亦令人喷饭。总之，王君之作品早已成熟，已至炉火纯青之候，已有挥洒自如之才力，此《寒梅曲》尤最，不待多加介绍也。不日即将在本报刊登，同时按日由许清君绘图。文既日有精彩，图亦幅幅精美，如锦云托月，翠叶扶花，相得益彰。特此预告读者诸君，敬希届时注意是荷！

与广告同时刊载的，还有王霄羽和许清的照片。广告中述及霄羽学养的“王君文学湛深，复精研心理学”这句话，特别值得注意，因为它证实：我们前面分析“鹤—铁五部曲”时所说王度庐对西方美学并不陌生，而且似乎尤其偏爱精神分析派的美学，这个论断是符合事实的。

次日即10月6日，《寒梅曲》开始见报，1944年2月末，上集连载完毕（与《铁骑银瓶传》后部基本同时），下集不见续载，可能未再续写。上集单行本的分册，我们只见到一本《暴雨惊鸳》，其后内容当属另一分册。故事围绕京剧女伶黎艳芳与其妹砚梅的命运展开，艳芳企图在舞台上压倒竞争者，因而不得不接受官僚接济，并允诺某次长少爷的求爱；砚梅则结识一位音乐家，受到新文化思想的熏陶而走向自立。后面应该还有不少故事。《暴雨惊鸳》分册以艳芳为主人公，所叙名剧排场、“京”“海”两派异同、戏班规矩、民初之游艺场所风貌等等，均甚生动细腻，可与作者后期中篇作品《粉墨婵娟》对看。

这一时期，以“度庐”之名连载的侠义、侠情小说，紧接《铁骑银瓶传》之后的是《紫电青霜录》（1944年夏至1945年夏，单行本改题《紫电青霜》）。1945年夏秋之际，《青岛大新民报》停刊，而《民治报》则曾连载“度庐”之《金刀玉佩记》，插图亦由“许清”绘制，由于该报残缺严重，不知是否载完，亦未见有单行本刊行。

如果把1937年之前视为王度庐创作历程的早期，那么上述时期（1938—1945）则是其创作历程的中期。这一时期，他的创作活动呈现为两种“左右开弓”的状态——一边写武侠哀情，一边又写社会言情，是一种“左右开弓”；一边在青岛投稿，一边又向南京投稿，这是又一种“左右开弓”。他要同时为两部或三部作品撰写连载文稿，工作量之大可想而知。现知这一时期他共写了十五部侠义、侠情小说（《金刀玉佩记》未完），五部社会言情小说（《寒梅曲》仅完成上集），总字数当在六百万字以上。他的代表作“鹤—铁五部曲”和《古城新月》《虞美人》均完成于这一阶段，所以，这是一个丰收的时期，也是王度庐的创作达到巅峰的时期。

附录：

中期（1938—1945）作品连载情况一览表

青岛	河岳游侠传（1938年6月—1938年10月）	宝剑金钗记（1938年10月—1939年7月）
青岛		落絮飘香（1939年4月—1940年2月）

青岛	剑气珠光（1939年7月—1940年4月）	舞鹤鸣鸾记（1940年4月—1941年3月）	卧虎藏龙传（1941年3月—1942年3月）
青岛	落絮飘香（1939年4月—1940年2)月	古城新月（1940年2月—1941年4月）	海上虹霞（1941年4月—1941年8月）
南京		风雨双龙剑（1940年8—1941年5月）	彩凤银蛇传（1941年5月—1942年3月）

青岛	卧虎藏龙传（1941年3月—1942年3月）	铁骑银瓶传（1942年3月—1944年5月）		
青岛	虞美人（1941年8月—1943年10月）			寒梅曲（1943年10月—）
南京	彩凤银蛇传（1941年5月—1942年3月）	纤纤剑（1942年3月—1942年10月）		舞剑飞花录（1943年1月—1944年1月）

青岛	紫凤镖（1944年夏—1945年夏）		
青岛			锦绣豪雄传（1945年5月—）
南京	大漠双鸳谱（1944年1月—1944年7月）	春明小侠（1944年7月—1945年4月）	琼楼双剑记（1945年4月—）

第十四章　揭露“金权”“男权”话语

阅读王度庐的社会言情题材小说，人们可能会联想起人称“天津张恨水”的刘云若。他是白羽的好友，生于1903年，比王度庐长六岁；卒于1950年，比王度庐寿短。刘云若的成名比王度庐早，1930年，他就以处女作《春风回梦记》而蜚声于平津了。王度庐的《落絮飘香》开始连载时，刘云若的《情海归帆》也于同年出版，后来出版的《红杏出墙记》和《小扬州志》，则被认为他的代表作。刘云若作品的特色，首先在于广泛、生动地展现了民国时期北方大都市的风貌以及各个阶层人们的生存状态，这与张恨水是一致的。他与张恨水的区别，有的研究者相当准确地归纳为：张氏“中和”，刘氏“奇瑰”。王度庐的社会言情小说也是民国时期北方大都市（主要为北京）“众生相”的生动描绘，其风格兼有刘云若的“奇瑰”与张恨水的“中和”：泼辣不如前者而世俗气强于后者。我们不想对王度庐的这些作品加以“拔高”，应该指出，他的社会言情小说数量远不如刘、张二人多，所反映的生活面也不如他们广阔，一些作品的构思或有自相雷同之处；但是，刘云若时有秽笔，王度庐的作品则绝无此弊。

描写北方大都市风貌的通俗文学作家，除上述三位之外，还有陈慎言、陈挹翠、李薰风等多人。他们多为报人，创作高峰多在抗战时期，风格多与张恨水有或近或远的渊源关系。他们的作品，与南方通俗小说作家那些以上海为背景的“都市小说”南北辉映，形成了中国现代文学史上一个瑰丽的景观。对于这一景观，学术界过去是有所忽略的。（20世纪40年代南方通俗文学作家的“都市小说”有王小逸的《春水微波》、周天籁的《亭子间嫂嫂》等，对这些作家、作品，学术界关注得更加不够。）从文学史的角度考察，王度庐属于上述北方都市作家群，但他独处青岛，虽多写北京（北平），却与上述平、津作家并无直接交往和紧密联系。

讨论王度庐的社会言情诸作，有必要把他的三部后期作品——《风尘四杰》

（含《香山侠女》）《粉墨婵娟》和《绮市芳葩》也纳入视野。这不仅是为了集中篇幅，首先是由于《风尘四杰》有着特殊的价值和意义。

第一节　告别“英雄时代”

《风尘四杰》所叙天桥下层民众反抗恶霸“崔大爷”，从他手中救出被霸占的民女胡丽仙的故事；故事发生的时间为民国七年（1918年）。续集《香山侠女》则叙一位在天桥玩魔术的“侠女”刺杀崔大爷，给了读者一个“大报仇”的结局；续集构思的随意性太大，不属成功之作，但是其中作为叙述者的“我”的若干思考，却颇有研究的价值。

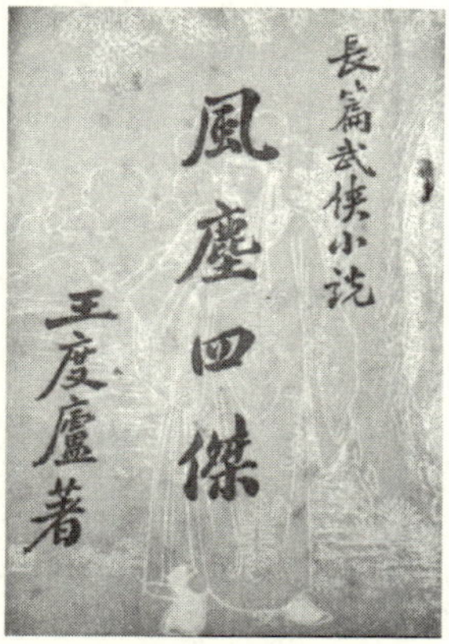

民国版《风尘四杰》封面

《风尘四杰》中的“四杰”，指的是书中四个人物：刘宝成，一位撂地摊耍大刀卖“大力丸”的“壮士”；“双刀太岁”，刘宝成的师父，胡丽仙的父亲，一位曾经威震江湖而现在贫病交加的老镖头；杨桂玲，一个“不十分走运”的唱老生的坤伶；“崔太太”，被崔大爷包养着的一个外室不像外室、娼妇不像娼妇的女人。

不到七万字的《风尘四杰》之所以值得注意，至少有四条理由：第一，它和《香山侠女》都以第一人称叙事贯穿始终，这在作者的作品系列中是唯一的（后期作品如《雍正与年羹尧》也用过第一人称，但未贯穿始终），而且这位“我”也是作品中的重要人物；第二，作品中“我”的出身经历、性格气质与作者最为相似，因而叙述者与作者“融合”得相当统一；第三，文体最接近“纯文学”，会使人联想起老舍的《断魂枪》，以及当代武侠作家温瑞安用现代观念和笔法所写的《今之侠者》；第四，它集中体现着作者对“游侠思想”与现今时代之矛盾的清醒认识和对古、今社会之本质差别的清醒认识（包括《香山侠女》中“我”的思考）。所以，虽然它们的著作时间在作者多数侠义、侠情小说和社会言情小说完成之后，但从创作思维角度考察，却可视为这两大类作品之间的“桥梁”和“枢纽”。

《风尘四杰》故事的结局并不算悲惨：刘宝成来到崔大爷家，要接回胡丽仙，在杨桂玲和崔太太的帮助下，与崔大爷及其打手展开搏斗。崔大爷不是刘宝成的对手，正当他举起手枪，要向宝成开枪之时，卧病在床的“双刀太岁”突然舞着钝刀来到，他用刀背打掉手枪，崔大爷就被刘宝成摔下楼去了。“警局将全案解送法院审理”，“法院以各被告人情有可原，且该崔某跌伤并不太重，已准由各被告具保免押”①。开庭时，崔太太以当事人身份作证，坚称崔某并非宝成摔下，并且当庭揭发崔某种种劣迹，使宝成得以无罪开释。

刘宝成的厚道、杨桂玲的老练、崔太太的泼辣，作者写得都很生动，然而书中最含象征意义的，则是并非主角的“双刀太岁”。作者这样描写他的“出场”：“我”结识刘宝成后，宝成说他的师父会推拿，可以给“我”治病。于是，“我”又叫堂倌切了两斤肉饼，与宝成一起到金鱼池去见这位师父。到了师父的破屋，女儿胡丽仙进去通报，只听里面有个人大声回答说：“什么？找我来治病的？他拿钱来了吗？……”刘宝成进去后，又听这声音说：“有肉饼？好，先拿来给我吃！”

> 也幸亏买来这二斤肉饼！刘宝成出来拿肉饼，就同时把我带了进去。
>
> 这屋里，我简直不能呼吸，因为气味太难闻……炕上坐着一位七八十岁的老头子，吓了我一大跳，这不是个人，简直是一个鬼！
>
> 这就是卖大力丸的刘宝成的师父了，瘦得简直像用秫秸秆支成的一个人，那脸上的皱纹，堆积得和干粗的老橘皮一样。胡子、头发都白苍苍、乱团团的，只能说是一些烂草，可是两只眼睛却瞪得溜圆，像是两只灯笼。他的牙是一个也没有了，发出的声音可很大，说：“快拿肉饼来！”
>
> 他不容打开包儿，就把抢到手里那二斤肉饼往嘴里塞。他虽没有牙却吃得真快，吃得真狠，他拱起来双肩抱紧了肉饼，全身地用着力。我向来也没有见过这种情形，觉着很难受，又忧虑这肉饼会把他撑死的，我可也不好拦。等他吃了有一斤多，他似乎饱了，身体似乎松弛了，精神似乎盛旺了。他把肉饼可是还不放手，一边用手颤颤地由他那破烂的衣服上、破棉絮上，细细地拾起来掉落的肉块和饼屑，往嘴里放，使力地咽下喉去。这时他才抬头看着我，说：“嘿！我怎么瞧着你眼熟呀？”
>
> 我觉着见了鬼啦，我何尝见过他？我还没答言，这老人忽又问我说：“你是不是在河南道上保过镖？”这简直是做梦，我还保过镖呀？我还许盗

① 王度庐：《风尘四杰·香山侠女》，王芹点校，北岳文艺出版社，2018，第74、75页。

御马呢！……

…… ……

我把话说得很婉转，声音不高也不低。这老人就倾耳静听，他的耳朵倒还不聋。他的面容往下沉，严肃、郑重，而渐渐萌露出了悲惨之色。他长吁了一口气，说："还有人来求我吗？二十多年啦，没有人再登我的门槛，竟还有人来求我吗？……当年，有多少人都来求我！求我给说合事，求我收弟子，求我去给讨回来被劫去的镖银，求我替人报仇雪恨，都求我，送金送银、摆席摆酒、磕头作揖、托亲央友地都来求我！可是后来，我倒了运，就一个也不再来求我，我去求人都不行。二十多年啦！想不到今天还有人来求我，……"①

这位"双刀太岁"老、病、衰、昏，与武侠小说中的那些江湖豪客、镖头侠士的形象真有天壤之别。他自己认为，原因在于"倒了运"；"我"则看得更清楚："是因为年头已经改变"，他们称英雄的时代已经一去不再复返了，现代社会已是一个"非英雄"的社会。在现代社会里，并非没有具备侠义禀性的人物，但是他们不再可能拥有"英雄时代"所赋予的"独立自足性"，不再可能凭借个人的意志和性格去实现自己扶弱抑强的目的，他们的此类行为，只能以失败告终。因此，在《风尘四杰》中，作者还有一段描写"双刀太岁"的文字，同样富有象征意义：当刘宝成等被警局拘留之后，"我"忽然听说老头子又拿着双刀到天桥去了，急忙赶到天桥——

我看见了在场子当中站着的，就正是那位双刀老太岁！他跟卖艺的人一般，正在向四围的观众们说："……诸位听明白了吧？就是这么一回事。我双刀太岁一辈子也没欺负过人，有人欺负我，欺负我的女儿，那叫作太岁头上动土！在场的诸位，有不少是行家老师，有不少是江湖朋友，兄弟的小小名头，诸位大概也听说过；现在老迈年高，不提当年之勇，可是像姓崔的那小子，那种横行霸道，就是十万个，我也得斗斗他！我的徒弟刘宝成，安分守己，老实忠厚，竟因为姓崔的要霸占我女儿，就不准他在这地方混。妈的，地是皇上家的，不是他姓崔的，他那些个喽啰小辈，更得

① 王度庐：《风尘四杰·香山侠女》，王芹点校，北岳文艺出版社，2018，第12-13页。

他妈的长长眼睛！今天有话在先，我徒弟刘宝成的官司没事儿，过两天就还来这儿卖大力丸，请各位好朋友多帮忙，帮他就是帮我。叫想欺负他的那些鼠辈，都先摸摸脑袋，趁早懂交情，不准再欺负刘宝，各混各的饭，井水不犯河水，便算万事皆休；若是不然，那就先得提防点我这一对'飞熊扬翅双宝刀'！"

于是他就将双刀飞舞起来，就见他霜鬓飘洒，瘦躯飞腾，双刀上下翻动，前后劈削。他忽然伏地，忽而凌空，刀紧随身，身依刀转；健步落地无声，跳纵毫不喘气；闪闪寒光挟风起，凛凛瘦骨振威来。不但是我，连旁边看着的这无数的人，全都发呆了，全都鼓掌叫着："好！好！好……"

…… ……

围观的人多半散了，还有几个好奇的在后边跟着我们。在夕阳影里，我见这位老人，实在是太疲惫了，连双刀都有点拿不住了，脚更迈不开。他直瞪着眼睛，不住地喘息，那身破旧的衣裳更是使人同情。我就给他雇了一辆车，男装的杨桂玲像他的儿子似的，在车后跟着，他们就走了。临分手时，那老人还急遽地喘着气，向我说："再见，再见，好朋友……"①

"双刀太岁"竭尽残生余力，奋起示威，场面十分悲壮，然而，回到家中，他便力竭身亡了。以理性观念视之，他的行为无异于堂吉诃德之大战风车。作者借"我"之口说道："他把现代又认为是他保镖走江湖、凭武除恶霸的那个时候了。""我"在《香山侠女》中则更明确地说道，虽然侠义的"好人"至今仍然需要，仍然令人钦敬，但是"侠"毕竟已经成为"时代所扬弃的可怜的历史人物"，这是无可奈何的事，因为"人心是不会古的，古了便没有了进步"。可悲的是，作品里的"我"企图对崔大爷"说理"，其效果也等于堂吉诃德之大战风车；所谓法律，对崔大爷这种人同样不起作用。

基于上述事实，我们可以把《风尘四杰》解读为"英雄时代"的挽歌。作者清醒地认识到"英雄时代"已经一去不复返了，这就是那些以现代社会为背景的社会言情小说中，再也没有出现凭个人意志、力量打天下的"侠义英雄"主人公（《香山侠女》是个例外）的原因。这些作品中并非没有富于侠义禀性的"好人"，但是他们的作用有限，因为他们面对的是一个与古代社会截然不同

① 王度庐：《风尘四杰·香山侠女》，王芹点校，北岳文艺出版社，2018，第76-77页。

的"文明社会"。

我们所说的"英雄时代"一词，取自黑格尔的《美学》，他所说的"英雄时代"原指"史诗时代"，即野蛮时代向文明时代的过渡期；他所说的"文明时代"则包括君主国家时期。我们借用这两个词语，所指的时期分别都要晚一些，但是黑格尔的有关见解对于我们所论述的范畴也是适用的。

黑格尔认为，在"英雄时代"，人们的观念与社会的实际状况尚处于"每个人都须照管他自己的身家性命"的境况。所以，在"英雄"故事中，"所叙述的情况还没有形成一种完全固定的秩序，个人的生命特点在他做决定和实现决定中还是主要的决定因素"，"情境和动作还是由人物性格的坚强的独立自足性和自己的意志所产生的"。"在这种时代里法律和道德愈不发达，人物形象也就愈顽强，愈蛮野。例如在叙述骑士冒险的故事里，骑士们出外游行，本来是要铲除祸害，打抱不平，但是他们自己也往往做些横蛮放肆的事"。[①]"文明时代"则不然——

> 在文明国家的情况里，被统治者实际上在各方面都是依存的，被压迫的，而他们的情欲和意图也是完全受外在必然性压抑和限制的——因为在他们后面的那种市民社会秩序有不可动摇的威力，对这种威力他们简直无法抵抗，而且他们的主子们的专横意志就是等于法律，他们也非受它支配不可。现存关系所产生的这些局限就把被统治者的一切独立自足性都破坏无余了。[②]

王度庐生活在这种"文明国家"里，充分体会、认识到"被统治者的一切独立自足性都破坏无余"的状况，所以他在自己的社会言情小说中主要以艺术的语言揭示、表现这一时代特征。然而，他又不甘心，认为"无论古今，人们总应当有一种道德上的准则，这准则最低的条件是不可以损害他人，不可以自私、欺诈，而能够牺牲自己，帮助他人，则更是为人所钦敬。这在过去称之为侠义，在今世则谓之为好人"[③]。从这个角度考察，他写武侠题材小说，就是要寄托上述理想，让今天的"好人"们所不能发挥的"独立自足性"，在古代的

① [德]黑格尔:《美学》(第1卷)，朱光潜译，商务印书馆，1984，第243、244页。

② 同上书，第245页。

③ 王度庐:《风尘四杰·香山侠女》，王芹点校，北岳文艺出版社，2018，第85页。

情境中得到较为充分的发挥，同时宣泄自己在现代生活中所积郁的种种愤懑。

正如黑格尔指出的：

> 如果材料是从现在时代取来的，它们在现实中所现出的本有的形式在我们的观念中就完全是固定了的，诗人免不了要加上去的改变就很容易显得纯然是故意的矫揉造作。过去时代却不然，它仅属于记忆范围，而记忆本身就在人物性格、事件和动作上面蒙上一层普遍性的障纱，把外在的偶然的个别细节遮掩起来。……如果动作，故事和人物性格是属于古代的，艺术家既然摆脱了外在的偶然现象，他在处理特殊的个别细节时，在艺术表现形式上就可以比较自由。[①]

这段话说明了古代题材相对于现代题材所具有的优势，这一优势是与广义的“浪漫主义”品性相联系的。这可以帮助我们思考王度庐的武侠题材小说和现代题材小说的区别以及它们之间的联系。显然，它们以不同的形态和样式表现着作者的人生体验和美学追求。对于现实的人生体验而言，武侠题材作品是一种“隐喻”，现代题材作品则是一种“直喻”。二者既是互有区别的，又是互相补充、互相渗透的。

第二节　超越“父子冲突”

鲁迅在《论睁了眼看》一文中曾经谈到“中国婚姻方法的缺陷”即“婚姻制度的良否”问题，古代“才子佳人小说作家早就感到了”，但是他们不敢正视这一问题的本质，而是以“才子及第，奉旨成婚”之类“大帽子”去消解“父母之命”与青年男女所追求的爱的自由之间的矛盾，因此那些作品仍然属于“瞒和骗”的文艺。

应该承认，在中国现代的通俗文学中，早期鸳鸯蝴蝶派的言情小说，在这方面已经有所进步，它们开始正面揭示传统婚姻制度的弊病，展现了一出又一出由“父母之命媒妁之言”所造成的爱情悲剧，“父”与“子”的冲突，已经成为这些言情小说的主要冲突（应该指出，作为“鸳蝴派”言情小说的开山之作，

---

① ［德］黑格尔：《美学》（第1卷），朱光潜译，商务印书馆，1984，第242页。

《玉梨魂》倒是并非以“父与子的冲突”为主要冲突，而且对此是有所超越的)。但是，早期“鸳蝴派”作家在这方面又往往存在一种思想矛盾：一方面，他们肯定恋爱自由是年轻人的权利，是现代婚姻的基础；另一方面，他们往往又认为“父母之命”是应该维护，不可违背的。在政治问题上，这些作家一般可以接受“平权说”，而在伦理范畴里，他们却很难承认“父”与“子”的平等。在他们看来，“父母之命”的专制性固不可取，但其“制度性”又不可废。因此，在他们的小说中往往是：得到父母认可的自由恋爱才能成就“伉俪福”，否则必然酿成“霣玉怨”[①]。

经过五四运动之后，在中国的大都市里，婚姻制度中“父母之命”的决定性作用已经逐渐消退，于是，“婚姻制度的良否”转换成了另一种形态的问题。从这个角度考察，王度庐等多数后起通俗文学作家的社会言情小说，似可视为新的“问题小说”。

《古城新月》中的柏骏青不是没有遇到“父母之命”的阻力，然而他采取逃离家庭、自谋生路的对策，父亲便也奈何他不得，“包办婚姻”终被取消。祁丽雪运用同样的手段，也迫使父亲终于认可了她与骏青的婚姻。柏骏青、祁丽雪、白月梅的“三角恋爱”，其关系相当复杂，在很大的程度上，可以说悲剧性的结局是由骏青的优柔和矫情所注定的；但是，从揭露社会问题的角度说，骏青所谓“恋爱，感情，全都是建筑在金钱上的，没有金钱便全都没有了!”这句话是切中要害的——倘若他脱离家庭之后凭“自力更生”能够迅速获得优厚的物质基础，有既富足又自主的处境，祁丽雪大把花钱的积习也许就不会成为他眼中的缺点；即使他与祁丽雪因性格不合而离异，大概也不至于在和白月梅的关系上弄得如此尴尬。这种假设当然是简单化的，然而从分析冲突的“自然条件”[②]的角度说，“金钱”以及由它而导致的人性“异化”，确是这些悲剧发生的根本性的、社会性的原因。

《海上虹霞》中的柳香蓉发过与柏峻青类似的感慨：“人生原不似海水明月那样简单，爱情原来还需要身份与金钱!”这是一位比柏骏青、祁丽雪、白月梅幼稚浅薄得多、也浪漫得多的华侨少女。她对高林的爱情，既有纯真的一面，

---

①《伉俪福》和《霣玉怨》是早期“鸳蝴派”作家李定夷的两部言情小说，前者因父母认可自由恋爱的婚姻而为喜剧；后者反之，则为悲剧。

② 按“自然条件”一词，亦见于黑格尔的《美学》，指的是与冲突相关的“外在的自然力量”，例如家庭出身等。参见该书第1卷，第262、263页。

又未尝没有游戏的成分。所以，她的上述感慨，与其说是父亲干预的结果，不如说是她自己从“沉迷”中“清醒”过来，恢复自己“身份”的结果——而在现代社会里，“身份”的主要基础也就是“金钱”。她的父亲柳贵甫，不正是由于发了大财，才把低贱的车夫身份转换成了高贵的“侨商”身份吗？当然，柳香蓉的“清醒”，所表露的是她骨子里的庸俗。

从上述角度考察，《落絮飘香》为我们提供了一个“父母之命”如何为“金钱”所异化的赤裸裸的范例。在这部作品里，“父母之命”的体现者是范菊英的叔父范三。对于范三来说，菊英的恋爱、婚姻都是一笔人身买卖，自由恋爱也罢，包办婚姻也罢，当姨太太也罢，本质上与他后来将亲侄女骗卖到妓院无所区别，只要他能得到一笔可观的收益，他都可以赞成、支持，否则就可借“父母之命”这顶大帽子进行干预。在他这里，传统婚姻制度中“父母之命”所具有的道貌岸然已经荡然无存，“家长”成了赤裸裸的“卖主”。在作者的后期作品《绮市芳葩》中，女主角田二玉的父亲田迂子，也是这样一位“卖主”型的家长。传统婚姻制度下的多数婚姻，早已被后来的批评者称为买卖婚姻了，但是，这种把“自由恋爱”也作为一种“商品”，与“当姨太太”一样，用来“按质论价”的现象，在古代则是罕见的。如果说范三和田迂子都是“下等人”，所以“见利忘义”，那么在“上等人”如柏啸苍（骏青之父）、祁悦斋（丽雪之父）的眼里，子女的恋爱婚姻何尝不也是一种交易呢？他们的设想与范三、田迂子的不同之处，无非在于强调“门当户对”，而“门当户对”的实质又着眼于政治、经济的“联姻”，不过因为身份高，所以他们要价也更高而已。从继承“父母之命”这一角度来看，范三他们是连“告朔之饩羊”①也彻底舍弃掉了，而柏啸苍们则还要留一个“羊头”挂挂。“传统”在延续着，延续着的“传统”又被自己否定得面目全非了——这就是“现代社会”！当然，在这样的社会里，“恋爱自由”还有另一种“商品形式”，这就是用作章绍杰、张啸潮之流“渔色”恶行的包装。

黑格尔认为，由社会地位、家庭出身等“自然条件产生的冲突”，只有“发展出心灵性的分裂”，才值得“采为艺术的题材”，才具有审美价值。②王度庐

①《论语·八佾》：“子贡欲去告朔之饩羊。子曰：‘赐也！尔爱其羊，我爱其礼。’”这是礼崩乐坏背景之下孔子师徒的对话，子贡认为“告朔”之礼既已名存实亡，那么作为祭品的“饩羊”也就可以废除了。孔子则认为留着它毕竟可以保存此礼的形式和名分。

②［德］黑格尔：《美学》（第1卷），朱光潜译，商务印书馆，1984，第262页。

的社会言情小说正是以“人”与“物（物质）”的矛盾为基础，展现了男女主人公心灵上的差异、分裂、矛盾、斗争的过程。“动作”和“反动作”不仅在不同的人物之间展开，而且在同一人物的心灵中展开。他笔下的许多女主人公“误入歧途”的过程，往往都伴随着“灵与肉”的矛盾、斗争过程，这是他的上述作品虽然构思时或雷同，却在当时仍颇吸引读者的重要原因之一。

第三节　女性的“男权话语”

拉曼·塞尔登（Raman Selden）在介绍女性主义的流派时说：“有些女性主义者相信，只有理解阶级压迫这个大问题之后，才能理解妇女受压迫的问题。另一些人反对这种观点，指出父权制社会先于阶级社会，况且资本主义社会的父权统治并不比社会主义的父权统治更严重。”他又引述西蒙·德·波伏瓦的见解道：“男人的支配权是通过意识形态力量和长久的时间获得的，立法者、牧师、科学家以及哲学家都促成了妇女从属观念的发展和巩固。”[①]塞尔登所归纳的第一种见解，似乎指的是西方马克思主义女权主义者的见解，应该指出，如果不是这些见解本身，那么至少他对这种见解的归纳，是与马克思主义经典作家的观点不尽一致的（例如另一位英国作家则将马克思主义女权主义的观点归纳为：“压迫的最终根源在于资本主义制度，男人对女人的统治可以看作是资本家统治工人的必然结果。”[②]）。恩格斯在其著名的论著《家庭、私有制和国家的起源》中就明确地说过：“母权制的被推翻，乃是女性的具有世界历史意义的失败。”[③]因此，至少恩格斯的这一观点，与塞尔登所引的第二种观点倒是一致的，即和“凯特·米莱在《性政治》中用‘父权制’这一术语说明妇女受压迫的根源”[④]并不格迕。

在中国的传统文化中，男权观念与作为宇宙本体论的阴阳观念混为一体，几乎渗透于一切意识形态领域，甚至在音乐理论中也要把“律”“吕”分出阴阳

①[英]拉曼·塞尔登:《文学批评理论——从柏拉图到现在》，刘象愚、陈永国等译，北京大学出版社，2000，第566、567页。

②[英]约翰·斯道雷:《文化理论与通俗文化导论》，杨竹山、郭发勇、周辉译，南京大学出版社，2001，第192页。

③《马克思恩格斯选集》(第四卷)，人民出版社，1972，第52页。

④[英]拉曼·塞尔登:《文学批评理论——从柏拉图到现在》，刘象愚、陈永国等译，北京大学出版社，2000，第566页。

正卑来，以至于武则天称帝时来了个“反其道而行之”：硬把“六律”改称“六吕”，“六吕”改称“六律”[①]。男权话语如此渗透于一切意识形态领域，乃至成为普遍的思维定式、思维习惯，中国在世界上如非独特，恐怕也是算得上典型的了。王度庐的作品当然不是对上述问题的理性思考，也不是对何种理论的图解，但从上述理论角度去分析他的作品，仍会有所得。

与其侠情作品一样，总体而言，王度庐社会言情小说中的女性形象，也比男性写得成功。在这些女性形象中，范菊英应可视为属于“过去时代”的人物。她与秦朴的爱情虽然带有“现代性”，然而她的婚姻观念基本仍停留在“嫁男人为了找依靠”的境界，这是她经不住章绍杰诱惑的主要原因，也是她甘做章的外室的“价值依据”。

白月梅等属于努力争取自立的女性。所谓自立，既指摆脱贫贱的社会地位，也指改变千百年来女性“被养”的地位，正如塞尔登所引的第二类女权主义者所说的，二者既有联系，又不等同。白月梅是此类形象中的奋斗成功者，更多的人则于奋斗过程中或因缺乏社会经验、或因经不起物质引诱（二者也既有联系又不等同）而付出了沉重的代价（首先往往就是贞操），虞婉兰或许堪称她们的代表。无论成败，她们的精神境界都高于范菊英们。然而，即使作为成功者的白月梅，也必须有柏骏青（还应包括刘醉生）这样的男性作为她的指导者和拯救者，虽然柏骏青的精神境界和向命运做斗争的勇气实际上还不如她。她的奋斗之所以成功，又是以承认社会（或曰命运）为女性所安排的“从属地位”为前提的，这就是为什么柏骏青反对白月梅升普通中学，而坚持让她进护士学校的原因。从社会学或文化人类学的角度而言，这也未尝不是对广义的“被养”地位的一种默认。

王度庐的社会言情小说中，还有不少写得颇为生动的坤伶形象，例如《粉墨婵娟》中的魏芳霞、《寒梅曲》中的黎艳芳（在一定程度上也许还包括《虞美人》中的虞婉兰）等。她们在艺术上都富有才气和灵气，所走的艺术道路也都是正路。魏芳霞们和白月梅们一样，为了“自立”而进行过艰难的奋斗。作为艺人，她们的奋斗目标固然包括“名利”，但更包括自己的艺术追求，这是一种对于“美”的追求。她们面对着一种奇怪的悖论：一个演员，必须不断地“日新、日日新”地在舞台上演出好戏，才能实现自己的奋斗目标；然而，社会上

---

① 宋瑞侨、宋瑞凯:《中国旋宫》,苏州大学出版社,2001,第43页。

所谓看戏的乐趣，却是“男人们看，女人们‘供人看’——二者都是为了迎合和满足男性的欲望”①。至少，在那个时代的坤伶艺术中，“女权”的申张往往是要以牺牲“女权”为前提的。所以，魏芳霞和黎艳芳都以不同的形式牺牲了自己的色相，她们的艺术辉煌也不过是昙花一现。

在这个女性形象系列中，祁丽雪无疑是最新派而且性格内涵最为丰富、复杂的一个（虞婉兰的性格史也许更为复杂、更有内蕴，但由于至今未见《虞美人》全书，无法进行深入讨论）。作为女子大学的学生，祁丽雪接受的主要是西方式的教育，官僚大家庭里的生活则与她所受的教育反差极大，所以这位大宅门里的五小姐，尽管物质生活十分优裕，精神上却相当苦恼。她对爱情的追求与对个性解放的追求是完全一致的。当柏骏青表示不愿看到她与家庭决裂时，她的回答是：

> 是的，你们是男子，环境不好了，就可以随便出走，我们女子若是不愿在那淆乱恶劣的大家庭里立足，就连出来也没有一个人肯帮助。是的，这个世界是你们男子的……②

这是对柏骏青的不满，更表露着一种对“男子的世界”宣战的心态。所以，当祁丽雪和柏骏青订婚之后，她在“来今雨轩”的宴会上，发表了一段更加令人瞠目的“宣言”：

> 在欧美，一个女孩子长大了，会以没有异性爱她为耻，所以她们无时无地不想遇着一个理想中的对象；她可以把这种愿望公开地对别人去说，别人也都为她祝福，希望她能如愿以偿。但在中国却完全相反，譬如我若早生二十年，或是我生在一个旧式人家里，那么现在我就应当躲在闺阁里；一听别人提到了我的未婚夫，我就应当脸红……
>
> ……其实那真是滑稽！凭什么自己的事，所谓终身大事，自己反要羞愧，反倒不敢去正视？在那种羞愧和不敢正视之下，不知掩藏了多少痛苦，造成了多少悲剧，所以我顶反对。在四年前，我十五岁，我就抱着这

---

① 劳娜·马奥维语，载约翰·斯道雷《文化理论与通俗文化导论》，杨竹山、郭发勇、周辉译，南京大学出版社，2001，第199页。

② 王度庐：《古城新月》，王芹点校，北岳文艺出版社，2018，第259页。

个志向，我绝不做那些俗态，我要审慎地处理我的婚姻，选择我的对象；所以由高中时期起，我就开始社交。我曾交了不少男朋友，但很使我失望，我看他们都是一个类型，不是狂傲自私，就是卑鄙无耻！

……那些人我就把他们看成一条小狗！高兴时我玩弄玩弄他们，不高兴时随他们向我乞怜献媚，我连理他们也不理……[①]

上述话语，体现了祁丽雪的人生追求。这种追求“真爱”的欲望，是与对世俗男性的鄙视相联系的。柏骏青不是那种男性，所以她对这位表哥付出了全部的爱。当她发现柏骏青移爱于白月梅时，她曾这样揭露柏骏青的心态：

……我明白，一切男子都需要一种胜利的爱情，他们的理想爱人就是他们的俘虏，可惜我却是个自由的女性！[②]

虽然柏骏青感到冤枉，这几句话却入木三分地触及了他潜意识里的“爱情观”。不过，从另一方面看，这几句话透露着祁丽雪这位“自由女性”自己的爱情追求的“个性特征”——这就是除了不肯安于过平凡的、“有规律的日子”[③]之外，她还有一种反上述“男性之道”而行之的强烈占有欲，也就是柏骏青所说的“挟制”欲。如果说柏骏青那种对“胜利的爱情”的“需要”，是潜隐于显意识之下的，那么祁丽雪的占有欲则是相当外露的。这种爱情追求与她自幼养成的骄傲、任性相结合，有时就会表现出一种“不全则宁无”式的决绝，具有一种“予及汝皆亡”式的破坏力——青岛水淹张锦生的行为，即是这种破坏力的一次大爆发。就此而言，祁丽雪这个女性形象实为作者笔下最富“五四精神”的形象（正是这一点，使我们在她身上看到了陈白露的影子）；柏骏青对她报复张锦生一事产生的恐惧心理，正暴露了他的平庸。但是，祁丽雪的追求与她的精明能干相结合，却又会带有很强的世俗性或庸俗性，这就决定了她的“五四性格”的最终消亡。

这种消亡，表现为她要维持一种失去了爱情基础的婚姻，借以“回归”家

① 王度庐：《古城新月》，王芹点校，北岳文艺出版社，2018，第 404-405 页。

② 同上书，第 424 页。

③ 见《古城新月》祁丽雪对柏骏青倾诉自己内心伤痛的一段话，这段话还显示着她自己性格中所具有的浓厚的浪漫气息。

庭，争夺遗产。于是，祁丽雪由“浪漫”转为“现实”，实质上是由“先锋”堕落为“平庸”——“娜拉”闯出了家，又重新回了家！对于祁丽雪这位“中国娜拉”来说，没有金钱等于没有自由，何况她还失去了自己所期望的爱情！在小说中，柏骏青后来对祁丽雪的贬抑之词颇多，其中可能包含着作者的态度(亦即他塑造这个人物的意图)，但是在我们看来，祁丽雪倒也是一个“形象大于思想”的范例。

上述形象系列的性格史，具有一种共同的文化内涵——即使在“文明社会”里，女性的“话语”其实仍是“男权话语”。这固然从文化的角度证实着女性“失败”历史的漫长，更揭示着“女权”的申张确实需以社会的改造为前提。当年的出版商给这些作品定下“社会言情小说”的标目，这“社会”二字，实在是添加得颇有眼光的。上述女性形象的性格史又启示我们：“女权主义”的精髓，似乎并不在于像武则天或祁丽雪那样取男性之“统治权”而代之，因为那其实仍是一种变相的“男权话语”。也许，人性的改造与完善（既包括男性，也包括女性)，才是“女权主义”的真正价值之所在。

第四节　作者的“身影”

一般而言，作品中总是或多或少、或隐或显地可以找到作者的某种“身影”，至少可以“嗅”到属于他（或她）的某种“气息”。例如：在王度庐的侠义题材作品中，已经反映出在地理环境设置方面有着某种“后门里情结”；其中一些人物的气质心理，可能在某些方面隐含着的作者的人生感慨（例如那些或者自幼失怙、或者自幼失恃的主人公，以及前面述及的李慕白的某些心态)；还有一些细节，则必须经过考证，才能发现与作者有着直接、间接的关系（如《紫电青霜》中“小石头”这个名字的由来——详见后文)，等等。凡此种种，均可视为作者人生经验及其气质在作品中的隐约“折射”。至于《风尘四杰》中的“我”和《古城新月》中的刘醉生，则是与作者的经历、气质更加接近，在这两个人物身上，可以愈加清晰地窥见作者的身影，这已不是“折射”，而是一种“融入”。

《风尘四杰》(及《香山侠女》）里的“我”是一个失业的小知识分子，从乡下来到北京，求职无门，困居于天桥的小客栈中。“我”是一个混迹于底层民众中的“文明人”，经济地位和社会地位低微，与底层民众颇能同气相求；“文明”的修养，则使“我”能以超越的眼光考察那些平民朋友及其生命形态，前面提到“我”对古今时代、社会之区别的清醒认识，也就包含着对天桥这样的“现代城市江湖”的考察和思辨。

“我”的形象及其性格、思辨，是通过与天桥众贫民的关系而逐步展现的——特别是和刘宝成、胡丽仙的关系。

“我”是在刘宝成卖大力丸的“场子”里认识这位汉子的。出于同情，“我”每次都“不忍得不买他的药，我怜悯这个强者”。不料刘宝成“渐渐认识我了，铜盘就很少往我的眼前来递，有时我预先掏出了钱，伸手要从他那铜盘里拿药，他常是客气地说：‘您带着钱吧！’这时好像我就是给他元宝，他也能够正色拒收。”“我”不禁感叹：“于今，我才证实了我念过的古文上那句‘燕赵古称多慷慨悲歌之士’。世界上的人，不都是无耻、坏蛋、豆腐块儿和小花脸，有英雄好汉，但是不幸，沦落在天桥了！”眼见刘宝成如此“不惜丧失一个好主顾，而换一个真朋友”，“我”深感惭愧，“恨不得发一笔大财”，或者让自己“成为一个有地位的人”，好真正帮助这些穷朋友脱离苦境。[①]当“我”进一步发现刘宝成还要以那微薄的收入供养师父一家时，更觉得宝成不仅是个江湖英雄，“还是一位十足的道义君子”，顿生钦佩之情。

如果说“我”在刘宝成的身上主要发现了在上层社会早已所存无几的“道义”，那么在胡丽仙身上发现的，则是健康的“美”。

“双刀太岁”是位重恩义的老人，吃了“我”的肉饼之后，一定要女儿来瞧瞧“我”。在胡丽仙到来之前，作者写了这样一段文字：

> 春天，北京城落着连绵不断的细雨，把院子下得永远是湿的，我又没有一双胶皮鞋，简直我索性除了上毛房，连屋子也不出了。店门外就是一条狭窄的胡同，这一下雨，不定多么湿，多么脏了，可是清晨早起，便有人用曼长的声音叫卖着：“榆叶梅——花来，买花！”这诗意的卖花声，引起来了我客中病里的诗兴。我拿了几百钱，叫店中的伙计出去给我买来了几枝，并跟他借了个瓶儿，舀了点清水，将花供在案头，安慰我的寂寞。
>
> 这榆叶梅，带着碧绿的像榆树的小叶，可是又累累地挂着许多含苞欲放的红色美丽的花，它比桃花的颜色还娇艳，恐怕也更为命薄。我生平不

---

① 王度庐：《风尘四杰·香山侠女》，王芹点校，北岳文艺出版社，2018，第6、25页。

喜欢富贵的牡丹，常爱这类的“小家子气”的东西。现在我这客舍里只有这一瓶花和一个我，寂寞相对，窗外是春雨如丝。①

胡丽仙来了，她的美貌聪慧、妩媚顽皮、伶牙俐齿，使客中苦雨的“我”仿佛见到了明媚的阳光；她那渴望“上天边儿去”，“上没人住的地方去”的遐想，使“我”体察到“她的心，却实在是上进的，她希望能够改造环境；可见她的心是很‘高’啊！她必定是时时在感到痛苦”。因此，“我”又为她担心，担心她因为“心高”而误入歧途。“我想劝劝她，可是又想，何必多此一举呢？我能够劝一个穷人家的女子满意她的环境吗？我拦得住她去艳羡别人吗？”②

“我”的担心，不幸变成了现实：胡丽仙为了替失去了天桥的场子、改行拉车的刘宝成说情，也为了她那点“艳羡别人”的心气，而入了崔大爷的圈套。“我”，这个手无缚鸡之力的穷书生，于是也全力投入了营救丽仙的行动；“我”的投入还有一个动机——唯恐刘宝成等行为过火，触犯法律，反而吃亏。这里，又体现着“文明人”的“文明”观念，尽管基于这种观念，“我”在这次营救行动中几乎没有也不可能做出什么实质性的贡献。

“我”还有一种很好的品质，就是勇于“自剖”，不怕暴露自己的“小”。例如，当刘宝成求“我”去寻找胡丽仙，劝她回家时，“我”已经获得到一个学校去刻蜡版的“录事”职位。所以，“我”曾犹豫，乃至“决定牢守住我幸而获得的饭碗，绝对要避免一切的纠纷，尤其是有关女人的事”③。后来虽仍不辱使命，但在崔家面对“武轴儿”即将开打时，“我”又产生过动摇：

我原是借词要走的意思，因为我知道这座小楼，这间屋，虽然主角还没有来，可是戏已经在预备着啦，并且我相信会是很热闹。但，我是一个病人，今天才找到职业的人，我夹在他们这出戏里干吗？再说我是一个知识分子，我有我的身份，而他们不过是天桥的一些下等人，是戏子、拉车的、堕落女人、过去的镖头、“卓别林”，还有一个土霸和一个没有受过教育的小家碧玉。万一，不用说真动双刀，就是打一场架，报上也得发上新闻；那么倘若我也因为附带的关系，成为一个“新闻人物”，我学校那个

①《风尘四杰·香山侠女》，王芹点校，北岳文艺出版社，2018，第17页。

② 同上书，第29页。

③ 同上书，第45页。

写蜡版的事情，可就要吹了。那我岂不又要遭受失业之苦，而潦倒于店中，他们谁又能够帮助我呢？所以，我这么一想，把我刚才的那一般勇气，可就打了折扣；我倒并不是真要“三十六着”，实行那“走”的一着，不过我可得离开这个场合，下楼去，总就好办了。①

最终“我”仍没有走，而且拿出类乎堂吉诃德的勇气，与崔大爷论了一番理。因为“我”的上述内心活动，属于事后自剖，当时的在场者是并不知道，所以当“我”表示无权管胡丽仙之事时，杨桂玲说：

您太客气啦！连我干爹——丽仙她爸爸，那么一个又干又倔又不讲理的老头子，他全都佩服您。因为我们都是一群粗人，凑在一块儿也没有一个认得半个字的，我们都不过是江湖混饭的，向来没有一个人瞧得起我们。您是一位读书人，做事的人，可是拿我们当人看……②

——她说的是他们的心里话，即使知道“我”当时的那些顾虑，他们的看法仍会如此，因为这样的“读书人”，对于他们来说，实在是既“高”于自己一等又完全可以推心置腹的“自己人”。

如果说“我”的出身经历与作者属于“形似”，那么“我”的平民主义观念(这种观念同样体现在作者过去所写的刘泰保等人物形象之中)、思辨色彩和自剖心态，则是与作者的“神似”。这种思辨、自剖与抒情笔墨相结合，使这部小小的作品富于强烈的主观色彩和鲜明的散文韵味，其艺术风格在作者的小说中具有独特的地位。而且，从上述方面还可窥见，在王度庐的思想和创作中，时时闪现出与鲁迅“认同”的光彩——从这个角度考察，《风尘四杰》颇有与鲁迅的《一件小事》《在酒楼上》做比较研究的价值。

刘醉生是一位“不衫不履”的落拓作家，这位撰有《写给自己看的情书》一书的作者与“我”的最大区别，就在于他的“名士气”。这种名士气，比李慕白的要浓厚得多、颓废得多、旷达得多，也狂放得多。柏骏青搬到那座破庙，第一次上门拜访刘醉生时，作者是这样描写其所见情景的：

---

① 王度庐：《风尘四杰·香山侠女》，王芹点校，北岳文艺出版社，2018，第61页。

② 同上书，第58-59页。

到了东院刘醉生的屋前，骏青先叫和尚进去看看刘醉生醒了没有。和尚进了屋，待了一会儿就把门开开，说："刘先生醒来了，可是还没起来。"骏青一进屋，就觉得一股秽气扑鼻，刘醉生躺在被窝里，露出个脑袋和一只胳臂来，正在吸纸烟；见了骏青，他也不坐起来，就说："你真搬来得早呀！请坐！请坐！"

骏青要找个地方坐下，但是凳子上放着刘醉生脱下来的袜子，旁边一把破椅子上又有一只洗脸盆。骏青只得把洗脸盆端起来，放在小长桌上，那桌上就堆着许多书籍，扔着许多破烂稿纸砚台，散乱放着些煤油灯、墨，笔和笔帽。

刘醉生伸着胳臂递给骏青一支烟，和尚就划了根火柴替他点上，骏青欠身说了声："谢谢！"就坐在那张破椅子上，用烟云抵御着这里的秽气，并四下环顾着这位作家住的屋子。光线是非常的低暗，墙上、窗上东一块西一块地糊着报纸，并把他写坏了的稿纸也都糊上了。靠着书桌的墙上贴着一张"授课时间表"，还有一副自书的虎皮宣纸的对联，是："著书岂为博时誉，纵酒无非畅古怀。"铺板之外还有两条板凳，支着一个大号的柳条箱，箱上乱放着衣服、书籍、报纸。骏青心说：这屋里的主人若是有情书，也只有写给他自己看了。

但刘醉生对于他这间屋子却没有一句谦逊的话，他说："你看我这屋子还不错吧？一个月两块钱不算多吧？你那小院里比我这儿还清静。"说着就由枕头旁拿起一把茶壶，交在和尚的手里，说："劳驾，大师傅，你给我们沏壶茶去吧！"和尚接过了茶壶，便出屋去了。①

刘醉生后来成为柏骏青的挚友，在解救、帮助白月梅等事件中都起了很大的作用。但是，这个角色给人的最深刻的印象，在于他的"牢骚"。这是一位阅世甚深，对事物、人性看得极透，不乏睿智，而又善用"冷面幽默"的形式发牢骚的作家。所发固然属于牢骚，然而每多真知灼见；言词往往尖刻，却均能击中要害；平时多调侃之语，且不顾及他人脸面。例如，柏骏青搬到破庙之后，二人互相介绍了各自的基本情况，刘醉生道：

① 王度庐：《古城新月》，王芹点校，北岳文艺出版社，2018，第91-92页。

所以说天下事总是无独有偶！我是古怪出了名的人，但我的古怪不过是因为不修边幅，对于一些趣味不合的朋友，我不愿意接近，并没有什么奇特，你的古怪却实在少有；你放着银行总经理的少爷不当，阔小姐你不娶，只差一年就毕业的大学你不上，可出来到这破庙里住，真可佩服！真有些年轻人的血气！古怪的头把交椅，我得让给你坐了！

……又说："那么你打算以后怎么办呢？你要知道，咱们两人古怪，那饭铺的掌柜跟庙里的和尚却不古怪，若没有钱时，食住两个问题可就要发生了！"①

柏骏青听了他的前一段宏论，心里想的是："不但不劝勉我、同情我，反倒说我也是古怪，拿我取笑一会儿就完了，这是对朋友应有的态度吗？"这种想法恰恰暴露了柏骏青不如刘醉生之处，"古怪的头把交椅"，看来还得刘醉生坐；至于够不够朋友，只要看看柏骏青的吃饭问题（全靠刘醉生才得到解决）就清楚了——他虽"古怪"，生存能力、适应能力之强，实在远远胜过大少爷出身的柏骏青。

刘醉生的妙语还有很多。例如，当他在柏骏青房间里见到穿着名贵的黑狐皮大衣的祁丽雪时，竟当着祁丽雪的面对柏骏青说："你不搬来，不会有摩登女性进这庙门，庙里的清规要是坏了，可都怨你！"说得祁丽雪老大不高兴，他却毫无察觉。又如，当柏骏青问他为什么不按时去学校上课，这样，学生可怎么办时，他说：

那没关系，他们会在课室里胡闹的；我认为他们自己胡闹一小时，总比我呆板板地教一小时，要得到更多的益处！②

随即，刘醉生就把这个教职让给了柏骏青。柏骏青担心校方是否同意，刘醉生说：

①王度庐：《古城新月》，王芹点校，北岳文艺出版社，2018，第99、100页。

②同上书，第135页

没问题！校长是我的老朋友，我给他弄得一塌糊涂，又时常怠工，他本来早就盼着我自动辞职；如今我给他介绍一位西服革履、大学毕业的新教员，他一定是欢迎之至。……①

上述两段虽然都是调侃之语，却也反映了刘醉生的教育思想其实相当开放、开明。实际上他教课也不拆滥污，学生不但很喜欢他，而且在他的教育下，基础打得很扎实。柏骏青后来在学校里见到白月梅的作文时，就“很佩服刘醉生，认为他是比自己更了解学生，能感动学生，并且能教一个仅上过三年小学的孩子，写出这一篇通顺的文字，实在是他的教授法优良”。

安于贫困，而不改狂放、旷达；嘲讽一切，复不吝自嘲；似乎游戏人生，实则有其严肃，这就是刘醉生。不过，刘醉生实际上是做不到事事旷达、彻底旷达的，在他的心灵深处有一处永难弥合的创伤。对于这处创伤，刘醉生很少提及，只在醉后吐过些许真言：

刘醉生躺在床上，见骏青进了屋，就摇晃着酒壶，说：“壶空了！劳你驾，把桌子底下那瓶酒递给我！你可别拿错了！那大瓶的可是煤油！”骏青说：“我劝你还是不要喝吧！一个人何必要这样自杀呢？”刘醉生着急说：“你不许我自杀，难道你眼瞧着叫感情杀了我吗？”

骏青道：“你这话我不明白，你今天又到哪里去了，招了这些邪魔？”刘醉生道：“我到缪宝生家里去了！缪宝生的太太是我过去的爱人，但她自嫁了缪宝生之后，见了我，永远对我加以白眼！”骏青发了怔，心说：今天他醉后才向我倾露肺腑，看他这样，不给他酒喝是不行了！他于是由桌下拿起那个小玻璃瓶，打开塞子，闻了闻，递给了醉生。

醉生也不管是酒还是煤油，倒在壶里，就着壶嘴就喝。连气喝了几口，他又吟道：“佳人已属沙叱利，义士今无古押衙。回首音尘两沉绝，春莺休啭沁园花。”然后向骏青笑着说：“老缪就是‘沙叱利’，他的漂亮、财富、洋服，就是他的武器，他夺去了我的爱人！”骏青皱着眉，不知应当拿什么话解劝他才好。②

---

①王度庐：《古城新月》，王芹点校，北岳文艺出版社，2018，第136页。

② 同上书，第251–252页。

刘醉生之所以落拓、颓废，看来与他心灵深处的这一隐痛密切相关。所以，他的旷达，在这个意义上可以解读为既有自暴自弃的一面，又有聊以自慰的一面。这是一个复杂的人物，可惜，作者后来对他的描写缺乏发展。

刘醉生的善于言辞，与王度庐的性格似乎反差较大。李丹荃女士谈到王度庐时说：“他平时话很少，却也塑造出了不少伶牙俐齿的人物。所以我总想，在他称病在床的时候，在他看似‘魂不守舍’的时候，他可能是在和他笔下的人物对话，而他的思绪已翱翔在他想象的世界之中了。”就刘醉生这一形象而言，他大概不仅是作者“对话”的对象，也不仅是作者的许多人生感慨的寄托者，而且应当是作者丰富的“内语言”的“发话人”——从这个人物身上，可以看出沉默寡言的作者内心语言也是十分生动、睿智的，而且在其内心深处埋藏着浓厚的名士气。或许，当作者与知己、友朋相对之时，他的名士气才会有所流露，他的内心语言才会化为口头言语吧。

第十五章　故都沧桑　京华风习

《古城新月》第十二章写到柏骏青在月夜中从东城步行回西城，有一段相当优美的文字：

> ……他就顺着长安街的马路，慢慢往西走去。
>
> 这时碧天如洗，一点儿云丝也没有，星光都很少；将近十五的月亮，椭圆形，深澈明朗，洒下来水银似的月华，人都随着自己的影子走。长安街的南边是一片琉璃瓦筑成的玲珑短墙，月光隔墙照过来，在地下铺成一片明亮的小方格。北首是一片小树林，月光下的疏影倚着红色的宫城，更为美丽；那宫城比对面的玲珑短墙要高上四五倍。
>
> 南池子的街口是在宫城上开辟的，通着一条五六里长的大街。往西走不远，就见有一座很艺术的牌楼，往户部街、东交民巷，出正阳门，都要由此经过；电车就像两只玻璃柜似的，擦过了这座牌楼，却往天安门去了。
>
> 天安门庄严地矗立在御河里，面前直卧着五条玉龙似的石桥，竖立着两根巨人似的华表，是十足的东方色彩，神秘、美丽。尤其今晚，整个都浸在月光之中，月光似泪，仿佛在凭吊着它那近千年来的兴亡历史；它也黯然地、黑兀兀地在那里静默，像一个末路王孙愧见他的故人似的，有一种诗意的冷落与悲哀。可是在它的左首，不远的地方，那里却停着许多汽车，那是中央公园，时代的儿女们在里面欢乐着、痴醉着，要些新奇、诡秘的恋爱把戏，咫尺外这么显明的历史遗物，他们连看也不看；二月的晚风已有点软了，却吹不醒那些青年男女的爱情梦。①

---

① 王度庐：《古城新月》，王芹点校，北岳文艺出版社，2018，第217-218页。

这段文字，不仅蕴含厚重的历史、文化气息，而且对于地理方位的描写也十分准确。作者顺着柏骏青的脚步和眼睛，介绍了以天安门为中心，从南池子到中央公园（今中山公园）一带的环境。南池子大街，是民国时期拆除皇城东、西、北三面城墙之后开辟的南北交通干线之一。南池子西面的“牌楼”，指的是东长安街牌楼，现已不存。“正阳门”即前门，当时内城城墙尚未拆除，所以从东城出正阳门，必须经由东长安街牌楼。短短一段文字，精确地呈现了民国时期北京特定地域的特定风貌，对于今天的读者来说，这本身就是具象的历史文化；同时，这段文字也显示着王度庐作品的“京味”特征。

《寒梅曲》首载时，文前有一条围着花边的“提示”：“本小说地名多用真实，人物则悉为假设。此请读者注意！”其实，不仅《寒梅曲》如此，凡是王度庐以北京（北平）为背景或主要以北京为背景的作品，其地名绝大多数也都是真实的。这些作品不仅包括除《海上虹霞》之外的全部社会言情小说，而且包括侠情小说中的《宝剑金钗》《卧虎藏龙》和1945年之后创作的多部侠情、侠义题材作品。它们向读者综合地展示了一幅生动的“故都沧桑图”，既是“故都”，就需从“鹤—铁五部曲”中的《宝剑金钗》和《卧虎藏龙》说起。

第一节　追寻清朝帝京

读《宝剑金钗》，我们是随着李慕白的行踪进入北京的：他由德胜门入城，经德胜桥、蒋养房、新街口、西四牌楼，出顺治门（今宣武门），经赶驴市而在西河沿找到元丰店下榻。这是一条从北城穿过西城而到达南城的路线。其中写到的蒋养房胡同在今新街口东街，明代时为浣衣局所在地，原名浣衣局胡同，又称“浆绛房”，音讹为“蒋养房”。西河沿，是一条沿着护城濠从宣武门外向东直到正阳门外的街道，“旅馆最多”①。后来李慕白又迁居于丞相胡同的庙里，其地在西河沿的西南部。宣武门外属于外城即南城西部，所以《宝剑金钗》中李慕白的许多活动，都在南城展开。

特别值得注意的是，《宝剑金钗》中不止一次写到李慕白常走的两条路线：一条由宣外到德啸峰家，一条往返于德府和刑部之间。

德府位于东城的东四三条，从宣外到东四三条，现在（包括民国时期）最

① 陈宗蕃：《燕都丛考》，北京古籍出版社，1991，第493页。

方便的路线无疑是直接入宣武门，到西单，东折长安街，至东单再北行。然而，李慕白往德府，每次走的都是经前门（至东单）再到东四三条的路线，从未走过上面所说那条径入宣武门的路线。德啸峰在彰仪门（今广安门）送别李慕白之后回家，车经虎坊桥，显然走的也是李慕白的这条路线。

德啸峰入刑部狱后，李慕白住在德府保护、照料，第三十一回写他到刑部探监，临别时说："好，好，我先去见邱广超，然后再去见铁二爷。"德啸峰说："对，这样也顺路。"[①]刑部在西单附近，邱广超府在西城北沟沿（今赵登禹路），位于西单北部。回德府若走西长安街，是绝不会"顺路"的，可见李慕白走的是向北折东的路线：先访邱广超，再到安定门内铁贝勒府访问，然后回到东四三条。

为什么上述两种情况都不走西长安街呢？因为清代天安门与正阳门（即前门）之间，有一块倒"凸"字形的禁区，东、西长安街被这块禁区隔断，是不能相通的。直到1912年清帝逊位之后，这块禁区方才开放，东、西长安街也才连结成为一条贯通东西的干线。这个细节说明，王度庐写《宝剑金钗》和《卧虎藏龙》时，连叙述人物行走路线，也考虑到必须符合北京城的实际状况；不过，他心目中的北京城是"清代"的北京城，而不像有人所说那样，仅以民国初年的北京城为范本。

清代的北京城由紫禁城、皇城、内城、外城四重城墙层层包围，平民百姓是不能进入紫禁城和皇城的。所以，内城、外城两大区域之间以及对外的交通，必须经由 "内九外七"十六座城门。

上面引述的情节，已经涉及德胜门、宣武门和前门三座城门。德胜门在这两部作品中相当重要：土城在德胜门、安定门以北小关一线，是《宝剑金钗》中德啸峰出差热河遭伏击处，也是《卧虎藏龙》中刘泰保等斗耿六娘、玉娇龙的战场。[②]

朝阳门在这两部作品里均称为"齐化门"，这是从元代流传下来的名称。齐化门外的"二闸"为当时的游览胜地，至今二闸村仍有遗址。李慕白到北京不久，德啸峰就邀他至此游览，《宝剑金钗》第十回写他们的出游路线及该地水乡风光、说唱玩意儿，均甚细致，与文献可以印证。齐化门外的"三角地"则是

① 王度庐：《宝剑金钗》，王芹点校，北岳文艺出版社，2015，第437页。

②《宝剑金钗》中谓土城"乃是辽时幽州城池的遗迹"，现经考定为元大都北城遗址，树有北京市文化局所立石碑。

张玉瑾约俞秀莲比武之处。其地又有东岳庙，位于今朝外大街141号，始建于元至治二年（1322年），《卧虎藏龙》第十四回写玉娇龙进香，巧遇刘泰保夫妇，即在此地。

彰仪门，是广安门的金代古称，由北京往涿州、怀来等地必经此门。《宝剑金钗》中苗振山被俞秀莲杀死之后，张玉瑾一伙儿即由此门出京，张玉瑾自己却绕回齐化门，进城伏匿，企图对俞秀莲、德啸峰暗下杀手。李慕白离京回家，德啸峰是在此与之话别的。德啸峰起解，李慕白护送他亦出此门，归途却绕到东北方向的安定门入城，这是为了实现暗杀黄骥北的计划——因为黄宅位于东城的北新桥，离安定门最近。有意思的是，《卧虎藏龙》中写到史胖子在彰仪门发现费伯绅等出城逃逸，俞秀莲在德府闻讯，也是“出安定门”“向西往南”“绕过了半边京城”，插到彰仪门外大道去追赶的。她走的也是李慕白的路线，但方向相反，而且是一条绕远的路线（近路应该出崇文门折西）。为什么绕远，作者交代得很详细，因为俞秀莲要到蔡湘妹那里取自己的双刀。蔡湘妹与刘泰保的住处离铁贝勒府不远，正在安定门内，所以俞秀莲不得不绕远。

沙涡（或作“窝”）门，是广渠门的俗称。崇文门外至广渠门一带，当时属于外城东部的偏僻荒凉地区，史胖子刺杀卢三之后，约李慕白见面即在这一带。

如前所述，《宝剑金钗》中李慕白的主要活动地区之一是在南城（即外城）。清代北京素有“东富西贵北贫南贱”之说。“南贱”是相对于“东”“西”两区所居旗人而言，倘若不从满汉之别去考察，南城亦颇有并不“贫贱”的地区。李慕白的表叔所住的南半截胡同，在南城西部的宣外地区，这一带即为汉族官僚士大夫聚居之地，也是会馆集中的区域（山邑会馆即在南半截胡同；祁表叔住在这里，到刑部上班是很近的）。那位陷害李慕白的富商卢三的“外家”，就在广安门内的校场五条，位于南半截胡同东部。卢三自己的宅第则在南半截胡同西北部宣内的太平湖[1]。李慕白后来从西河沿元丰栈搬到丞相胡同的法明寺里，其地在南半截胡同以东的菜市口，这条胡同因有严嵩宅第而得名，后人厌恶严嵩，曾改称“绳匠胡同”，它在北京也是有些名气的。从菜市口沿骡马市大街再向东，在虎坊桥附近有粉坊琉璃街，谢翠纤后来即流落至此。其北部为前门外的繁华之地“大栅栏”，大栅栏的南面就是著名的娼寮集中地“八大胡同”。

① 北京有两处“太平湖”，另一处在积水潭以北，属北城。

谢翠纤的“宝华班”在石头胡同，《卧虎藏龙》第七回中刘泰保和罗小虎打架的“绮梦楼”在胭脂胡同，这两条胡同都属八大胡同之列。

从正阳门向南延伸的前门大街是外城的南北主干道，德啸峰被春源镖局镖头砍伤，即在此地，《宝剑金钗》中的许多情节都与这条大街有关。前门大街与骡马市大街的交叉点是珠市口，《卧虎藏龙》中罗小虎曾在珠市口西的客栈居住，大闹玉娇龙婚礼之后的许多故事都发生在这一地区。珠市口西北部与大栅栏西街相交的煤市街，原以煤炭市场集中而得名，前门外繁华之后，煤市消失，地名则未变。《卧虎藏龙》中杨健堂的全兴镖局即设于此街，蔡湘妹于父亲死后，亦曾在此处上头条胡同的客栈暂住。珠市口东北部有一条东西向的巷子“打磨厂”，是北京最长的胡同之一（仅次于东、西交民巷），以打刀、磨刀店铺集中而得名，《宝剑金钗》中的泰兴、春源、四海等镖局都在此巷，也是江湖人斗殴的主要场所。沿今珠市口东大街再向东，就是崇文门外的磁器口，《宝剑金钗》中苗振山入京后即下榻于此。外城南部的“南下洼子”是陶然亭的别称，当时极为荒凉，坟墓林立，谢翠纤即葬于此地。

内城在清代是八旗驻地，《宝剑金钗》和《卧虎藏龙》中的许多故事，都发生在正黄旗、镶黄旗聚居地区，而以鼓楼一带为其中心（鼓楼南面就是作者的故居所在地“后门里”，本书开头曾经说过，他把丐头“长虫小二”的“据点”设置在这里）。鼓楼西部向北有一条鼓楼西大街，又称“斜街”“丁字街”，直通德胜门。清末，“步军统领衙门”总领九门防务，衙署就在地安门外显右宫右侧[①]。《卧虎藏龙》中说九门提督玉大人府第在鼓楼西大街，与文献记载是相符的，其地属于正黄旗防区。铁贝勒府则在镶黄旗防区。积水潭在德胜门内，靠近城墙，蔡九父女就住在这个偏僻地区。刘泰宝的“初期侦察活动”就是沿着这样一条东起铁府、西北至积水潭的路线往返进行的（其间偶尔扩展到南部的外城）。德啸峰宅在正白旗防区。邱广超府当在正红旗防区（假如位于北沟沿的北端，则可能属于正黄旗）。鲁君佩宅距邱府不远。费伯绅居处则在西直门里的北城根。《宝剑金钗》中李慕白杀黄骥北的地点剪子巷，离北新桥甚近，在其西南侧，分南、北两段，南剪子巷与山老胡同相交。

我们之所以不嫌烦琐地进行上述“考证”，是为了说明王度庐写作《宝剑金钗》《卧虎藏龙》二书（还包括《剑气珠光》的相应部分和后期那些以北京为背

---

① 见《都门纪略》，近代中国史料丛刊第79辑。

景的侠情、侠义小说）时，他的脑子中确有一座具体的“清代北京城”，其街衢、城门、地名等等大都经得起考证、检验，而且他为书中人物设置的居住、活动区域和活动路线，也都经过精心设计，切合历史地貌。

他笔下的民国时期北京城，同样具有这样的品性，而且关于地理环境的描写更加细致。

第二节　实写民国古城

在我们业已见到的社会言情小说（如前所述，《虞美人》等数种不全）中，对南城（即外城）写得较详细的，是《寒梅曲》《粉墨婵娟》和《风尘四杰》。

《寒梅曲》所写的时代比较明确，是“民国初年，北京城元宵节的时候”——

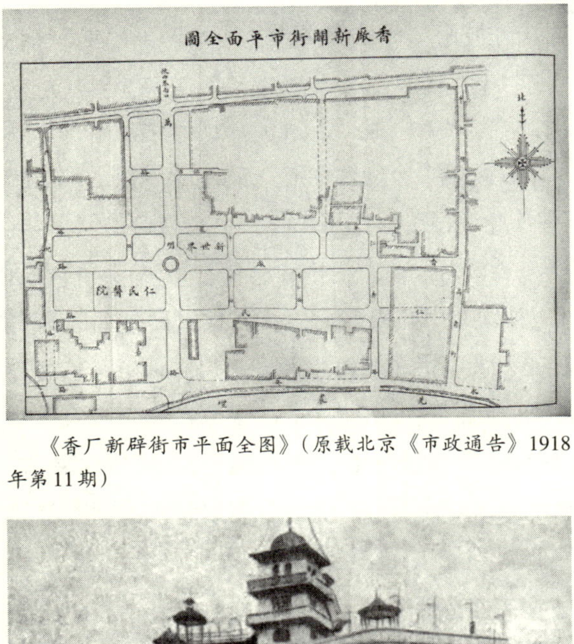

《香厂新辟街市平面全图》（原载北京《市政通告》1918年第11期）

香厂新世界 （原载《铁路公报京汉线》1922年第61期）

这时候的京城繁华中心是在城南，那个地方原名叫“香厂”，新辟的一条热闹大街是叫“万明路”；新开业的柳巷花街里边一家一家的高雅“书寓”，足与在这迤北的“八大胡同”相抗衡的，是“大森里”。附近有新设的几家大戏院，跟那就着先农坛故址创办的“城南游艺园”，这都是吸引游众，散掷金钱，而表现出京城繁华的地方。最是显著的，就是这里的一座新建的七层摩天高楼“新世界”。

这座瑰奇伟丽的大规

模的游艺场，完全是仿效上海的“大世界”而成的，里边有“新戏”、“旧戏”、电影、“拉线戏”、杂耍场、魔术团、落子班、滩簧……里边还有“弹子房”、“地球场”、“哈哈镜”、自动的“西洋景”、过磅量身的器具。最上层有屋顶花园，更有新添的、在北京只有外国饭店才有的电梯。门票只收一角小洋——是一个半银半铜的、纽子大小的小型的“袁头洋钱”，只能换七枚小铜子，在大节下这算得了什么？所以人们更都趋之若鹜了。……①

该书女主人公之一的黎艳芳，就是在新世界演出以“京朝派”风格为主的京剧《忠义寇宫娥》，压倒对面城南游艺园的海派连台本戏《西游记》，从而一炮打响的。

根据有关资料，新世界开工于1916年，1918年后竣工开业，投资者陈光远是个军阀。城南游艺园开业于1919年，总经理彭秀康，广东人，也有许多坤伶是在城南游艺园唱红的。这两家游艺场的竞争确实十分激烈。②

《风尘四杰》中的天桥恶霸崔大爷的“外家”即在香厂，那位末路老英雄“双刀太岁”则住在天桥北门东侧的“金鱼池”。书中是这样描写天桥的：

北平天桥是个鼎鼎有名的地方，无论去过的或没有去过的人，总都知道那是一个好玩的地方。它甚至比杭州的西湖还要有名，因为西湖不过只有“十景”，天桥却有成千成百的“景”。西湖的“景”是山水，天桥的“景”却完全是人，真的，假若除去了人，天桥便什么“景”也没有了。

在北平城，三月间常刮起来弥天的风沙，您就尝尝这滋味儿吧！那尘土就像撒胡椒面似的往您嘴里灌。除非您不呼吸，只要是一呼吸，这些土，包含着垃圾堆里和车辙里的土，也许还连同着成千成万不知名的细菌，就都送入了尊唇。你没法讲卫生，然而你却不一定得病，因为天桥的人就成年地在这种风沙里活着，而且健康活泼地活着。

天桥在正阳门外，正阳门也就是“大前门”的香烟盒上画着的那个伟大建筑的前门，这是北平最繁华热闹的地方。货栈林立，称得起是商业之

① 王度庐：《暴雨惊鸳》（《寒梅曲》第一分册），上海励力出版社，1949，第1、2页。

② 余钊：《北京旧事》，学苑出版社，2000，第526、527页。

区；旅店无数，皆为各地客人栖息之所；戏园相望，是“国剧”艺术之源泉；绮巷回折，又是纸醉金迷的地方。除此之外，还是流浪者的天堂、下等人的娱乐场、卖假货的交易区、小偷儿骗子的横行地，此即所谓之天桥了。

天桥有“无水之桥”之称，这里确有一座桥，建筑得也很坚固而美丽。桥下可不是完全无水的，常常有一些积下的雨水，或是融化了的雪水，及人们倾倒的秽水。总之，这里的气味不大好。

东边是一些估衣，卖破烂货物的摊棚，这且不提；西边除了一些卖较新的衣服鞋袜的摊棚之外，则是戏园，演着一些上不了大台的劣等戏；落子馆，有如花的歌女在那里卖唱，阔少在那里挥金；小饭馆，卖着锅贴、肉饼、饺子、灌肠，还有什么豆汁摊。另外又有茶馆，名士麇集在那里摆象棋，无业的游民则在那里闲谈天，或是拉房纤。这些建筑得极简单的摊棚以外，又有命馆、镶牙馆、相士、卖野药的，有拉洋片的、说书的，有唱滑稽戏、铁板大鼓书的，有说相声、变戏法、耍狗熊的，还有摔跤、打拳卖膏药、真刀真枪卖艺的……更有席棚搭设的电影院，以及“人头讲话”、巨蟒、箭猪、鳄鱼、小人国的大展览和洋鼓洋号；还有卓别林样子的小丑出了场，穿着西服在表演魔术。

天桥，的确景物很多，百看不厌，人乱而事杂，技艺丛集，藏龙卧虎，新旧并列，是时代的渣滓与生计的艰辛交织成了这个地方。在无情的大风里，秽土弥漫中，而令您亦笑亦啼。①

上述文字具体描绘了民国时期天桥地区的环境，好像一幅生动的民俗画图，喷发着故都世俗社会沸沸扬扬的活力和生气。它是杂乱、喧嚣的，又有统一的内在律动。它是与京城的“皇气”“官气”疏离的，但亦沾染其几分闲散和慵惰。它虽不免粗野，却又内蕴着上层社会所缺乏的健康元素。这样的自然环境和人文环境，正是展现“风尘四杰”生存状态的最佳“舞台”。

《粉墨婵娟》的故事发生在宣南至前门外地区，开头就写方梦渔在厂甸邂逅魏芳霞。厂甸在琉璃厂地区，那是一个以新正集市即“年会”和文化企业众多而闻名的地方，与天桥有所相似，又有所不同。女主人公魏芳霞的家，也就在

① 王度庐：《风尘四杰·香山侠女》，王芹点校，北岳文艺出版社，2018，第3-4页。

当年李慕白曾经下榻的西河沿。

以上三部作品都是中篇小说，而在《落絮飘香》《古城新月》这样的长篇作品中，所写的地域就更加广阔了，《虞美人》《寒梅曲》《绮市芳葩》当亦相似。

《落絮飘香》中是这样介绍海淀的：

> 海淀，本是距离北京城不过十余里的一座镇市。在前清时，西太后修筑好了颐和园，每次游幸，必须从这里经过，有时还要在此歇息一会儿，所以这里的人迎銮送驾，颇当些闲差，都挣过不少的钱。可是自从清帝逊政，改为民国之后，这里便再也看不见了銮驾，早先当官差的人也就失了业，家家的生活状况一天不如一天，因此，海淀街上也曾冷落过些时。
>
> 可是这个地方毕竟是靠近京城，又是从京城往颐和园、玉泉山、香山等名胜处所旅行的必经之路。……又因为离此不远开了一处大学校，校舍的建筑比宫殿还要巍峨壮丽，听说校里有几百位教授，数千名学生——而且都是十分有钱的男女学生；校中自然也要用着不少茶役与工人，所以又给海淀的人增加了些谋生的道路。同时为了迎合那些有钱的大学生的需要，海淀街上也有了大百货店、书店、饭馆、公寓等等。
>
> 海淀街是一天一天地繁荣了，都市气也就越来越浓厚，早先这里连辫子也不肯剪、裤腿也不肯散开的姑娘们，现在居然有的也烫起头发，穿上高跟鞋了。①

正是这样的环境，使范菊英的叔父得到一个在大学当听差的职务，还令菊英和婶母能够为公寓里的大学生缝补浆洗，贴补家用。也正是这样的环境，让淳朴的菊英认识了穷学生秦朴，二人同游颐和园，互相产生爱情。

菊英的心态失衡，始于她应同学黄凤珍之约，进了一次城。黄凤珍的丈夫是个小官吏，其家庭环境当然与她原来居住的海淀贫民区有天壤之别。作者把黄凤珍的家“安”在了“毛家湾”，这是西四北大街东首的一条胡同，靠近太平仓，因庄亲王府遗址而闻名。当天，黄凤珍就带着菊英领略京城里的花花世界：她们坐着洋车出毛家湾西口往南，经过“繁华的西单牌楼”，先到“西长安街一家照相馆”照相，然后在真光电影院看《凤凰于飞》；再逛东安市场，看黄凤珍

① 王度庐：《落絮飘香》，王芹点校，北岳文艺出版社，2018，第1–2页。

购物；出市场，“转过了一条横街”，就到“五芳斋苏菜馆”用晚餐。饭后“又走在市场的正街上，那各样美丽的浮华的东西，又齐都扑上菊英的眼帘，摇动了菊英的芳心”……

菊英走的这条路线，正是从西城繁华区到东城繁华区的一条“经典路线”，沿线餐馆及娱乐场所众多，作品中写到的就有五芳斋苏菜馆、森阳春西菜馆、长安戏院、新新戏院、吉祥园戏院等。这是菊英委身于章绍杰之后常走的一条路线，也是《古城新月》等其他作品中的主人公们常走的一条路线。黄凤珍拉菊英先沿着这条路线游览，目的是为章绍杰拉皮条；而那灯红酒绿、物欲横流的景象，确实也令菊英心旌摇曳，以致终于落入章绍杰的罗网。

章绍杰本人的宅第在栖凤楼路，位于东单的西北侧。菊英被他勾引之后，章绍杰就把“外家”安置在朋友于三宅中，地点靠近王府井。两地离得不远，均在东城繁华区，让菊英亲身体验了一段纸醉金迷的生活。遭受冷遇之后，菊英就被章绍杰“转移”到“太平湖”，而此时黄凤珍的家也已搬到了石驸马大街。

北京有两处“太平湖”，一处在北城外，一处在宣武门内。菊英所居当是宣武门内的太平湖，因为作者通过人物行动和情节做了明确的交代：菊英往东交民巷银宫饭店寻找章绍杰，是在“鲍家街”雇的洋车；而她被叔父骗卖到郑州，车是从太平湖家中往东，“出石驸马大街进绒线胡同，直出前门”的。鲍家街、石驸马大街均在宣武门内，可知菊英住的绝不是北城外的太平湖。

“民国时期由于新一代权贵大多住在东城（例如段祺瑞住在北小街吉兆胡同，徐世昌住在东四六条），而一些富商移居西城劈柴胡同、丰盛胡同，于是‘东富西贵’向‘西富东贵’转变，东城、西城居民的特点已经变得不大明显了。”[①]《古城新月》中的祁丽雪之父祁悦斋，是一位拥有两辆私家汽车、几房姨太太的下野官僚。他的府第就在东城米市大街以北、内务府街以南地区。祁丽雪脱离家庭之后所租的住处，则在东安门内马圈胡同。东安门是皇城东门，与紫禁城的东华门东西相对，民国时期由于皇城拆除，其地实际已无城门。因此可知，马圈胡同的位置在祁府西侧，两处离东安市场都很近。祁丽雪好友梁霞也是出身贵家，梁宅则在祁府附近的翠花胡同。这些地方与前面所说的章绍杰宅、于三宅同在一个区域，皆属“黄金地段”。

---

① 余钊：《北京旧事》，学苑出版社，2000，第41页。

民国时期的西城当然也不会只住“富”者，所以作者就把张锦生家——其父张次长的府第，设置在“西城二条”（即西四二条），这是既“贵”亦“富”之家。在西城，即使在上面引文里所说的丰盛胡同地区，也住有很多普通百姓，甚至还有贫民窟。丰盛地区的“劈柴胡同”，亦见于《落絮飘香》和《寒梅曲》，写作“辟才胡同”，系其别名。在《落絮飘香》中，一个次要人物柳太太居此，他们朴实、温饱的小家庭曾令范菊英十分羡慕；在《寒梅曲》中，黎砚梅结识的音乐家——当系男主人公之一——陈湘浦也住在这条巷内。《古城新月》中柏骏青搬出祁府之后，与落拓作家刘醉生同住的“水车胡同”破庙，也位于这个地段[①]，那是地道的贫民窟、“光棍堂”。作者是这样描写柏骏青对此处的第一印象的：

> ……他才一下车，就见一个卖糖卖烟卷的担子，正从里面出来。庙门上的横额已模糊得看不出字迹，红墙都褪了色，上面乱贴着许多“五淋白浊”“吉房召租”之类的传单，并有小孩子拿粉笔乱画的不堪入目的“漫画”。
>
> 骏青一进门，就差点被地下脏水结成的冰给滑倒了。院子里碎砖头、破瓦罐，随处乱扔着，横七竖八地放着些馄饨担子、糖果担子，还有卖熟肉的车子。东屋里烟气腾腾，仿佛是在那里熏肉；西屋里是有人在唱鼓词，唱什么：“小罗通，真威风，一枪挑下了女花容……”一个像卖馄饨样子的人从屋里出来，就站到靠墙的尿桶旁解手；那尿桶都被冰封住了，流出来一汪一汪的尿，像是冰河。骏青不由暗自皱眉，暗想：也许是我找错了？刘醉生就是浪漫吧，他也绝不会住在这里呀！[②]

这个地方虽然肮脏、破败，然而对于柏骏青来说，除了房租便宜、有刘醉生做伴之外，至少还有两大好处：第一，离刘醉生让给他的工作处所“善育小学校”和白玉梅家都很近；第二，靠近西单，交通便利，和东城的祁丽雪互相往来相当方便。从此向南不远，可到学校；向东，乘有轨电车可达祁府，这条路线也便成为柏骏青和祁丽雪经常往返的主要路线了。

---

① 德胜门内另有水车胡同，张恨水《啼笑因缘》所写，即为此处。

② 王度庐：《古城新月》，王芹点校，北岳文艺出版社，2018，第89-90页。

书中的“善育小学校”和白玉梅家“墙缝胡同十六号”，都在宣武门内靠城墙处。这是一片贫民区，离范菊英住过的太平湖不远。作者在第十二章叙及柏骏青援救白玉梅未果，当晚忧心忡忡地从水车胡同往那一带走去：

> 越走灯光越暗，行人也越稀少。走到宣武门前，骏青就转往西去。这里因为靠着城墙，地旷，住户少，一到晚间就显得特别幽僻。城墙之下的大车辙，被那些载重大车轧了一天，轧出许多松土，骡马留下许多粪尿；现在大车都赶出城去了，顺着城墙吹过来的阵阵晚风，夹起尘土，吹到人面上，可以闻出一股腥臊气味。这城墙像是一具笨重的古董，苍老、荒凉，但又有些高傲的气派，像是永远背负着它的历史，永远藐视着人类。
>
> 城墙上什么也没有，高而冥冥的青色夜空，在西方还有一痕新月，斜仰着，吐下来淡淡的光华，照在地下，散发出一种惨淡的色泽。对着城墙，是稀稀的一排住户，也有稀稀的几盏路灯，住户的门窗都紧闭着。在这里往来的人也很少，更显得周围十分的凄凉、冷落。①

这段文字可与前面所引那段关于天安门的文字对看，不仅具体描写了环境，而且展示着古城厚重历史气息的另一种内涵，是全书的点题之笔。

后来，病愈的柏骏青搬到祁丽雪为他租下的府右街寓所。这里位于故宫西侧，处于北京城的中心地带，与水车胡同相比，简直像天堂。但是，柏峻青仍然经常回水车胡同去找刘醉生，有一次他们从西单一直步行到什刹海。作者随着二人的行踪，向我们介绍了当时颇为著名、今日已经消失的“荷花市场”：

> 远远地就看见那边一片水田、一道长堤，堤上栽着两行高大的柳树，垂着万千条碧绿的柳丝。在林里堤旁，支搭着一些席棚，有许多人在那堤上往来，并有锣鼓声从那面飘过来，走得越近，锣鼓声就越显真切。骏青随刘醉生走到临近，就见那里竖着一块木牌，写着“临时营业场”。这时因为才过正午，天正热，游人还不太多。在堤岸的两旁，摆着许多算命的摊子、玩具摊子，还有卖豆汁的、卖炸糕的、卖野药的……并有许多江湖卖艺者流，擂着锣鼓，招了一大圈子人，在练把式、变戏法。

---

① 王度庐：《古城新月》，王芹点校，北岳文艺出版社，2018，第210-211页。

……

过了一座板桥，这桥北的堤上却不似桥南那么热闹，只有十几家茶社、席棚竹篱，颇有乡村风味，但里面所设的座位都很干净的。刘醉生在前，走进了一家茶社，他就宽去了纺绸衫，骏青把上衣也搭在藤椅上，要了一壶茶，两人就对坐着喝茶谈话。刘醉生指着茶社外的一片绿水，说："你看，风景不错吧？再过一两月来，就可以看见塘里的荷花了。这地方有个别名，叫作'荷花市场'，你听，是多么富有诗意的名称!"①

《虞美人》里也曾写及这个荷花市场。女主人公虞婉兰原住什刹后海，该书第二分册《少女飘零》第一章写她往织女桥去看谭思禹，"最近便的路得穿过'荷花市场'，她怕那里的嚣杂，又怕遇见熟人，所以她宁可绕一点远路，走'荷花市场'的西岸。这里柳树较稀，往来的人都被对岸的闹市吸引去了，所以很清净……"②这是从另一个方向写荷花市场，同时可见作者把虞婉兰的家设置在什刹后海东岸靠南一带。平时，每当日暮时分市场散市，荒林湖风，常令婉兰平添几分愁绪。织女桥位于府右街东侧南池子街的南口，跨金水河，与紫禁城东侧南长街南口的牛郎桥相对，谭思禹借住在这个地方，位置很好。

荷花市场的"特色商品是产于什刹海的菱角、莲子、鲜藕等水产品，统称为'河鲜'"。它东南面的钟楼、鼓楼之间（亦即"鼓楼后"）又有一个鼓楼市场，当年与天桥一样知名，但"在民国后期，随着王府井、西单等商业区的进一步繁荣"，已逐渐衰落了。③这里也是王度庐许多作品（包括《宝剑金钗》《卧虎藏龙》《古城新月》等）中的主人公经常出没的地方，许多或紧张、激烈，或奇巧、突兀的故事，都发生在这个地区。白月梅家（其"养母"家）后来即搬到了鼓楼后，《绮市芳葩》中田二玉的家也在此处。二玉就是在鼓楼前卖晚香玉时，巧遇阔少吴惠彝的。

《绮市芳葩》第二回也有一处关于交通路线的描写，虽不起眼，却十分经得起琢磨：吴惠彝约二玉到北海参加女子百货公司开张的聚餐会，二玉经不起诱惑，终于决定前往，但"恐怕遇见熟人，更不敢从后门大街经过，所以她特意绕远路，走那条叫作'锣鼓巷'的胡同，在炎热的太阳下，迤逦地走到了北海

① 王度庐：《古城新月》，王芹点校，北岳文艺出版社，2018，第305页。

② 王度庐：《少女飘零》，上海励力出版社，1949，第22页。

③ 参见余钊：《北京旧事》，学苑出版社，2000，第46页。

公园的正门”[①]。从鼓楼后到北海，最近便的走法是进北海后门，而这样走，必须从鼓楼前向南，经过整条后门大街（即今地安门外大街）。锣鼓巷则在鼓楼东面，走这里到北海前门，一般需到景山，再向西拐，确实绕远得多。

北海和中央公园是上述小说中出现得最多的两处市内公园，对于其中的主要景点、亭轩、茶社、饭店等等，作者亦均描写得细致具体。书里的主人公们常在这两处约会、谈情说爱、参加社交活动，既有花前月下的脉脉温情，也有湖畔塔旁的悔恨怨尤，还有觥筹交错中的阴谋诡计……至于这几处著名公园的特色，作者在《虞美人》中，借一个名叫马爱芳的人物之口，做过十分简明而又带有诗意的评价。马爱芳和虞婉兰在中央公园散步时说：“我最喜欢这地方，布景紧凑，好像杜少陵的诗似的。北海太散漫，中南海太荒凉，那都像是作得一点也不好的文章！”[②]这是极为个性化的感受，应该属于作者本人；同时它又烙有时代特征——如今由于游人拥挤，北海似乎不再令人感觉“散漫”；中南海也已不复“荒凉”，倒是中山公园（原中央公园），反而显得有点局促了。

值得注意的是，前面述及的许多地点，都在以地安门、鼓楼为中心的周围；而在已经见到的王度庐的社会言情小说里，又有三部写到“后门里”这个地方：《古城新月》中的后门里“太平街”（“其实是一条很短的胡同”），这里居住的“胡太太”实际是养暗娼的鸨母，白月梅受骗至此，险些陷身火坑；《虞美人》中的后门里“纳福胡同”（原名“内府库胡同”），这是虞婉兰的第二个住处，房东霍三姐原是一位女伶，现为某下野官僚的外室；《绮市芳葩》中的“碾儿胡同”（或作“辇儿胡同”，今称“五四大街”，分东、西两段），广义上亦在后门里，吴惠彝居于此。《绮市芳葩》第六回中说：“碾儿胡同是进了‘后门’不远的一个里巷，这条巷可深得很，里边住着不下数百户人家，吴家是一个很漂亮的门儿，房子十分整齐。”[③]这大概就是当年这条胡同的面貌，也是作者故居周围的部分景象。

王度庐创作的这些以北京为背景的作品，其构思与老舍似有不谋而合之处。老舍的《四世同堂》，是以自己故居所在地“小羊圈胡同”为中心而构思的。在王度庐的作品中，“后门里”虽然并非情节意义上的中心地点，却往往是“地理意义”上或“创作思维意义”上的“中心地点”，反映着作者潜意识或显意识中

① 王度庐：《绮市芳葩》，上海励力出版社，1948，第27页。

② 王度庐：《少女飘零》（《虞美人》第二分册），上海励力出版社，1949，第89、90页。

③ 王度庐：《绮市芳葩》，上海励力出版社，1948，第82页。

有着一个“后门里情结”。这个“后门里情结”，实际上是1937年之前作者生活经历的积淀，它深藏于作者的意识之中，永远不会消失。当作者的艺术思维驰骋起来的时候，这一积淀就被激活，并积极地参与到艺术构思活动中来。在中外许多作家的作品里，都可寻到这种思维活动的蛛丝马迹。

王度庐笔下的北京，与老舍笔下的北京一样，具有高度的真实性：不仅经得起与地图一一进行核对，而且俨然成为一幅立体的、动态的、具有继时性的“故都图”。文艺作品追求的当然是“艺术的真实”，但是，作为一系列以同一名城为背景的“都市乡土小说”，地理环境描写之符合“生活的真实”，显得十分重要。这种纪实特征恰恰有力地支持着“艺术的真实”，使“虚”和“实”互补，实现了辩证的统一。

第三节　故事中之风俗画

前面所引《风尘四杰》描写天桥的文字中有一句话：“假若除去了人，天桥便什么景也没有了。”这是说得很精辟的——天桥之所以成为北京一“景”，是因为它集中展示了北京人的某种生存状态。“风俗”本来就是一定地域人们的特定生存状态，它往往具有某种程式性，而且又有很强的传承性。所以，现存的风俗之中必然蕴含着丰富的历史信息。同时，现在的人又在不断地创造着新的风俗，向他们的后人传送着自己的生存信息。小说中所写的风俗或民俗事象①，对于充实、丰富作品的文化内涵具有重要作用；而好的小说本身，更是对于人的生存状态的生动表现。正是在这个意义上，巴尔扎克把自己《人间喜剧》的一个部分称之为“风俗研究”；也是在这个意义上，我们把王度庐对于天桥、海淀、厂甸、荷花市场的描写，既视之为写“地景”，也视之为写“风俗”——具有浓郁“京味儿”的风俗。我们将在下面展开考察的，主要偏于狭义的“风俗”，即王度庐作品中涉及的民俗事象。当然，它们不仅具有文学价值，同时也有民俗学方面的价值。

在近代和民国时期的通俗小说中，民俗资料是相当丰富的，但是有些小说对民俗事象的介绍往往与小说情节、人物性格游离，王度庐的作品则无此弊。

① 自从1922年北京大学《歌谣周刊》发刊词将“Fol-Klore”译为“民俗”以后，在学科意义上它已取代了“风俗”一词。我们在这里仍旧两词并用，大致而言，用“风俗”一词时外延更广。

在《古城新月》的开头，作者是把民俗事象作为“时景”来加以处理的。第一章到第六章的故事，发生在腊月二十七到正月十七这二十天里，也就是从年节气氛渐浓的日子到“北京人所谓‘残灯末庙’的日子”。作者对于年节风习正面着笔不多，主要采用虚笔，用街市上的喜庆气氛、胡同里“剁饺子馅的响声”、小孩子的燃放鞭炮声、提灯欢笑声来烘托、映衬主人公柏骏青身在富贵之家，却同时面临“生存危机”和“情感危机”的尴尬境遇。除夕夜饭、“祭祖”和“年夜饭”三段正面风习描写，则突出揭示了祁公馆里各色人等的钩心斗角，他们的“喜庆”变成了某种“尴尬”。作者通过柏骏青之口，对年节风俗做了一个颇含哲理性的评价：“旧历年是由家族社会产生的，所以一到了年下，家庭的势力就膨胀起来了，平常的痛苦都被一时的欢乐给麻醉住，于是在外面飘零的人便感到孤独。”——这是除夕之前说的话，他还没有想到，在祁府里，“一时的欢乐”竟也“麻醉”不了人们的“痛苦”，包括祁老爷本人。

从民俗学的角度考察，《古城新月》对于“祭祖”和“年夜饭”的描写是颇有价值的。除夕夜，“快十二点”时，祁老爷叫仆役、子女都集中到祠堂里去：

> 祠堂是在客厅的后边，那里有一堆太湖山石，山石后有几间空屋子，那就是祠堂。平日这个院子就没什么人来，现在这院中也竖着两座风灯，屋里也是红烛辉煌，香烟缭绕。祖宗龛本来是摆在外屋，但在前几天就请到里间去了，外屋却供上了财神；桌上供着多样鱼肉果品，烛台下面还压着黄钱，财神像的前面又摆着个饭碗大的纸糊的金元宝，显出来一种荒唐而神秘的景象。
>
> ……
>
> ……于是由祁老爷主祭，二少爷、四少爷、六少爷跟在后面，德升拈香，贵禄敲磬，就冲着财神像三叩首，然后立起来。这时，浓密的香烟弥漫在屋内，磬声嗡嗡地仿佛催着人睡眠。……
>
> 祁老爷祭完了他唯一崇拜的财神，然后又率领三位少爷到里屋去祭祖。这里是换用了一种很细的“万寿香”，也是烟云缭绕，烟香扑鼻，照旧是跪下三叩首；……随后小吴妈又来请，说是里院开年夜饭了。
>
> 这算是新年的第一次饭，全家聚集在一起吃……①

① 王度庐：《古城新月》，王芹点校，北岳文艺出版社，2018，第78页。

这是北京大宅院人家除夕祭财神、祭祖的景象，与外地同类风习略有异同；至于将午夜子时之后的“新年的第一次饭”称为“年夜饭”，则与江浙一带显然有别——在江浙，一般是把除夕那天的晚饭称为“年夜饭”的。

属于节俗描写的，还有《绮市芳葩》里的中元节：“因为今天是‘鬼节’，又因为连年各地打了不少天的仗，死了不少的人，所以‘慈善会’就发起，今天晚间，在北海公园里放河灯。”[①]田二玉是被女伴强拉到北海去的，她心里为吴惠彝会不会聘自己为“女子百货商店”职员而忧虑万分，所以根本无心观赏那些“法船”与“河灯”。民俗事象在这里是作为点染气氛的“时景”而运用的，但是从民俗学角度考察，天王殿前那艘“法船”似乎值得注意：

> 那里，高搭着缟素的牌坊，和尚道士就在那里诵经。外面摆着一只纸扎的大法船，约有两丈长、八尺高，并不算太大，但上面纸糊的楼、舱、帆、舵俱全。有个龇牙瞪眼、披着发、拿着叉在船头跷立的开路鬼，后面还有“渔婆”，上面挂着一串串烧饼。这就是“普度冤魂”的“慈航”，听说过了午就要焚烧了。[②]

烧“法船”也许是北京或北方特有的中元节俗。江南一带在中元节时也有与船相关的节俗，但出动的是真船。例如，旧时扬州地区中元节晚上，即可看到这样的景象：

> 沿着河道，划子船排成一长溜，每条船上载一对花灯，“衔尾而进，层次井然，观者疑为陆行，竟忘其在水中也”。划子船过去了，紧接着的是“神座船”，……跟随在“神座船”后面的有三条船，“一船坐众僧，放焰口；一船焚冥镪，铁丝络罩之；一船放荷花灯，飘飘然随潮而下”……[③]

将北京的“烧法船”与扬州的上述节俗加以比较，从中可以发现异中有同。

---

① 王度庐：《绮市芳葩》，上海励力出版社，1948，第62页。

② 同上书，第63页。

③ 曹永森：《扬州风俗》，苏州大学出版社，2001，第184页。

同异之中，又潜藏着节俗演化的信息。对于民俗学家来说，这肯定是一个有趣的话题。

关于婚丧习俗，《古城新月》中对于祁丽雪母亲丧礼的描写，是很生动的。作者用了两章篇幅，写七天里发生的种种故事，事件的主干是从祁母咽气到出丧，故事的“动作”则是人们因祁母之死而产生的种种冲动、谋算和钩心斗角。对于丧事，重点叙述的是“接三”“伴宿”和“出丧”。出丧场面具有“新旧结合”的时代特色，但其构思、写法与《红楼梦》中秦可卿的丧事相仿，缺乏个性。围绕“接三”“伴宿”而展开的情节，则描述得相当可看。

《清朝野史大观》(一)卷二“丧吊”条曰：“入殓后三日，倩喇嘛诵经，名曰接三，云死后第三日必回煞，接三者，接魂魄也。”北京习俗，“接三”之日亲友都要来行礼，最后行“送三”仪式。“伴宿”则指出殡前一天晚上，通宵作佛事、道场，又称“坐夜”。北京人对这两项丧事活动是十分重视的。《古城新月》中，对“接三”基本虚写，对“送三”则写得较为详细：

> 在晚间快要摆席的时候，张锦生就告辞走了，张淑仪跟她哥哥一同坐着汽车回家，张淑范却留在这里，她说要等到夜间听和尚放焰口。
>
> 和尚是在黄昏时才入的座，一共九位，上了那专为他们搭成的经台，先敲奏钟鼓铙钹、笛箫笙管，然后就齐声念经。……

> 正说话间，忽然张淑范走进屋来；她一手拉着丽雪的胳臂，一手指着窗外，笑着道：“你看！那打九音锣的和尚，怎么那么胖呀？样子真滑稽！”骏青便趁此时走出了屋。
>
> 这时外面就往外“送三”了。贵禄、德升、小崔、小张都穿着孝袍，搀着两个孝子，大桂也在后面跟着；孝子的后面是九个和尚，都披着袈裟，敲着法器慢慢地走；前面是许多位男客，骏青也在其中；众人出了大门，就往大街上去走。胡同里的各小门户，男女老幼都跑出来看热闹，并有的跟随着到街上，送到隔着一条马路不远的一片广场上。这里早就摆上了纸糊的汽车、马车和四对纸人；纸人能分出丫头、仆妇，手里分拿着水烟袋、菩提珠、木鱼、茶盘子等等。小崔、小张跑过去一放火，立刻火光熊熊，这些纸的车、马、仆人们立时都化成了飞灰，飘摇地上了薄暮的天空，地上只留下了一大堆余烬。

……张淑范和两位女客都在灵台旁煤气灯下，很出神地在听放焰口。和尚的焰口正唱到什么“髑髅寒”，声调词句非常地悲哀宛转。

……张淑范又由院中进来，笑着说：“柏先生您不听焰口吗？焰口里原来包含着很多首唐诗。”①

因为正值夏季，所以祁府决定只停灵七天——

……第六日，这天是“伴宿”，由中午时起，祁公馆的大门前就热闹起来，摆着糊得十分精细的有一丈多高的楼库，一共五座，还有金山银山，有上面站着金童玉女的纸桥，有跟真的一样的纸糊的庭园宅院，把一条很宽的胡同全都占满了。……

在正院经台上，除了九个和尚之外，并有九个道士、九个番僧，他们穿着不同的道衣，奏着不同的法器，诵着不同的经咒。三位少爷，敬廉、敬孝和大桂，一会儿就要跪灵一次，他们的腿都跪酸了。在他们的身旁，永远烘烘地起着熊熊火光，漫漫地腾着烟云，飘飘地飞着纸灰；男女客人在经台前纷乱地走过，并说话、让座……在敬廉的眼中，这些人真比一堆麻将还乱；大桂却觉得很热闹，比过年时的大街上还热闹；而祁敬孝在冲着他母亲的棺才跪着时，目光还不住地向女客里扫。敬孝看见今天换了一件白绸子旗袍的梁霞跟那个穿着黑白道儿旗袍的张淑范靠着西房的窗棂在笑着谈话，又不禁犯起了单相思，心说：梁霞可真美！②

与民俗学的资料相比，上述描写中的丧俗程序、细节肯定不够全面，然而其“鲜活性”却是前者所不可能具备的。“接三”大概也是北京或北方所特有的一项丧俗——前引《清朝野史大观》文字，归属于该书“清宫遗闻”部，很可能满族入关之前即有此俗，而且已将“接三”与“回煞”合而为一了。而在江南，“回煞”的日期是不固定的。清范寅《越谚》一书（卷中）之“转煞”条谓：“将死日干支依鬼谷子算法，甲巳子午九依次退数至己亥四，如癸巳日干五

① 王度庐：《古城新月》，王芹点校，北岳文艺出版社，2018，第356、357-358、361页。

② 同上书，第362页。

支四合而为九，名‘九尺煞’，最凶；甲子日干九支九合为十八，名‘丈八煞’，最善。”这种按死日推干支而算出“回煞”之期的风俗，当最符合古代原习。但是，北方的“接三”之俗也含有非常古老的民俗信息。《礼记·檀弓上》：“丧三日而殡。”《释名》：“于西壁下涂之曰殡。”《说文》释“殡”字曰：“死，在棺将迁葬柩，宾遇之。”按古丧礼，死后三日，要将死者从家中靠东的位置移到靠西的位置。东为主位，西为宾位，这象征着死者将成为我们这个世界的客人了，故“宾遇之”，故“殡”字从“宾”。所以，“接三”，就是接死者魂灵来到家中，让大家和这位即将成为“宾”的亲人告别；“送三”，也就是“宾遇之”而送他往另一个世界的意思。江南虽不流行“接三”“送三”，却有“助灵入阴”之俗，所含信息同出一源。

当然，上述描写的“本体价值”仍在“文学性”。围绕丧事，作者展示了各色人等的各色心理，揭示了错综复杂的矛盾：长女祁灿霞纠合一批家庭成员和亲友，准备“闹丧”“闹家务”；一向懦弱的二姨太梅素卿，也想借机为自己争一争“名分”，从而和大小姐结成了“临时同盟”；柏骏青的父亲前来吊丧，父子矛盾处于“摊牌”境地，使祁丽雪与柏骏青的结婚计划面临最大障碍，激化了二人各自的内心矛盾；即使次要人物，也都各有各的念头，不仅跪在拜垫上的三位孝子个个别有所思，即使吊丧的客人张淑范，她之所以不肯回家，之所以找柏骏青谈“焰口”，也是“另有所图”的，因为她一直单恋着柏骏青……这些都与丧礼仪式形成了鲜明对照：“行礼如仪”的画面，表述着“礼崩乐坏”的内涵。相比之下，《卧虎藏龙》中玉母的丧礼就显得更加哀切，然而玉娇龙和前来吊丧的德大奶奶、杨丽芳仍有各自的心事或其他目的。遥想当年，“子贡欲去告朔之饩羊，子曰：‘赐也，尔爱其羊，我爱其礼！’”（《论语·八佾》）存“羊”真能存其“礼”吗？抑或由于行礼者总有差别，所以“礼”的形式与内涵，从来就是不尽一致的？——由“文学”引发出来的，又是一个民俗学领域饶有兴趣的课题。

关于婚俗，除《卧虎藏龙》中玉娇龙的婚礼之外，王度庐在其后期作品《粉墨婵娟》中，还写及著名坤伶“小碧芬”与一位中年商人举行的“新式”奢华婚礼。作者通过男主人公方梦渔的眼睛和心理，做了这样的“虚写”：

> 但是待了会儿，婚礼就开始了，慢慢地进行，彩汽车先是把新郎送走，过了一个钟头，乐队、彩汽车又把新郎，连同众宾客所企望的新娘都

载来了。下了车了，就有人把那些个红的、绿的、黄的、紫的各色的纸屑，还有什么绿豆、高粱等等，都足往他们身上，尤其是新娘的身上没头盖脸地一扬，就像是报复，仿佛是说，同样是个人，为什么你们俩这样地得意？男的妒忌新郎，女的大概是更妒忌新娘……[1]

这是运用弗洛伊德学说对婚俗做的绝妙的变态心理分析，再一次表现出作者"精研心理学"而获得的学养。

在王度庐的社会言情小说中，有许多关于民国时期北京人的衣食住行等日常生活事象的描写，也是十分生动的风俗画。例如，《寒梅曲》中写到黎艳芳与母亲在散戏之后乘马车回家，作者就用不少篇幅介绍了当年北京城里常见的"公共马车"：

这辆车本来是一辆破车，后边是木片的"百叶窗"，两边是有四块玻璃，但破了一块，直往车厢里灌风。车的外边，前面有一个很高的椅子似的，是赶车人的座位；车后边也有一个凳子似的，是跟车人的座位。本来最讲究的"官派"的马车，都用两匹同样颜色同样高大的洋马，马的两眼都用皮片遮住，为的是只叫马看眼前的一条直线的路，而不能够向两旁去看，这样才能够马快车稳。可是每逢到了拐弯儿的时候，就麻烦了，因为马只能够直走，到了这个时候，那后面座位上的跟车的，就得赶紧跳下来跑到前边，把马拉着拐过了弯儿去，他才能又跳到车后去，脸向后坐着；前面的赶车的还得"叮叮当当"地踏脚铃。像这样的车，在清末是很多的，及至黎艳芳的这个时代，就已渐为汽车所淘汰，不过还有，就是披上花彩娶亲用了——马车行所有的，多半是这种剩货。马虽然都老了，而且只套一匹，也不用挡眼睛了，但因为"旧习难改"的原因，它还是只能够走直路，到了拐弯的时候，尤其拐现在这个路灯稀少、马路不平的弯儿的时候，它虽不至于把头撞在高墙上，可是大概感觉得有点没办法啦，就索性站住了不走。这时既没有跟车的人，那赶车的只好下了高座儿，拉着马拐了弯儿，同时拿鞭子赶着。[2]

---

① 王度庐：《粉墨婵娟》，王芹点校，北岳文艺出版社，2018，第122页。

② 王度庐：《暴雨惊鸳》（《寒梅曲》第二分册），上海励力出版社，1949，第34、35页。

这种马车，其实是“舶来品”，从西方输入中国之后，又与中国国情有所同化，成了当时北京的一种流动风景。上述文字，可与后期侠情小说《绣带银镖》开头对门头沟骆驼的描写（详后）对看。此外，另一部后期作品《宝刀飞》中对于贫苦妇女到“铺衬市”，用打“袼褙”的破布换“肥头子儿”的介绍①，也是今天读者十分陌生的一种老北京的生活民俗事象。

总体而言，王度庐对人物服饰的描写是不甚着力的（《卧虎藏龙》里玉娇龙出场一段是少见的例外），然而《古城新月》对祁丽雪的服饰描写，竟达二十次之多，为我们留下了那个时代摩登女郎的若干服饰资料。

如果说对婚丧习俗的描写比较明显地透露着作者的“权威话语”即对世风的批判倾向，那么《古城新月》第六章里柏骏青、祁丽雪骑驴同游白云观的一段情节，则是通过“人物眼睛”观察到的相当自然、完整的宗教性民俗娱玩事象。

当年城墙尚未毁掉，所以从西单一带到白云观，需向南绕道走：祁丽雪、柏骏青出了水车胡同，先乘电车到宣武门。“才一出城，就有许多赶脚的”上来招揽生意。他俩各骑一驴，“顺着城墙往西去”——

> ……护城河畔的柳树，从远处望着，已有点薄薄的绿色。左边是火车道，停着两辆煤车，许多穷妇人和穷女孩子，就拿着口袋趴在车底下捡煤。右边是城墙，那巍峨绵亘的城墙，板着古板的面孔，俯视着下面驴上的青年男女。……

> 出了西便门，向西就望见络绎不绝的游人，驴也就不能快走了。少时到了白云观的牌楼前，二人下了驴，骏青给了脚钱，就觉着自己的两条腿有点酸。丽雪却更高兴，她回首向骏青说：“人真多！咱们可别挤散了。”骏青说：“五妹，你就紧跟着我吧！”说着他就像是一条鱼似的，拿身子去冲那前面滚滚的人潮，丽雪在后面跟着他，挤进了大门。
>
> 就见里面豆汁摊子、元宵摊子摆得很多，二门的石壁上雕刻着一个猴儿，许多人都伸着手去摸，旁边有人说：“摸着了就能长身量。”骏青回首望着丽雪笑，丽雪说：“多脏呀！”于是两人又往里挤，就过了一座石桥。

---

① 按“铺衬”，破布烂衣也；“肥头子儿”，一种植物种子，贫女用以泡汁抹头发。

石桥的下面有两个洞，每个洞里有个老道在盘膝静坐，桥洞外悬着一个盘子大的铜钱，许多人拿着铜圆往钱孔里去打。骏青和丽雪也每人掷了几个铜圆，但是谁也没有打中钱孔。桥下面像雪似的铺了一层铜圆，丽雪就笑着说："他们这生意倒不错！"随手拉了骏青的胳臂一下，说："咱们走吧！"骏青又在前面挤，丽雪在后面拉着他的手，就到了丘祖殿，二人的手还没有放开。

这是正殿，当中供奉的就是元代的丘处机。殿前香烟缭绕，磬声悠扬，殿后和两旁都挂着纱灯，上面连续地画着丘处机西游的故事。柏骏青和祁丽雪就拉着手，并肩站在殿后，看那灯上绘得很精细的图画，二人的心里都感觉到一种不可名状的情绪。骏青知道自己的两足已陷在情海里了……①

他们又到"顺星殿"去觅认各人的"本命星宿"，柏骏青找到的是个"露牙瞪眼，手持钢叉的神像"，祁丽雪的值年星宿"倒是个和善的老人模样，丽雪极得意地向骏青笑着说：'我这个比你那个好看！'"接着，又到"西边的老人堂"，与两个据说一百多岁的老道"结缘"。最后，他们才从后门出庙。

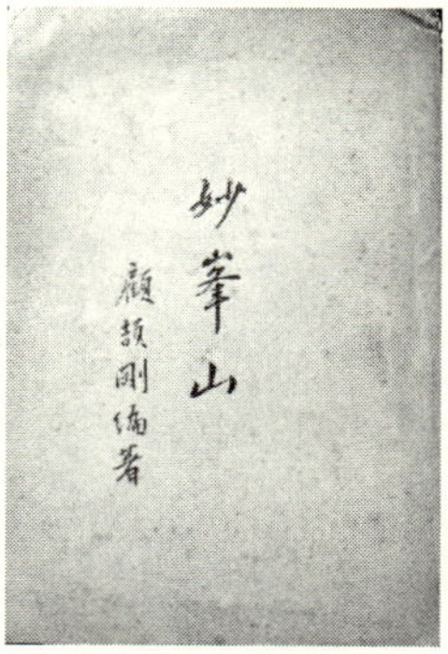

顾颉刚编著《妙峰山》(1928年初版)

柏骏青、祁丽雪的游览路线，即是民国时期游白云观必走的路线，林海音在她的散文《骑毛驴儿逛白云观》中也写过这条路线。沿路景色，与如今当然大不相同(现在到白云观固然不必如此绕远，但"骑驴"项目已经恢复)；至于游乐项目，则大多至今犹然。上述描写，当然也不是"自然主义"的，作为情节的有机部分，它是男女主人公爱情道路上的重要一段。对于祁丽雪的"情感攻势"，柏骏青原是一直处于被动、游移状态的，但在这次游览过程中，他的心态有所变化，其陷入情海，再也不能说是不得已的了。在祁丽雪方面，这次出游虽然也是出于真心、真情，然而又蕴含着一点儿小小的狡诡：白云观庙会又称"燕九节"，因为所奉邱处机真人的诞辰为正月十九，所以旧时庙会从元旦开始，到十九为止。作者早在第三章里，就写祁丽雪的同学们计划白云观之游。她们考虑到十八日人太

① 王度庐：《古城新月》，王芹点校，北岳文艺出版社，2018，第103、104页。

多，决定初六去，祁丽雪也答应参加，然而事后却托故未去。从上下文中可以知道，她约柏骏青同游的这一天，是初九，这是有意避开那些叽叽喳喳的小姐们，让柏骏青和自己有更多的“二人自由空间”。令祁丽雪始料未及的是，归途中还是碰到了那批再次来游的小姐们，并且因张淑范坠驴事件而使自己多了个“情敌”。这些细节，说明作者在作品中运用民俗素材，是经过精心琢磨的。

北京民俗的特色之一在于庙会之多、之盛。除了白云观庙会之外，王度庐写得更加具体、详细的，就是《卧虎藏龙》中的妙峰山庙会。1925年，北京大学研究所国学门风俗调查会曾组织顾颉刚、容庚、容肇祖、庄严、孙伏园五人，到妙峰山调查庙会风俗，后来由顾颉刚将调查材料连同其他有关材料编成《妙峰山》一书，于1928年由中山大学语言文学研究所印行，为我们留下了宝贵的资料。《卧虎藏龙》中的有关描写，与此书可以对看。从民俗学的角度考察，《卧虎藏龙》对妙峰山庙会的描写，比《古城新月》对白云观庙会的描绘更有价值。《卧虎藏龙》的相关部分虽非调查报告，但是颇有调查报告集《妙峰山》未曾涉及的内容，而且信实度较强。下面对二者分条加以比较、考察：

关于庙会的起源。《妙峰山》一书所述详于《卧虎藏龙》，谓所祀“娘娘”为“天仙圣母碧霞元君”，相传乃东岳大帝之女。庙会始于明崇祯二年，盛于清康熙之后。《卧虎藏龙》云“庙会是由四月初一直到十五”，此说极为准确。《妙峰山》中解释了这一会期的由来：四月十八为元君诞辰，会期原为四月十日至十八日；初一至初八则办浴佛之会，庆佛诞也。因为两诞几乎连接，所以后来就混合、折中为初一至十五的半月会期了。

关于送“会启”和化缘。《妙峰山》中有送“会启”，送、贴“会招”和“启知发信”三种说法，并说是否化缘，因香会之不同而有所不同。书中又写到“在北京城里，街上常见有四担或五担笼盒，每担上有八面小旗，各系小铃，挑着‘星霜，星霜！’地招摇过市”，称为“钱粮把”；但是，书中未明确讲到它是送“会启”的仪仗。《卧虎藏龙》中对此则写得十分详细：

> 这一天，忽然她家门首，那久已断了车踪马迹的高坡上，来了一大群人。为首的穿着长袍坎肩，拿着三角形的黄绸小旗子，杆子可很长，上绣“朝顶进香”四个黑字。身后有八个穿着黑边粗布大坎肩的人，每个人负着一只缸盖大的铜家伙，像锣又不是锣，像盆又比盆浅；来到玉宅的门前，就用木锤子将这八个铜家伙，铛铛铛铛乱敲一阵。大门前是立时热闹

了，拿小旗的人进去领了钱，然后在大门旁贴了一张很长的黄纸布告，就走去了。这张黄纸的布告是刻板印的，上面还印着“金顶妙峰山碧霞元君庙”，画得很粗劣，下面就写着“信士弟子某某，虔诚朝顶进香，特捐香资多少两”等等的话，这是北京城每年一次的善举。[①]

这里所写的发会启者，是明言募捐的（玉娇龙捐了四十两银子，出手极阔）。他们的行头虽然与《妙峰山》书中所说的“钱粮担”不完全相同，性质却是相似的。

关于进香路线。《妙峰山》中述及四条，其他资料或称五条，但常走的只有三条：南道，出西直门，经门头沟，由三家店上山；中北道，出西直门，经海淀、青龙桥，由北安河上山；北道，出德胜门，经聂家庄，再经沙河（在昌平境内）上山。玉娇龙是“出了德胜门就往西北，直奔妙峰山”的，显然走的是北道。

关于“香会”。《卧虎藏龙》中主要写了它们所表演的“玩意儿”，《妙峰山》中则详细统计了它们的职能与分类，包括修路、提供路灯、搭建并管理茶棚、缝绽、承补铜锡器、施献茶盐膏药、技术（即表演“玩意儿”）等。可知《卧虎藏龙》中所说“有坐在路旁专管缝衣钉鞋的，譬如香客上山把鞋磨破了，随处都有人管修理，修理好了不必给钱，只消道声‘虔诚’完事”，即为香会职能之一。如果书中对于所设铁贝勒府茶棚的描写并非完全出于杜撰，则可对《妙峰山》有所补充——茶棚不仅有专职香会所设的，还有大宅门人家专设的。

妙峰山香会（原载《图画周刊》1935年复活299）

北平少林五虎棍老会在娘娘庙前演艺（原载《北晨画刊》1934年第1卷第2期）

① 王度庐：《卧虎藏龙》，王芹点校，北岳文艺出版社，2015，第566页。

关于“玩意儿”。《卧虎藏龙》写及“高跷秧歌”（包括“俊锣”“丑锣”“老坐子”“渔婆”等角色）、“开路”、“钟（中）幡”、“花坛”、“双石头”、“仙人担”、“旱船”、“小车会”、“跨鼓”、“莲花落”（节目之一为“老妈上京”）、“杠箱官”、“五虎棍”、“少林棍”，共十三种，比《妙峰山》中所列多得多，但无后者提及之“杠子”。后者未解释“五虎棍”“少林棍”之异同，《卧虎藏龙》则谓：“五虎棍”“是扮成赵匡胤杆棒斗五虎的故事”，“少林棍耍的全是真刀真枪、钩、镖、宝剑、棍、流星锤等等家伙”。《卧虎藏龙》未解释“跨鼓”，《妙峰山》中则谓：“跨鼓，鼓极大……打时有种种的点儿。每一会是几面大鼓，无数铜钹，鼓用大人，钹用小孩。听说都穿上了彩衣，小孩一边打钹，一边举起钹来排成种种祝福的词句（如天下太平，国泰民安之类）。”二书互相发明之处颇多。

关于跳崖还愿之俗。《妙峰山》中记曰：“……听得一句关于妙峰山的歇后语：‘妙峰山的娘娘，照远不照近。’又听得妙峰山有跳沟的事，凡是诚心求一件事的，竟从山上跳下沟涧去，以表示自己的决心，如此，可以得到神灵的保佑，他会命鬼使神差送回家，不受丝毫的伤损。但是若与上句话联合起来看，还是留心着自己的籍贯，提防这位娘娘的忍心不照近，听你活活地跌死的好呢。”可见《卧虎藏龙》中的相应文字，也是有据可查的。

民俗学家对上述民俗事象进行调查之后的感想是：妙峰山庙会虽属“宗教事业”，却是民众“发展他们的信仰、团结、社交、美术的各种能力”的生动案例。“朝山之人到此，一似另一天地，‘相见以诚，童叟无欺’，一洗社会上尊卑之分，贵贱之殊”，显示着“自己民族中的下级社会保存着一点人类的新鲜气象”。《卧虎藏龙》中对于这一民俗事象的描写，也体现着“下级社会”所保存的这种“人类的新鲜气象”。这主要是通过对香会游艺的狂欢气氛展示的，刘泰保及其“打磨厂哥儿们”则是主角。而打磨厂这些哥儿们此次所以纷纷参与香会表演，除“循例”之外，显然还出于刘泰保的安排，属于玉娇龙和他制订的秘密计划的一个部分，这是一个诡谲、悲壮的计划。于是，狂欢的表象之下，又隐现着、弥漫着诡秘、悲壮的气氛，所写民俗事象成为有机的情节，获得了文学个性。

北京的民俗事象之中，包含着不少旗俗，特别是在清代。《宝剑金钗》《卧虎藏龙》以及王度庐后期的一些侠情、侠义题材小说中，对此也有所反映，包括旗人的服饰、礼仪、习惯，等等。例如，《卧虎藏龙》这样叙述玉娇龙的婚礼：

……只听一阵阵细细的管乐之声，送来了一行最讲究的仪仗。旗人娶亲没有什么“金瓜、钺斧、朝天镫”，只是高杆子挑着牛角灯，灯上写着双喜字；白天虽然不点着，可是六十对或八十对，摆列起来也极为好看、威仪。唢呐也是“官吹”，单调的只是一个声音，没有什么“花腔”，显着怪沉闷的。①

又如，后期作品《宝刀飞》中叙及纳兰姐妹（即后来的慈禧及其妹妹）护送父亲灵柩返京时，是这样描写姐妹二人服饰以及棺材外饰的：

……总而言之，这两位姑娘的容貌和仪态，全都是十分的雍容大方，实在与小家女子不同。两人都是梳着大辫子，白绳的辫根和辫梢，穿的净白的粗布长孝服，都是天足，穿着青布的鞋——这就是旗人家的姑娘穿孝的打扮。

……

……这棺材的上面是嵌着葫芦形的一块板子，这又表示是旗人的“寿材”，在前面还贴着一张“护照”：“……兹有湖南副将，叶赫纳兰……于某年某月病故……灵旋京都，仰尔各路孤魂怨鬼，勿得拦挡……须至护照者！”上面盖着总兵衙的朱红大印，这是特为给沿路的城隍土地、怨鬼孤魂看的。②

以上关于满族婚丧风俗的描写，若干细节十分准确，可补某些民俗资料之所缺。

尤其值得注意的是《卧虎藏龙》中关于玉娇龙在家中的特殊地位的描写：母亲死后，“她却渐渐干涉起家务来了，出入的大宗银钱，时常要由她经手”；玉大少奶奶本想把自己的丫鬟嫁给萧差官，玉娇龙提出不同意见，“姑奶奶说出了这话，玉大少奶奶当然不敢不依”。玉娇龙的上述“反常”举动，固然是为自己的远走大漠做准备，但这又是完全合乎满族“重小姑”的规矩。

---

① 王度庐：《卧虎藏龙》，王芹点校，北岳文艺出版社，2015，第 278 页。

② 王度庐：《紫电青霜·宝刀飞》，王芹点校，北岳文艺出版社，2017，第 131 页。

旗俗，家庭之间，礼节最繁重，而未字之小姑，其尊亚于姑，宴居会食，翁姑上坐，小姑侧坐，媳妇则侍立于旁，进盘匜奉巾栉惟谨，如仆媪焉。

京师有谚语曰："鸡不啼，狗不咬，十八岁大姑娘满街跑。"盖指小姑也。小姑之在家庭，虽其父母兄嫂，亦皆尊称之为姑奶奶。因此之故，而所谓姑奶奶者，颇得不规则之自由。南城外之茶楼、酒馆、戏园、球房，罔不有姑奶奶。衣香鬓影，杂沓于众中。每值新年，则踪迹所到之处，为厂甸、香厂、白云观等处，姑奶奶盛装艳服，杂坐于茶棚。……[①]

了解满族的这一风俗，对于分析玉娇龙、纳兰等女性形象及其性格的形成，是很有价值的。

在考察满族风俗时，还有一点值得注意，即是"汉化"现象。特别是在入关之后，满族统治者对于汉族文化有一种相当矛盾的心态。他们虽然获得了统治地位，但是他们本民族的文化，相对于汉文化，仍属弱势文化。所以，他们需要从汉族的强势文化中吸取营养，包括吸收汉文化中的那些声色犬马之类东西，以供自己的精神消费。另一方面，他们对汉文化又有一种恐惧，唯恐自己的民族因吸取汉文化而被完全"汉化"，所以，清朝早期的几位皇帝，都曾制定、推行过一些预防性的措施。仔细的读者看《宝剑金钗》时可能有个疑问：德啸峰宅在东四三条，为什么每次他都要绕那么远的路，跑到南城的戏园子里去看戏呢？原来嘉庆以前，清廷曾严禁在旗人聚居的京城九门之内开设戏园，这除了整肃浮华之气外，也是防止旗人被汉文化同化的措施之一。至于前三门外的南城地区，主要由汉人居住，戏园当然就多；而德啸峰的绕远看戏，则说明禁令的效力是有限的。到了清代后期，京戏竟成了旗人文化的一个组成部分，以至清宫本身也成为京戏演出的一个主要"阵地"，几乎没有一个旗人不喜欢听戏，不会哼几句皮黄了。王度庐也继承了旗人的这一"文化性格"。

第四节　世态里的皮黄声

《寒梅曲》之"小室中的音乐"一章里，叙及黎砚梅在西单的书摊上看书，

① 徐珂：《清稗类钞》（第五册），中华书局，1984，第2212页。

摊子上既有“木版的书籍”，也有“书皮儿掉了、又用另一种纸贴成书皮、上面用墨笔歪歪斜斜地写上”书名的旧书，如“《苦儿流浪记》《茶花女遗事》《馨儿就学记》，等等”，还有“徐志摩诗集、冰心女士作的《寄小读者》”等新文艺作品。黎砚梅觉得，后一类书籍“虽然比林琴南似乎生疏一些，可是她知道这都是现时新兴的文学，而且都是白话文，比‘林译’的那些古老的文言要易懂得多”[①]。这段文字是有纰漏的：作者把《寒梅曲》的时代背景设定为“民国初年”，而《志摩的诗》初版于1925年，冰心的《寄小读者》初版于1926年，皆难归入“民国初年”的时限。但是，如果把上面那段文字作为民国时期北京（北平）都市文化的一种象征，还是相当典型的。不仅如此，在《落絮飘香》《古城新月》《虞美人》等作品中，作者还写到学生剧团在排演《日出》和《伪君子》；电影院里放映的是珍妮唐娜、奈尔逊挨第、泰罗鲍华、罗勃泰勒、狄安娜杜萍等主演的《凤凰于飞》《丹凤朝阳》《罗密欧与朱丽叶》以及《生死同心》《绝代艳后》等好莱坞巨片；街头播放的是《小桃红》《星心相应》等流行歌曲，贫民区的姑娘则跳进跳出地唱着：“暖和的太阳……金姐她出嫁了……秋香：有谁爱你呢？有谁娶你呢？……”[②]凡此种种，新旧交混，中外杂糅、雅俗并存，构成一幅光怪而陆离的都市文化生活长卷。不过，王度庐在其作品中写得最多的还是京剧，这已经不是一般的背景、氛围描写，而是富于作者个性的、具有多重内涵和功能的艺术话语。

粗略统计，仅《落絮飘香》《古城新月》《虞美人》《寒梅曲》《粉墨婵娟》《风尘四杰》《绮市芳葩》七部作品中，写到的京戏剧目就有九十余种（具见篇后所附统计表）。这一统计当然不包括《虞美人》《寒梅曲》的未见部分；再考虑到前、后期侠情小说中所写到的剧目（例如《宝剑金钗》第九回叙及德啸峰、李慕白观赏的折子戏有《法门寺》《白水滩》《宇宙锋》，另在后期作品《燕市侠伶》中更叙及京剧、秦腔、昆曲剧目多种），王氏小说里的戏曲剧目总数应该达到一百数十种之多。而在上述九十余种中，曾从各个角度加以重点描写（包括引用唱词）的，则有《青霜剑》《汾河湾》《玉堂春》《四郎探母》《赵五娘》《忠义寇宫娥》《霸王别姬》《薛礼叹月》《太真外传》《乌盆计》《空城计》《卖马》等十余种[③]。

---

① 见《青岛新民报》所连载该章之四。

② 王度庐：《绮市芳葩》，上海励力出版社，1948，第12页。

③ 这里的“种”，其单位既有全本，也有折子，而以折子为多，属于泛指。下同。

北京这个地方，曾被称为京剧“伶人之市朝，亦梨园之评议会”。“贩夫竖子，短衣束髪，每入园聆剧，一腔一板，均能判别其是非”。“故优人在京……极意矜慎，求不逾矩，苟不颠踬于此，斯谓之能”[①]，由此而形成了“京派”（亦称“京朝派”）传统。与京派对立的则是“海派”（又称“外江派”），《清稗类钞》有“海派”条云：

京伶呼外省之剧曰海派。海者，泛滥无范围之谓，非专指上海也。京师轿车之不按站口者，谓之跑海。海派以唱做力投时好，节外生枝，度越规矩，为京派所非笑。京派即以善于剪裁，干净老当自命，此诚京派之优点，然往往勘破太过，流弊亦多。[②]

这段文字对“京”“海”两派的得名由来和各自特色都介绍得比较中肯，评价固然有所轩轾，然而还算公允。

京剧史研究者认为，京剧自诞生以来，经历了一个由讲究“听戏”发展到讲究“看戏”的过程，前一阶段是老生挂头牌的时代，其代表人物为程长庚；后一阶段是旦角挂头牌的时代，其代表人物是梅兰芳，还有稍为后起的尚小云、荀慧生、程砚秋，即“四大名旦”。[③]王度庐上述作品中所写的剧坛景观，即已发展到了讲究“看戏”的阶段。前面所述九十余种剧目之中，属于“四大名旦”常演的剧目就有将近三十种，包括《青霜剑》《风流棒》《摩登伽女》《廉锦枫》《春闺梦》《挑廉裁衣》《玉堂春》《二进宫》《三娘教子》《宇宙锋》《御碑亭》《（天女）散花》《四郎探母》《赵五娘》《朱砂痣》《虹霓关》《霸王别姬》《叭蜡庙》《凤还巢》《梅玉配》《生死恨》《太真外传》《浣纱记》《彩楼配》《武家坡》《庆顶珠》（《打渔杀家》）等。这是一些多由旦角挂头牌的典型剧目。值得注意的是，这时既然进入了讲究“看戏”的阶段，事实上也就出现了“京”“海”两派自觉不自觉地、程度不等地“合流”的趋向。

《虞美人》中，霍三姐劝虞婉兰学戏时说：“你的嗓子没多大的希望，可是

① 徐珂：《清稗类钞》（第十一册），中华书局，1986，第5016、5017页。

② 同上书，第5027页。

③ 任耀明：《京剧奇葩四大名旦》，东南大学出版社，1994。又可参考周贻白《中国戏曲发展史纲要》，上海古籍出版社，1979，第434-443页；《周贻白戏剧论文选》，湖南人民出版社，1982，第358-377页。

咱们可以不唱正工，我给你介绍个师傅，排点时装本剧，跟丽琴分道扬镳，我敢保将来一定能压得过她去。”又说：“大戏根本没有什么难学的，跟文明戏本来差不多。学一出《家庭祸水》，再学一出《十五贯》《新茶花》，就行啦！慢慢地咱们再置戏衣，排排《狸猫换太子》《刘香女得道》《纺棉花》什么的。咱们索性往外江派里去走，那比于丽琴她一板一眼地学什么程派、梅派，容易得多，而且受欢迎。”[①]虞婉兰学戏是半路出家，并无扎实的基本功根底，所以霍三姐帮她设计了这样一条“走偏锋”的途径。从她的话语里可以听出，她自己其实是以中规中矩的“正工”为正统的；但是，从她的“设计”又可知道，“外江派”的戏风，在当时北京的观众中已经颇有市场，至少有一部分观众对此相当欢迎。事实上，“四大名旦”中即有演时装戏者，例如，王度庐在《落絮飘香》中提及的《摩登伽女》，就是尚小云根据印度佛教传说改编的新戏，据说他扮演女主角吉帝，“着西方美人装，歌唱皮黄腔，并跳英格兰女儿舞”[②]。对于这种大胆而又严肃地进行创新尝试并且取得了相当成功的“时装戏”，显然是不宜因其“度越规矩”而加以贬抑、歧视的；另一方面，当时剧坛确实存在着一味迎合俗众的低级趣味、日益背离“京派”传统的不良倾向。

尚小云《摩登伽女》剧照（原载《戏剧月刊》1929年第1卷第8期）

《粉墨婵娟》中的魏芳霞改唱旦角之后首次登台，她的师傅陈神仙和剧评家冯亦禅为她精心安排了前三天的大轴子“打炮戏”，分别是《霸王别姬》《四郎探母》和全本《虹霓关》。但是，冯亦禅觉得还不保险，他说：“三天打炮戏，要是成绩不好，那赶紧就得排《纺棉花》，去抓住另一部分观众。”所以留此“退路”，其用意与霍三姐相似：因为魏芳霞虽然功底扎实，天赋也很高，但她毕竟是由武生改攻旦角的新手，开场能否“挑帘红”，能否保证戏馆的上座率，谁也不敢打包票。而《纺棉花》是男女调笑的时装戏，台上还要学唱各种地方戏曲和小调、歌曲，对于不懂“京朝派”精髓的外行观众，它是有吸引力的。这说明当时的北京，并不真正懂得京剧传统的观

① 王度庐：《歌舞芳邻》（《虞美人》第三分册），上海励力出版社，1949，第63-64页。

② 任耀明：《京剧奇葩四大名旦》，东南大学出版社，1994，第116页。

众已经形成一个不小的群体，即使“京派”伶人及其经纪人，也不能不考虑到他们的需求，不敢忽视他们所拥有的“票房价值”。

上述情节又说明，“京”“海”合流的动力，很大程度上来自京剧的商业化。冯亦禅对此曾做过精辟的分析，并且根据这种分析而替魏芳霞做了周到的安排。冯亦禅指出，像魏芳霞这样本身条件很好的坤伶，要想一炮打响还必须具备以下条件：第一，搭好班子，拉好配角，选好“跟包”；第二，备好全新的亮丽行头；第三，要有阔绰的新便服、奢华的首饰，平时打扮一定要摩登；第四，除做广告的戏装照片之外，应多洗几十份便装照片，准备送人；第五，必须请一请“经励科”（即戏馆子）里“拿事”的“名人”，使前后台事务通畅无阻；第六，要在新闻界登海报、刊剧评，大力“吹嘘”……冯亦禅看到如今的京剧及其伶人（特别是坤伶）已经成为一种文化商品了，除自身条件之外，必须在其他方面也适应商业化大潮的需要而进行周密的操作（包括“炒作”）。处于这样的潮流之中，“京朝派”倘若固守传统，一成不变，不但得不到发展，而且连生存也极困难的。

但是，当时北京具有决定性影响力的基本观众群，仍然是那些“京派”传统的拥护者。《寒梅曲》的开头，是这样叙述元宵节时南城一带的剧坛状态的：

> 街上比过年的时候人还多，摊子也多，一种欢乐忘忧、歌舞升平的景象充满了全城。各个戏园里都演着“大闹花灯，全堂灯彩”的“应节新戏”，不！这都是那些“梆子班”或是“坤班”才演呢，正经的“京朝派”的名角决不弄这些“外江”的玩意儿，他们照旧唱《四郎探母》跟什么《解宝收威》，然而也照样是白天跟夜戏全都满座。①

女主人公黎艳芳登台不久，并非“京朝派”名角，但是，她在“新世界”献演并无新奇布景的《赵五娘》（即《琵琶记》），而且是与节日气氛并不协调的苦戏，却能夜夜满座，原因就是她的演唱中规中矩，走的是“京朝派”的正统路子，得到那群基本观众的支持。

然而，黎艳芳遇到了严峻的挑战：对门的“城南游艺园”请来沪上名角“彩艳鸾”，上演“十六本的连台新戏《西游记》，全副的布景，真山真水”，“盘

① 王度庐：《暴雨惊鸳》（《寒梅曲》第一分册），上海励力出版社，1949，第1页。

丝洞，七个美女洗澡，台上喷泉，当场变成大蜘蛛，另外加添西乐，全场五色灯光”。这是公开和“新世界”唱对台。黎艳芳及其支持者的对应策略是：推出《忠义寇宫娥》，也是连台本戏，也有满堂布景、五彩灯光、奇幻变化。但是，由于“那边演的彩艳鸾的《西游记》本是浅薄的，以妖怪和色情而号召观众的，这里的《忠义寇宫娥》却真正是宋代宫闱秘史，剧情曲折，忠义俱全，而且唱工和做派都很吃重”，所以一举压倒对方，获得了空前成功。黎艳芳的成功当然还有其他因素，但是，他们的策略无疑是正确的，这就是在坚持“京朝派”传统的前提下，吸取“外江派”“好看”之长处。

上述情节固然均可视为写实，同时却也表现着作者的“京剧审美观”：王度庐在骨子里是崇尚“京派”传统的，但是他又肯定了由“听戏”向“看戏”发展的必然趋势，肯定了为了适应广大观众群的观赏需求而吸收“海派”长处的改革策略。这种见解，应该说至今仍有现实意义。

正因为作者在骨子里属于“京朝派”，所以他常会有意无意地流露出对“听戏”传统的怀恋。《虞美人》中曾通过虞婉兰的眼睛，详细地描述了西单一个“票社”的活动情形：

> 这家茶社门前挂着两面牌子，上贴着整幅的红纸，写着一样的黑字：“每日特请著名票友清唱消遣。”里面有细细的胡琴之声，但霍三姐上前一推门，胡琴声就突然扩大。婉兰随着走入，就觉着屋中的暖气烘烤着人的脸。
>
> 屋子很大，靠着后边的玻璃窗户有一个围着木头栏杆的很矮的台儿，上面并着两张桌子，桌子上铺着猩红毡子，摆着茶具、纸烟盘子等等。还有个乌木的小架子，插着七八个象牙的小牌子，上面用墨写着：《赐福》《百寿图》《二进宫》《教子》《宇宙锋》等等的戏名，还有几个是空白的，没写什么。（笔者按，这个插着象牙牌子的乌木架，名为“戏规”，原是戏班公布戏目的器具。）
>
> 右边的桌角是有几个人在打锣、击鼓、敲板、拉胡琴。左边的座位上坐着几个人：一个灰白胡子的老头儿在咦咦地唱着青衣，有个秃头麻子扯着嗓子唱净，还有个瘦脸儿的人一手拿着烟卷在唱老生。三个人一问一答地唱着，也不知这是出什么戏。
>
> 在台下有许多张方桌，桌上都蒙着洁白的单子，摆着茶壶茶碗、瓜子

碟子、烟卷等等，每个桌子都围坐着三四个人。这屋里的人足有三四十，女的也不少，多半是阔太太型的，有的在彼此低声谈话，有的还拿着手指向桌上轻一下徐一下地敲着，仿佛听得很有滋味似的。三四个茶房提着开水壶往来走着，还有的拿着热气腾腾的手巾把，分给听众们去擦脸。

…… ……

此时台上已换了人唱，是两个中年人跟一个十岁上下的小姑娘，唱的大概是《三娘教子》，桌上那象牙牌子，《教子》的后边就写的是《宇宙锋》，《宇宙锋》的后面又写上两个牌子，是《白良关》和《四郎探母》。婉兰知道隔着两出戏就该是霍三姐唱了，她盼望着快些唱完，可是此时有许多人都已知道了：旧日的名坤伶，"小菊生"霍老板回头要消遣一段，就有人时时扭着脸向她们这边来望，还有的打电话请朋友快来。

……直到电灯亮了，霍三姐跟岳小姐走过去唱《四郎探母》，婉兰也注意地去看，听，而且也感到了一点趣味。霍三姐是坐在台桌旁，侧着脸儿，先道了许多句白，然后就唱了好多个"我好比"，唱到了"眼睁睁高堂母难得见……要相逢除非是梦里团圆"，座位上的人都鼓起掌来。接着岳小姐就细声说了声："丫鬟带路！"小锣儿当当地响，胡琴改为清幽的声音，岳小姐就唱："芍药开，牡丹放，花红一片。艳阳天，春光好，百鸟声喧……"霍玉芬低声向婉兰说出了词句，婉兰才知道旧剧中原来也有诗词一般的美丽的句子。

霍三姐所唱的韵调儿一定好听，这由座间的人击节赞赏可以看得出来，但唱到了中段，什么"好一个贤公主智谋深远……"她就嗓子不济了，连气儿地喝茶。婉兰都很替她着急，心想着："不知还得唱多半天呢！"可是又唱了些时，霍三姐脸都白了，才把一段《坐宫》凑合完了。[①]

霍三姐久不登台，功夫早已荒废，所以这次清唱以虎头蛇尾结束，唱砸了。《粉墨婵娟》中魏芳霞在东单一处票社的清唱，则十分成功。这段文字写得也很细致，因为是通过方梦渔这个并非外行的人物的眼睛进行描述的，而且由听觉感受引出了生动、形象的"内视觉"，实际上把后来舞台演出的情状做了提前展示，所以尽管对"票社"环境、气氛的描述与《虞美人》雷同，而视听感受的

---

① 王度庐：《歌舞芳邻》(《虞美人》第三分册)，上海励力出版社，1949，第68-74页。

铺染却大不一样：

……那位“戏提调”已经得到了魏芳霞和另外两位男票友的点头，又向“文场”方面去说了说，于是就在那象牙的牌子上写出了戏目，是《霸王别姬》。

方梦渔高兴得简直紧张了，可是对于这一出戏，他心里不禁有点疑惑。这出戏是个大戏，几年前，他在上海听梅兰芳和金少山唱过，听说要是由杨小楼跟梅大王配这出戏，那更是两绝。不过要是不化装，不看做派和身段，没有舞剑那一场，光在桌子那边清唱，还有什么意思呀？……

……

《彩楼配》唱完了，停了有十分钟，魏芳霞跟那去霸王的，还有去配角的，才都走过去，在那边的桌旁坐下了，锣鼓敲了起来。更使各座间的观众们全都精神百倍。方梦渔也把凳儿挪了挪，正对着那个“台”，也是正对着魏芳霞，然而芳霞，仍不抬眼皮，态度真是郑重。锣鼓敲得可真吵人，本来这出的“家伙点”特别的多。那去霸王的一个胖子，听说是某公司的职员，相貌倒够上个“霸王”，嗓子可真不行，唱到“咬牙切齿骂韩信”，声音就哑了。待了会，“小开门”拉过之后，魏芳霞就念起了“引子”，是：“明灭蟾光，金风里，鼓角凄凉”。字字清晰，真动听，及至念过了“忆自从征入战场……”四句诗，道过了很长的那一段“白”，唱那几句“西皮散板”，真与梅兰芳无异。……及至快唱“南梆子”了，魏芳霞的“虞姬”说：“哎！大王醉卧帐中，我不免去到帐外，闲步一回。”接着就唱：“看大王在帐中和衣睡稳，我在这里出帐外且散愁情，轻移步走向前中庭站定，猛抬头，见碧落，月色清明……”

声音清澈、柔润，真有行云落月之致，要把它譬作莺鸣春树，也嫌还不够。座间的顾客有不少忘形地鼓起掌来了，方梦渔也喜欢得心花儿都开了，自言自语道：“好！好！”

那芳霞却将脸微侧着，她的侧影儿更是美丽，接着又唱。方梦渔简直是一个字一个字地细心去听，他幻想着芳霞现在头上梳的是“堕马髻”，戴着珠凤金钗，穿的是古装的绣衣金铠，金光闪闪，环佩叮当，他又觉着芳霞在那里转身段了，在那里做出颦愁而又英爽的表情了，在那里……听完了霸王唱毕，“虞兮虞兮奈若何”，她说：“大王慷慨悲歌，使人泪下，待贱妾曼舞一回，聊以解忧如何?”……又说：“如此，贱妾出丑了!”好像当时就亮出了光芒闪烁的一对青锋宝剑，接着，那宛转悦耳的“二六”，是：“劝君王，饮酒，听虞歌，解君——忧闷，舞——婆娑……”真是动听之极，紧连着胡琴跟堂鼓奏起了“夜深沉”……仿佛剑光腾起，娇躯曼回，仙裾飘云，金钗颤抖，忽起忽伏，全合节奏。虽然魏芳霞依旧在那里静静地坐着，但方梦渔却觉得是出了神，是做起了梦。①

《粉墨婵娟》中还有两处文字，是借唱词来宣泄人物情感的，写得也很好。一处是：贾大哥把魏芳霞抓回去之后，她就不再登台了，《霸王别姬》虽然一炮而红，这颗新星却昙花一现般地陨落了。在小碧芬的婚礼上，方梦渔又和魏芳霞见了面，交谈之下，进一步得知她的处境十分艰难甚至危险。此时，参加婚礼的宾客们掀起了“余兴”活动：

……先逼着新娘小碧芬唱完一段《凤还巢》，又唱一段《梅玉配》，绮艳花接着唱了一段《鸳鸯冢》跟《虹霓关》。最后才有人发现了霞美卿——魏芳霞，烦她唱“别姬”，她不唱；又烦她唱《生死恨》，她更不唱。她自愿唱一段武生的戏《薛礼叹月》，就由绮艳花的哥哥拉着胡琴，她倒背着身子，脸对着墙，高声唱着“二黄导板”：“山神庙，困英雄，含悲忍泪……”苍凉慷慨。接着又唱“摇板”：“何日里，拨云雾……哪啊……才见青天哪！啊……”方梦渔听了几乎要哭出来，他实在不能再在这种空气之中待着了，他就一跺脚，走出了礼堂。②

魏芳霞本来是因为不愿演武生才改学旦角的，现在她却偏要唱武生，偏要唱英雄受困的《薛礼叹月》，心中的愤懑、不甘与悲痛，于是借此喷涌而出！唯如此之人，才有如此之抒情方式！下面的例子同样感人：

方梦渔走出礼堂，就遭到贾大哥枪击。他伤重不治，于弥留之际对守候在旁的魏芳霞和绮艳花说：“……我纵死了，艺术也是永存的。来！我请你们两人合唱一段给我听听!”

① 王度庐:《粉墨婵娟》,王芹点校,北岳文艺出版社,2018,第24—26页。

② 同上书,第128页。

于是芳霞也站了起来，跟绮艳花商量了一下，两人都拿手绢又揉了揉眼睛。先由绮艳花唱“二黄三眼”，是：“我这里持剪刀心中不忍，都因是要借它献上殷勤，没奈何伸玉腕忙来……”她向芳霞一努嘴，芳霞就一边抽播着，用悲歌接唱梅派《太真外传》的“散板”，是：“……剪定，一霎时，珠泪滚，万箭穿心……”她赶紧又唱“二黄散板”，是：“无限忧愁无限恨，一忆君恩一断魂……”

芳霞悲痛得实在不能够再往下唱了，她急忙叫旁边的护士取来一把施手术用的小剪子，就蓦地将她新烫的头发剪下来一大绺，痛哭着塞在方梦渔的手里。这时方梦渔已经闭上了眼睛，她们两人全都大声地哭了起来。①

《太真外传》演绎的是李隆基与杨玉环生离死别的爱情，魏芳霞与绮艳花选择这段唱词，也是非常贴切眼前情境的：方梦渔在支持魏芳霞重新登台的过程中，与之产生了爱情。魏芳霞无法摆脱贾大哥的控制，她深感辜负了梦渔的爱，所以希望梦渔能和自己的表姐绮艳花结合，作为一种无奈的补偿。然而，现在一切都成了镜花水月，她们怎能不与马嵬坡上的杨玉环同声一哭呢！

从“观赏者”的角度描写人物对剧情产生共鸣的，则有《落絮飘香》：范菊英入城之后，一方面为章绍杰的财势、风度所吸引，另一方面又怀恋着秦朴。章、秦两个身影，在她的显意识和潜意识里不断浮现、交织，并被不断地比较、权衡。黄凤珍等特意带她到长安戏院看程砚秋的《青霜剑》，并让章绍杰与菊英在包厢里仿佛“偶然”地见了面。这一计谋果然见效，菊英觉得“有一种电力似的”，使自己在章绍杰面前感到“沉醉”。但是，程砚秋登台了，菊英渐渐“沉醉”到剧情中去，这使她产生了对现实的“清醒”：

程砚秋的《青霜剑》，不过是表现一个恶人，如何因为谋夺一个美妇，不惜用尽了阴毒方法，使那妇人的本夫被诬惨死，然后他将那妇人占到手中。可是那妇人原是假意依从，到了洞房的那晚，她就用利剑将恶人刺死了。这出戏本来没有什么缠绵的爱情表演，可是菊英看了，就很觉动心，

① 王度庐：《粉墨婵娟》，王芹点校，北岳文艺出版社，2018，第131页。

有时她竟至流下泪来。尤其是剧中所表现的恶人手段的毒狠，她更想不到世间竟有这等事，人心原来是这样的险恶。她又想："章绍杰因为我爱着秦朴而不爱他，他一定很嫉恨秦朴的。他又有钱有势，说不定他真能因为此事把秦朴害死呀？"想到这里，真觉得身上打寒战，为秦朴提着心……[①]

范菊英的这种"清醒"，其实只是复杂心理过程的一个折射。后来的情节证明，《青霜剑》并无振聋发聩的效力，等到她真正清醒时，已经付出了贞操乃至生命的代价！

对于观剧过程，作者还有一些很有深度的描写，其中，人物的审美感受实际上往往包含着作者自己的美学评价。例如，《虞美人》里叙及霍三姐想劝虞婉兰学戏，把她控制在自己手里，作为和张啸潮讨价还价的筹码。婉兰应邀，和霍家姐妹一起去看名坤伶于丽琴演出《玉堂春》：

霍家姐妹跟她说了这大半天，楼底下已掌声如雷，那台上的煤气灯更加倍地发光，台帘、桌围子、椅垫，全都换了桃花色的，簇新的，上绣着金线的花样，并绣着"于丽琴"的芳名。去老解差崇公道的说："给我叫出来！"去狱卒的向台帘里说："苏三走动哇！"里面就一声"苦哇！"霎忽间就出来了于丽琴，连霍玉芬都不住地鼓掌。

于丽琴是全份的头面，由头上垂下来一条蓝色的绸子，鬓边并勒着珠子花箍，穿着红绸的绣花边的对襟袄，红彩裤，白水裙，披着发亮光的锁链，并在手里轻轻抚弄着，唱出来那段"二黄摇板"。霍三姐就顾不得说话了，拿银烟嘴一下一下地敲着楼栏。

于丽琴一经打扮，在台上被灯光一照，是越发的漂亮。她的身段婀娜，歌喉宛转，把观众们都吸引住了，都发不出一点声音。婉兰这包厢里的三个人，也把视线和听觉全灌注在台上。只见那去崇公道的跟于丽琴一问一答地说了几句话，霍三姐拍了婉兰一下说："你快听这一段反调！"婉兰遂也静心去听，只觉得这个调儿很是凄凉婉转，陪衬上哭声似的胡琴，再加上鼓声咚儿咚儿地击着，钟儿声叮儿叮儿地击着，更是使人的心中低回不止。婉兰不禁低下头去，想起了故去的母亲，又想起艰苦相依的谭思

① 王度庐：《朝露相思》（《落絮飘香》第二分册），上海励力出版社，1948，第24页。

禹，更想到那蔡主任跟父亲接近的用意，以及刚才霍三姐说的那一番话，她觉得自己的处境太难，古今、新旧时代的女子都是可怜的。

她低回了多时，台上的“起解”已然唱完，接着是“三堂会审”，唱到那穿蓝袍的老生叫两厢退下，苏三改向台口跪着，一边唱那风流的词句，一边弄情，台下的一般观众又不住地鼓掌叫好，婉兰这才看出旧剧是怎么一回事。按说这本是述说一个苦难中的女性，但这样一演，倒成了一出轻松的戏剧了，不过是叫女主角穿戴上这种颜色刺目、式样特别的衣裙，戴一会鱼枷、锁链，又冲着台下跪一点钟，借此满足一般男性顾客的变态心理罢了。自己将来要学戏，别说唱不红，就是能唱得于丽琴那么红，可又有什么意义呢？……①

在王度庐的社会言情小说里，这是最为细致、生动、深刻的一段描绘戏剧观赏情境的文字，演出场景、剧场气氛、观者感受融汇交混，而又均出诸观者视角。霍三姐比虞婉兰内行，虞婉兰比霍三姐有心事，所以一个的审美态度近乎“唯美”，一个的审美态度保持“距离”。虞婉兰的文化素质高于霍三姐（也高于《落絮飘香》中的范菊英），所以能从“唯美”的排场底下，发现变态心理的社会存在和艺术作用。当然，这一发现与其说是虞婉兰的，不如说是王度庐的，由此又可见到“精研心理学”对其创作的意义。

《粉墨婵娟》中也有一段异曲同工的文字，写的是方梦渔旁观陈神仙给魏芳霞排戏——

这屋里没有电灯，只是靠墙的一个茶几上，放着一盏煤油灯，灯的光昏昏淡淡的，屋里好像布着一层雾，雾里就“漫步拟仙”的魏芳霞做出种种柔美的身段。此时方梦渔的心里很有几种感想，他觉得：旧剧中的旦角，尤其是花旦和闺门旦，她们的身段和做工太妩媚了，妩媚得近于有点夸张；正如那些“流行小曲”的歌唱者的女高音，一般的女性声音，不尽是那般尖细的。然而女歌者的嗓音是因为尖细，花旦做功是因为妩媚，所以才特别地受人欢迎，原因是顾曲者，听戏的，究竟大多数是男性，所以应当在他们的眼前特别夸张地表露出来女性美，这就能够成功。近来“坤

① 王度庐：《歌舞芳邻》（《虞美人》第三分册），上海励力出版社，1949，第78-79页。

旦”所以容易唱红，“坤角武生”之被淘汰，原不足异，魏芳霞本来就是个娇艳妩媚的女性，早先唱《挑滑车》确实是违反她的生理，今后的女扮女，妩媚之中再学妩媚，无疑问地管保能唱红了……[①]

20世纪30年代有论者评说京剧之男旦现象曰：“男人看见‘扮女人’，女人看见‘男人扮’。表面上是中性，骨子里当然还是男的。”[②]这与王度庐所写的方梦渔的感想可以对看，二者从不同的角度揭示出了共同的本质——传统戏剧艺术里的“男权话语”。当然，作为文化遗产，在健全的社会里，在健康的人性面前，对于上述艺术话语（包括《玉堂春》的排场）或许都可另作解读，然而我们不能不佩服两位作者眼光之犀利——他们都从“唯美”的现象之下，剖出了人们灵魂里的丑。

和对民俗素材的运用一样，王度庐对戏曲素材的运用，也有隐藏作者批评态度，纯然出诸白描，而收颊上三毫之效的笔法。例如，《虞美人》中叙及婉兰终于经不住霍三姐的诱惑，开始跟汪阔臣学戏了，她学的第一出戏便是《玉堂春》：

瘦矮的汪阔臣，穿着一件毛儿都变成毡子的皮袄，坐在一个凳儿上，拿起胡琴来，先打了一个呵欠，表现出他今天的烟灰喝得不多。他迭着两条腿儿，磕膝盖上铺着胡琴套，他定了定弦，拉起了“西皮摇板”。婉兰就站在霍三姐床角，脸朝着黑暗之处，她唱：“玉堂春……跪之在……都，察，院……”汪阔臣住了胡琴，嘴里敲着锣鼓点儿。又拿出小生的韵味来说着：“住了！状纸上面，写的苏三，口称玉堂春，分明是一刁妇！”叨念了几句之后，又改为老生，高声说：“来！看拶！”胡琴接着又拉起来，婉兰立时唱“回龙”腔：“啊……大人哪……”汪阔臣嘴里又敲着锣鼓，并说：“唱到这儿，你可就得向着台口儿跪着啦。”拉着“西皮慢三眼”，婉兰又唱：“玉堂春，本是，公子，他取，的名……”胡琴又拉过门儿。

那边的牌却啪啪地摔着响，寿小姐一边抓牌，一边抽烟卷。金太太是吃了“张儿”，可是又不知打出去哪张才好。另一个苗太太直催：“你倒是

① 王度庐：《粉墨婵娟》，王芹点校，北岳文艺出版社，2018，第47页。

②《最艺术的国家》，载《鲁迅全集》（第五卷），人民文学出版社，2005，第91页。按此文实为瞿秋白所写。

快打呀！别磨烦啦！”霍三姐却已三副落地，四张牌也都扣起来了，摇头得意地就等着“胡”啦，并用手背轻轻敲着桌，嘴里含着烟卷也随着胡琴哼哼。等婉兰唱到了：“十六岁，开……是那王……”汪阔臣一边拉着过门儿，一边问说：“王什么呀？”婉兰又唱：“啊！……”汪阔臣又问：“王什么呀？”婉兰脸向得更里，接着唱：“王公子……”霍三姐摆手说：“不对不对，我看于丽琴她不是这么唱，她是唱：‘王……公子……’”她自己敲着板眼低声儿给矫正着。苗太太却推了她一下，大声说：“五饼！你倒是胡不胡呀？不胡就快抓！你要是教戏，就趁早儿把牌放下！”霍三姐摇头说：“不胡！我刚打出去的二饼，你们往饼子上猜那就错啦！”她笑着去抓牌，抓了一张不知是什么牌，使得身后站着的霍玉芬不住地叹气，说：“要是不打出那张去，早就胡啦！”婉兰在那边已转过脸儿来，但是脸为灯光照得发红。汪阔臣一边拉着“慢三眼”，一边叫她接着唱，她又唱：“他本是，吏部堂上的三……舍人……”心里感觉得真难……①

这段文字，无论就剧目还是就人物心理而言，都与前面所引观赏《玉堂春》演出的文字形成“互补”，其笔法则更加“客观”。

又如，《古城新月》叙及白月梅被在球房当仆役的张大爷骗到那处秘密色情巢穴，但由于幼稚无知，她还看不出底细。其时，只见一个黑胖子拉着位漂亮少妇回来，进了东屋——

此时那东里间，不知是那男的说了一句什么话，那女的竟咯咯的像一只小母鸡似的笑了起来。张大爷在外屋也笑了。那女的就隔着门帘说：“张铁嘴，你笑什么？还不赶紧到你的球房去，那小一号儿她想着你啦！”张大爷没有言语，脸上一本正经地坐着。

女的又在屋里唱：“再问他好来？”黑胖子也扯着哑嗓子接着唱道：“他倒好！”女的又唱：“我问他安宁？”男的又唱：“倒也安宁。”女的又唱：“三餐茶饭？”男的答：“小军造。”女的笑了一阵，又唱：“衣衫破了？”男的也笑着，跟着唱：“自有人缝。薛大哥这几年运不通，他在那西

① 王度庐：《歌舞芳邻》（《虞美人》第三分册），上海励力出版社，1949，第101、102页。

凉国……”张大爷也听得忘形了，鼓了两下掌……[1]

这段文字中所写的，是《汾河湾》中的唱词，剧中的薛仁贵立功受爵之后微服返乡，离别多年的妻子柳迎春认不出他，他则隐瞒身份对妻子进行挑逗。这样的唱词，被那两个男女唱起来，当然更加浮浪了。此类描写之中，京剧已经成为某类人物生存状态的表现之一，读来别有一种滋味。

《风尘四杰》写及“我”为了挽救胡丽仙，急急赶到崔大爷家的楼下，却听到楼上有女人的声音叫下面送馄饨——

我揣想着此时楼上的情景，使我有些嫉妒，更忍不住义愤填胸。我要高声向楼窗里叫道：“胡丽仙，你下来吧！别为吃碗馄饨你就堕落终身！”我可是也叫不出来。楼上却又飘出来女人的歌唱声，还有胡琴陪奏着，唱的是：“未曾开言泪满腮，尊一声老丈细听开怀……”我又有点纳闷。

而这时候，里面的楼梯一阵咚咚的响，跑出来了一个十三四岁的小丫头，我认得正是崔大爷雇用的那个会炸鸡蛋荷包的使女。她这时可没有工夫来看我，只向那馄饨担子说：“喂！你倒搁下呀！锅开了没有？快下！先下三碗，一碗里要打一个鸡蛋，少调醋，多调点酱油！”

楼上还在唱着：“奉母命京城做买卖，贩卖绸缎倒也生财。前三年也曾把货卖，收清账目转回家来……”

我可就忍不住走上前问这小丫头了，我说：“现在都是谁在这儿啦？你们大爷在家了吗？”小丫头扭头看了看我，她似乎不认识我了，也不向我回答，只催着那卖馄饨的说：“快下！快煮！”这时候我就往门里走去，我已经拼出去了！假定见了胡丽仙，无论当着多少人，我要立刻叫她回家，我并且要警告那一些人：“你们可要小心着刘宝成！”

我扶着那又狭又陡的楼梯往上走，腿就有点发抖，我的心里可是既紧张，同时又有一种火焰似的东西在滚涌。楼上飘散来刺耳的胡琴声，那人又唱道：“赵大夫妻将我谋害，他把我尸骨未曾葬埋。烧成了乌盆窑中卖，幸遇老丈讨债来……”

……隔着门缝，我就看见屋里的灯很亮，我并且看见在灯下倒背着手

---

① 王度庐：《古城新月》，王芹点校，北岳文艺出版社，2018，第586页。

正在唱戏的，是一个穿着大褂、梳着大辫子的，说她是男人其实她可是女人，就是杨桂玲。我才知道刘宝成说得对："丽仙的事还许就是她给拉的纤呢！"我要去责备责备她，于是我就拿手用力地敲门。

她唱完了后一句："可怜我冤仇有三载，有三载，老丈呀……"这才停住了唱，胡琴声也戛然而止。杨桂玲转身向外问说："是谁叫门啦？"①

"我"的焦急、胡丽仙的命运、即将到来的尖锐对峙、杨桂玲在这场冲突中扮演的是什么角色……种种悬念，在《乌盆计》悲痛、苍凉的唱腔烘托下显得更有张力；悠悠的唱腔、小丫头的忙乱与"我"紧迫的心态形成对比，使得这段文字内涵极其丰富，而又极为含蓄。

正因为熟悉京剧，所以王度庐的作品中，有好几部都是以伶人为主角或主要人物的。他的小说笔法，也颇多取法戏曲的程式化表现手段之处。例如，《落絮飘香》写秦朴、菊英带着淑玲游颐和园，就明显地可以看出模仿《游园惊梦》的痕迹；如果说这不能算是成功的范例，那么其他许多作品中，在人物设置、情节构思等方面不露痕迹地化用戏曲程式之处，就很值得我们推敲、玩味了。这也正是他与刘云若相似的一个方面。

附录：

《落絮飘香》等七部作品中的京剧剧目统计表

说明：1.全本戏与属于该本的折子戏，各作一种统计。

2.重复出现的同名剧目，作为一种统计。

3.异名剧目各作为一种统计。

4.或有遗漏，仅作参考。

5.如前所述，列为统计对象的《虞美人》《寒梅曲》二书不全。

剧　　目	所在作品
1. 青霜剑	落絮飘香、虞美人
2. 拆西厢	同上
3. 贺后骂殿	同上
4. 赚文娟	同上

① 王度庐：《风尘四杰·香山侠女》，王芹点校，北岳文艺出版社，2018，第56—57页。

续表

5. 凤阳花鼓	同上
6. 打花鼓	风尘四杰
7. 白水滩	落絮飘香、粉墨婵娟
8. 风流棒	落絮飘香
9. 摩登伽女	同上
10. 廉锦枫	同上
11. 四杰村	同上
12. 取金陵	同上
13. 卖马	古城新月
14. 钗头凤	同上
15. 春闺梦	古城新月、虞美人
16. 挑帘裁衣	古城新月、粉墨婵娟
17. 狮子楼	古城新月
18. 汾河湾	同上
19. 家庭祸水	虞美人
20. 十五贯	同上
21. 新茶花	同上
22. 狸猫换太子	同上
23. 忠义寇宫娥	同上
24. 包公案	同上
25. 刘香女得道	同上
26. 纺棉花	虞美人、粉墨婵娟
27. 玉堂春	虞美人、粉墨婵娟
28. 女起解	粉墨婵娟、虞美人
29. 赐福	虞美人
30. 百寿图	虞美人、粉墨婵娟
31. 二进宫	虞美人、粉墨婵娟
32. 三娘教子	虞美人
33. 宇宙锋	同上
34. 御碑亭	同上
35. 黛玉归天	同上
36. 散花	同上

续表

37. 四郎探母	虞美人、寒梅曲、粉墨婵娟
38. 过关	寒梅曲
39. 见娘	同上
40. 回令	同上
41. 盗令	同上
42. 解宝收威	同上
43. 赵五娘	同上
44. 扫松	同上
45. 下山	同上
46. 庵堂相会	同上
47. 朱砂痣	寒梅曲、粉墨婵娟、虞美人
48. 挑滑车	寒梅曲、粉墨婵娟
49. 西游记	寒梅曲
50. 春秋配	同上
51. 彩楼配	寒梅曲、粉墨婵娟
52. 探阴山	寒梅曲
53. 钓金龟	寒梅曲、风尘四杰
54. 虹霓关	寒梅曲、粉墨婵娟
55. 周幽王烽火戏诸侯	寒梅曲
56. 花蕊夫人	同上
57. 金陵十二钗	同上
58. 太虚幻境	同上
59. 霸王别姬	粉墨婵娟
60. 捉拿花蝴蝶	同上
61. 翠屏山	同上
62. 牧虎关	同上
63. 鸿鸾禧	粉墨婵娟、虞美人
64. 大劈棺	粉墨婵娟
65. 春香闹学	同上
66. 红娘	同上
67. 雪杯圆	同上
68. 洪羊洞	同上

续表

69. 盗骨	同上
70. 失空斩	同上
71. 空城计	古城新月(翁醉亭唱)
72. 庆顶珠	粉墨婵娟
73. 打渔杀家	同上
74. 叭蜡庙	同上
75. 长坂坡	同上
76. 阳平关	同上
77. 狮子楼	同上
78. 英雄会	同上
79. 乌盆计	粉墨婵娟、风尘四杰
80. 凤还巢	粉墨婵娟
81. 梅玉配	同上
82. 鸳鸯冢	同上
83. 生死恨	同上
84. 薛礼叹月	同上
85. 太真外传	同上
86. 海渥添寿	绮市芳葩
87. 蟠桃会	绮市芳葩
88. 浣纱记	风尘四杰
89. 梅龙镇	风尘四杰
90. 连环套	风尘四杰
91. 白良关	虞美人
92. 武家坡	同上
93. 捉放曹	同上

第十六章　成名之后

大约《宝剑金钗》发表以后，王度庐的小说就开始流传到青岛以外地区。据当年的一位报人回忆，在敌占区，《新民报》办得“毫无生气，但它的发行量最多时却达数万份，由青岛沿胶济线至天津、北京及其他城市，主要原因之一，就是争看王度庐的小说”①。他所说的是王度庐作品由青岛向北方其他沦陷区扩散的情况，事实上这些作品还沿津浦路向南，再沿长江向西传播，以至在“大后方”的四川，“王度庐”的名字和他的作品，也为许多人所熟知。当年的重庆，居然还出现过一位“假王度庐”。

第一节　“假王度庐”的故事

据四川广汉的一位读者说，1943年他在重庆时，有人约他去听说书，去后才知道说书人是“重庆大学教授王度庐先生”，说的是“九华奇人”的系列故事。他听说，王先生说书是为生活所迫，重大同学中同情先生的人很多。这位读者后来和那位“王先生”有过几次接触，曾一起在茶馆喝茶。先生“因牙齿不好，喜吃炽烂食物”，“当时穿一套英国绅士西服，头戴康克帽，进市区多用手杖步行”。他还听说先生“一家大小十三口”，“当时五十三岁，五儿三女”。……重庆一些年岁较大的人也能证明这位“王度庐先生”20世纪40年代初确实住在重庆，有些人声称也曾见过他……②

如前所述，1943年王度庐还在《青岛大新民报》上连载《铁骑银瓶传》《虞美人》和《寒梅曲》呢！当时，他的长子王膺年方四岁，长女尚未出生，哪里来的“五儿三女”，“一家大小十三口”?!

---

① 王子久:《王度庐和他的小说》,《青岛日报》1988年1月9日。

② 引据李丹荃女士提供的一封信件。

那位“重庆王度庐”显然是位大胆、厚颜的冒名顶替者，看来当时被他骗过的重庆人不在少数。这个传奇性颇强的冒名故事，恰恰证明王度庐的小说在20世纪40年代初就已在“大后方”广为流传了。所谓“九华奇人”故事，应该就是青岛那位王度庐所写的，以隐居九华山的江南鹤为中心衍发出来的一系列故事。所以，重庆这位影响不小的“大学教授”，很可能是头一个把王度庐的作品搬到书坛上加以传播的说书人；从“九华奇人”向前说到“桐柏老人”，向后说到李慕白、俞秀莲、玉娇龙、罗小虎（韩铁芳、春雪瓶的故事他大概还来不及收阅和“改编”），真够他说上一阵子了！冒名的行为当然不可取，靠王度庐的作品养家糊口则情有可原。这位假王度庐“侵犯著作权”的后果，除了自己得利之外，却也在大后方扬了“王度庐”之名，使其作品不胫而走。如果有人要写《中国著作权史》，这倒是一份很有意思的“个案”。

民国时期的作家，在维护著作权方面几乎是无能为力的，抗战阶段更谈不上这个问题。1949年之后，侵犯王度庐著作权的情况究竟发生过多少，也已无法统计。值得庆幸的是，2001年夏，北京市海淀区人民法院对某出版社出版《玉娇龙》《春雪瓶》二书侵犯王度庐著作权一案，做出了公正的判决。此案被告辩称该二书系对王度庐《卧虎藏龙》《铁骑银瓶》的“演绎作品”，“行使演绎作品权利时无须再取得原作者的许可”云云。法判词则云：“文学作品《卧虎藏龙》《铁骑银瓶》系王度庐独立创作完成，其著作权由王度庐享有。在王度庐去世后，其著作权中的使用权和获得报酬权应由其继承人继承，署名权和保护作品完整权由继承人负责保护。因此，原告作为王度庐的第一顺序法定继承人，要求被告停止侵害、消除影响、赔偿损失理由正当，应予支持。被告出版、发行根据《卧虎藏龙》《铁骑银瓶》改编的《玉娇龙》《春雪瓶》未经王度庐及其合法继承人的许可，未向其支付报酬，未为王度庐署名，改变了作者的创作意图，侵害了王度庐对其作品依法享有的署名权、保护作品完整权，同时也侵害了原告依法继承的作品使用权和获得报酬权。被告辩称否认侵权，与事实不符、于法无据，本院不予采信，故被告应依法承担侵权责任，立即停止侵权，向原告赔礼道歉并赔偿由此给原告造成的相应的经济损失。”

这一判决，属于近年来大陆一系列维护知识产权的判例之一，也是王度庐的著作权第一次经由诉讼而获得法律的明确保护。由重庆的“假王度庐事件”到这个判例，其间相隔近六十年！

那么，当重庆这位假王度庐实施“侵权行为”之时，在青岛的那位真王度庐的情况如何呢?

第二节　青岛生活一斑

李丹荃女士在一份手稿中曾经谈起他们刚到青岛时的点滴生活情况：

> 我们初到青岛时，常上海边去玩。大海退潮时，当地人常到海滩上拾取海水留下来的海藻、蛤类，叫作“赶海”。我们常去赶海。王度庐有时还借我伯父的钓竿去钓鱼，偶然也钓上几条小鱼；有时却一坐半天，一无所获。他便到市上买点小鱼提回来。我伯父看了不禁哈哈大笑，原来买来的那种小鱼是不到浅海，也不会上钩的。[①]

《河岳游侠传》《宝剑金钗》发表之后，王度庐在青岛的名气渐渐大了起来，上门拜访、求见者也就多了起来，其中不乏想拉他出去“做事”，企图利用他的名声达到某种目的的人。王度庐对这些不速之客一概称病挡驾。李丹荃女士回忆说：“他厌烦应酬，更不想做什么事情，便借病婉辞。又怕得罪人，在家中听见敲门声，便急忙卧床，表示病重。海边是不去了，就是街上，也非必要不肯去。这几年可以说他过的是闭门不出、‘自我囚禁’的生活。”这种处境和应付措施，不免使人想起魏晋时代那些借醉酒以避祸全身的名士们。

王度庐确实也有病，李丹荃女士说他的胃病日益严重，以至“经常数日不思饮食，恶心呕吐。幸亏有一位大夫及时为他治疗，才得转危为安。这位大夫叫齐定钧，是位私人开业的医生。他听说王度庐有病，就主动找上门来为王治病，不收诊费，用的贵重药品也白送，原因是齐大夫喜欢看王的小说。以后我们认识了，家中大人小孩有病，都去找齐大夫义务诊治”。这位齐大夫，可以说是王度庐难得的几位朋友之一，也许，《古城新月》中的缪宝生大夫身上，就有他的一些影子。

除齐大夫之外，与王度庐过从甚密的还有两位朋友，一位是潘思祖，一位是刘镜海。

潘思祖，原名颖叔，河北邢台人。生于1911年，比王度庐小三岁。1930年

---

① 下面还将多处引用李丹荃女士的这份手稿，不再一一加注。

7月毕业于河北大学国文系。同年八月至次年十二月肄业于北京大学研究所。1932年起，先后于山东栖霞中学，河北邢县中学、深县中学，山西大同中学，山东青岛一中、青岛二中担任教员、教导主任等职。1951年1月始任山东大学中文系讲师。据说1957年被打成“右派”，亦于“文革”时期过世。当时，王度庐到青岛女中兼职教课，就是潘思祖介绍的。

潘思祖是一位见多识广、思想进步的文化人，他改名“思祖”，就寄托着在日寇统治之下不忘祖国之意。他爱读王度庐的小说，而且互相十分会心。李丹荃女士说：“潘先生常来我家，一坐就是半天。他善谈吐，知道的事情多，打开话匣子什么都说，从当时报纸上看不到的消息到口头流传的各种新闻。当他来了，王度庐就显得格外高兴，我就忙着找烟备茶。……潘先生是王度庐那时唯一可以谈得来的人，只有和潘先生在一起，王度庐才肯毫无顾忌地说话。在有些言情小说里，故事情节也是取自潘先生的谈话资料。”也许，王度庐在与这位挚友畅谈时，就会发出“刘醉生式”的高论和妙语吧！

刘镜海是一位自学成才的画家，1941年时，他在海泊路二十三号开着一家“镜海美术社”，主要画广告，也画插图。王度庐在《青岛新民报》《青岛大新民报》《民治报》和南京《京报》上连载的小说，插图都是他画的，署名分别用的是“镜海”和“许清”。他的美术社同时也是王度庐作品单行本的分售处之一。①

当年，大部分为报馆写连载小说的通俗文学作家，都是按日发稿的。（据说，刘云若的习惯是：往往要等到报馆“跑街的”上门取稿之时，才提笔疾写千把字付排。）有的作家同时为几家报馆写不同的几部作品，为防忘记或记错情节，就把当天所发稿子的最后几个字写张纸条，分别贴在墙上，以便次日接写不致出错——那是一种既“工艺化”又“才子式”的生产方式，粗制滥造在所难免。王度庐的写作方式不同，他虽然也同时发表两至三部作品，但每一部都要写完相对完整的一定篇幅之后才发稿，“写”与“发”之间，有一段较长的“提前量”，这就保证了这些连载作品在构思方面具有较强的整体性。尽管如此，有时仍难免出现连载作品常见的通病，例如，个别人名、细节偶尔会不同，故事情节有时失诸冗长等。他每写完这样一个部分，刘镜海就来拿一次稿，回去根据内容画出插图，然后才送到报馆付排。李丹荃知道存在这样一个流程，但

① 见《青岛新民报》1941年1月10日第七页“《剑气珠光录》出书预约”。

是这个流程的“半封闭性”却使她始终不知刘镜海取走的文稿里还有发给南京《京报》的七部作品。

刘镜海在生活上给予王度庐一家不少帮助。李丹荃女士说：“刘镜海常为商店画广告，街面上熟。我们家有什么为难的事，我就去找他帮忙，像打个‘铺保’什么的，我们没有办法，他却毫不费力。他还介绍给我些手工织毛线的活计，要我在家里抽空儿织，以补家用。”由此可见，王度庐虽然有了名气，生活却仍并不宽裕。

关于当时的生活水平，《古城新月》里有一些资料，可以供我们参考。例如：

> 骏青听说刘醉生又要出书，心里就很羡慕，遂问说：“你每月可以收入多少稿费？我想生活总可以维持了吧？”刘醉生说：“不一定，多的时候三四百元，少的时候一文版税也见不到，不过平均每月一百几十元总会有的。……”①

柏骏青接手刘醉生的教职之后，也给自己算过一笔账：

> ……他又想到，以后应当怎样努力，那每月的三十块钱怎样支配。他就预算是十五元吃饭，两元房租，三元书报费，五元置衣服，余下的五元作为零用，最好还应当每月储蓄三五元。②

柏骏青的“财政计划”过于乐观，实际上若无祁丽雪的接济，他必定月月亏空。刘醉生是独身，王度庐当时的家庭负担却要重得多，单靠他的稿费和兼课收入维持生活，仍然难免拮据。所以，李丹荃有机会时总要揽一点力所能及的活计做做，借以贴补家用，王度庐同样如此。她记得这样一件事：当时有个女学生的父亲是赛马场的股东，曾介绍王度庐于每个星期日到赛马场去卖马票，此后一段时间，“他每到星期天，便穿得整齐一点去卖票，一天下来，也能分点工钱”。

---

① 王度庐：《古城新月》，王芹点校，北岳文艺出版社，2018，第119-120页。

② 同上书，第137页。

1945年抗战胜利，青岛市面一度相当繁荣，聊城路一带摊贩云集。为了安排营业地点、分摊税赋，摊贩们成立了一个“摊商公会”。在街面上很跑得开的刘镜海，就介绍王度庐去兼任这个公会的“文墨”。李丹荃女士回忆道：“那儿有一间小屋，算是办公地点，离我家很近。每天都去，1945年后的几部小说，有些就是在那里写成的。”

刘镜海虽然“跑得开”，经济上却并不宽裕：他有“四个孩子，自己又患肺结核，还时常头痛，常在头上戴一个特制的头箍，说是戴了它可医头痛”。李丹荃女士又说：

> 谈到刘镜海，给我印象最深的就是我们曾合伙卖春联那件事。
>
> 大概是1946年的年初，春节将到，天寒岁暮，刘镜海来和我们商量说：“快到年下了，我们合伙卖一次春联，赚几个钱过年，怎么样?”
>
> 说好由我们负责写，刘负责在街上卖。于是，刘赊来几卷大红纸，我就动手裁成大大小小、一副一副的春联，又磨墨又泡笔，就忙开了。王度庐的字写得并不好，但这无关紧要，买春联的人并不要求字写得多么好，整齐就可以了。那时一般农民年末到城镇卖农产品，总要捎带买副春联回去贴在门上，图个吉利。对联的内容不过是“五谷丰登，财源茂盛”之类。剩下的纸边就裁成四方块，斜着写个大“福”字，买的人拿回去颠倒贴在墙上，以祈求幸福来临。
>
> 好些天，家里地上满晾着浓墨红纸，一直忙到阳历新年。到了该卖的时候了，刘镜海却病倒了，咳嗽吐血，不能起床。
>
> 春联是不能积压的，要及时卖掉。留到明年，日久褪色，就没有人要了，何况纸还是赊来的。没法子，王度庐和我在四方路摆了地摊。这活儿过去我们没干过，总觉得有些不好意思。
>
> 风很大，春联用砖头压着，还时时担心，怕被风吹跑。我们二人轮换着回家吃饭，我还抱着个小孩。直到旧历二十九，好不容易才把春联胡乱卖完，记得我一结账，除了纸笔钱外，还真赚了几个，算没白忙。我赶忙把卖得的钱给刘镜海送去。
>
> 这件事因为主办人病了，收尾工作都由我来做，给我的印象很深。此后，我们和刘镜海的关系更密切了。

后来，王度庐在《紫凤镖》中曾写及主人公柳梦龙在陶凤儿处养伤，恰逢春节，房主“裁了许多红纸”，请他写春联。于是，陶凤儿磨墨，“柳梦龙就好像李太白，运用大笔写着：‘春年春月春光好，人得人心人寿长’‘五风十雨皆为瑞，万紫千红总是春’‘及时霖雨舒龙甲，晴雪梅花起凤毛’……凤儿还在旁边给想词儿，说：‘四季平安，五福临门’……”其中想必掺入了自己的亲身体验，有些联语或许就是当时写来卖过钱的。

王度庐全家合影（1949年夏摄于青岛。1949年6月青岛解放，王度庐与其弟有了联系，此照是为寄给弟弟拍摄的。）

此外，王度庐和青岛诗人鲁丁[①]也有交往。鲁丁以新诗著名，也做过编辑。1941年4月26日，他在《青岛新民报》发表了诗作《寄霄羽》，其中第三首写道：“遥将两字祝平安，岛上漂流卖稿难（卖稿难三字，谅羽兄必不反对也！）。作息相兼休过度，劝君努力快加餐！”

光复之后，王度庐的母亲已在北平去世。李丹荃的小妹也做了教师，妹夫在银行工作，他们都有了固定收入。大家仍住在一起，王度庐肩上的生活负担减轻不少。“大家见他身体不好，都劝他不必再干那种动脑筋的玩意儿了，但他仿佛写出了‘瘾’，抽空总断断续续地写，一直到1949年才正式搁笔。”

① 鲁丁，本名张文麟（1916—1966），字玉田，山东高密人。在胶县瑞华中学读书时，已能向当时的《青岛正报》《青岛时报》投稿，内容多系清新的小诗，与废丁齐名，号称“胶州双丁”。瑞华中学毕业后，他先后任教于胶县明伦堂小学、薛家庙小学，1948年出任《青岛时报》记者，并兼任青岛女子中学初中教员。1949年，他曾在《大民报》任过一段外勤记者。1949年后在中学任语文教员。主要诗作有《大沽河》《夜街》《您，来自南中国》《八年祭——纪念鲁迅先生逝世》等。此外，他还发表过数量可观的旧体诗词。1966年6月，因受迫害投海自尽。详见钦鸿《〈青岛文艺〉和青岛20世纪40年代后期文学运动》，载《文坛话旧续集》，上海远东出版社，2009，第297页。

第三节　后期作品概况

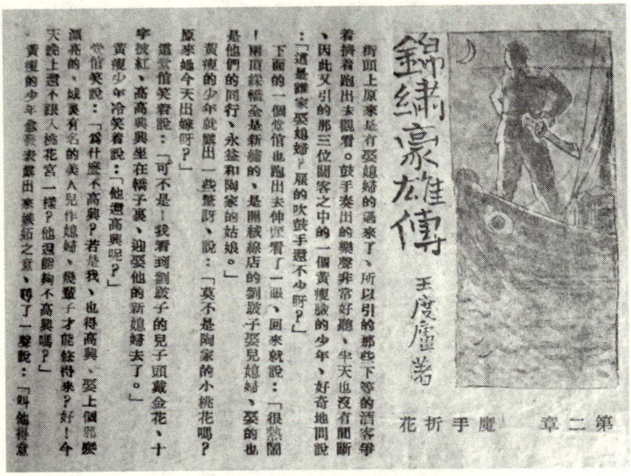
錦繡豪雄傳
王度廬著
第二章　魔手折花

街頭上原來是有娶媳婦的過來了、所以引的那些下等的酒客爭着擠着跑出去觀看。鼓手奏出的樂聲非常好聽、半天也沒有間斷、因此又引的那三位闊客之中的一個黃瘦臉的少年、好奇地問說：「這是誰家娶媳婦？這的吹鼓手還不少呀？」

下面的一個堂倌也跑出去伸頸看了一眼、回來就說：「很熱鬧！兩頂綵幛全是新繡的、是開絨線店的劉跛子娶兒媳婦、娶的也是他們的同行、永益和陶家的姑娘。」

黃瘦的少年就露出一些驚訝、說：「莫不是陶家的小桃花嗎？原來她今天出嫁呀？」

這堂倌笑着說：「可不是！我看到劉跛子的兒子頭戴金花、十字披紅、高高興興坐在轎子裏、迎娶他的新媳婦去了。」

黃瘦少年冷笑着說：「他還高興呢？」

堂倌笑說：「爲什麼不高興？若是我、也得高興、娶上個那麼漂亮的、城裏有名的美人兒作媳婦、幾輩子才能修得來？好！今天晚上還不跟入桃花宮一樣？他還能夠不高興嗎？」

黃瘦的少年愈發表露出來嫉妬之意、哼了一聲說：「叫他得意

·《锦绣豪雄传》第二章（刊于青岛《民民民》月刊第11期，1945年6月1日）

根据目前掌握的资料，王度庐后期作品的连载、出版情况如下：

《锦绣豪雄传》，1945年5月始载于青岛《民民民》月刊，署“王度庐”。终载时间未详，殆未载完。

《紫凤镖》，1946年12月2日始载于《青岛时报》，署“鲁云”。次年7月18日载毕，重庆千秋书局1949年出版单行本，署“王度庐”。

《太平天国情侠传》，1947年5月1日始载于青岛《民治报》，署“鲁云”。殆未载完。

《清末侠客传》，1947年5月19日始载于青岛《大中报》，署“鲁云”。当于1948年载毕，同年10月由上海励力出版社印行单行本，分为两册，改题《绣带银镖》《冷剑凄芳》，署“王度庐”。

《晚香玉》，1947年6月11日始载于《青岛时报》，署“绿芜”。次年1月31日载毕，随由上海励力出版社出版单行本，分为两册，改题《绮市芳葩》《寒波玉蕊》，署“王度庐”。

《雍正与年羹尧》，1947年7月19日始载于《青岛时报》，当于次年4月载毕，署“鲁云”。有1949年励力出版社所出单行本，改题《新血滴子》，署“王度庐”。

《粉墨婵娟》，1948年2月1日始载于《青岛时报》，署“绿芜”，同年7月10日载毕。随由元昌印书馆出版单行本，分为两册，分别题名《粉墨婵娟》《霞梦离魂》，署“王度庐”。

《宝刀飞》，1948年4月29日始载于《青岛时报》，署“鲁云”。同年9月17日载毕，11月由上海励力出版社出版单行本，署“王度庐”。

《燕市侠伶》，1948年7月15日始载于《青岛时报》，署“绿芜”。10月载毕，随由上海励力出版社出版单行本，署“王度庐”。按此书续集为《梅花香手帕》，未见连载、单行，殆未动笔。

《金刚玉宝剑》，1948年9月20日始载于《青岛公报》，署“王度庐”。1949年2月改由青岛《联青晚报》连载，当于4月载毕，随由上海励力出版社出版单行本，署“王度庐”。按书名中之“玉”字当作“王”字——“金刚王宝剑”系佛家之譬喻语，出于《临济录》，参见丁福保主编之《佛学大辞典》。

《龙虎铁连环》，1948年9月24日始载于青岛《军民晚报》，署“王度庐”。上海励力出版社1949年印行单行本，未完，署“王度庐”。

《洛阳豪客》，有1949年2月、3月上海励力出版社印行之单行本正、续二集。此书实为南京《京报》连载之《舞剑飞花录》的压缩-改写本。

《风尘四杰》，有1949年3月上海励力出版社印行之单行本，署“王度庐”。

《香山侠女》，为《风尘四杰》续集，有1949年上海励力出版社印行之单行本，署“王度庐”。

《春秋戟》（四册），有1949年7月上海春秋书店出版之单行本，署“王度庐”。第四册未见。

《玉佩金刀记》，始载于1949年1月1日青岛《民治报》，署“王度庐”，殆未完。

上述后期作品，每种篇幅都不长，多者二十余万字，少者七万字，总字数约二百万。它们都是先在报刊上连载，连载结束即交上海励力出版社印行单行本（个别作品由其他出版社印行）。上海励力出版社的老板刘汇臣是个有眼光又很懂生意经的出版家，这些作品从连载本转印单行本时，有的做过或多或少的修改，刘汇臣很可能提供过修改意见。而由《河岳游侠传》开始的中期作品，种数虽然少于后期作品，总字数却达四百数十万，约为后期作品的两倍半。这些作品，大多数也是在1947年后由上海励力出版社印行单行本后行销全国的。

另有上海励力出版社1950年出版的《续铁骑银瓶》四册，亦署“王度庐”

著，研究者多疑为伪作，笔者赞同这种看法。据李丹荃女士回忆，王度庐自1949年初以后，绝未再写过小说。而且，此书所叙故事与《铁骑银瓶》大致同时，写俞秀莲收养孤女唐小莲，并与李慕白一起大肆杀富济贫。观念颇“左”，似乎反映着“思想改造”运动和“土改”运动时期知识分子的“革命思想”；俞、李的行动被写得活像“打土豪、分田地”的“土地革命”；玉娇龙、铁贝勒等作为“统治阶级”被加以贬抑。如果此书确为王度庐所撰，写作时间只能是1948年，而这时的王度庐是绝不可能具有如此“进步”“革命”的观念的；同时，很难设想他对玉娇龙、铁贝勒这些自己心血的结晶会如此“绝情”。

此书开头用了不少篇幅重述《宝剑金钗》《卧虎藏龙》《铁骑银瓶》的情节，其用意大概企图突出该书与王氏所著“鹤—铁五部曲”之“血缘关系”。然而这也恰恰弄巧成拙，因为这种交代前传情节的方法，与王度庐的风格及习惯相去甚远，对比一下《舞鹤鸣鸾记》连载时前面所加的“序言”，猫虎之别显而易见。王度庐的特色之一，即善于为自己的著作命名，即使同一种著作的分册，他也要起一个富有诗意的书名。“续铁骑银瓶”这种书名，显然亦非“王氏风格”。

基于上述理由，我们没有把《续铁骑银瓶》统计入王度庐的后期作品之列。

前述各种后期作品里，《风尘四杰》（含《香山侠女》）应属“社会小说”，《晚香玉》（《绮市芳葩》《寒波玉蕊》）与《粉墨婵娟》（含《霞梦离魂》）则属“社会言情小说”，这三种作品已在前面论及。其他各种均为侠情、侠义题材小说，其中，《雍正与年羹尧》《春秋戟》《金刚玉宝剑》《宝刀飞》都具有明确的历史时代，并依据一定史实或传说演绎而成，1945年以前的作品中，只有《紫电青霜》与之相仿。所以，可将这五部作品作为一种类型，加以比较考察。

第十七章　诠释野史稗说

《雍正与年羹尧》《宝刀飞》《春秋戟》《金刚玉宝剑》四部后期作品和中期的《紫电青霜》，都是以清代为背景的；除《宝刀飞》写慈禧入宫之前故事外，其他四部都以有关雍正、乾隆时期的野史稗说作为本事、素材或“由头”而敷衍成书。对于历史资料的运用，它们各有千秋：《雍正与年羹尧》依据大量野史稗说，加以自己独特的艺术诠释，带有史诗性；《紫电青霜》《春秋戟》皆取一点史事为因由，分别阐释出不平常的复仇主题；《宝刀飞》既有忠实于野史资料之处，又有充分展开自由想象之处，以别具一格的结构和带有新鲜感的题材，表现着富有象征性的主题；《金刚玉宝剑》在素材的使用上与《宝刀飞》有相似之处，而成就逊之。

第一节　野史纷纭传“八侠”——《雍正与年羹尧》之一

《雍正与年羹尧》叙允贞（即登基前的雍正帝）微服下江南，为“夺嫡”而访求江湖豪杰，以为己用。途中先后结识“江南八侠”，并发现他们均奉年羹尧为首领，以恢复大明江山为共同理想。允贞允诺对方提出的政治条件：登基后三年恢复汉家衣冠，十年后让出帝位，保护独臂圣尼创立的柳荫寺，从而取得年羹尧信任，罗致年羹尧及“八侠”中的四位回到北京，建立“血滴子”组织，夺嫡登基。然后，他逐步剪除年羹尧势力，又大兴“文字狱”，其中吕留良（晚村）一案，杀戮、株连多人。吕留良之孙女，“八侠”之一的吕四娘，乃用血滴子暗杀雍正，为祖、父及年羹尧诸人报仇。

虽然作者在书中说前二十几章的内容，“主要都是别人绝未曾说的”，实则此书所叙故事，大都可从野史稗说乃至正史中找到“本事”。

关于雍正登基之前微服访侠，建立“血滴子”组织：

曩胤禛之未袭帝位也，尝托为贩运珠宝之客，以纵游于江浙，凡九流三教，俱喜结纳，其尤注意于侦探阴私之术。及玄烨殁，胤禛立。于十三年中，专用此辈，以为心腹。故其伺察之严，有令人防不胜防者。

虽然，不独伺察已也，是时又制一杀人之利器。形浑圆，似球，中藏快刀，刀之旁有机关，如弹簧式。俾逻者携之行。或遇有怨仇阴图谋害者，逻者即暗以其器，罩人头上，用机一发，其首已断入器内，捷飞而逸。……因名其器为血滴子。……[1]

关于“江南八侠”：

二百五十年前，大江南北有八侠焉。首僧了因，次吕四娘、曹仁父、路民瞻、周浔、吕元、白泰官、甘凤池。各精一艺，誓不越礼，犯者杀无赦。了因无行，淫暴日著，七人恶之，艺苦不敌。相约以六人围击，使泰官从空中而下，疾击其首。如是者三，僧歼焉。众遂星散。

七人皆出郑延平门下，抱种族主义。时胤祯以残贼踞大位，尤恶侠，列名严捕。四娘本晚村先生裔，国仇家难，刻不去怀。恒欲甘心虏酋，每只身穷虏穴。或谓蒲留仙所纪《女侠》一则，即四娘也；“须发交而血模糊之头颅”，即胤祯之首。证以中外记载，蛛丝马迹，未尽诬也。

仁父工诗文，尤善峨嵋枪。路、周均精绘事。民瞻画鹰，得意之作，辄题“英雄得路”四言，其志已可概见。浔画龙，为三百年来大手笔，见《画征录》。民瞻欲大举倾虏，屡谋皆败，以忧愤卒。浔以醉卧旅邸，毙于侦吏手。吕元走台湾依郑氏，后遁泉州授徒，终老是乡，卒年八十。泰官常州人，屡困于虏，卒以善跳跃而免，年九十，犹服明衣冠，往来大江南北，侦卒无如何。

凤池短小精悍，少学于张长公，以技击名。中年获交吕元，得明宗室朝元和尚真传，技益精进。……胤祯频年穷索未获。一日虏吏侦其携妾客皖，乃火旅舍，不知其早从黑焰中双双飞去矣。胤禛搜捕文告，于所谓朱

---

① 辜鸿铭、孟森等：《清代野史》（第一辑），巴蜀书社，1987，第119–120页。按《清朝野史大观·清代述异》等亦有类似记载。

批谕旨中，尚可见其崖略也。[1]

关于“江南八侠”事迹，野史笔记载录尤多，人名略有出入，例如上引资料中之“吕元”，《雍正与年羹尧》中即作“张云和”，“曹仁父”则作“曹仁虎”。但是，各种有关“八侠”传闻，其内容与上引资料多大同小异，“反清复明主题”当于流传过程中被逐渐“强化”，添加积累，以至被某些人用为“种族革命”的“舆论准备”。

关于吕四娘，或以为最早的记载见于蒲松龄（留仙）《聊斋》之《女侠》篇（上引资料即持此说）。然而，蒲松龄卒于康熙五十四年，所以他是不可能采写有关雍正之死的故事的。尽管或谓《女侠》篇乃杂入《聊斋》中之后人作品（《雍正与年羹尧》中即持此说），可信度究竟如何，仍待考究。据现有资料考察，吕四娘刺雍正的传说可能与“八侠”传说一样，是在清末“反满”思潮泛滥之时才开始大为流行的。除见于上引资料外，又如：

已而胤禛以迅疾之手段，篡夺帝位……伤残骨肉之情形，闻者发指。至雍正十三年，乃遇吕女之刺。

吕女之祖，为吕留良。自曾静劝岳钟琪举义不成，狱兴，辞连吕留良。胤禛严治之，戮留良并其徒严鸿逵尸。留良子葆中，时为编修，亦论斩。于是汉人之义愤大起。甘凤池辈，日从事于暗杀。清廷虽极力搜捕，不能止。当时留良孙女某，剑术之精，尤冠侪辈。为祖父复仇，遂入宫刺杀胤祯。人皆钦吕女有侠气。……[2]

如前所述，“江南八侠”之类的各种野史稗说，是在清末盛行起来的，而且均贯穿着以“反清复明”为宗旨的汉民族主义情绪。这种文化现象，是与当时资产阶级民族民主革命的舆论准备密切相关的。

有关“八侠”和吕四娘刺雍正的传说纪闻，远远不止上引数种。作为此一文化现象的延续，辛亥革命之后，以其为题材的小说仍相继出现，直至王度庐的《雍正与年羹尧》，其间几未中断，数量亦难计全。现就有代表性者例举如

① 小横香室主人:《清朝野史大观·清代述异》(卷十二),上海书店,1981,第12页。
② 辜鸿铭、孟森等:《清代野史》(第一辑),巴蜀书社,1987,第121页。

下：

陆士谔的《八大剑侠》和《血滴子》二书，皆出版于1921年，或许是最早敷演上述野史稗说的章回小说。

《八大剑侠》与《血滴子》情节相衔，主要包括两条线索：一条是胤禛化名游江湖，结纳年羹尧，招徕云中燕（乃“血滴子”器械的发明者），以为党羽，残杀异已，夺嫡继位；另一条线索是“八侠”中的了因僧囚禁甘凤池之妻陈美娘，甘凤池在众侠帮助下诛除此僧。飞龙岭太阳庵主广慈的出现，则使两条线索逐渐交织。广慈实乃崇祯帝的长女长平公主，为惩戒胤禛而与“血滴子”战斗，并俘禁其骨干分子云中燕、张兴德等。雍正登基后，大肆剪除年羹尧一党及“血滴子”骨干。云中燕等觉悟，潜回京城，说服残部，一同投奔广慈尼。“七侠”来到太阳庵比剑，其时张兴德之子福来从广慈处学剑已成，得以跻身其列，补足“八侠”之数。[①]

陆氏书中所谓“剑侠”，皆有“飞剑”之术。甘凤池之术已为了因所破，故了因死后，“八侠”仅存“六剑七侠”；补入张福来后，则称“七剑八侠”。因而陆氏又有续书《七剑八侠》《红侠》《黑侠》《白侠》等，构成系列小说，这大概是中国武侠小说史上的第一套连环系列小说。而陆士谔所“开发”的上述题材，直到几十年后，仍为金庸所利用、演绎（如《鹿鼎记》中的“白衣神尼”、《碧血剑》中的“何铁手”，其原型皆来自广慈及有关野史稗说中的相应人物）。

孙剑秋之《女侠吕四娘》，亦为中篇章回体小说，笔者仅见1936年1月上海益新书局第八版[②]，初版时间未详。孙剑秋于1914年即在《礼拜六》上发表过短篇武侠小说《燕子》，与陆士谔同属“鸳蝴派”早期作家。此书围绕吕四娘暗杀雍正一事，对常见的野史稗说进行梳理、捏合，包括：雍正微行江湖，招侠客死士；组织“血滴子”；夺嫡；重用年羹尧而又剪除之；吕留良全案始末；“江南八侠”其人其事；等等。除吕四娘的故事之外，基本不作（或罕作）发挥、虚构，故颇“信实”（例如书中列有吕案全部人犯名录）。书中反清议论颇多，就此而言，与20世纪二三十年代党会小说作家姚民哀作品中的倾向类似[③]。然而，作者对于雍正虽多贬斥，却亦能持公论。例如，第二十八回叙及雍正登

① 周清霖主编：《中国武侠小说名著大观》，上海书店出版社，1996，第21–24页。

② 有上海印书馆1959年1月重印本。

③ 关于姚民哀及其作品，参见徐斯年著《侠的踪迹——中国武侠小说史论》中之《七红八黑　荆棘江湖》。

基之后，整顿吏治，使“官方整饬，庶政清明”；又实行“改土归流”，安定边疆，成就“清朝三百年历史上的一件大事”。作者并发议论曰：

> 吾人评论古人，当以公正之心，论其是非善恶，不当狃以一偏之见，抹去事迹，信口雌黄。雍正帝的夷灭功臣，残杀同气，大兴文字之狱，固然手段太辣，论他治国之才，前后十三年中，吏治武功，都整顿得蒸蒸日上，远非康熙乾隆二帝所能及！故以著者眼光看来，前清十三帝，当以雍正为首屈一指，可惜杀戮太过，故后来不能保其首领以殁！①

在孙剑秋所处的时代，能有这样的历史观，当属难能可贵。王度庐在《雍正与年羹尧》中也表示过类似的见解，而且，他还把这种见解贯穿于人物塑造之中，并在书中阐释了史学研究与文学创作在对待历史和历史人物方面的区别，可谓更胜一筹。

关于吕四娘及“八侠”，书中所叙：吕四娘有两位师父，一为翟云，与年羹尧同受业于顾肯堂；一为悟因师太，原系明宗室之女（与陆士谔书中之广慈同出于一个原型）。路民瞻等七侠，亦为悟因一党之嫡派。吕四娘艺成下山，一路行侠，到常州，经白泰官介绍，参加镇江焦山群英大会。此会每年举行一次，与会者除七侠及“南中同志”外，并有“延平王门下的后人和明室遗臣、长江七省的秘密社会中人”②。四娘在会上与党人一同祭拜崇祯皇帝，并施展武艺，跻身“八侠”之一。会后她又四处行侠，雍正十三年入京，潜入圆明园，伪装承欢之嫔妃，刺杀雍正。

《女侠吕四娘》的以上情节，有几点值得注意：第一，关于吕四娘的故事，在既有野史稗说基础上扩展波澜之处虽然不少，但想象比较平实；第二，焦山大会等描写，虽谈不上艺术性，却符合民国初期同类小说（如姚民哀作品）的共同政治倾向，即以江湖会党影射革命党活动③；第三，年羹尧、血滴子诸事虽均涉及，并以年羹尧为“血滴子”之首领，但均作略写，而且未与“八侠”发生直接纠葛，更未把年羹尧写成反清人物；第四，并无“了因淫暴，七侠共

---

① 孙剑秋：《女侠吕四娘》，上海印书馆，1959，第162页。

② 同上书，第110页。

③ 辛亥革命时期的革命党与江湖会党关系十分紧密，但是二者仍有区别。这是我们与姚民哀辈见解不同之处。

诛之”之说。以上四点，与王度庐《雍正与年羹尧》加以比较，可见后者确实有许多“别人绝未曾说的”内容。

除中、长篇章回小说之外，20世纪40年代以前，在一些笔记体的短篇文言作品里，也常能见到上述题材。例如时希圣所撰《武侠笔记精华》[①]中，即有《复仇秘史》《盲目道人》《甘凤池传》《白泰官传》四篇。

《复仇秘史》对于雍正之死别有演义，谓雍正属下之剑客，亦有不满主子之残暴者，有王姓剑客，即因此而遭杀害。王的一子一女逃脱，先后得“铁掌僧”及“无名女侠”授以武术、剑术。若干年后，一同潜入大内，铁掌僧率男徒诛大喇嘛，无名女侠则率女徒诛雍正。《盲目道人》则述及吕四娘刺雍正事，其中称雍正网罗侠士十三人为其羽翼，以“静海僧”为长；改诏以助夺嫡，即静海所为。雍正登基后暗用离间之计，使十三人自相残杀，静海逃至海岛，与吕四娘会合。雍正遣杀手追踪至岛，静海自刎，以首级付来者返京复命。吕四娘则化身隐匿静海首级内，于雍正检验时化为白光一道，直入其口内而弑之。

上述两篇，并存互相矛盾的传闻，而且含有大量神话式的想象，例如静海僧“赠头”情节，即脱胎于《搜神记》“三王坟”及唐传奇《聂隐娘》之类故事。作者实已远离“演史”体制，但是其中仍留存某些野史传闻资料，例如静海僧这一人物，当即来自前人笔记传说。王度庐在《雍正与年羹尧》中写及一位曾为雍正所用、后来急流勇退的“勇静禅师”（蛟僧），当与时希圣所传静海僧出于同一原型。

时希圣书中之《甘凤池传》《白泰官传》两篇，则分别记叙二人与各类江湖高手较技的故事，并无结社反清事迹。其中叙及甘凤池曾拜隐姓埋名的郑成功部下某侠为师，这也是前人固有传闻的痕迹。但是，时希圣称甘凤池为“康熙中”人，“年八十余”犹“精神矍铄，如壮年云”[②]；白泰官则“乾隆时”人，“与建业甘凤池齐名于一时。……年二十尚未授室”[③]。此类说法，亦当来自前人书面记载或口头传承。果如其说，白泰官要帮助雍正夺嫡，年龄未免幼小，或者甚至根本不能参与其事。可见“八侠”传闻，原本仅为单人事迹，甚至互相不属同一时代，后来在流传过程中，逐渐被捏合成同时代人的集团故事。

此外，姚民哀在所著党会武侠小说《箬帽山王》第二十七回中，亦曾叙及

---

① 笔者所见为1936年1月上海新民书局再版本，上海广益书局发行。

②《武侠笔记精华》，上海新民书局，1936，第378页。

③ 同上书，第379页。

康雍时代有侠尼“日月老姆”，乃明朝公主，吕四娘、方青霞辈均出其门云云，以此作为书中所记反清党会豪士的“师门渊源”。

分析这些问题，目的并不在于考证史实，而在于说明“八大剑侠”“吕四娘刺雍正”一类故事的形成、流播及其“文人化”（即成为文人作品）的过程，亦如《水浒》故事经历的过程：可能原有某些史实作为因由和依据，但在流播中不断有人加工、增删、汇总，直至围绕“反清”政治主题而形成比较系统、完整的故事；但是，不同“版本”之间，仍或存有明显差异。

第二节 旧传说的新阐释——《雍正与年羹尧》之二

《雍正与年羹尧》的构思，与相关野史稗说的最大不同之处，在于作者把这些资料重新加以组织、演绎，使之成为一个帝王先利用、后剪除异己力量，最终又受到它的惩罚的故事。把年羹尧写成以“八侠”为代表的反清力量的首领，把雍正罗致、依仗年羹尧阐释为一种违背清朝根本利益的政治交易，这些都是原始素材里所没有的。

王度庐在《雍正与年羹尧》中说：“作小说的人，并不是论古人的功过。”这句话首先说明，利用历史题材“作小说的人”和历史学家，虽然都要面对古人、古事，但二者的任务有所不同。郭沫若讲过大意如此的话：历史学家的工作是要弄清并写出历史上的事实，弄不清、写不出的地方只能阙如；而历史学家的搁笔之处，正是小说家、戏剧家的用武之地。这说明写历史小说和历史剧的作家，并不一定必须告诉人们历史上“真的”发生了什么事。他们只要写出历史上“可能”发生什么事，就完成任务了，而且这也才是他们“分内”的任务。

郭沫若曾把历史剧的“体裁”，分为“赋”“比”“兴”三种类型：

> 写历史剧可用诗经的赋、比、兴来代表。准确的历史剧是赋的体裁，用古代的历史来反映今天的事实是比的体裁，并不完全根据事实，而是我们在对某一段历史的事迹或某一历史的人物，感到可喜可爱而加以同情，便随兴之所至而写成的戏剧，就是兴。①

① 见郭沫若在上海市立戏剧学校的演讲《谈历史剧》（周惜吾记录），《文汇报》1946年6月26日、28日。

这一见解也适用于历史小说。“准确的”历史小说，就是鲁迅所谓“有人讥为‘教授小说’”，即“博考文献，言必有据者”，“其实是很难组织之作”[①]。“用古代的历史来反映今天的事实”，就是“借古讽今”的作品，郭沫若自己的历史剧多属此类；专制主义摧残历史小说、历史剧时，则常以“借古讽今”作为借口。鲁迅的《故事新编》，属于“只取一点因由，随意点染，铺成一篇”[②]之作，是“兴”体短篇历史小说的独异的典型。

王度庐那些具有明确历史背景的武侠题材小说，虽与《故事新编》风格不同，却也均属“兴”体。《雍正与年羹尧》则是双重的“兴”体，因为它所依据的种种野史稗说，本身就是前人对于康熙、雍正两朝一些“事迹”或“人物”的“兴之所至”的“演义”。就艺术想象中所隐含的政治倾向而言，王度庐的“兴”与前人并无本质区别；就艺术虚构的手段而言，《雍正与年羹尧》也是用可能存在的“历史的偶然性”（胤禛未兑现政治诺言）来解释已被确认的“历史的必然性”（清朝初期统治的稳固），这种艺术想象的思路与古今中外许多历史传奇亦无二致。他的艺术构思的个性在于，对矛盾双方不做非“是”即“否”、非“黑”即“白”、非“善”即“恶”的简单判断——用他自己的说法，就是不“论古人的功过”，而“论”他们是怎样的“人”，力求表现他们在彼时彼地所可能具有的思想、情感、行为、理想、追求，以及各自人性的复杂内涵。

在作者笔下，允贞固然是个觊觎帝位的野心家，但确有过人的识见、气度、胆略和才能。他的“夺嫡”计划和行动，贯穿着一种“舍我其谁”的自信。当发现“司马雄”（化名的白泰官）投奔允禩之后，他马上寻到伏处腑下的那个糟老头（实为白父，即后来制“血滴子”以进者），迎养于府中，表现了一种“千金市骨”式的远见和宏大气魄。

书中允贞的枭雄性格和胆略，突出地表现在他与年羹尧的关系上。当他发现年羹尧和“八侠”的反清立场及活动之后，竟敢孤身深入虎穴；当他的身份暴露之后，他能镇定自如地与对方达成政治协议。这些行动的背后，既有他的深谋远虑，又有他对“八侠”的惺惺相惜（同时却深含恐惧）。这些思虑、情感最终统一于“稳定江山”的总体目标（为此他可以采取一切“不近人情”、出尔反尔的措施），在政治目的达到，剪除了年羹尧等异己力量之后，他仍“留下密

①② 鲁迅:《〈故事新编〉序言》,载《鲁迅全集》(第二卷),人民文学出版社,2005,第354页。

旨，劝他的儿子登基以后，要相机行事，而使全国恢复汉家的衣冠，以保他的信用”①，其中未尝没有对自己行为的追悔和对异己力量之强大的恐惧。这些情节当然大多出自作者虚构，唯其如此，才更反映出作者刻意把古人写得“活”一些，刻意摆脱传统小说写人则脸谱化、写历史则单维化等倾向。这种艺术自觉，是非传统的，是带有“现代性”的。

作者对允贞这一形象的描写，在某种程度上也继承了传统历史演义小说和公案小说的一个优点，即把帝王将相“世俗化”，从“民间视点”出发，按“民间喜好”加以“改造”。

“微服出游”就是民间喜闻乐见的一种故事模式，之所以至今盛行不衰，就因为它迎合着一种平民式的好奇心：要把“上层人物”与自己“拉平”，看看他们作为“普通人”过着“普通生活”时将会怎样。这种好奇心的背后，既隐含着对“贵人”的崇敬和好奇，又隐含着平民对于自己所过的那种市井、山野“世俗生活”的“自矜”。作者笔下的允贞正是一个初闯江湖的贝勒爷，武艺高强，却不谙平民生活和江湖规矩。作者还特别在他身边安排了一个俗而又俗的卫士秦飞，通过这个“甘草人物”的眼睛和口谈，来考察、评论“爷”的所作所为。秦飞的“燕雀”式见解虽然难免“不知鸿鹄之志”，却又往往带着平民视角。这些，都使允贞的形象比较容易满足世俗读者的阅读期待。

作者把年羹尧写成一个既桀骜、阴鸷、果断又颇重情义的人。当允贞身份暴露，一场寡不敌众的恶斗即将展开时，是他的果断使得干戈终于化为玉帛（当然，也可以说同时决定了自己和朋友后来的悲剧结局）：

> ……他用臂分开众人，急急地赶在前面，抡着弓大声地喊说：“你们都听我说！你们都听我说……”当时大家的声音立刻屏息，无数双愤恨的眼睛还都看着允贞。年羹尧就指着允贞，高声地说：“他，他是清朝当今皇帝的四儿子贝勒允贞。为要跟他的那些兄弟们夺取太子之位，并要将来做皇帝，他才出来寻访豪杰，想叫我们去帮助他……”
>
> 那众人更生气了，齐说：“我们保的是大明，恨的就是他们，如何能帮助他？现在杀了他就算了！”
>
> 年羹尧摆手，说：“不行！不行！你们还得听我说。如今的清朝江山

① 王度庐：《雍正与年羹尧》，王芹点校，北岳文艺出版社，2017，第254页。

已经根基稳固，明朝想要恢复实已很难，凭我们几个人，纵然有本领有忠心，也恐难施展。再说把他杀死也无用，像他这样的贝勒，在北京还有很多；我们杀了他，不但不能恢复明室的江山，反倒能招来他们的官兵，灭掉了咱们这仙霞岭柳荫寺!”①

年羹尧对当时形势的分析无疑是正确的，这使双方的政治妥协成为可能。由于作者此前在描写年羹尧与允贞的多次交往时，对于上述决断的形成过程，未从心理层面加以揭示，所以上述情节就显得相当突兀。与此相关的若干细节，也往往不大经得起推敲，例如：年羹尧作为一个翰林出身的现职官员，两任学差，怎能如此“张狂”地混迹于江湖？他的反清立场和利用允贞的居心曾如此公然暴露，后来怎能被重用并位居极品？——这里不是讨论如何反映“历史的真实”，而是讨论如何实现“艺术的真实”。上述疏漏的存在，不能归咎于虚构，相反，恰恰是虚构得不够圆满而造成的。撰写“翻案”性质的历史题材作品(把年羹尧写成反清魁首即是一种“翻案”)，本来就较容易出现此类弊病，《雍正与年羹尧》未能摆脱窠臼，着实是个遗憾。

《雍正与年羹尧》里有两个纯属虚构而又写得很有个性的人物：“蝴蝶儿”和“小常随”。

蝴蝶儿是允贞在游侠途中偶然救出的一位民间新娘子。她本来就对包办婚姻十分不满，允贞正好撞倒她的彩舆，使她逃脱了这桩扫兴的婚事。蝴蝶儿虽然不会武艺，却比许多江湖人更有江湖气。她善于识人，很重信义：她最先识破允贞的身份，却始终为之保密。她追求自由的爱情，不甘贫贱，一心要出人头地。她曾追求允贞，没有成功，转而投入秦淮平康；身处倡门，却不屑学习琴、棋、书、画，走那些“名妓”的成功之路。然而，与年羹尧的遇合，使她几乎得到了希望中的一切。这位蝴蝶儿对年羹尧也确实忠贞不贰，直至年羹尧身后。这是一个有野心、有权谋而又不失其天真的女性形象，尽管社会地位不同，却与《宝刀飞》中的“纳兰大姑娘”（即后来的慈禧）属于一个类型。这种类型的女性在王度庐过去的武侠题材作品中未曾出现过，但在其“社会—言情小说”中则并不罕见。

小常随是跟允贞微服出游的一个小厮，离京不久便与主人失散，被周浔收

① 王度庐:《雍正与年羹尧》,王芹点校,北岳文艺出版社,2017,第229-230页。

留，并与周浔之女周小绯结为夫妇。雍正登基，剪除年羹尧党之后，小常随突然在京中出现，并且进宫求见。作者这样叙述他与雍正的见面：

> 小常随进了皇上的寝室，却依然和早先在贝勒府里一样，只是请安“问爷好”，并不行跪拜礼。这小常随毕竟是跟那侠女周小绯做了几载的夫妻，也沾染上了那种刚强不屈的侠风，而与早先不同了。
>
> 允贞命一些人全都退出，只留下他。檀木的御几之旁，金烛发着淡淡的光，允贞坐在雕刻的金龙椅上，压着声音问他：“你是为什么来？”
>
> 小常随回答说：“我来有要紧的事，因为周小绯为报父仇，她跟我一同来到北京，她不定几时就要来到宫里，恐怕对爷不大好。”
>
> 允贞微微地冷笑，说：“你倒还忠心。”
>
> 小常随流下眼泪来，说：“……我们来了一个多月了，现在她们都安排好了，就快要找爷来复仇，但是我很着急，所以我才来向爷报个信儿。本来我这样来报，是太对不起她们了，可我又想爷曾对我有过好处，我不能不背着她们来，请爷防备着点儿，这也算是我报爷的恩！”①

小常随说的“她们”，就是周小绯和吕四娘，后者正是允贞最畏惧的敌手，所以他要小常随说出她们的住处——

> 小常随却流着泪摇着头，坚决地说：“我绝不能够说！因为周小绯她们待我不错。我来见爷，告诉爷她们已经来了，请爷防备着，这也就是算我对得起爷，我可也不能再说什么了；我若说出她们住的地方，叫爷派人把她们捉住，那又算对不起她们。我两面都要知恩报恩，不能够丧天良！”②

这位小常随终于撞墙自尽了，他本来就没准备活着回去；而他的自尽，又极其强烈地表现着对吕四娘和周小绯的内疚。可以说，这位小人物的身上，最集中地体现着作者撰写《雍正与年羹尧》的意旨，最鲜明地体现着作者从那些

---

① 王度庐：《雍正与年羹尧》，王芹点校，北岳文艺出版社，2017，第248页。

② 同上书，第250页。

历史素材中所感受到的悲剧精神。

《雍正与年羹尧》所叙述的故事里面，蕴含的悲剧内涵是非常丰富的：胤祯的性格，他的雄才大略和他的毒辣手段，他成于“血滴子”、死于“血滴子”的运命；年羹尧的性格，他和“八侠”等人恢复汉家衣冠的梦想及其幻灭；吕四娘的身世，她与年羹尧之子结合、生子以报恩和她暗杀胤祯以报仇的行为……都是极有能量和张力的历史悲剧题材。然而，《雍正与年羹尧》的全局性缺欠，恰恰在于未能妥善处理素材、题材的富厚与篇幅的局促之间的尖锐矛盾。适用于一部长篇史诗的题材，是极难挤压在二十万字的篇幅之中的，由此必然导致素材的“浪费”和叙述的拘牵。当然，这与剪裁和叙述行为方面存在的缺点也分不开。在截取部分重大题材、运用独特的叙述结构，创造精致的短中篇作品方面，王度庐自己的《宝刀飞》是相当成功的典型；在充分利用富厚的野史素材，演绎宏伟的历史悲剧方面，后来金庸的《书剑恩仇录》等作品则是相当成功的典型。但是，《雍正与年羹尧》有着先行的意义，功不可没。

第三节　别具一格的复仇故事——《紫电青霜》

《紫电青霜》属于中期作品，具有比较明确的历史背景，所以我们将其列入本篇加以讨论。它的历史背景应是清乾隆二十年，即年羹尧被赐死之后三十年。这也是一个为年羹尧复仇的故事，但与《雍正与年羹尧》的故事或素材并无承接关系，复仇对象也不是雍正皇帝，而是当年弹劾年羹尧、已经退休的一位内阁大学士。《紫电青霜》之名，取自王勃《滕王阁序》：“腾蛟起凤，孟学士之词宗；紫电青霜，王将军之武库。”

民国版《紫电青霜》封面

这个复仇故事，围绕铸冶宝剑而展开。年羹尧被内阁大学士崇某主谋交章弹劾，直至下狱赐死。其门下三士纪海鸥、沈海鹏、吴海蛟感念知遇之恩，立誓为之报仇。为等待时机，纪海鸥返回北京，替年羹尧守墓；沈海鹏改名郭海鹏、吴海蛟改名吴慕冶，分别隐居于陕西华阴县崇大学士府邸附近，已达三十年。郭海鹏因怒责崇学士之子恶行而暴露身份被杀，时已双目失明的铸剑高手吴慕冶于是铸成“白光剑”，托徒弟李如江进京寻找纪海鸥，送剑报仇……

剑为“神器”，与铸剑有关的神奇传说以及复仇故事，似乎也是中华文化的一个常见“母题”。《越绝书》《吴越春秋》《战国策》中都有名工铸剑及神剑奇效之说；因铸剑而复仇的故事，较早的见诸《楚王铸剑记》（传东汉赵晔作）《列异传》（传三国魏曹丕作）《搜神记》（晋干宝作）的“三王冢”传说。汉代又有聂政因父为韩王铸剑过期不成而被杀，乃毁容刺韩王的传说（见蔡邕《琴操》卷下）。1926年，鲁迅据“三王冢”传说演为“故事新编”型的现代小说《眉间尺》（收入《故事新编》集时改题《铸剑》）。王度庐在《紫电青霜》的开头就转述了干将、莫邪为吴王铸剑的故事，可见该书的立意、构思确与上述“母题”有着渊源关系。“吴慕冶”的名字及其铸剑的神技、仪式（如以血衣祭炉），则直接脱胎于欧冶子与干将、莫邪的传说。

但是，《紫电青霜》的构思又有自己的特色。在《紫电青霜》里，立誓为年羹尧复仇的三个人，都没有实现自己的誓愿：郭海鹏韬光养晦三十年，却因一怒而乱大谋，付出了生命的代价。纪海鸥因为家道日殷而丧失雄心壮志，成了背誓忘义的小人；吴慕冶也付出了生命的代价，他本来就不可能去亲自手刃仇人，却死得既平平淡淡而又大义凛然。

双目失明的吴慕冶，在崇府附近开了一家刀剪店，与郭海鹏一起养晦待时。郭海鹏暴露之后，他知道势必将与仇家兵刃相见，于是秘密架炉铸冶，在徒弟李如江的协助下，炼成断钢截铁的“白光剑”。他见李如江忠厚可靠，即托以进京送剑的重任。次日，李如江前去辞行，发现师父已上吊自尽了。

吴慕冶的行动颇有古代侠者舍生取义之风：恩义之及于己者，虽滴水亦不辞以身“伉其难”[①]。王度庐在书中曾将年羹尧与吴慕冶等三士的关系，比之为“魏无忌之待侯嬴”，而吴慕冶的自刭，其用意亦似侯生：纪、郭二人的专长在用武，乃复仇行动之主要执行者；自己的专长在铸剑，责任在于为之提供利器。责任既尽，义当一死：断绝主要执行者的顾虑，此其一也；自己已经残废，同时也已暴露身份，仇家势必不会放过，此其二也；“夺了天地造化之功”而由我独具的绝技，应在“白光剑”铸成之后绝传，以免有人也用此技铸成利器去护恶人、做恶事，此其三也。

---

① 见《吕氏春秋·士节》。

对于吴慕冶自到的第三条理由，作者是持批判态度的。他在该书开头就说：“这是因为中国凡是有点本事的人，向来都秘不传人，即使收了徒弟，自己也必留下几手儿秘诀，所谓‘绝技’者便是；等到他一死，他的技艺便真的绝传了，所以过去铸剑炼钢的技术越来越退化，其他的事亦多今不如古！”[①]这已涉及文化史、科技史的领域，小说中当然无须展开。作为小说，作者设计了李如江偷学绝技成功，“白光剑”落入奸人之手，李如江违背向师父立下的誓言，铸成“紫电青霜”双剑，助侠者锄奸等情节，这正是对上述“吴慕冶思想”的一种反讽；当然，并没有因此而削弱吴慕冶舍身铸剑的高风亮节。

所以，这个故事里真正承担起复仇重任的，是两个与年羹尧毫无关系的小人物：一个是不会武艺的刀剪铺徒弟李如江，另一个是与李如江萍水相逢而一再助其脱险的“小石头”，他的武艺也不高明。而且，复仇对象也发生了变化——

李如江怀剑进京，途中遇险，被“小石头”救出，白光剑落入歹人之手。“小石头”带李如江去见“云中侠”王公弼，原来这也是当初答应助郭海鹏复仇的一位侠士。于是，王公弼命自己的儿子王梦侠先去铲除歹人，夺回宝剑，然后赴华阴完成复仇任务。

不料王梦侠得到“白光剑”后，先用卑劣手段杀掉曾与父亲比武的侠客刘云峰。到得华阴，又被崇学士以金钱美女收买，成为崇府帮凶，反而回来要挟李如江为他铸冶类似白光剑的利器，否则不容李如江活命。

“小石头”再助李如江逃亡。李如江只好违背对师父立下的誓言，用偷学到的技艺，铸成“紫电”“青霜”二剑，另将余料铸一短刀，赠“小石头”。此时，刘云峰之女刘绮娥来找王公弼，要报杀父之仇。王公弼面对刘绮娥，深感内疚，不肯施展武艺对抗。经“小石头”说明情况，刘绮娥与王公弼和好，李如江以“紫电”“青霜”两剑分赠之，愿他们仗剑锄奸，维护正义。

“小石头”陪同刘绮娥等来到华阴，得知崇学士已经病故，现在的张狂作恶者，主要就是王梦侠和崇公子等。王公弼亦已赶到，“紫电”“青霜”双击“白光”，三剑均断，王梦侠折臂而逃。“小石头”诛杀崇公子后，来到郭海鹏宅，遇一老者，竟是纪海鸥——他来华阴，根本不是为了复仇，而是想找吴慕冶做刀剑生意，多赚大钱……

---

① 王度庐:《紫电青霜·宝刀飞》,王芹点校,北岳文艺出版社,2017,第4页。

从上述情节可以看出，《紫电青霜》的整个故事，都隐含着对于同类复仇故事的某种“反讽”：下属为报主人知遇之恩而复仇的主题，演化成了平常人物仗义助人锄奸的主题。承担复仇义务者不一定肯完成、能完成自己应尽的义务，其中甚至会出现助仇为虐者；不必承担义务者，却担起了这项义务，并在实践过程中，使之超越了“报恩”的范畴。王公弼、刘绮娥、王梦侠三人组成的小结构里，则既表现着尊重、尊敬敌手的公平竞争精神（王公弼对刘云峰父女），又突显了为大义而灭亲、为大义而泯仇的主题。

或许不能将《紫电青霜》与鲁迅的《铸剑》相比，后者的象征主义意蕴，尼采式、密支凯维茨式的“先锋”精神以及高度的艺术成就，皆非前者所能企及。然而，《紫电青霜》将传统的“铸剑复仇母题”从“幻设传奇”层面下降到“世俗”层面；在用“世俗话语”演绎这个母题的同时却也未尝不含有现代意识，这在中国现代武侠小说史上仍属难能可贵。

还有一点值得特别指出，“小石头”乃是王度庐胞弟王探骊的小名。了解这一点之后，读到书中所写李如江对“小石头”如兄长般的情感和期望，就仿佛触摸到了王度庐的心灵——在日本法西斯覆亡的前夕，他对这位身在革命队伍的兄弟的关切、企待，于此得到很大程度的表达。这既是一种拳拳的亲情，又是一种压抑已久的向往光明的政治情感，尽管这个“隐喻”至今仍然罕为人知。所以，《紫电青霜》或许是王度庐所有武侠题材作品中最带“个人性”的一部，也是最含“现实政治倾向性”的一部。

从艺术角度考察，《紫电青霜》后一部分的叙述稍嫌平直，有一些素材内蕴的“能量”未被充分“开发”出来。这是王度庐后期一些武侠题材作品存在的通病，可能与写作过程比较草率有关。

《紫电青霜》只是把野史资料作为创作的“由头”，也就是说，虽有明确的时代背景，整个故事却全然是虚构的，可以很容易地“嫁接”到其他时代背景上去。

第四节　鞭笞兵、匪、官、绅——《春秋戟》

《春秋戟》的素材与乾隆时期的福康安有关。一个被误解、受迫害的妻子（妾）及其长女一同向各自的丈夫、父亲复仇，另一个女儿为了保护父亲，却成了生母和姐姐的敌手。此书我们只见到前三集，故事虽由李丹荃女士续完，但作者原所构思的后续情节，当更曲折而富有震撼力，现在不得而知，殊为遗憾。

唐惠秋之父唐立冲是一位退休总兵，曾随福康安平大、小金川，转战台湾、安南、西藏及闽、浙、川、陕、两广等地，凭手中一杆方天画戟，屡立战功。当年他和福康安部下诸将一样飞扬跋扈、不可一世，于征战中亦做过不少坏事。他曾通过"比武定亲"的方式娶侠妓蕴娘为妾，生下长女梨春、次女惠秋，但又听信谗言，以为蕴娘不贞，导致蕴娘愤而携女出走。唐立冲赶往峨眉山，继续谴责蕴娘，争执中将她和梨春推下深谷；襁褓中的惠秋则被送回北京，由唐立冲的大妇抚养。二十年后，惠秋成年。唐立冲良心不安，以年迈之躯，单骑远走峨眉，欲赎前愆。唐惠秋随后亦出走，追踪父亲，欲为援手；一路经历种种惊险，逐渐了解自己身世，并且与堕崖未死、东行报仇的姐姐和生母先后遭遇，展开打斗。其间，还夹杂着惠秋与仇家之子——一位少年强盗的爱情故事。

在叙述方面，《春秋戟》采用以"现在的故事"带出"过去的故事"的方式。唐惠秋的行动被置于"前台"，她所遭遇的各种人、事则从不同角度交代着二十年前的往事。"现在的故事"与"过去的故事"交织进行，但始终以"现在"为主。这种叙述方式，既不同于戏剧的方式（如《雷雨》第二幕），也不同于其他叙事文学常用的"倒叙"模式，在时空处理方面有较大的自由，在情节的行进势态方面则具有类乎"复调"的效果。在《春秋戟》中，这种叙述模式运用得比较精心，其紧凑、复杂，恰与《宝刀飞》的貌似松散形成对照。

唐立冲作为一个犯过错误、痛心改悔的老人，唐惠秋作为一个初走江湖、鲁莽好斗而又追求爱情自由的少女，惠秋的男友"赛潘安"韦梁作为一个做过强盗而不失侠义胸襟、开朗爽直的少男，个性都较鲜明。夫妇、父女结仇的情节，拓展了复仇主题；情仇相煽，必将激化人物性格和内心的矛盾。这些都是从《春秋戟》的现有文本可以见到的优点。但是，它还有一些更加值得注意的独特之处。

《春秋戟》通过生动的人物形象和社会生活图景，相当真实地展示了乾嘉时期"兵"与"匪""官""绅"的关系。

乾嘉时期的特征之一，借用鲁迅论《三侠五义》产生之时代背景的说法，殆即在于其时"屡平内乱，游民辄以从军得功名，归耀其乡里，亦甚动野人歆羡"[①]。唐立冲和他的几个既生死与共又酒肉沆瀣的朋友，正是一批因从军平

① 鲁迅：《中国小说史略》，载《鲁迅全集》（第九卷），人民文学出版社，2005，第287页。

“内乱”而获得功名的“游民”。如果说作者由于把唐立冲设置为“有缺点的正面人物”，所以侧重渲染其卸甲之后的落寞之感；那么对于唐立冲的朋友之一的庞嗣雄，作者就集中揭示了他前后一贯的恶劣“游民”本性。其实，二十年前的唐立冲与庞嗣雄并无本质区别。

当年的庞嗣雄，是福康安的轿夫头儿。关于福康安轿夫情况的描写，《春秋戟》完全忠实于下述野史记载：

> 福文襄出行坐轿，须用轿夫三十六名，轮替值役，轿行若飞。其出师督阵亦坐轿。轿夫每人须良马四匹，凡更役时辄骑马随从。然颇扰民间……
>
> 福康安行军时，遴选舁夫，皆壮狡者。四班更替，日驰百里。即临阵督战，亦防韦虎故事，不甚骑也。故舆夫尤横……①

上引第二条资料标题即为《福康安舆夫之横暴》，其中详述某轿夫头儿横暴扰民而福康安却纵容包庇之事，并引都门许小欧为其事所赋小乐府云：“……上公罽帐醉眠熟，狐鼠凭陵窃威福。就中舆皂尤狰狞，日日肩公作公足。入市手掣幼妇钗，毁垣刀揕门官腹。监纪咨嗟军尉愁，忌器情多空局促。……”这是对此等狡恶之徒及其横暴行为的富于情感色彩的生动描绘。《春秋戟》中，则将这种描绘融于人物性格及其言行进行叙写。

《春秋戟》真实地揭示出这些获得军功的“壮狡者”退出行伍之后大抵有的两种前途，或者升为高官，或者流为平民。其中写到的“袁总镇”，就是一位在任的此类高官。至于流为平民者，除唐立冲这样守本分者之外，更多的是凭借战乱中所掠得的财富和获得的权势，购田置产，独霸一方，其气势、权威、危害，甚至较在职官员有过之而无不及，是为土豪、恶霸。无论为官为豪，此类人物一旦失势破产，便又重入江湖，仍为盗寇。书中的庞嗣雄，即是成为土豪者；袁总镇的一位部下章广贵，则是又做土匪者。

唐惠秋行至渭南，闻父亲为“双钩小姐”（即姐姐梨春）所擒，于是去找已在其地立业的庞嗣雄设法——

---

① 小横香室主人:《清朝野史大观·清人逸事》(卷六),上海书店,1981,第57页。

往西走，沿路打听，知道那庞嗣雄确实是一个了不起的人物，人都呼之为“庞大太爷”。听说年纪虽老，却妻妾众多，家有百万之富，然而爱财如命，养着奴婢成群，打手如虎。他本人可以调动知县，抵衡知府，连陕西巡抚都得称他为“老哥”，藩臬二司均属“晚辈”。他是福贝子的轿夫出身，所以最恨知道他根底的人，老朋友去找他，他不但不见，还听说有的曾被他杀死……①

庞嗣雄是由“兵”而为“绅士”者，然而骨子里仍是一股“匪”气，所多者无非一层“富绅”的包装。他不仅称霸一方、涂炭乡里，而且老而好色，连恩人（唐立冲对其有救命之恩）、老朋友的女儿惠秋也不放过，设下诡计，企图纳之为妾。唐惠秋羞怒万分，于是会合被其拘禁的韦梁，打出了庞府。

行至秦岭，唐惠秋又遇土匪打劫。她把一伙儿毛贼杀了个落花流水，忽然山上一声锣响——

只听那些强盗之中，有一个人用很洪亮的嗓子，向下说道：“堂客堂客你先止步。你来是想办什么事儿，咱们都好商量，干吗这么一点儿面子也不讲啊？咱们又是远日无怨，近日无仇，有话，没有什么说不开，讲不明，办不了的！”

惠秋听了，当时觉得十分诧异，因为这人说的话全是“官话”，大概是个北京人。她仰面向上一看，心里就更不明白了：只见这个说话的强盗头儿——山寨主，是胖胖的脸，矮个子，有两撇八字小胡子，身穿蓝色绸子的夹袍，酱色的宁绸肥马褂，脚穿青缎靴，头上戴着白顶儿的红缨帽，原来是一位官人。

这个官人怎么在这秦岭的山中当了强盗头儿了呢？惠秋觉得真是奇怪，就说：“我来找的是双钩小姐，不是找的你们。她要是在这儿，就快叫她出来吧！”

那个官人打扮的强盗头儿，当时就不由得笑了，说：“喝！想不到，来了一个老乡！”随着，摆了一摆手，他手下的一干强盗，立时就全都很有规矩地闪避开了。他向下迎了几步，说：“请上来！姑娘既是肯光降到

① 王度庐：《粉墨婵娟·春秋戟》，群众出版社，2001，第270页。标点有改动。

鄙寨，就请上来歇歇，我们对姑娘这样的人，真是请也请不来的。姑娘请看我，我决不是个剪径劫路的贼人，更不是杀人放火的强盗。我是皇上家的官，是个管带，一营的人都归我管，汉中的镇台是我的老上司。现在落到这步田地，这有隐情……”①

这段描写颇为生动，令人联想到鲁迅在《故事新编·采薇》中所写的那位强盗头儿“小穷奇”。

唐惠秋见到的这位强盗头儿名叫章广贵，与其上司——现任汉中总镇，都曾“跟过福康安福大将军”。只因奉总镇之命进京接总镇小姐，顺便催领饷银，半路上调戏小姐、挨了耳光，又垂涎几千两饷银和小姐的箱笼行装，章广贵便抢了财物，逼死小姐，落草做了山大王。作者以讥讽笔调处理这个人物形象，使之具有喜剧色彩，其性格特征表现为厚颜无耻，与庞嗣雄的阴险、伪善形成对照。

然而，章广贵并非饭桶。他听说惠秋因寻父、护父而困难重重、结怨甚多，便献出一条巧计：建议惠秋冒充总镇之女（因为那位总镇从未见过女儿），前往汉中认“父”，既可依仗总镇之威避仇，又可利用其势力寻父。

章广贵此计固然有明显的利己动机，但也未尝不可利用，惠秋于是从权采纳了。如此一来，章氏匪帮重又化为官兵，护送假小姐惠秋来到汉中，使她又见识到一位福康安的老部下。作者写道：惠秋进得总镇府内，刚向两位太太请过安——

屋里却有一个老头子的声音高喊着：“都进屋来吧！她来了就来了，有啥可看的？快来玩益智图吧！”

惠秋就被两位中年太太亲热地拉着进了屋。只见屋里还有几个女人，都回过头来向惠秋来瞧，可又得赶紧转过脸去，陪着那个老头子去搭图了。

那老头子就是袁镇台，可同时也是一个“搭图迷”，挽着酱色缎子的团龙大马褂的袖头，巨掌拿着两块小铜块正出神，拼命似的在益智图书本里看，想拼出那洛龟、河马的图样来。他拼来拼去多出两块小三角，他凝

---

① 王度庐：《粉墨婵娟·春秋戟》，群众出版社，2001，第322、323页。标点、文字、分段有所变动。

神思索，重来拼搭，这次他又多了一块定胜，就跺脚叫道：“还是你们来搭吧！谁能搭成功，我就输她一只大元宝！”

这几个女人，已早在背地里学会了，一搭就成。他扔出了元宝，叫道：“再来，再来，别去管她！她从北京来了就是啦，谁管她在路上走了几年！来了没别的，叫俺又得多赔一份嫁妆，当一回老丈人。俺想起她那鸟娘来，俺还生气，她那鸟娘就是不叫俺玩这图，跟俺常打架，烧俺的图书。……来，快玩，快玩！”①

由于作者抓住生活细节，采用漫画式的夸张手法加以白描，这位颟顸的总镇形象几乎呼之欲出，与他那位厚颜无耻的部下恰恰相映成趣。惠秋“还没察出他是好人，是坏人”②，是指这位总镇是否对她怀有恶意，能否助她达到目的，唐惠秋还不清楚（由于小说并未写完，我们也不清楚）。然而，就人物形象所蕴含的社会意义加以考察，这位袁总镇与庞嗣雄、章广贵属于同一类型，他们共同显示着“官”“兵”“绅”“匪”四位一体的社会特征。他们虽然性格各异，却有一颗同样的灵魂——“匪魂”。

见识了这样一些人物，获得了如此残酷经历，幼稚的唐惠秋渐渐成熟了。她发现“一路上所遭的艰辛、困苦、争斗、厮杀，所见的种种人情险诈、口是心非、笑里藏刀、假恩假义”，在在证明着“几乎没有一个人不是奸诈的”；她“觉着世上的男人都坏，这章广贵坏，那庞嗣雄也坏，韦梁也不好，自己的爸爸当初也坏”③。唐惠秋的感受，反映出作者塑造上述人物形象的意图。

就单部著作而言，《春秋戟》的主干情节当然在于夫妇、父女、姐妹之间复杂的情仇恩怨，主要人物当然是唐惠秋及其父母、姐姐。然而，把《春秋戟》放在王度庐的侠义题材作品系列中加以考察，其最大特色则在自觉的社会批判精神的显现，这是他过去的作品中所不多见的。自觉的社会批判精神之显现，固然可能反映着作者思想的发展，但更有可能是抗战胜利之后，文化统治相对有所宽松而导致的。由于在《春秋戟》里，这种批判隐含在有血有肉的人物形象及其性格之中，隐含在讽刺笔法之中，而且与历史主义是统一的，所以相当成功；这就是我们在此着重关注上述形象的原因。

---

① 王度庐：《粉墨婵娟·春秋戟》，群众出版社，2001，第345–346页。标点、文字、分段有所变动。

② 同上书，第353页。

③ 同上书，第336、328页。

《春秋戟》的前一两回中，静态的大段心理描写颇多，欧化痕迹比较明显。这在王度庐的作品中也不常见（《铁骑银瓶》里或可窥见一二），此一尝试后，作者又回到了传统色彩较浓的白描写法。

第五节　富有象征性的主题——《宝刀飞》

《清朝野史大观》中有“西太后之与吴棠”条，曰：

孝钦后为叶赫那拉氏。天命朝，清兵定叶赫，颇行威屠戮，男丁罕免者，部长布扬古临没愤言曰：“吾子孙虽存一女子，亦必覆满洲。”以此祖制宫闱不选叶赫氏。孝钦父在任湖南副将，卒于官。姊妹归葬，贫甚，几不能办装。舟过清江浦时，吴勤惠公棠宰清江。适有故人官副将者，丧舟亦舣河畔。勤惠致赙三百两（或传二千两，非也），将命者误送孝钦舟。复命，勤惠怒。欲返璧，一幕客曰：“闻舟中为满洲闺秀，入京选秀女，安知非贵人？姑结好焉，于公或有利。”勤惠从之，且登舟行吊。孝钦感之甚，以名刺置奁具中，语妹曰：“吾姊妹他日倘得志，无忘此令也。”既而孝钦得入宫，被宠幸，诞穆宗；妹亦为醇贤亲王福晋，诞德宗。孝钦垂帘日，勤惠已任知府，累擢至方伯，不数年督四川。勤惠实无他材能，言官屡劾之，皆不听。殁于位，易名曰“惠”，犹志前事也。……[①]

同书卷二又载“清宫词”一首及其本事曰：

中使传宣即召虾，乾清宫畔月笼纱。龙颜一怒蛾眉死，御剑封还带血花。（道光中，某夜，宣宗在乾清宫盛怒，厉声呵斥。立召值班侍卫王某入宫门，授以宝刀，令一宫监带至某宫第几室，于床上取一宫眷首复命。不知其何事也。王某，黄岩人，曾为其从孙弢甫太常言之。满洲语谓侍卫曰“虾”。）[②]

---

①小横香室主人：《清朝野史大观·清宫遗闻》（卷一），上海书店，1981，第70页。

②小横香室主人：《清朝野史大观·清宫遗闻》（卷二），上海书店，1981，第67页。

王度庐把以上两则互不相关的野史捏合起来，加以艺术虚构，写成《宝刀飞》。这种“捏合”突出地显示着系统论意义上的“结构功能”：经由作者想象、诠释而形成的新的结构系统，获得了单元形态的“子系统”所绝对不能拥有的功能——《宝刀飞》所表达的“语义”，是两条野史材料原本没有的，“结构”赋予它们全新的、多元的、深刻的意义。

“孝钦”即慈禧，因为其时尚未入宫，所以小说中称她为“纳兰姑娘”（“纳兰”为“那拉”的异读）。关于纳兰姊妹和吴棠的故事，小说所述情节与前引野史完全一致；当然，波澜有所扩展，描叙更为细致，写景绘人文字简洁、流畅，而且相当清新。

作者的想象力，主要倾注在对后一条野史资料的演绎上：要把道光年间的故事与慈禧入宫（小说开头的时间是咸丰元年）联系起来，必须借助于大胆而又合理的虚构。作者首先虚构当年奉道光帝之命取宫眷首级的侍卫王得宝至今健在，那口断金削铁的宝刀也已归他所有。然后又虚构一位青年侠士裘文焕，为制服猖獗江湖的采花大盗，奉师命秘密入京，访求宝刀；途中，他曾替纳兰氏运柩灵船拉纤，并于水贼打劫时出手相救。入京之后，裘文焕又曾暂在纳兰家的门房栖身，经历一系列惩恶扶弱的战斗之后，终于从老侠王得宝手中得到了宝刀；此时，纳兰大姑娘已被选为秀女入宫，成为最得宠的“西宫娘娘”了。

《宝刀飞》里包含一暗一明两条情节线：纳兰姑娘入宫和裘文焕寻宝刀。前者以实写开头，但进京之后即改为虚写，淡化成裘文焕形象的“衬景”。全书正面着笔、浓墨重彩加以表现的，是裘文焕侠义故事（其间包含他与贫民少女“牡丹”的爱情纠葛）。处于暗线位置、加以淡化处理的是重大历史事件和真实的历史人物，处于明线位置、成为情节主干的是虚构的人物和故事，甚至真实的历史时空也被“淡化”了——从那拉氏入宫到得宠、提拔吴棠，事实上经过了好几个年头，而在《宝刀飞》中，这个过程始于裘文焕抵京，终于他得到宝刀；与那拉氏相联系的时空显得短促、含糊而又迷离。两条情节线于清江浦一度相交之后，再也没有发生大的交织。初读此书，可能觉得结构散漫，仔细体味，则会感到这种结构颇含“现代”色彩。

在《宝刀飞》中，纳兰姑娘这条暗线起着深化主题，引导读者进入真实历史时空，深入体味“历史”和“人”所应有、所本有的复杂而丰富的内涵的作用。如果只是一个为了惩罚采花大盗而寻求利器的故事，其“语义内涵”必然流于平庸、单薄，但是有了这条暗线，再取宝刀故事加以改造，使之互相形成对照，效果就不同了。

在该书中，王得宝这样对裘文焕讲述自己的经历：

……想不到那一夜，道光爷竟叫我去杀人，杀的又是我生平也没见过的天仙一样年轻美貌、又纤弱的宫妃！我下了手，拿起了头，心里就什么也不知道了，我就觉得那个女鬼就永远跟着我了！不幸万岁爷又把这刀赏给了我，我就更完了！从那一天起，差事也不能当了。

我在白天也能看见她的鬼魂，我见我这口刀上永远有鲜血，那美丽的血淋淋的头永远在我这刀底下……我还做过梦，梦见她对我诉屈，对我说宫中的苦，对我说普天下的女子皆是薄命……我就对她说，我虽然不能再到宫里，凭仗此刀去保护那些可怜的宫妃，但我要誓凭此刀保护普天下可怜受欺的女子！①

作者又这样描写裘文焕得到宝刀，走出西直门时的所见、所闻、所感：

只见这里用黄土铺道，许多的官人们正在驱逐着闲人。听说是万岁爷跟东宫、西宫两位娘娘，昨夜被雨阻在“圆明园”离宫之中，现在又要进城了。这位咸丰万岁爷，在紫禁城皇宫与圆明园两个地方之间常来常往。

现在最得他宠幸的就是西宫娘娘纳兰氏，最近听说一个清江浦清河县的小小知县，姓吴名棠的那位老爷，因为西宫纳兰氏的几句美言，立刻便提升为知府了；所以现有不少的官老爷们都想要“走内线”，去巴结巴结这位西宫的娘娘。这位西宫将来一定要有大权，可真了不得啦……

街上正在警跸的官人们就彼此闲谈着，裘文焕也不敢再多听，但他深信纳兰大姑娘，不会像惨死在宝刀下的宫妃一般懦弱。但是，牡丹——这个和自己最亲近的女子，她那身世，她那环境，她那性格，她那美丽，将来结果如何，殊难料到，然而那也不怕，因为自己现已有了这把专救世间不幸女子的宝刀！②

① 王度庐：《紫电青霜·宝刀飞》，王芹点校，北岳文艺出版社，2017，第248页。

② 同上书，第249—250页。

至此，“宝刀”已成为一种多义的象征物——它曾是摧残女性的皇权、男权的象征，现在又成为捍卫女权的正义的象征。王得宝想用它“去保护那些可怜的宫妃”；一般少女也都害怕入选“秀女”，成为宫妃；然而纳兰姑娘却一心想当宫妃。一般宫妃会成为被摧残的对象，纳兰姑娘却不会遭遇这样悲惨的命运。好心的裘文焕相信她绝不会“懦弱”（年轻的纳兰姑娘在他脑海里留下的影像是如此美好），然而他没有料到，她竟会成为一个既摧残女子、也摧残男子，而且给中华民族带来灾难的女人。如此看来，女子掌权并不等于伸张了“女权”，处于被摧残地位者也会变成摧残者……历史竟是如此复杂，人性竟蕴有如许玄机！这一切，怎不发人深思！

在辛亥革命以后的历史著作、野史笔记、文艺作品中，“西太后”一直是个否定形象，极少有人想到，她也曾是一个天真的女孩、浪漫的姑娘。《宝刀飞》属于最早想到这一点的作品之一。前文分析《雍正与年羹尧》中的蝴蝶儿时曾提到她与纳兰姑娘的相似之处，她们都是不甘伏处牖下、自信心极强、野心极大的女性。但两人也有区别：纳兰姑娘虽然家境也不富裕，但毕竟出身于贵族，具有贵族的矜持；她虽也美丽、年轻、爱幻想，却又很会理事，性格里含有一股隐隐的威势。虽然淡淡几笔，这个人物却是王度庐写得最成功的女性形象之一。

《宝刀飞》的篇幅不到《雍正与年羹尧》的一半，然而写得游刃有余，其主要原因就在于剪裁得当、舍得割弃，对历史真实与艺术真实的关系处理得甚为成功。

第六节　有关和珅的故事——《金刚玉宝剑》

《金刚玉宝剑》中的“玉”字是个讹字，因为该书第一章即曰：“‘金钢玉宝剑’这个名词见于佛经，原是一种象征及譬喻。”而《佛学大词典》中并无“金刚玉宝剑”一词，有的只是“金刚王宝剑”：

> 【金刚王宝剑】（譬喻）临济四喝之一，谓临济有时一喝，为切断一切情解葛藤之利剑也。《临济录》曰：“师问僧：有时一喝如金刚王宝剑，有时一喝如踞地金毛狮子，有时一喝如探竿影草，有时一喝不作一喝用，汝作么生会？僧拟议，师便喝。”《人天眼目》曰：“金刚王宝剑者，一刀挥

断一切情解。”

又：

【金刚】（术语）Vajra梵语曰缚罗。……译言金刚，金中之精者，世所言之金刚石是也。……又（天名）持金刚杵之力士，谓之金刚。……

【金刚王】（杂语）金刚中之最胜者，云金刚王。犹言牛中之最胜者为牛王也。……①

可见，在“喻体”意义上，“金刚王宝剑”原指金刚力士中之最强者所用的宝剑，小说里乾隆年间出现的那口“锐利的钢锋”，即由此而得名。

大概是下面这条野史资料，启发了王度庐的想象，虚构出了《金刚玉宝剑》的故事——

和珅有宠妾长二姑，所称“二夫人”者，珅引帛时，赋七律二章挽之，并以自悼。云：“谁道今皇恩遇殊，法宽难为罪臣舒。坠楼空有偕亡志，望阙难陈替死书。白练一条君自了，愁肠万缕妾何如。可怜最是黄昏后，梦里相逢醒也无。”……又传有吴卿怜者，苏人，先为平阳王中丞（亶望）妾。王坐事伏法吴门，蒋戟门侍郎锡棨得之以献于珅。珅败，卿怜没入官，作绝句八章叙其悲怨。云：“晓妆惊落玉搔头（正月初八日晓起理鬟惊闻籍没），宛在湖边十二楼（王中丞抚浙时，起楼阁饰以宝玉，传谓迷楼；和相池馆皆仿王苑）。魂定暗伤楼外景，湖边无水不东流。”……“村姬欢笑不知贫，长袖轻裾带翠颦。三十六年秦女恨，卿怜犹是浅尝人。”……珅死时年未六十，先患足软，每夜半，生剥犬皮一缚两膝上，始入朝，虽盛暑不能去。②

王度庐在《金刚玉宝剑》中引用了上述诗篇，指出这是“无聊文人代作的”，但《金刚玉宝剑》却是根据上述野史演绎而成。书中叙述苏州侠士伍宏超

①丁福保主编：《佛学大词典》，上海书店，1991，第1328、1308、1309页。

②小横香室主人：《清朝野史大观·清人逸事》（卷六），上海书店，1936，第37页。

为报杀父之仇，入京谋刺和珅，在和府与幼年时的邻居女儿吴卿怜相会，卿怜以身相许。宏超在报仇过程中又遇与和珅亦有杀父之仇的侠女顾画儿，对顾亦颇爱慕，但因卿怜相许在前，所以不敢示爱于画儿。经历一系列惊险、苦难之后，伍宏超又入和府，欲救卿怜出此苦海。二人被府中众护卫、打手包围，卿怜为不拖累宏超，乃舍身坠楼而殉，同时也成全了伍、顾情缘。

然而，伍宏超这个主要人物写得并不成功。在我们所认定的作者的所有侠义题材作品里，伍宏超也许是被写得最“高、大、全”的一个。他不仅欲复己身之仇，还“认识”到了“光是杀死和珅也不行，我们还要剪除尽天下的强梁恶霸”，必须为天下所有受苦人复仇才对，甚至“认识”到连“满清的皇上，也不应当容许他存在”。然而，他的实际行动则大多表现得有勇无谋、盲动蛮干、眼高手低，甚至回天无力。他曾埋怨别人嫌他“成事不足，败事有余”，其实这倒真是对他这个人的比较确切的评价。

从伍宏超的形象可以看出，体现于《春秋戟》中的作者的“社会批判精神”，在此已发展为对“种族革命”乃至“民主革命”意识的宣扬。这本身无可厚非，甚至可能意味着作者具有向左翼“新文艺”“靠近”的某种意向。问题在于，上述“进步意识”是“贴”到人物身上去的，因为作品中所展示的伍宏超生活于其中的环境，并不是能够产生黄宗羲式人物的环境，而且，伍宏超作为文学形象，本身也是概念化的。

但是，作者并没有让伍宏超实现刺杀和珅的愿望，而是忠于历史，详细交代了和珅被嘉庆皇帝抄家、赐死的事实。在这方面，与《雍正与年羹尧》等作品一样，王度庐没有违背“历史的必然性”去虚构“历史的偶然性”，一如既往地坚持贯彻了历史主义的原则。

《金刚玉宝剑》中的几个次要人物则写得颇有个性。例如老侠郝燕翎，他是顾画儿的师父之一。为了帮助顾画儿实现复仇愿望，他忍辱韬晦，结交知府，厕身豪门，以致受到江湖朋友、邻里老乡的鄙视和唾弃；实际上他始终不忘正义事业，默默教导二子一女，并用三年时间助顾画儿提高武艺。没有郝燕翎一家和顾画儿的帮助，伍宏超不可能重回北京，再探和府，也不可能杀败和府众豪奴。

郝燕翎死于和顾画儿另一位师父“冲天侠”的比武中。“冲天侠”与郝燕翎一北一南，江湖齐名，却从未谋面，并且一直想与郝老侠比个高低。为了引诱郝燕翎北上，他故意投奔了和珅。冲天侠虽然并不真心忠于和珅，但却好色，以至对女徒弟顾画儿也存心不良，这也就决定了郝燕翎绝不会对他宽容。作者写到和珅死后，郝燕翎送伍宏超等人西行入蜀，来到易水之滨——

……郝燕翎微微地现出了苦笑，傲然直视着眼前的白波滚滚的易水。这条河又名“沙河”，据说战国时刺秦王的荆轲，便是在这地方与燕太子丹作别，又曾经唱过“风萧萧兮易水寒，壮士一去兮不复还”。那就是郝燕翎常常唱着的一种调子。如今，他身到了古代侠客慷慨悲歌之地，他不禁又发了诗兴，于是又高声地唱道：

挟剑风尘兮五十年，
骨已老兮发成斑，
除奸贼兮誓不还，
望易水兮春风寒。
有仇家兮在我身边，
胡不速来兮血相溅！

……这易水古渡，现在已经荒凉了……在这儿撑着摆渡船的，是一个老头儿。夕阳残照，古渡衰翁，令人疑惑当年荆轲过易水，就是这老头儿给渡过去的。这自然是一种幻想，然而现在郝燕翎的精神实在就沉溺在这种幻想里边了，就好像荆轲的鬼魂徘徊在他的身边。……

此时，“冲天侠”突然现身，二老催马奔向他处单打独斗。等到众人寻去时，见到的是两具紧紧相抱的尸体，互用利剑穿透了对方的胸膛。……作者借一位名叫“绣球”的人物之口批评说：“他们这两个人倒都是‘侠客’，可都是太糊涂。只知道赌气较高低，拼生死，争名头，却不知道真正的侠客只应当舍己助人。这样勇于私斗，是不对的！”这种批评固然不错，但对郝燕翎却不够公正。况且，“只知道赌气较高低”也未尝不是一种性格，从这个角度，甚至也可以写出极其生动的人物形象，并且揭示人性的深层底蕴（金庸笔下即不乏此等笔墨）。从绣球对郝燕翎的批评中，或许也透露出作者创作思想的某种变化，但就“文学创作”而言，这似乎并不十分可喜。

《金刚玉宝剑》中对于吴卿怜的资料，完全是作为虚构、想象的“因由”来使用的。书中另有若干内容，亦有野史作为依据，而且使用得相当得体，其中包括和珅的结局及抄家的情况，基本属于转述野史；而最精彩的，则是其中一段关于乾隆皇帝的文字。

伍宏超于嘉庆初年又入北京，与吴卿怜之婢女（也是侠女）“绣球”一同潜入大内，准备以武力向已经成为太上皇的乾隆示警——

> 绣球就仿佛贪着要看戏似的，她带着伍宏超索性爬到了廊子顶儿上，这里有一棵松树遮蔽着他们。他们从松枝的隙处，向戏台上看得更清楚。三层戏台同时演的原是一出戏，上层布置的是神话中的“天宫”的情景，中间是山岳，有“花果山”，下层是“海底龙宫”。饰“孙悟空”的那个人正在跳跃着唱着“昆腔”。
>
> 这一切的“灯彩”全都用的是精制的“砌末子”（即旧时舞台上象形的、木和布做的、加以彩绘而成的各种道具），演员一律是太监，是属于清廷“南府”即“升平署”的专唱戏的太监。敲锣的，打鼓的，吹笛的，及往来侍应的，伺候“御驾”的许多的人，也全都是太监。
>
> “太上皇”乾隆老头儿坐在看戏厅里，头顶着金边的、“碧玺”（一种最贵重的玉器）顶儿的小帽，胡子眉毛全都白了，在“龙椅”上已在打瞌睡了。因为没奉到“旨意”，神怪荒唐、乱闹乱跳的这出《西游记》的戏，可还是不能不往下去演。
>
> 这位“十全老人”（乾隆帝）是个瘦子，脸作三角形，身材相当的高。他是满族人，可是羡慕汉族的文化。作了六十年的皇帝，虽然屡次到江南去玩，他可仍然觉着不舒服，因为在物质享受上，他可尽情满足，在精神上他却是十分的痛苦。
>
> 他的太太孝贤皇后据说常跟他闹别扭，据说他和他太太的娘家的嫂子有点“爱情”，皇后所以才屡次地“醋海兴波”。有一次皇后随着他“巡幸江南”归来，坐船顺着运河走在直隶（河北）省境内，两口子为这件事又在船上吵了起来，“孝贤皇后”就把这“老头子”挖苦得简直不像个皇帝了。他大怒，逼着皇后跳了河淹死，回北京却说是“中途病殂”，并叫一位汪学士撰了一篇碑文，说是什么：“忆昔宫廷相对之日，适当慧贤定谥之初，后忽哽咽以陈词，朕为唏嘘而耸听。……兴怀及此，悲叹如何？……”一大套的瞎话。
>
> 第二个皇后纳兰氏，又跑到杭州庙里当尼姑去了，后来死了，他不准“葬以后礼”。他说：“无发之人，岂可母仪天下哉”？

所以，他一生在婚姻上是很失意的，女性始终和他作对。在他做皇帝的第三年“贵州苗叛”，十二年“大金川事起”，三十一年“金川复乱”，三十六年“小金川复反”，四十六年“甘肃回乱”，五十一年“台湾林爽文叛”，五十八年更厉害了，“官逼民反”，白莲教的势力已蔓延达于河南、湖北、四川、陕西、甘肃各省，直到现在也“平灭”不了。同时，贵州铜山的苗民又反了，动摇着他的“大清江山”岌岌可危。他这“太上皇”的心里，实在太不舒服，且时时有恐惧感。

他好玩乐，好跟口齿伶俐的人谈天，和珅就是这么得到他的宠幸的。这些神奇鬼怪的荒唐戏，都是和珅给他排的，他看着倒很开心。可惜和珅也老了，腿又有毛病，昨天还险些被人刺死。他觉着和珅真倒霉，和珅是他的“亲家老儿”呀！所以他非常牵挂。现在看着戏，他虽直打盹儿，可还断断续续地想着这些，突然，竟听得“哧哧”地有冷箭飞来。

当时“御驾”大惊，太监们都慌作了一团，戏台上演的戏也立时就停止了。有的太监赶忙去叫侍卫。可是这时，冷箭已经不再射了，绣球已经带着伍宏超登殿攀墙地又走了。

作者这里所写的乾隆的精神苦闷，是根据野史资料非常巧妙地捏合出来的。据载：

高宗孝贤皇后，傅文忠公恒之妹也。相传傅恒夫人与高宗通，后屡反目，高宗积不能平。南巡还至直隶境，同宿御舟中，偶论及旧事，后诮让备至，高宗大怒，逼之坠水。还京后以病殂告，终觉疚心，谥后号孝贤。一夜坐便殿，召学士汪由敦，缕述孝贤皇后遗事，使撰入碑文。由敦奉敕撰成，文甚美，中有云：“忆昔宫庭相对之日，适当慧贤定谥之初。后忽哽咽以陈词，朕为唏嘘而耸听。谓两言之征信，传弈祀以流芳；念百行以孝为先，而四德惟贤兼备；倘易名于他日，期纪实于平生。讵知畴昔所云，果作后来之识。在皇后贻芳图史，洵乎克践前言；乃朕躬稽古右文，竟亦如酬夙诺。兴怀及此，悲恸如何。”若徒诵文词，可谓情爱谆挚者矣。

又：

高宗第二后为纳兰氏，后废为尼，居杭州某寺，废时无明诏。后卒，满人御史某疏请仍以后礼葬，不许，诏曰：无发之人，岂可母仪天下！……[①]

又，与上条相关的参考资料一条：

高宗继后那拉氏随侍孝圣后南巡，忽自剪发，失其常度，中途送还京师。满俗最忌剪发，高宗谕旨，谓本应废立，以其继位中宫，故优容之。越数年薨，命以皇贵妃礼治丧，不得祔庙。或谓后为尼于杭州，误也。[②]

《金刚玉宝剑》对于前面两条资料的使用是相当成功的。虚构、想象的情境与有根有据的史料水乳交融，与人物性格、精神状态十分贴切，从而成为人物形象本身的“血肉”，具有很强的历史感。这是极佳的“史笔”——历史文学之笔，遗憾的是在该书中仅见于片段、鳞爪。

①小横香室主人:《清朝野史大观·清宫遗闻》(卷一),上海书店,1936,第42页。

②徐珂:《清稗类钞》(第一册),中华书局,1986,第364页。按《金刚玉宝剑》未取此说。

第十八章　叙述艺术的演进

从早期撰写侦探小说开始，王度庐就和其他现代作家一样，面对着一个如何使中国传统小说的叙述方式适应时代发展的问题，并且相当自觉地在创作实践中对此进行了若干探索。我们在前面各章中分析有关作品时，对此已经有所论及，而其后期的一些作品，在叙述艺术方面又出现了一些新的发展，这是更加值得注意的。这里先以《绣带银镖》《紫凤镖》和《燕市侠伶》为重点，进一步做些讨论。

第一节　从《绣带银镖》《紫凤镖》《燕市侠伶》说起

《绣带银镖》第一章中说该书主人公铁臂刘得飞与大刀王五（该书后来均称“大刀王”），“他们是后世镖行——也可以说是‘保镖史的末叶’两位最出色的人物”；又说刘得飞“在光绪二十六年……已经六十多岁了”，是则所述故事当发生在道光中叶。根据这些内容，此书亦可视为有明确时代背景、有野史稗说为依据之作；但因尚未查到与刘得飞其人或本书情节有关的文字资料，所以我们未将它归入“历史传奇”类作品之列。

《绣带银镖》写的是青年时代的刘得飞与两个女子的爱情悲剧。“绣带”代指女主角小芳，她曾送给刘得飞一条自己亲手绣成的“板儿带”，实为定情之物；“银镖”代指另一位女主角——善于打镖，既侠义又泼辣的卢宝娥，她主动追求刘得飞，但刘得飞却不爱她。就这种“三角关系”而言，刘得飞有点近似《风雨双龙剑》里的张云杰，但是，他比张云杰不幸得多——小芳遭卢宝娥银镖误伤而死，卢宝娥因此又用那条绣带自刭，刘得飞经此遭遇，竟变得“跟傻子一样，连话都不会说了”。正如张云杰的喜剧结局在很大程度上是由主人公的性格决定的，刘得飞的悲剧结局在很大程度上也是由他那优柔寡断的性格导致的。

在王度庐所塑造的人物系列中，刘得飞的性格不如张云杰那样具有新颖感（优柔是他的“前辈”们共同的性格特征）；但是，《绣带银镖》结构紧凑、叙述流畅，仍是一部可圈可点的作品。

民国版《绣带银镖》封面

从叙述学的角度考察，作者在《绣带银镖》里设置了三个“情节圈”。第一个是与小芳有关的情节圈，主要包含刘得飞及小芳与恶霸、御前侍卫耿金刚的矛盾，这是善与恶的斗争。第二个是与卢宝娥有关的情节圈，主要包含卢氏家族企图罗致刘得飞为其所用的谋算以及刘、卢感情纠葛，可谓既有“善”与“善”的矛盾，也有“正”与“邪”的矛盾。第三个是与刘得飞的师傅彭二有关的情节圈，其中既有师徒之间的深情厚谊，又有他们与恶势力的殊死斗争。三个情节圈围绕着刘得飞这一核心相交、重叠，极大地加重了主人公的心理负荷，同时也使这一形象有了更强的立体感。作为中篇小说，它也相当圆满地解决了有限的篇幅和丰厚的容量之间的矛盾，没有留下《雍正与年羹尧》那样的遗憾，属于作者后期作品中内容、形式关系处理得较好的作品之一。

“圈”是空间概念，所以“情节圈”只是为了说明《绣带银镖》的结构而运用的一个比喻。事实上，作为“时间的艺术”，任何小说的话语，都不能不是继时性的叙述行为。《绣带银镖》进入情节之后，首先依次引出刘得飞与小芳、与彭二的关系，然后再导入刘得飞与卢宝娥的关系，进而使三者逐渐相交、相叠。更加值得注意的是：在进入情节之前，它有一个小引；情节结束之后，又有一个尾声。

第一人称叙述者“我”，在第一章的开头就说：“‘保镖’一事，已随着交通的便利、币制的革新、武器之改良与夫各地警察组织之进步，而成为过去的名词了。”分析了保镖行业被时代淘汰的诸种原因之后，这位叙述者想起“少时”从“先辈人”那里听到的关于刘得飞与大刀王五的故事，介绍了刘得飞直到六十多岁，“他的胳臂据说有人用一辆满载着大石头的牛车的轮子去轧，也损伤不了一点”等传闻。然后，他点出刘得飞的籍贯是门头沟，并且用一大段文字来介绍骆驼：

骆驼是一种庞然大物，然而它的头不大，尾巴尤小，四条细腿支着一个巨船似的身子，按说应当不大稳吧？但它的蹄子，即脚却是很大，走起路来慢条斯理的，不慌不忙的，好像是个老于世故的、艰苦而负重的人。它的身子又真富于曲线美，在背上是两个高高的“驼峰”，是天然的一副鞍鞘，生下就是为人骑或是放东西用的。

这家伙大概生在寒带，所以不怕冷而怕热。它的胃部构造很是特别，一次喝足了水，就可以存蓄起来，三天五天也不会渴。它最能显露本领的地方是蒙古一带的沙漠，所谓“沙漠中的旱船”就是它，它的巨大的蹄子踏着万里的荒沙，据说真比马还快；它能够一点水草也不进，安然地渡过了旱海，走到甘泉，所以蒙古人跟它是好朋友。北平因为地理上的关系，距离蒙古很近，所以就把它请了来，豢养着它，不叫它做别的，只叫它驮煤。

养骆驼的人家多半在门头沟，夏天还得带着它到海边——最好是秦皇岛——去避暑。北平的秋风一起，落叶翻飞，它就得回来了，因为这时家家户户都得买些煤，都得叫它驮运。天气愈冷，骆驼的工作愈为繁忙，在北平随时可以看到，一串一串的，每一串至少有七八匹，都用绳儿穿着鼻子，颈上还挂着铃铛，随走随发出叮啷当啷的悠扬而美妙的声音，如同安慰着人们的寂寞。

拉骆驼的人年纪不能太老，还须要有两膀子的力气，因为每当将大袋的煤运到人的家门口时，骆驼就把前后腿都一屈，向地下跪倒，这就算是休息了。它可不能进人的家门口，因为它的身体太大，这就必须拉骆驼的人将驼峰之间放着的大袋的煤，每袋至少也有一百来斤，背在肩头上运进了人的家，倾在院中，或是倒在仓库里。①

这个小引内涵丰富，叙述流畅，犹如散文。前半部分抒发对于“英雄时代”之必然逝去的感慨，具有深沉的历史感，可与作者的现实题材社会小说《风尘四杰》对看；后半部分谈骆驼，好似一幅生动、细腻的风俗画，同时富有象征内涵。

进入情节之后，叙述者“我”即隐去；至第十六章故事结束之后有一段尾声，恰与上述小引遥相呼应：

① 王度庐：《绣带银镖》，王芹点校，北岳文艺出版社，2017，第2-3页。

刘得飞就这样又活了几十年，他虽住在镖局，吃饭不保镖，却没扔下功夫。后来他时常练臂力，他的胳臂用巨石碰，用大车轧，都毫无损伤，并且他的胳臂愈受苦，他心里反倒愈舒服；他很知道用一种自己给予的肉体刑罚，来医治他内心的痛苦。

由清末到民初，大刀王已经死了，他却仍然健在。他已经得了个外号"铁臂刘得飞"，凭着两只铁似的胳臂，练一些使人咋舌的技艺，得到钱吃饭。他一向是漂泊无家，但当他有时心里稍稍有点明白，他就叹息着对人说："我的跟前永远站着一个穿白衣裳的和一个穿红衣裳新娘打扮的，那么两个女人，她们都向着我又哭又笑……"①

在这段尾声中，第一人称的"我"虽未明显地"现身"，但是这段文字与前面的小引，其时空均属"现在时"，是叙述者的"叙述时空"而非故事的"情节时空"；这两种时空之间，相隔几近百年。这样，"引子"和"尾声"就形成一个"封套"或"镜框"，故事装嵌其中，形成十分完整、精致的整体结构。叙述时空与情节时空之间的遥远间隔以及互不相属，拉大了叙述者、阅读者与故事之间的距离，使他们都能以更加冷静、理性的态度叙述或欣赏这个故事，避免产生沉溺式、代入式的"移情"作用，其功能有如布莱希特所追求的"间离效果"。这种叙述行为是相当"欧化"的，在作者的其他小说中虽然也曾运用，但都不如此书典型、完整、精致。例如，《铁骑银瓶》的引子，尽管与后续故事也有很大的时空距离，但其时空仍属"情节时空"，而非"叙述时空"；《雍正与年羹尧》的引子尽管与此书极为相似，但该书没有这样的尾声，故未形成"封套结构"。《绣带银镖》的叙述结构与《宝刀飞》倒是异曲同工：一谨严，一散漫，却都渗透着鲜明的"现代"色彩。

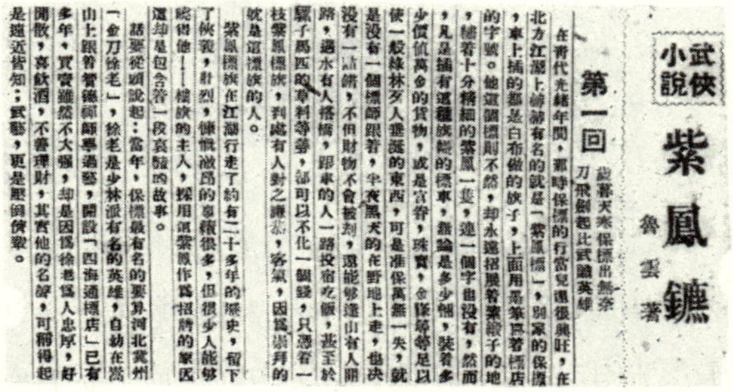
武俠小說

紫鳳鏢

魯雲 著

第一回 起暮天來保鏢出無奈 刀飛劍起比武鬪英雄

在清代光緒年間，那時保鏢的行當兒還很興旺，在北方江湖上頂頂有名的就是「紫鳳鏢」，別家的保鏢，車上插的都是白布做的旗子，上面用黑筆寫著鏢店的字號。他這個鏢則不然，却永遠插著紫緞子的地，繡著十分精細的紫鳳一隻，連一個字也沒有，然而，凡是插有這種旗幟的鏢車，無論是多少輛，裝著多少價值萬金的貨物，或是宮脊，珠寶，金條等等是以使一般綠林歹人垂涎的東西，可是准保萬無一失，就是沒有一個鏢師跟著，半夜黑天的在野地上走，也決沒有一點錯，不但財物不會被劫，還能夠逢山有人開路，遇水有人搭橋，跟車的人一路投宿吃飯，甚至於騾子馬匹的草料等等，都可以不化一個錢，只憑著一杆紫鳳標旗，到處有人對之謙恭，客氣，因為崇拜的就是這標旗的人。

紫鳳鏢旗在江湖行走了約有二十多年的歷史，留下了俠義，壯烈，慷慨激昂的事蹟很多，但很少人能夠曉得他——標旗的主人，採用這紫鳳作為招牌的緣因還却是包含着一段哀艷的故事。

話要從頭說起：當年，保鏢最有名的要算河北冀州「金刀徐老」，徐老是少林派有名的英雄，自幼在嵩山上跟着名師學過藝，開設「四海通標店」已有多年，買賣雖然不太強，却是因為徐老為人忠厚，好閒散，喜飲酒，不善理財，其實他的名聲，可稱得起是遠近皆知；武藝，更是壓倒儕輩。

《紫凤镖》开篇

① 王度庐：《绣带银镖》，王芹点校，北岳文艺出版社经，2017，第229-230页。

《紫凤镖》在时空处理上也有特色。它的故事相当诱人，写的是柳梦龙保镖，路遇侠女陶凤儿赠以一支紫色绒凤，插于镖车之上，江湖豪杰便均望风披靡。进而由“龙凤”爱情入手，围绕陶凤儿的身世之谜，层层展开情节，直到最后方才揭示谜底。非全知的叙述角度运用得很好，“现在的故事”与“过去的故事”形成明、暗两条线索，交错推进，悬念极强。人物性格也设计得很复杂：除了柳梦龙之外，全书几乎没有一个通常意义上的“好人”；而所谓“坏人”，或者竟又往往不“坏”，或者虽“坏”却人性不泯。

《紫凤镖》的叙述和文字皆较粗糙。前半部柳梦龙保镖的故事和后半部探究陶凤儿身世的故事，缺乏紧密联系。陶凤儿的身世，包含着陶、耿两个贪赃官僚家族十分复杂的恩怨，这些“过去的故事”实际上比“现在的故事”更加诱人。它全靠多个“现在的人物”的口述进行交代，虽然这种“多层次叙事”的手法相当新颖，但却过于单一，显得“载体”与“负荷”太不相称。不过，这种在“现在时空”里“套装”“过去时空”，又用“过去的戏剧”来推进“现在的戏剧”的手法，是许多叙述学论著所推崇的，也属“欧化”叙述模式之一，新文学作家曹禺在其著名剧作《雷雨》中，就成功地运用过这种叙述方法。小说不像戏剧，其叙述、传播、接受过程均无严格的时空制约，运用这种手法可以更加自由，方式亦可更加多样。《紫凤镖》自觉运用了这种叙述策略，值得肯定；没有充分利用上述自由，则属遗憾（比较之下，《春秋戟》运用这种叙述策略显得更为圆熟、更为成功）。此书的一些缺点，可能主要是由于仓促应付书商所需而导致的。

在王度庐的后期侠义题材作品中，《燕市侠伶》的叙述艺术几乎已达炉火纯青的地步。

该作叙少年侠伶谢琴（从现有作品中的若干暗示可以推知，这是一位女扮男装的秦腔演员）为报杀父之仇，投身“贵华班”学京戏，趁唱堂会之机，进入侯爵府邸，谋刺仇人——侯爵辅大人，未果，在辅氏之女若梅及其未婚夫冉青云帮助下脱身的故事。遗憾的是故事未曾写完，据作者在书末交代，拟写之续集书名，已定为《梅花香手帕》。就《燕市侠伶》所埋伏笔推测，整个故事除应交代谢琴最后能否实现报仇愿望外，至少还应包括谢琴父母与辅大人如何结仇致死、谢琴的真面目（性别）的揭示，以及冉青云与辅若梅、谢琴的关系如何发展等内容。这些内容，也许一本相同篇幅的续集还写不完。

叶洪生曾经论及《燕市侠伶》，与王度庐其他侠情、侠义小说相比，具有三个最鲜明的特点和优点：一是采用现代小说最常用的“见事眼睛”叙述；二是将心理描写减到最低；三是故事如谜、节奏明快，其进行有如行云流水。这是十分精辟的评价。

叶先生所说的三个特点，都与限制“叙述权力”有关，包括叙述尽可能保持冷静、客观，拒绝进入人物内心，叙述者尽可能“退隐”“藏匿”等，让读者感到书中人物仿佛“自己”在思想、在行动。在西方，这是十九世纪以来的现实主义作家和理论家所追求、推崇的美学原则；在中国，这是“五四”新文学的小说作家和文艺批评家所追求、推崇的美学原则。如前所述，王度庐在早期的侦探小说、中期的《卧虎藏龙》、后期的《风雨双龙剑》等作品中，已经多次地、不同程度地就此进行过探索，并且获得过不少成功。但是，在贯彻限制“叙述权力”、让叙述者“隐藏不露”的美学原则方面，《燕市侠伶》确实比前述作品更加彻底、更加纯熟，以至于书中许多场面都像“代言体”的戏剧，在相当程度上实现了小说的“戏剧化”。

例如，该书第八章“在扮戏房里”述及辅大人忽然要看秦腔，并且点名要谢琴（时已改名琴官）出演主角。于是，“贵华班”的班主吴三贵带着谢琴，在顺天府大班头伍降龙的监视下，来到侯爵府内家班的扮戏房，请府中的教戏师傅吕万能给谢琴说戏——

> 吕万能欠欠身说：“伍头儿请坐！这儿可也真没有地方儿，因为这屋子本来窄——平常只是这里的大人，侯爷，也是一高了兴，或是一烦恼了，就命我们唱戏，只有七太太，九太太，陪着他老人家听。他有时叫我们唱到四更天，有时连半出戏还没唱完，就令我们立刻收场。我只教着这几个女孩子——这都是买来的——，唱的又没有什么热闹的戏，既没有几个人，所以也用不着多么宽大的扮戏房儿。今天偏又大人交派下来叫杨锦官、谢琴官来跟我这几个女徒弟客串两出，我这儿弄得进来人转不开身子啦！伍头儿，我现在正忙着啦，我可没工夫接待你！”
>
> 伍降龙摆摆手说：“用不着客气，你们自管说你们的戏，我只是在这儿站会儿就走。”
>
> 吕万能这才又转脸向谢琴说：“这里的那位大人，咱们这是背地里说啦！他是一位顶难伺候的人。我跟了他多年，因为他是听见有人唱秦腔，他就生气，我才改学的昆曲。我那几出昆曲是花了银子向人讨教出来，其

实禁不住行家看，好在我只是伺候他一个人听。他对昆曲，也实在不太懂，只仗着几个女孩子还清秀，尤其是柳莺官，最能得他的喜欢。不想今天他忽然又派下来，要单邀你给他唱秦腔。你会吗？”

谢琴点头说：“我会。”回手一指吴三贵，说：“是我师傅去年教给我的，可是会不了几出。”

这时吴三贵倒直发怔，心说：“我哪儿教给过你秦腔呀？连我自己也一句都不会呀！”他觉着谢琴多半是叫那边的飞钩伍降龙给吓糊涂了，要不然嘴里怎么这样胡说八道的呀？

又见吕万能摸摸胡子笑了笑，说：“要是真唱起秦腔来，不但配不上角儿，连场面上的人都不够。我倒会拉呼呼儿。我们这儿有一位姓薛的，他会敲梆子。得啦！到时候，就先让我们两个人对付着吧！我先问你，你全会什么戏吧？”

谢琴似乎是想了一想，就回答着说：“《红梅阁》我只会前边那一段‘游湖’，《玉堂春》我会‘起解’，《蝴蝶杯》我会‘洞房’……”

吕万能一听，更喜欢了，说：“这就行！这就行！因为我在没事儿的时候，也给我的这两个最得意的徒弟柳莺官、余瑞官，说过《蝴蝶杯》这出戏，本来就是防备着有朝一日辅大人忽然一想起来，又叫我们唱秦腔，我好拿那个挡差事。所以这秦腔，我也早就存一份。现在就问你，你是能唱《蝴蝶杯》里的田玉川呢？还是能唱那位小姐呢？”

谢琴说：“我就能唱田玉川。”吕万能说：“这更好啦！我们莺官是大人最喜欢的，因为她的做工儿细腻。《蝴蝶杯》‘洞房’大概她还没有忘，那么就叫她跟你配吧！这里大人把她的《闹学》跟《刺虎》也都听腻啦！正好叫她换一出梆子腔，以显着我会教徒弟。那么，好啦！……”向里就叫着说：“莺官！你出来！”①

这段文字可以说是相当典型的“代言体”，而且其中有着许多戏曲行话，极为切合人物身份和语境。连叙述者的“外叙述”也被减少到最低限度，叙述者几乎完全隐藏，而吕万能这个人物则起着“次叙述”的作用。人物语言是地道的“京白儿”，对话内容看似平常，节奏看似舒徐，却有着许多“言外之意”和

① 王度庐：《燕市侠伶》，叶洪生批校，联经出版公司，1984，第67-69页。标点、文字略有改动。

悬念，甚至比《宝剑金钗》中的那些场面更具“紧打慢唱”的韵味。为什么最不要听秦腔的辅大人忽然想听秦腔？为什么他单点谢琴演主角？为什么谢琴谎称吴三贵教过“他”秦腔（事实上“他”到“贵华班”不过十几天）？为什么伍降龙对谢琴盯得这样紧？这些悬念，有的后来解开了，有的要在续集里才能解开。限制“叙述权力”所能创造的艺术境界，从上述引文可见一斑。

至于武侠小说采用“现代型”的叙述话语之后，叙述者本身的“叙述干预”所可能具有的形态及其魅力，前面对《绣带银镖》等作品的评介中已经有所涉及。《燕市侠伶》中亦不乏此类文字。与《绣带银镖》一样，它的第一章“寄身学戏”的开头，也有一段引子，叙述者向读者介绍了清乾隆时期“花部”与“雅部”如何对立、花部中的“京腔”如何在竞争中压倒昆曲而发展为“平剧”（即京剧），以及封建时代伶人的地位等内容。这是议论性的叙述，叙述时空亦为“现在时”，但其叙述话语更含理性和知识内涵，与进入情节之后诡奇繁丽的故事形成对照。

该书第十三章“黎三娘浴堂呈泼悍”叙冉青云在浴堂与追缉者搏斗，开头又有一段叙述者的介绍性的话语，与第一章中的引子一样，其叙述时空也是“现在时”的：

> 北平以前的澡堂子外面多半是一条极狭极窄的小胡同，外面一根粗杆，上面挑着一个粗圆形的纸灯笼；这纸灯笼到了晚间未必点上，不过是个招牌而已。进了小胡同也许要走半天，才看见一个与普通住户无甚区别的门楼；砖墙上刷着白灰，写着大水缸口儿那么大的墨笔正楷，是什么“官盆雅座”“温热两池”等等的字样。门前写着什么“堂”或是什么“楼”，总有一副完全相同的对联写在门框的两边，是：“金鸡未唱汤先热，红日初升客满堂。”
>
> 走进去——当然只有男性才能够走进去，里边是住宅一样的院落，楼上至多有两三间“官盆”，其余分“盆汤”“池汤”。盆也全是木盆，池是砖砌的；院子里有井（因为前清时没有自来水），井上的辘轳是专有一个人整天地在绞井绳，拿柳罐往“池塘”里放水；另有烧煤的地方。
>
> 这澡堂里的人无论是顾客或是伙计，全都是一丝不挂。若非有“官盆”及普通池塘之分，绝对看不出谁富谁穷，因为都不穿衣裳，并且高兴了时，一方面浑身水淋淋地做着“人体展览”，一方面还在唱着“二

黄”——冉青云现在就到了这么个地方儿来了……①

这是在情节行进过程中穿插进去的、由叙述者出面所做的明显的“叙述干预”。它使紧张的节奏出现顿挫；让读者从感情的沉溺中脱身出来，回到理性的、客观的、分析的鉴赏立场。除了“疏离”性的审美效果之外，它又与前引《绣带银镖》那段关于骆驼的叙述文字一样，具有丰富的民俗内涵。此类或作为引子、或作为插叙出现的背景性、民俗性叙述，在王度庐的社会言情小说和后期侠义、侠情小说中出现得较多。它们不仅在很大程度上丰富了作品的文化底蕴和内涵，而且以积淀至今的民俗、文化事象为纽带，将历史和现实联系起来，使古老的故事展现于“今天”的框架之中，令读者不知不觉地领略到了二者之间共通的文化内涵和人性内涵。

可见，在王度庐追求叙述“现代化”的过程中，限制“叙述权力”并不意味着让叙述者绝对“隐藏”。直至后期，他仍保留着以叙述者的身份直接、间接地进行叙述干预的“权力”。上述例子证明，这种保留是合理的、成功的。

第二节　继承传统，汲取新潮

从叙述学的角度考察，中国小说“现代化”的过程首先是从章回体话语过渡到现代小说话语的过程。章回体的前身是拟话本，拟话本的前身是话本，话本是供“说话”这种表演艺术用的底本；所以，中国传统白话小说话语的“根子”在于“说话”。

“说话”的叙述环境是书场。最初的说书人往往既是“作者”又是“叙述者”，而作为叙述者的他，同时也就是表演者。说书人与听众共处于同一有严格限制的物质空间（同时也是“时间”）之中，后者主要凭借听觉接收前者发出的语音信息（当然还有肢体语言信息，这要靠视觉接收）。在这样的叙述环境里，信息的传播方式和传播过程都受空间、时间的严格制约。时间制约的表现之一，便是听众“解读”“消化”说话人语音信息的时间十分短暂。所以，“陌生化”的编码方式，对于“说话”艺术来说是不适用的——听众的“译码”过程如果延长，他们就来不及接收继之而来的后续信息了。空间制约则表现为特

① 王度庐：《燕市侠伶》，叶洪生批校，联经出版公司，1984，第119页。标点、文字略有改动。

定的叙述环境的严格制约，以及在此特定物质空间中的“视听一体化”的信息发送、接受过程：离开了“书场”，这种过程就不可能实现。广义的“书场”，倘若精简为“原始单元”，即意味着无论有几个听众，都必须有一个与之面对面的“说书人”，否则就失去了“信息源”。因此，在“说话”艺术中，“说书人”具有决定事物本质的重要作用，而“听众”（也是广义的“观众”，但绝不是“读者”）也是必不可少的——正如“演员”“观众”之于戏剧和“剧场”。

后来，话本的创作虽有专人负责，“说话人”从而转化为专职的“二度创作”者，但是说话艺术的上述时空特征并未改变，“话本”作为文字符号的文本，是只供“说话人”阅读，而非供“读者”阅读的。“拟话本”的出现标志着这种局面的改变，作为文字符号系统的阅读文本出现了，并且获得了真正的独立性；信息的接收者由“听众”转变为“读者”，信息的媒介及其发送、接收即传播环境和传播方式也完全不同了。然而，从“拟话本”到章回小说，其一系列“通俗性”的话语程式，仍然是由“说话”的上述“空间性”特征决定，并延续、继承下来的。这些程式包括：叙述者作为信息发送者的主控作用及其全知视角、直接叙述干预经常出现（在这种情况之下，叙述者与作者似乎经常是“重合”的）、长篇作品的“柁梁体”或“鱼骨式”结构①等等。至于“说话”表演所用的“私白”“官白”“咕白”“衬白”等语言程式，也几乎为拟话本和章回小说所全盘继承②。上述所有程式的形成，追根溯源，均取决于“说话”表演及其信息交流所含有的“空间性”特征。

然而，在文本阅读中，由于叙述环境（不再受“书场”这种特定物质空间的局限）、传播媒介（由语音、体态、表情转为文字这种中介符号）和信息传播方式都发生了根本性的变化，读者对小说的阅读期待与“说话”观演中的“听众”（也是“观众”）大不相同。“阅读”这种审美过程是不受时空限制的，读者拥有充裕的时间来对文本进行解读、玩味，也就能够并且乐于接受信息编码

---

① “鱼骨”比喻章回体小说的结构形式：左右两根刺好比由一组对仗句组成的回目（一回往往也就包含两大块精彩的主要情节）。这样的一节“鱼骨”，一般也就构成一篇传统的短篇话本或拟话本小说；长篇则由若干这样的“节”连接而成，贯穿首尾的中心情节犹如“脊骨”。“柁”“梁”是北方评书术语。“柁”原指房屋的横梁，这里比喻精彩的故事段落，一部长篇由若干“柁子”串联组成；“梁”原指房屋的纵梁，此指故事提纲。

② “私白”，指说书人以第三人称所做的叙述；“官白”，指说书人“起角色”时的第一人称说白，即代言体的角色语言；“咕白”，指表达角色内心活动的语言；“衬白”，指对故事中的某一事物进行解释、说明、评点的语言，属于“私白”的一种。

的相对“陌生化”，因为他们可以从解读陌生化文本的过程中获得更大的审美愉悦（从接受美学角度考察，这也是一种“创作愉悦”）。在这样的势态下，那一套源于“说话艺术”的叙述程式，必然不能适应新的审美需求。所以，不管“欧风美雨”袭不袭来，章回体的改革都是势在必行的。

不过，对于中国传统小说文体的改革，“欧风美雨”确实起了促进、催化的作用。大体而言，“五四”新文学的主流作家，在这方面采取的是否定传统、力行“欧化”的策略——这里所说的“欧化”或“西化”有别于“全盘西化”，后者是只能在口头叫叫的，绝不可能成为现实，这首先是因为主张者自己就是中国人、写的就是中国字，中国传统文化渗透在他们的血液里，无法彻底清除。尽管如此，在涉及小说文体的建设问题时，“五四”新文学作家对中国传统小说的叙述模式，其否定、舍弃的态度一般是极其决绝的。至于通俗文学作家，则多数长期坚持用章回体进行小说创作——他们也并非不要改革，而是要在承袭传统的基础上进行改革。在通俗文学作家中，徐枕亚大概是对章回体首先“开刀”者，他在五四运动爆发前八年写《玉梨魂》时，就已舍弃回目，并且采用了包括书信体在内的带有某种“欧化”迹象的叙述话语。尽管《玉梨魂》采用的文体仍是骈体，但是从叙述学的角度考察，其历史意义不可低估。把王度庐小说的叙述艺术放到上述历史背景和理论背景下来讨论，我们的认识也许可以获得一些深化。

20世纪40年代之前的武侠小说作家，在文体改革方面的自觉性似乎逊于社会言情小说作家。顾明道是个例外，他的“求新意识”极强，然而他所创作的武侠作品中的“新文艺腔”和对外国探险小说之类体裁的模仿，令人读后颇有“食新不化”、流于肤浅之感。真正自觉地在武侠小说创作中对章回体进行改革，并在运用“现代型”叙述话语方面取得可观成就的，是“北派五大家”中的王度庐和宫白羽，朱贞木、郑证因的贡献次之，李寿民（还珠楼主）的杰出成就则主要不在这一方面。

叙述者的话语权力究竟应该不应该限制，限制的范围究竟应该多大，这其实是一个见仁见智的问题，因为叙述者的话语权力不是“天赋”的，而是“人赋”的。这个问题，还与不同的美学思潮、审美习惯、审美趣味直接相关。即以西方而论，一般叙述学著作似乎都主张严格限制叙述权力，似乎叙述者愈“隐藏”愈不“干预”，其叙述行为就愈“好”愈“现代”。然而，这种见解对于布莱希特这样的美学家及其流派来说，却往往会被认为是“落后”的、“传统”

的——“布氏体系”提倡的恰恰是直接的叙述干预、“间离效果”等等。另一方面，即使那些主张限制叙述权力的理论家和批评家，也不得不承认：“事实上，纯粹的‘外部’视角，也就是只描述能感知的行为而不加任何说明，没有任何进入主角思想的痕迹的纯净状态是从来不存在的，因为它会导致不可理喻。”[①]从美学思想的角度考察，上述两种见解的分歧，似乎在于对“艺术假定性”的态度：前者主张极力掩盖、隐藏艺术的假定性，“布氏体系”则主张时时向读者、观众提醒艺术的假定性；前者向往“沉溺”“移情”，后者则追求“理性”“疏离”。

中国传统艺术的美学特征，就是不仅绝不掩盖艺术的假定性，而且公开宣示艺术的假定性。黄佐临谈及戏剧美学时曾说：“斯坦尼斯拉夫斯基相信第四堵墙，布莱希特要推翻这第四堵墙，而对于梅兰芳，这堵墙根本不存在，用不着推翻；因为我国戏曲传统从来就是程式化的，不主张在观众面前造成生活幻觉。”[②]中国传统绘画的水墨笔意、“留白”等表现程式以及“书（书法）、画、印” 三位一体的样式，也都明显地宣示着艺术的假定性。唐人传奇标志着中国小说的成熟，胡应麟云：“凡变异之谈，盛于六朝，然多是传录舛讹，未必尽设幻语。至唐人乃作意好奇。”[③]“设幻”与“作意好奇”，便是不掩饰艺术的假定性：中国传统的小说，在其诞生之时，就已呈现着这样一种本质性的特征了。对于体现着上述“假定性”的“全知式”的叙述话语权力，我们的古人也曾提出过质疑——纪昀是很佩服蒲松龄的，但他认为《聊斋志异》中的“燕昵之词，媟狎之态，细微曲折，摹绘如生。使出自言，似无此理；使出作者代言，则何从而闻见之？又所未解也！”[④]这是以“史笔”要求小说，所以其见解并未被小说作家和读者接受，纪昀自己的《阅微草堂笔记》，也远不如《聊斋志异》那样受到读者的欢迎、得到文学史家和批评家的推崇。

在“作意好奇”方面，武侠小说是最接近唐人传奇那样的“设幻”作品的（唐人传奇中就包含着不少优秀的短篇“武侠小说”），正是在这一意义上，优秀的武侠作品被人们称为“成人的童话”。当代美国学者阿瑟·阿萨·伯格（Arthur Asa Berger）在《通俗文化、媒介和日常生活中的叙事》中，从叙述学

① [法]茨维坦·托多罗夫：《文学作品分析》，载《叙事美学》，王泰来等编译，重庆出版社，1987，第29页。

② 黄佐临：《漫谈“戏剧观”》，载《戏剧美学论集》，上海文艺出版社，1983，第20页。

③ 胡应麟：《少室山房笔丛》（卷三十六），中华书局，1958，第486页。

④ 见《阅微草堂笔记》卷十八“姑妄听之四”盛时彦跋，天津古籍书店，1980。

的角度考察童话，认为这种文学类型具有五项基本元素：第一，一个“将故事放置在过去”的，与“现在”分离的封闭的系统；第二，以主人公的胜利为结尾；第三，具有一个两极对立的基本结构，这两极可以归纳为“匮乏”与“匮乏的被消除”；第四，故事以主人公的动作为中心；第五，善与恶无处不在，泾渭分明。这五项元素，确实也存在于武侠小说之中，只不过由于以成人为对象，所以每一项的内涵更加复杂，以至在那些优秀作品里，这些元素往往发生着异化、分化甚至悖逆反应罢了。武侠小说的这一特性，也决定了它更不掩饰艺术的假定性。

王度庐在创作他的武侠小说和社会言情小说时，对于章回体的传统叙述模式是既继承又改造，既立足于章回传统又自觉汲取新潮的。在“形式”这个范畴里，面对着“话本传统”时，他对“章回体”这一形式是比较宽容的。其武侠作品舍弃回目较晚，其社会言情作品则舍弃回目较早（如前所述，《古城新月》已不用回目），然而，在他后期的某些社会言情小说（如《粉墨婵娟》《绮市芳葩》）里，却又恢复了回目形式。他对章回传统的改造，主要体现在叙述话语的改造上。对于叙述者的话语权力，他不追求“壁上苍蝇”式的“纯粹‘外部’的视角”（例如，《燕市侠伶》“在扮戏房中”那个对话场面，虽然十分“戏剧化”，却仍有进入人物心理的非“外部”话语），但是他十分注意限制传统的全知视角以及直接的“衬白”式的评论性叙述干预（“鹤—铁五部曲”中“残存”着一些“说书口气”，这与当初的“连载”形式有关，事实上此类文字可以完全删除而并不影响故事的行进）。他善于运用非全知的第三人称叙述者视角和人物视角，从而形成以主叙述为统率，由次叙述、次次叙述参与建构的多重非全知叙述结构。与话本传统相对比，这种叙述话语是“陌生”的；与某些新文学或外国文学作品的“先锋话语”相对比，它又是相当“传统”的；因此能为“大众”所接受、所乐见。

综观王度庐的作品，在上述改造话本传统叙述话语的过程中，既有纵向的逐步成熟、发展的轨迹，又有武侠与社会言情两大类之间横向渗透、互补的景观。大致而言，在使章回体叙述话语“现代化”方面，作者的社会言情作品，在他自己的创作系统中往往起着“先行”的作用。试比较《宝剑金钗》《落絮飘香》和《古城新月》三部作品的开头文字如下：

河北省（昔称直隶），南控黄河，北依燕山，东面是一片汪洋的渤海，西面则是绵亘数百里的太行山，山上并有伟大历史遗迹的长城；当中是一片广大的平原，沙河、滹沱河、永定河等几条大川，就在这广大平原的胸膛上流动着。由于地理的形势，可知古代燕赵等国，何以能在此称霸称雄，而北京又为什么能做数百年的国都了。此地人民，生性质朴，讲忠孝，尚义侠，重然诺，善武技，所以唐代的韩文公曾说："燕赵古称多慷慨悲歌之士。"而屠沽市井之中，也有肝胆相照的美谈，这完全是历史与地理环境所造成的一种民风。本书所说，就是在这直隶省巨鹿县，在前清时代出了一位老侠客……

1939年4月24日，《宝剑金钗》尚未载完，《落絮飘香》就发表了，其第一章的开头是：

春天的北京，像处女一般的妩媚，风儿也吹得很温柔，柳树都发了嫩芽，远望着像飘浮了一片绿云。河水清可见底，春风就在水面上画出流动的细纹，西山也仿佛更加苍翠了。（以下是介绍海淀的文字，本书前已征引，不再重复。）就以范家的菊英来说吧，近来她的衣饰打扮，就很招人注目了。……

1940年2月3日，《剑气珠光》尚未载完，《古城新月》第一章开始见报，其开头如下：

阳历年才过，旧历年又来了。水仙展开年轻姑娘似的芳容，盆梅也像俏皮小丫头似的笑了。孙妈咧了咧干瘪的嘴，心里充满了一年之中罕有的快乐。孙妈是祁公馆里干粗活的一个老仆妇，一年到头地扫院子，擦地板，冬天还加上添火炉。细致的活儿决轮不到她的头上，可是今天她居然跟着伙伴在书房里擦起家具来了。书房里面的家具全是花梨紫檀。条案上都嵌着带云彩的石头心，椅子背上也镶着蚌壳。架格上的书倒不多，可尽是些小摆设，什么古铜的小香炉、绷瓷的小花瓶、盖碗、五彩的鼻烟壶、象牙雕刻的小佛爷，简直多不可数。孙妈也听老爷对别人说过，这书房里所有的东西，假使有人给五十万块钱，他也不卖。所以孙妈跟余妈今天来这儿工作，她要特别谨慎，她那粗糙的手指头不敢直接去碰桌子的腿，只用一块绒布轻轻地擦，直擦得桌椅、条案、架格，连里间木炕下面的两个小脚凳，全都是又黑又亮，亮得能照见人。可是那些小摆设她还是不敢伸手去摸一摸。手里拿着绒布，眼睛东张西望，好半天，她才大着胆子把茶几上一个古瓷花瓶双手搬开，过去企着脚儿擦那冰炸梅的月亮形的后窗户。余妈在旁边跟她说话，余妈向来是好谈天，她一面轻轻擦着瓶座，一面嘴里不断地说："二太太也真是，快到年下啦，大家都应当喜喜欢欢，昨儿晚上她又哭起来啦，也不怕不吉祥，不怪老爷这程子不怎么爱搭理她啦。"孙妈没有言语，还是专心擦她那后窗户。余妈擦完了瓶座，又去擦掸瓶，她又说："五小姐可也真厉害，当着老爷她敢骂三太太！"孙妈还是没有出声。余妈又说："五小姐，四少爷，跟三太太，现在都大长脾气，你不常伺候你不知道，什么都要挑剔，赶明儿骏少爷一来了，那更难伺候了！那位老（按原文如此，当系'少'字之误）爷，他要瞧见沙发上有芝麻大的一个泥点儿，都不行！"孙妈听到这儿，她忽然回过头来，脸上迸出笑容："骏少爷几时来呀？"……

每一部作品的开头，当然绝不可能相同，但是上述三种开头，却显示着三种不同的"叙述策略"，反映着同一作者在把握叙述艺术方面的一段演进轨迹，这是值得特别注意的。

《宝剑金钗》的开头比较传统，即比较接近"说话模式"（但也已有改造）。这个开头如果加以"压缩""抽象"，可以简化为童话开头的那两个字——"从前"。这是叙述者公开出面，以"直接叙述干预"（"本书"二字为其标志）的方式讲述的一段关于故事背景的话语，既有知识性的内容，也有评论性的内容，所以又有点像"说话"的"入话"。这样的"开端"虽然也把故事和"现在"分离开了，但叙述时空与故事时空的区划不像《绣带银镖》那样分明。

《落絮飘香》的开头，文字风格比较欧化，明显地带有"新文艺腔"，虽然还不够圆融（这也是该书整体的文风特征）。围绕着对海淀今昔的介绍，它比较明显地由"从前"导入"现在"，即比较明显地区划开了叙述时空和故事时空，但是这个导入过程又处理得相当圆转、流畅。叙述者的话语具有历史、文化内涵，然而包蕴在风俗画般的具象描绘之中，颇能引起读者的阅读兴趣。导入故事时空之后马上引出人物，讲人物又承接上文，直接叙其服饰，这是一种"横断"的方法，很带"新文艺腔"。

《古城新月》的开头则完全属于“横断式”，根本没有“入话”性的话语，也不作“从前……”式的继时性交代，而是一开始就展示一个从继时性事件中“截”出来的戏剧式场面。因此，叙述时空与故事时空在这里给人的印象是重合的，似乎都是“现在时”。这段文字的任务，与其他开端一样，要交代背景、主要人物和事件；在交代背景时，又特别用了不少篇幅详细地描绘具体环境。对于“话本传统”来说，这种横断式的开端是一种陌生化的叙述方式；而在一些西方现实主义作家（例如巴尔扎克）的作品中，这种描绘环境的开端章节则往往更加冗长，而且往往采取静态描绘的方法。《古城新月》却以两个次要人物的行动和对话作为贯穿，将空间性的内容寄寓在时间性（继时性）的内容（“动作”）之中，这是既有欧化色彩又与之有所区别的叙述方式。它以人物行动（包括人物话语）为中心，采用化“静”为“动”的叙述策略，符合中国传统艺术（特别是戏剧、小说）的叙述习惯，为大众所喜闻乐见。

以上三种开头文字，体现着作者在改革传统小说叙述模式方面探索的进程，这一进程是步步接近“现代话语”而又不脱离传统的。就此加以横向考察，则可发现，《剑气珠光》叙述话语的新鲜气息和《卧虎藏龙》中多重非全知视角的建构，应该都是与作者在《落絮飘香》《古城新月》等社会言情小说中所做的探索互相关联的。就叙述艺术的演进轨迹而言，至少在“鹤—铁五部曲”时期，同期的社会言情小说在总体上确实起着“先行”作用。

关于时空处理，王度庐的小说一般不取“欧化”的时空切割、交错等手段；进入情节之后，故事基本都按继时性程序发展，空间则随人物行动而展开或者自然地实现切换。这些，都是对传统小说叙述模式的继承。但是，他又在不少方面突破了传统，例如前面谈及的“封套性结构”以及《铁骑银瓶》以倒叙开端，《卧虎藏龙》回叙玉、罗沙漠情缘，《鹤惊昆仑》由江小鹤少年时代“跳接”到青年时代，等等，其中都有“欧化”或“新文学”式的叙述话语痕迹。在那些采取“过去的故事”与“现在的故事”交织进行方式的作品中，“过去的故事”一般都由“现在的人物”做口头交代，因而并不属于典型的复调结构，然而这种叙述策略确有“膨胀时空”之效。王度庐又经常会在故事进行中宕开一笔，使现实时空转为虚化。例如：《卧虎藏龙》第十一回，铺叙众侠千方百计搜寻玉娇龙之时，作者却于紧锣密鼓中宕笔写道——

这古城中，龙藏虎卧，鹭走猿飞，闪闪的刀剑光，轻轻的游侠迹；每夜更深，群侠齐施身手，但是一连五日，竟毫无线索。

到了第六天忽然发生奇案，说是西直门关厢的第一家小店里，昨夜突去暴客，杀死了两个在那里已投宿了七八天的旅客，是一男一女。……①

又如，《古城新月》第二十九章，白月梅身陷彭太太所设淫窟；悬念正强，作者却也宕笔写道——

月梅只得又随着彭太太走进里屋。这时天已经黑了，但天上连颗星光都没有，隔壁有叫花子的喊声："老爷！太太！……"悲凉凄惨地在秋风里飘荡，远处又有汽车的呜呜声……②

此类叙述话语既是传统的，又是现代的。它们继承了传统叙述模式不对时空做蒙太奇式切割的习惯，但是又突破了传统模式视点往往单一、时空往往封闭的局限，以空灵的笔法突然转移视点，拓展、变换时空，于严谨中得自由，化"实写"为"虚写"，融"写意"于"写实"，体现着作者的文体特征。

叶洪生在《近代中国武侠小说大系》中说："王度庐的文字不事雕琢，淡雅处迹近白描；笔下不时出现片段如诗如画的二十年代'新文艺腔'，极富于文学意象之美。"他还十分赞赏《鹤惊昆仑》中的"柳树意象"——江小鹤十四岁时，曾以叫一声"媳妇"为条件，爬上柳树替阿鸾取风筝；后来，阿鸾每当思念、怨恨小鹤之时，便要刀砍此树。作者在叙述鹤、鸾情仇交织的故事时，曾于不同情境之下，先后五次呈示"柳树意象"。它的第五次出现，是在小鹤扶阿鸾灵柩返里之时：

江小鹤却无颜走进村去，他勒住马，就在村南道旁发呆，皱着眉，翘首望着天空，见天上的白云像结着无数的愁魂。再低头看，见遍地都是秋草，远处的山被秋叶染得都成了红色，小溪里流着缓缓的水。

板桥上有几个女孩子跑过来，指着他说："骑马的，早先鲍家的那姑娘也会骑马。"江小鹤赶忙催马走了几步，避开了那几个惹人伤心的女孩

---

① 王度庐：《卧虎藏龙》，王芹点校，北岳文艺出版社，2015，第409页。

② 见1941年1月20日《青岛新民报》所载《古城新月》第二十九章原始文本。

子。可是不料眼前又看见了一株柳树，树身上的刀痕宛然，可见当初用刀砍树的那人，不但心中是恨，其中还压着一些热烈的爱情。现在这株树垂着几条数得出来的枝叶，颓然地，像一个人低着头痛哭了。江小鹤头一阵晕，几乎摔下马来……[①]

洪生先生称“这种爱恨交织、情景交融的‘柳树意象’，寓有非常丰富的文学内涵，殆为作者运用象征手法描写悲情艺术之极致”[②]。象征意象的运用，同时也具有化物理时空为心理时空的效应。

上面这些例子，都显示着浓厚的“新文艺腔”。然而，在王度庐的作品中，与“新文艺腔”共存的是世俗特征显著的“细民声口”。

第三节　“京片儿”与“细民声口”

徐斯年在第一篇评论王度庐及其作品的论文中，曾引用胡适“旗人最会说话”[③]一语，来评介王度庐作品的语言。所谓“最会说话”，不是指王度庐在日常生活中如何能言会道（事实上他是比较沉默寡言的），而是指从其作品可以看出他的“内语言”十分丰富。

索绪尔认为，“语言符号是一种两面的心理实体”：一面是概念，一面是“音响形象”。他之所以不用“音位”这一术语而用“音响形象”这个概念，乃是由于“‘音位’这个术语含有声音动作的观念，只是用于口说的词，适用于内部形象在话语中的实现”[④]。这里实际涉及“内语言”（即索绪尔所谓“内部形象”）在作为“心理实体”的“语言”中的重要地位和意义。日常生活中的能言会道者写出来的文章不一定精彩；“内语言”丰富者写出来的作品，其书面话语则必定生动、多姿而且鲜活。我们不妨从欣赏角色语言的角度，再引几段王度庐作品中的文字看看。

《虞美人》里的谭思禹借住在贾丽华宅中，贾是虞婉兰的老同学，她的丈夫崔放之在一家报馆当编辑。这几个生活在底层的知识分子朋友，碰在一起常会

---

① 王度庐：《鹤惊昆仑》，王芹点校，北岳文艺出版社，2015，第529页。

② 叶洪生：《论剑：武侠小说谈艺录》，学林出版社，1997，第284页。

③ 胡适：《儿女英雄传序》，载《中国章回小说考证》，上海书店，1980，第473页。

④［瑞士］费尔迪南·德·索绪尔：《普通语言学教程》，高名凯译，商务印书馆，2001，第101页。

发些妙论。这天，虞婉兰求职似乎有望，谭思禹也找到了一份工作，他们这批朋友又见面了——

婉兰含着笑进屋，见屋里是思禹、崔放之、贾丽华，还有一个年轻的穿着黑西服裤子白色衬衫圆脸的人。贾丽华就笑着说：“婉兰，你第一回见着他吧？他就是李涵。我们叫他李铁牛，他是思禹的兄弟，他要真是铁牛，思禹可就是宋江了。”李涵赶过来跟婉兰握手，他的嗓子很宽，真令人联想到《水浒传》中所述的李逵。他说：“虞小姐！十年前，我还小的时候，就听思禹常常提您！”崔放之在旁笑着说：“你应说：‘今日相见，实是三生有幸！’那才够李逵的架势呢。”李涵也笑着说：“真的，真的。虞小姐快请坐吧！”他把崔放之推开，抢过椅子来请婉兰坐。贾丽华笑着说：“喝！你可真向着你们自己的人！”婉兰向崔放之说：“崔先生您请坐吧！”崔放之也笑着说：“我本应当让座，谁叫这屋子里就是一把椅子呢。”……

忽然，李涵又嚷嚷了起来，说：“快别说！快别说！你们一谈到经济、家庭，我就觉着头痛，所以每天报纸来了，我决不看经济版上家庭周刊。人生是要艺术化的，你看虞小姐，从头上到脚下，虽然不是十分摩登，但是无一处不是艺术化。虞小姐才来，你们就谈这些煞风景的问题，可见你们都是一些俗人！”贾丽华说：“谁比得了你？你是整天吃饱了饭没事干，你可不是只好拿着艺术化开心吗？我们却没你那福，只好当俗人，只好谈谈谋事、月薪，跟家庭生活的事！”李涵笑着说：“嫂子你别又跟我打嘴架！我说的艺术也不是专指绘画、摄影。人生也是要艺术的，哲学就是艺术；人格、信义、天伦之爱，爱情之爱，也都是艺术之一。所以一篇小说或剧本的故事，没有这些东西就不能成功，不能够感动人。我现在正要写一本《广艺术论》，或者我要叫它《艺术的人生观》。艺术的人生不一定是有钱没钱，也不是计较什么油盐柴米抱孩子。”贾丽华冷笑着说：“你写去吧！出了版我连看也不看。当然啦，你将来要是跟你的爱人结了婚，你们有了孩子一定雇老妈，用不着你们抱。我们可不行，就是连你的把兄，将来要娶了太太，也得跟他度苦日子！”说着，真像很生气的样子，侧耳向外听了听，说：“孩子真许哭了！我真得抱抱去。婉兰！回头你到里院，咱们说话去。别在这里，这屋里除了思禹，他们全都是些臭马粪！”李涵

大笑，推着崔放之说："你听见了没有？你太太可连你都骂上了？"崔放之摇头说："我没听见！"……[①]

这是一段日常生活中的朋友对话，人物话语具有"闻声若见其人"的生动性。他们说的是"刘醉生式"的语言，调侃中透着斯文，玩笑里有着无奈，十分贴切他们的社会、经济地位和各自的性格。他们说的是北京话，但用社会语言学的观点考察，这又是一种不同于一般北京话的"标准方言"或"标准变体"，即文化修养较高，保持着知识分子社会地位的人们所说的北京话。这种语言虽然也是方言（语言中的一种"区域变体"），然而普适性很强。作者对这种语言无疑是极为熟悉的，因为这就是他自己在日常生活中所说的语言（在其作品中，作为叙述者所用的，基本也是这种语言），他自己就属于这一"语域"。

一位作家的"内语言"是否丰富，主要不在于是否熟悉自己的"语域"，而在于是否熟悉其他语域的话语并能熟练地加以使用，亦即是否善于实行"语码转换"。王度庐"会说话"的本领之一，即"语码转换"能力很强。他对北京平民社会各个阶层的口头语言十分熟悉，其作品中的北京方言也主要见诸此类人物的话语。除了前面引述过的刘泰保等的语言之外，以下还有几个突出的例子：

《宝剑金钗》第三十一回，于二领李慕白去南下洼子探访谢翠纤的坟墓，作者写道——

……于二跳下车来说："就是这儿。"李慕白也下了车，他望着这片坟墓，不住地皱眉，就问于二说："这里的一些坟墓，怎么全都没有人管呢？"

于二笑了笑说："谁管呀？这儿说是义地，其实就叫乱葬岗子，在这儿埋的全都是在窑子里混事的姐儿们。在她们活着的时候，穿绸着缎，搽脂抹粉，金银随手来随手去。熟客这几天来了，过两日又走了，她们陪着人吃酒席，给人家弹唱，还有比翠纤更标致的红姑娘儿呢！可是一死了，唉，有谁管呢？不过是由着领家儿的买一个四块板的棺材，雇两个人抬到这儿，挖个一尺来深的坑儿，埋了也就完了。过些日子，坟头儿也给风刮平啦，死尸也叫狗给刨出来了。没亲人，没骨肉，谁还照顾她们那把干骨

① 王度庐：《少女飘零》（《虞美人》第二分册），上海励力出版社，1949，第82、83页，标点符号略有变动。

头呢！

“你瞧这些个坟，这顶多也就埋了有两年，以前的那些坟早就平了。要不然人家怎么说当妓女的是红颜薄命呢？李大爷，你没听人唱过‘妓女告状’吗？那里不是说：管抬不管埋呀！头上披着青丝发，底下露着绣花鞋……”①

于二的语言属于“正派”下层平民的语域，比“标准变体”来得啰唆来得“俗”，然而，虽是这样沉痛的话语，却也仍然具有“标准变体”所难以比拟的属于“民间”的生动性。

《卧虎藏龙》第十一回，“花牛儿”李成带罗小虎到土娼“大萝卜”家去，作者是这样写的——

院子非常之窄，相对着的四五间小屋，窗上都浮着淡淡的灯光。李成故意咳嗽了一声，屋里就有女人发话了，说：“是谁呀？姓张姓李先说一句话，别他妈属刺猬的，光咳嗽！”窗纸上浮出人影，但很模糊。

李成走到屋门前，就说：“是我呀！十来天我没来，你就不认识乡亲了吗？”

女人说：“哦！原来是花牛儿呀？这些日你净在哪棵树上趴着啦，你还活着？还能认识这个门，就算不离！进来吧！”

屋门一开，李成手托着银子笑嘻嘻地进来，罗小虎低着头随他的背后走入，女人一看，就哎哟一声惊叫，又笑着说：“妈哟！你带来的这个人是鬼呀？怎么这么长的胡子儿呀？”

李成说：“这是我们虎爷，你别瞧胡子长，这是因为他现在事不遂心，多半个月没刮脸。假如把脸刮了，还真是个地道小白脸呢！”说着把银子往桌上一摔，在炕头坐下。

…… ……

正在说着，忽听隔壁又有女人笑着说：“你们说什么啦？我来听听哪儿又闹狐仙？”李成惊诧着说：“这是谁？”女人说：“这是我妹妹。”李成说：“原来还有妹妹哩？”女人说：“不是亲的，是干的，她比我可阔得

---

① 王度庐：《宝剑金钗》，王芹点校，北岳文艺出版社，2015，第453页。

多。”李成说：“她叫什么名字？”女人说：“她叫翠仙，外号叫小虾米。”

李成说：“小虾米熬大萝卜，倒真是本地的吃儿！来，请过来给我们这位虎爷引见引见吧！”①

李成、“大萝卜”属于游民、娼妓阶层，他们的“语域”不同于于二那样的本分贫民，其话语有着泼辣、浮浪的特征。

由于王度庐熟悉北京下层民众话语，所以在其作品中有着极其丰富的、属于北京特有的方言词语。例如：

衬（犹谓“般配”）——“花牛儿李成说：‘咱们这身打扮不衬。’”（《卧虎藏龙》）

起（犹谓“从”，副词）——“昨儿还起这儿过去啦。”（《落絮飘香》。按在描写与戏曲有关的内容时则用为动词，如“起角色”，谓扮演某一角色；有时又写作“去角色”。）

德行（犹谓“品行”“模样”，多系贬词）——“崔家的玉姑娘在马路上练车，叫一个男学生给她扶着，嘿，他妈的那个劲儿……好在那不是咱们家里的德行，我也管不着人家。”（《落絮飘香》）

太爷（用作比“老子”更“尊贵”的自称）——“淑玲歪着头撇着嘴说：‘你告诉去呀！太爷不怕！”（《落絮飘香》，此词出诸一个女孩子之口，特别透着野气和俏皮。）

遭改（犹言“坏”“破坏”，引申为“诬蔑”）——“人家用得着买卖人口？这不定是谁遭改他的话，叫你这小子给听来了。”（《落絮飘香》）

磨烦（犹言“纠缠”）——“今天晚间，在北海公园里放河灯，招弟正在这儿‘磨烦’着二玉，让带着她去。”（《绮市芳葩》）

锈（犹言“凋谢”）——“而这人……故意把这十几朵晚香玉批评来，批评去，说什么：‘锈了，都快干啦，大概都晒了一天啦，还不贱点卖？’”（《绮市芳葩》）

扫听（犹言“打听”）——“你不再去扫听扫听那女店员的事还有指望没有？……”（《绮市芳葩》）

---

① 王度庐：《卧虎藏龙》，王芹点校，北岳文艺出版社，2015，第389－390、391页。

该（犹言“欠”）——“喂！咱们就该她两块，昨儿还先还了他们一吊……”（《绮市芳葩》）

杂碎（原指屠宰后的牲畜的脏腑等，引申为“东西”“货色”）——“……我平常觉着佟慧敏她们还不错……现在我一看，哼！大概也不是什么有好杂碎的！……”（《绮市芳葩》）

闲在（犹言“闲着”“有空闲”）——“其实我也不闲在，再过一星期我们就开学啦！想看电影还是没有工夫呢！”（《虞美人》）

死葫芦头（犹言“没脑筋的”“不懂事的”）——“我得进城到他姑爷家里回拜回拜他去，并不是巴结他，是为表示咱们不是死葫芦头……”（《落絮飘香》）

车座儿（车夫用语，犹言“坐车（用车）的老客人”）——“前儿你不是告诉我，说你有一个车座儿刘副官，人家要给你找事，找成了没有？”（《落絮飘香》）

拉房纤（指为房产经纪做中间人）——“……我想，明儿你把四十块钱拿来，我先做一件蓝布大褂，我天天上茶馆去闲坐着，拉个房纤……”（《绮市芳葩》）

吃瓦片儿的（犹言“吃房租的”）——“……房东姓吴，专指着房产不做事，就是北京人所谓吃瓦片儿的。……”（《虞美人》）

王度庐的作品中还有许多北京方言的歇后语和成语，例如：“走十里地没有遇不见秃子的——想不到旧冤家在此相逢”（《卧虎藏龙》）；“老虎掉在山涧里——伤人太重”（《卧虎藏龙》）；“猪八戒使飞眼——是另有一股子风流劲儿”（《卧虎藏龙》）；“土地爷扑蚂蚱——慌不了神”（《虞美人》）；“驼锅子上山——有点前（钱）紧”（《虞美人》，按“驼锅子”即驼子）；“王二大妈的砂锅——没底也得撑着点架子”（《寒梅曲》）；“守着烙饼挨饿”（《绮市芳葩》《寒梅曲》）；等等。

索绪尔所提出的一个重要的语言学原则，就是语言符号的“任意性”：“能指和所指的联系是任意的”。“所以我们可以说，完全任意的符号比其他符号更能实现符号方式的理想；这就是为什么语言这种最复杂、最广泛的表达系统，同时也是最富有特点的表达系统。”①方言的魅力，正在于以独特的能指来与一般的所指建立任意联系，从而充分体现出这种任意联系的新颖性和“修辞美”。方言词语固然大多可以用标准语进行“对译”，然而其中的“语趣”却往往是不可移译的。对于只懂标准语的读者和其他方言区语言的读者来说，这也是一种“陌生化”；解读这种含有陌生化编码方式的文本，当然也是一种审美享受。但是，方言词语的使用，宜以让读者能从上下文推知其义为度，要避免造成语义信息传达上的“不可穿透性”。王度庐的作品中，对于这个“度”，是拿捏得相当准确的。

分析王度庐作品的语言，可以发现一个很有趣的现象：作者既能写出十分规范的甚至相当欧化的文句（例如倒装句、穿插说明句等），又经常使用一种不甚规范的显得相当拙朴的文句。在词汇方面，他有一些独特的用词习惯，例如：在表达时间概念时爱用“永远”一词，人们通常所说的“经常”“老是”这样的时间概念，在他笔下往往都说成“永远”，表现着一种将词义扩大化的倾向。作者又喜欢将一些同义、近义的词加以叠用，例如“问说”“遂就”等；其中，“去”字与同义、近义动词叠用之后，往往发生功能转化，即出现“副词化”现象，例如：“打过了二更，这些人才走去。”“马不敢向下去走……就不住地向后去退。”在运用动词时，作者的文句往往表现出一种喜欢将后置补语改为前置的习惯，因此又特别喜欢使用几个表方向的副词。例如：不说“走回来”，而说“往回来走”；不说“写下去”，而说“往下去写”。这个“往”字，又经常被用来代替方位副词，从而表现出另一种修辞效果，例如：“眼泪也一阵一阵往被底去流”，而不说“在被下流”；“二秃子随说话随往身上掏”，而不说“在身上掏”。

王度庐上述“个人化”的“文法习惯”，很可能也是受方言影响或者为了使自己的作品更加“通俗化”而形成的。

① ［瑞士］费尔迪南·德·索绪尔：《普通语言学教程》，高名凯译，商务印书馆，2001，第102-103页。

第十九章　从小说到戏剧、曲艺

王度庐的“鹤—铁五部曲”问世后，除得到读者的认可，也引起了戏曲、曲艺界的关注。从20世纪40年代到50年代末，这些武侠小说被改编为戏曲、评书、鼓书等多种艺术形式，在大江南北流传。20世纪80年代以后，也还有他的个别武侠小说被改编为曲艺。由于这类戏曲、曲艺的录音录像和文字资料很少流传下来，现在还无法从文本上和原著做比较研究，也无法对其表演、讲唱艺术做独立的研究，因此这里只能将其传播情况作一梳理，借以窥见王度庐武侠小说的跨界艺术影响和社会影响。

第一节　“史胖子来在东山下”——川剧

20世纪50年代，绵竹群众川剧团曾将《宝剑金钗》《剑气珠光》《卧虎藏龙》和《铁骑银瓶》改排为川剧。兰文浚《绵竹县群众川剧团——绵竹川剧团历史沿革之二》记载了当时演出的情况：

> 在演出方面，他们开展了演小说改编戏。同时请来了花脸杨海廷，霞光布景公司的画工喻东明，先后演出“条纲戏”《宝剑金钗》《卧虎藏龙》《铁骑银瓶》《剑气珠光》等。这些戏根据小说编成戏剧情节，由彭新禄、游文辉二人“牵条”（“牵条”就是按照小说的人物和故事情节，安排剧中人和场景，确定人物出场次序和讲、唱内容，道白和唱词由演员自己编）。这几个戏演了一百多场，场场客满，据说有带被盖到票房口过夜买票的，盛况极于一时。票房营业兴旺，演员收入增高，按“分账”，演员月工资有达人民币九十万元（合现币九十元）的，按剧团的人说法是：

“艺人真正翻了身。”[①]

百姓喜欢，剧团有收益，演员觉得是真正翻了身，说明演出剧目得到了多方面的肯定，也证明把王度庐武侠小说改编为戏剧是成功的。群众川剧团成立于1952年，其前身是聚乐剧团。聚乐剧团1950年成立，由1949年前的“聚丰曲部”和“群乐剧部”这两个戏班合组而成。戏班最擅长演“条纲戏”，群众川剧团把王度庐武侠小说改为“条纲戏”，在表演程式上应是延续了1949年前戏班“条纲戏”的传统（20世纪40年代，四川就有据王度庐武侠小说改编的评书，不排除那时也有据王度庐武侠小说改编的川剧），这便会把即兴表演的优缺点都带进来。因“条纲戏”由“牵条”按照小说的人物和故事情节，安排剧中人和场景，确定人物出场次序和讲、唱内容后，道白和唱词就由演员自己编。自己编，就会因演员的素质和对小说的理解不同而出现不同的效果。“场场客满”，说明演员的二度创作是成功的，但在整体的成功中也常会有局部的失败。《绵竹县群众川剧团——绵竹川剧团历史沿革之二》就记录了这种即兴表演闹出的笑话。

在演“条纲戏”中，出现了一些小插曲，颇有趣味，这里试举一例。由于唱词由演员根据要求自己编，因此随意性较大，有的演员“整冤枉”，临场开窄韵，而“开排韵（即ai韵）”又是最窄的，往往把后面接着唱的演员逼得莫法，造成“抬花（即观众喝倒彩）”。恰巧杨海廷文化水平较低，又是“半路出家”，记的戏不多，因此他在每本戏出场都唱“我的名爬山蛇名叫史健”。而余啸刚又记的戏多，在演这几本戏中，导演总是把余啸刚安作“头旗”（领头的），余经常整杨海廷的冤枉，开窄韵。一次，余啸刚开始唱就唱了“八达”韵（a韵），杨海廷一听，糟了!这个韵太窄，记忆中的唱句这个韵太少。马上就该他唱了，怎么办？为了就韵，也管不了唱出来的句子合不合场景、事件的要求，接着唱：“史胖子来在东山下，开个旅店来害他。”与剧情不符，引起了台下哄堂大笑。余啸刚悄声说：“你开妓院还差不多。”戏下来后，两人闹了一场，又引起内场哄堂大

① 兰文浚：《绵竹县群众川剧团——绵竹川剧团历史沿革之二》，见四川省绵竹县政协文史资料委员会编《绵竹文史资料选辑》（第10辑），第111页。

笑。[①]

演员们演出前一般都要对好“码口”，免得上台出错，但即兴表演随意性大，往往靠现场发挥，这便为有的演员“整冤枉”留了余地。如上面引文中，临时换韵，造成后面演员瞎编词而闹笑话。但这种随机出现的笑话未尝不是“条纲戏”特有的魅力，因观众虽喜欢演员演好，也未尝不愿意看到演员出丑，这才能满足他们看戏的多种需求，而出丑的不可预知，又成为观众看戏的一种潜在需求。引文中的爬山蛇史健是《宝剑金钗》中的人物，他是北京丞相胡同一家小酒铺的掌柜，开的不是旅店，也不在东山；他是帮李慕白的，并不是“害他”的，难怪演员唱出“史胖子来在东山下，开个旅店来害他”，会“引起了台下哄堂大笑”。而能引起“哄堂大笑”，说明台下的观众是了解剧情的。至于观众了解剧情的渠道，除了有些是老观众，此前听过外，也不排除得自据王度庐武侠小说改编的评书或小说本身。此外，有的做“牵条”的人也会把戏的内容记录下来，形成“条纲戏”剧本，而这种剧本的流传也会成为了解剧情的一种渠道。

“条纲戏”多是连台本戏，《宝剑金钗》《剑气珠光》《卧虎藏龙》和《铁骑银瓶》（按这是小说原著的顺序）这种系列小说，正好合乎连台本戏的结构，利于“牵条”改编，这也是王度庐系列武侠小说能被改编为戏剧的一个重要原因。也就是说，王度庐系列武侠小说与连台本戏在欣赏结构上是相同的。欣赏结构相同，文本转化就相对容易，而“条纲戏”程式又为这种转化提供了比较自由的二度创作空间，这就为改编注入了活力。

说到川剧改编，魏明伦曾说他十二岁时写的第一个戏就是《卧虎藏龙》，但剧本没写完，故未上演。[②]魏明伦十二岁那年是1953年。

从目前掌握的资料看，王度庐武侠小说的曲艺传播主要是在20世纪50年代。20世纪80年代后，也有零星的改编，如隆学义把《卧虎藏龙》改编为川剧《玉娇龙》[③]。

---

① 兰文浚:《绵竹县群众川剧团——绵竹川剧团历史沿革之二》,见四川省绵竹县政协文史资料委员会编《绵竹文史资料选辑》(第10辑),第111-112页。

② 魏明伦:《当代中国戏剧之命运》,载凤凰卫视出版中心编《世纪大讲堂·美意》,中国友谊出版公司,2008,第122页。

③ 重庆市文化艺术研究院编:《戏剧艺术评论集》,西南师范大学出版社,2016,第3页。

第二节　鲍振飞成了恶霸——京剧

1951年北京市宣武区新兴京剧团曾演出连台本戏《鹤惊昆仑》。[①]1960年11月该团整建制迁入新疆，成为新疆京剧团，也许《鹤惊昆仑》这部戏在新疆也演出过。

1951年济南大众京剧团也曾将《鹤惊昆仑》改编为武侠连台本戏，编剧马润生、吴金铭，导演马润生，名角孟丽蓉参与了演出。[②]据《曲山艺海话济南》记载，吴金铭是专职编剧，马润生是专职导演，“他们在建团初期也写了不少机关布景的连台本戏，当时票房价值最高的就是《红须客》和《鹤惊昆仑》。这些戏经过改编把一些低级庸俗、荒诞淫秽的糟粕剔除出去，强化了讴歌正义、鞭笞丑恶的思想，力求在潜移默化中使人们能得到一点有益的启发，与旧戏班那种粗制滥造的连台本戏有着本质的区别”[③]。因为尚未能看到《鹤惊昆仑》剧本，不知这是怎样的一部连台本戏，是如何改编的。

1958年南昌市京剧团又排演了《鹤惊昆仑》。小说转化为戏曲、曲艺，是由语言艺术转化为舞台艺术和讲唱艺术。在这个传播过程中，随着艺术式样的改变，其内容和表现形式也随之发生变化。大致而言，在情节方面这种变化主要有两种：一是主旨不变，内容有一定的调整；二是主旨变化，内容随主旨而调整。从节目单的剧情介绍可知，南昌市京剧团排演的《鹤惊昆仑》属于第二种变化。这种变化背离了原来的主旨，是一种传播中的变异现象。这种变异主要体现在四个方面。一是把鲍振飞定位为恶霸，与小说不符。小说中的鲍振飞只是对待徒弟比较严苛，对于犯戒的徒弟的惩罚太过冷酷——特别是犯色戒的徒弟。鲍振飞只是广收门徒，并未有危害地方的恶霸行为。二是卢氏，在小说中她是卢家小媳妇，卢家并不是贫农，卢家小媳妇“浑圆挺胖的面儿，擦着很鲜艳的脂粉”，日子过得并不差，而且鲍振飞不是地主，没有逼迫卢家交租的情节。三是小说中是江志升与卢家小媳妇私通，鲍志林说他调戏妇女，要告知鲍昆仑，才使得鲍昆仑带徒弟将江志升杀死。改编后这个情节完全反过来了：卢

---

① 刘嵩崑：《京师梨园世家》（上册），江西美术出版社，2007，第136页。

② 济南市政协文史资料委员会编，孙常印总主编，赵钟云主编：《曲山艺海话济南》，黄河出版社，2002，第78页。

③ 同上书，第76页。

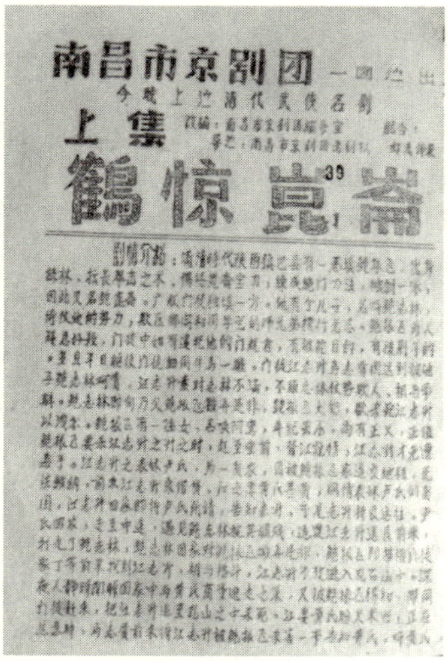

《鹤惊昆仑》节目单

《鹤惊昆仑》节目单

氏被鲍志林调戏，江志升打走了鲍志林，后鲍志林搬弄是非，才使得鲍昆仑带徒弟曲处罚江志升。这样处理把本来办错事的江志升，重塑成了蒙受冤屈的受害者。四是把黄氏重塑成了受折磨的节妇，而小说中黄氏在江死后“难耐孤孀”，改嫁了开绒线铺的董大，小鹤则留在马志贤家中。改编者这样处理后，突出了鲍昆仑和卢氏、江志升夫妇的“阶级仇”，将江湖恩怨转化为了恶霸和贫民之间的生死仇恨，这样武侠传奇变成了阶级斗争剧。发生这种变异的原因，主要是当时文艺界深受阶级斗争理论的影响，认为文艺是阶级斗争的工具，用阶级斗争理论来改编武侠小说了。

1958年前后南昌京剧团还改编过《小五义》《七剑十三侠》等武侠小说，尚不知是如何改编的。

此外，这一时期《鹤惊昆仑》还曾被改编为南昌评书。据魏莹《筱贵林父子“搞笑”南昌几代人　说评书吸引上万听众》称，二十世纪五六十年代是南昌评书艺人筱贵林事业的黄金期，其足迹几乎遍布南昌各个角落。其子小筱贵林说：“上世纪六十年代，我父亲在八一公园说评书《鹤惊昆仑》，当天来了上万人。”①这说明《鹤惊昆仑》改为南昌评书是非常成功的，只是不知筱贵林是如何说这部书的，他会用阶级斗争理论来改造小说吗？如果他基本保持原貌而受到上万人的欢迎，那说明在20世纪60年代民众还是喜欢传统评书，喜欢通俗小说的。就南昌一地而言，京剧《鹤惊昆仑》和评书《鹤惊昆仑》的出现可能有先后，但从“上万人”听评书的情况看，民众的选择就是对两种不同改编的评价，也是对王度庐小说原著的评价。

① 魏莹：《筱贵林父子“搞笑”南昌几代人　说评书吸引上万听众》，《南昌晚报》2014年10月23日。

第三节　六班合演《玉娇龙》——潮剧

王度庐的武侠小说不仅在大江南北流传，还流传到海外，在马来西亚被改编为潮剧。

1957年，马来西亚潮剧职工联合会（即后来的新加坡潮剧联谊社）演出了林如烈①根据《卧虎藏龙》改编的潮剧《玉娇龙》。陈骅在《海外潮剧概观》一书中对这次演出前后的情况有较详细的记载：

> 1954年，新加坡、马来西亚潮剧界以“新荣和兴”班领奏乐师杨柳江等十多人为代表，鉴于其时当地潮剧正“处在一个社会震荡、时代变迁的时期”，为“促进劳资合作，改善同人的工作与生活”，并“联合全马来亚潮剧工作人员，使彼此互通声气，联络感情，进一步互相研究改良潮剧，以适应现代的潮流”，因此倡议成立“马来亚潮剧职工联合会”，先后受到“新荣和兴”“老赛桃源”“老一枝香”“老三正顺香”“老玉春香”“中赛桃源”“潮剧清音班”等七个潮剧戏班的拥护和支持，共三百多人申报入会。联合会庆祝成立两周年期间，七个戏班便决定以“联合演出”的方式来促进潮剧的转机，当时演的是场面恢宏激烈、剧情曲折缠绵、集唱做念打于一台的大型剧目《玉娇龙》（又名《卧虎藏龙》），仍由在南洋一带久负盛名的导演林如烈负责编导和作曲，全剧出场人物众多，仅主要角色便有三十多人，他们均由各个戏班挑选优秀演员担任，其中有邢林喜、谢钦良、陈大白、刘春河、林呈祥、陈巧娇、苏细细、张玉英、陈作喜、沈妹仔、陈美英等一批名噪一时的红伶，同时还抽调各班的音乐高手合力伴奏，聘请名景师设计布景，并尝试采用新歌词曲，因此使演出在新、马各地引起强烈反响，有人称其“汇集艺术的精华，尽显潮剧的灵魂”，门票很快就

① 林如烈(1906—1981)，潮安人。幼年随父到新加坡“老赛永丰”班学艺。十九岁成为一名年轻的潮剧教戏。后回潮汕，受聘于“老正顺香”班。20世纪30年代末，被香港“老正兴”班聘为司理兼编导，后香港为日本侵占，返回潮汕，寄居揭阳。抗日战争结束后，回到新加坡定居，先受聘于“老赛桃源”班，后在“三正顺香”班。1958年“三正顺香”班解散，潮剧职工联合会主席杨柳江联合“中赛桃源”班，组成“织云潮剧团”，林任编导，杨为“头手”。直到20世纪末和21世纪初，他创作的《玉堂春》唱段，仍在潮汕大街小巷传唱。详细生平见林淳钧、吴国钦：《潮剧史》（上编），花城出版社，2015，第328—330页。

由开始每张叻币五元急增至十元，而且一下子被抢购一空，被当时观众誉为“新马潮剧史上的空前创举”，从而带动了新加坡、马来西亚潮剧的再次繁荣。[①]

对于这次演出，杨秀钦《六班戏合演〈玉娇龙〉》还讲述了一些细节：

一九五七年初的农历腊月廿七、八晚，人们本应在忙于准备过年，可太阳刚刚沉入海里，书记会外却已是人头攒动，挤得密密麻麻，原来是“马来亚潮剧职工联合会”为庆祝成立两周年，联合了当时六个戏班，选出名牌演员邢林喜、谢钦良、陈大白、刘春河、林呈祥、陈巧娇、黄细细、张玉英等五十余人同台合演《玉娇龙》，由林如烈编剧兼导演。这是百年来新加坡的潮剧历史上的空前创举，一时夻动新马各地，传为佳话。……职工会成立之后，着实也为改善演艺员工的生活做出不少成绩。首先，艺人获得普遍加薪，加薪公额从每个月五元到六元十元不等。接着，取得劳工部支持，不再发出早上演出执照，从此街戏只演下午和晚上，而晚上演出，最迟演至午夜十二时，否则另给补贴，以作艺员“花红”；同时，又征得班主同意，定每年农历十二月廿七、廿八两日为戏班公假。……

职工会成立两周年时，由杨柳江发起演出《玉娇龙》，六个戏班演员抛却同行如敌的思想包袱，合力完成了这轰动一时的创举。在当时，五毛钱可以看一场电影，但《玉娇龙》的戏票却卖到五元、十元，而且一下子就被抢购一空，因此得到一笔可观的收入，加上社会人士的热心捐助，终于以一万八千五百元买下了仰光路135号的会所。[②]

从这个记载可确定这次演出的时间是1957年农历正月廿七、廿八晚上，之所以不在上午演出，是因为不发演出执照。而选在农历十二月廿七、廿八演出，是因为这两天被定为戏班公假，这是几个戏班利用公假合力奉献的演出。演出成功，票价高涨，使得该会获得一笔可观收入，这也是该剧取得成功的一个标

---

① 陈骅:《海外潮剧概观》,中国文联出版社,1999,第135-136页。

② 参见林紫编《潮剧轶事趣闻》,中国戏剧家协会广东分会,1989,第161-163页。

志。

潮剧《玉娇龙》剧照（原载林淳钧编著《岁月如歌：潮剧百年图录》，汕头大学出版社2004年版，第61页）

陈骅在《海外潮剧概观》中称当时是七个戏班演出，而杨秀钦《六班戏合演〈玉娇龙〉》则说是六个戏班，陈学希等编著《潮剧潮乐在海外的流播与影响》也说是六个戏班[①]，杨秀钦的文章是依据马来西亚潮剧职工联合会的发起人杨柳江的回忆写成的，应该是更准确的。对比《潮剧潮乐在海外的流播与影响》记载的六个戏班和《海外潮剧概观》记载的七个戏班，发现后者多出一个潮剧清音班。潮剧清音班是马来西亚潮剧职工联合会会员，但可能并未参加《玉娇龙》的演出。当年演出《玉娇龙》之时，新加坡还属于马来西亚，演出地是新加坡仰光律。

陈骅在《海外潮剧概观》称《玉娇龙》“尽显潮剧的灵魂”，为什么潮剧会有这样的效果呢？这首先要从那个时代来找原因。二战时期南洋沦陷，戏班生意惨淡，后竟靠夜以继日地演出神怪荒诞剧维持生计，“表演艺术在不同程度上脱离了原来的优良传统，走上庸俗、色情、神怪离奇、机关布景的邪路，使潮剧遭受了不应有的折磨和损失”[②]，昔日挖掘民间故事、注重细工的传统未能很好地延续。因此，战后一些艺人便想重振潮剧，改变这种局面。《卧虎藏龙》用悲剧展示人性之复杂与爱情之高洁，合乎潮剧从民间故事提炼素材，讴歌爱情、鞭笞邪恶的创作传统，其悲剧元素与潮剧大锣戏的悲剧传统也很契合，这就能为具有革新意识想重振潮剧的艺人所接受。而“尽显潮剧的灵魂”，无疑是强调此剧讴歌爱情，却不再是大团圆的喜剧，而是一出悲剧。当时该剧能“轰动一时”，也证明悲剧的力量感人至深，观众或许从玉娇龙看到了苏六娘的影子，但她却比苏六娘更果敢、更现代。

《卧虎藏龙》之所以能被改编为潮剧《玉娇龙》，造成轰动，除了内容符合当时潮剧革新的要求外，还有一个重要原因，就是潮剧艺人林如烈发现、肯定了《卧虎藏龙》。他能把《卧虎藏龙》改编为潮剧，必是看到了《卧虎藏龙》的

① 陈学希等编著：《潮剧潮乐在海外的流播与影响》，中国戏剧出版社，2010，第133页。

② 张伯杰：《潮剧源流及历史沿革》，载汕头市艺术研究室编《潮剧五十年文论选》（《潮剧研究》丛刊第三辑），中国戏剧出版社，1999，第23页。

思想内涵和艺术气质与潮剧的传统气质是相通的，在潮剧继往开来的时刻，正需要这样一部戏来接续传统，同时有所开拓。《玉娇龙》的成功，说明他对当时潮剧发展中存在的问题有深刻的认知，对潮剧革新的时间点有敏锐的把握。

《玉娇龙》的成功，可以说是帮助马来西亚潮剧走出了逡巡不前的困境。从小说《卧虎藏龙》传播的角度看，也是王度庐悲剧悲情武侠小说思想气质的跨界延续。

1958年，潮剧职工联合会主席杨柳江联合“中赛桃源”班，组成“织云潮剧团”，林如烈任编导，杨为“头手”，两位艺术家再度合作，又把王度庐的《鹤惊昆仑》改编为潮剧。[①]

第四节　“买主自来不消喊”——评书

如前所述，20世纪40年代王度庐的武侠小说已被改编为评书。从现在掌握的材料看，四川的评书艺人最早将其武侠小说改编为评书的时间是在1947年。这一年，重庆的评书艺人王秉诚和程梓贤在较场口说“对台书”，同说一部《黑白潭》又名“玉娇龙”，上座不相上下。[②]王秉诚（1902—1955），本名刘玉声，重庆市人。1939年起改名王秉诚，以说评书为业，此前先后担任《新民报》《南京晚报》《商务日报》《国民公报》副刊编辑和记者。[③]程梓贤（1917—2006），重庆巴南人，早先在一所学校工作，1942年下海说书。王秉诚在重庆以说《重庆掌故》和《红楼梦》《蜀山剑侠传》驰名，程梓贤随其学艺，后成莫逆之交。杨耀健《春风又绿两江岸：重庆》称，当时“杨柳街‘国安’茶馆王秉诚讲《重庆掌故》，石灰市‘罗昆’茶馆程梓贤说《铁骑银瓶》，均为人喜”[④]。可见此时“鹤—铁五部曲”已经出全，而且已经流行于大后方了。

1948年到1949年，四川省合川县评书艺人逯旭初在合川县申明亭陈洪彬茶馆说《鹤惊昆仑》《宝剑金钗》《剑气珠光》《卧虎藏龙》等书。[⑤]逯旭初

---

① 林淳钧、吴国钦：《潮剧史》（上编），花城出版社，2015，第329页。

② 魏仲云：《著名评书艺人程梓贤》，载程梓贤《重庆掌故》，重庆出版社，1994，第155页。

③ 重庆市文化局编：《重庆文化艺术志》，西南师范大学出版社，2000，第583页。

④ 杨耀健：《春风又绿两江岸：重庆》，中国青年出版社，2008，第168页。

⑤ 周成文、马文清口述，张世昌整理：《合川评书艺人——郭子全、逯旭初》，政协合川县委员会文史资料组编《合川文史资料选辑》第1辑，合川县印刷厂1983年，第160页。

（1909—1984），早年读过六年私塾，自幼爱听四川评书，中年拜县人郭子泉为师，后从艺说书，常来往于合川、北碚、重庆一带，负有盛名。[①]《合川县文化艺术志》对其评书艺术有这样的评价："逯旭初说书，长于比案，将典故掌故，奇闻逸事，信手拈来，顺理成章，不觉牵强附会。逯熔'清'、'雷'两棚于一炉，谈吐风雅，妙语连珠，人物形象，有骨有肉，神形兼备，栩栩如生。"[②]

此外，四川省什邡县评书艺人肖伯平（1899—1980）也说过《鹤惊昆仑》《宝剑金钗》《剑气珠光》《卧虎藏龙》《铁骑银瓶》等评书。据曾维福《解放前什邡著名的评书艺人》称，肖伯平是著名评书艺人李吉安的高徒，解放前主要在外地说书。[③]那么，不排除他也有可能会在重庆等地说书。

从上面的史料看，王度庐的"鹤—铁五部曲"都曾被改编为评书，改编者大都是民间说书人，演出场所多在茶馆。当时虽是战乱时期，但王度庐武侠小说的传播似乎并未受到很大影响，不仅很快流传到大后方，而且很快就被改编为评书，受到了听众的欢迎。这说明大后方的听众和沦陷区的读者在心情的苦闷和精神的枯寂上是一样的，他们通过小说和评书这两种艺术形式，深切感受到了故国文化之美，也领略了人性的复杂和侠风之不可或缺，精神上得到了很大的慰藉。从这个角度看，王度庐的武侠小说无疑把握到了时代之痛，因此有时代之痛的地方，他的小说及由此改编的曲艺都会打动深受时代之痛的人们。

20世纪40年代的广州，虽尚未发现有王度庐武侠小说改编的评书，却有关于公仔书《鹤惊昆仑》的记载。据龚伯洪《羊城公仔书》称，他五六岁的时候在租书铺看公仔书，最喜欢的是署名"编绘赵三岛，布景朱元红，撰文赵颍"的《龙虎斗三湘》《鹤惊昆仑》《鲁港喋血记》。[④]龚伯洪是广州文史馆馆员，生于1943年[⑤]，那他五六岁时也就是1948年、1949年。这说明在这个时间段王度庐的武侠小说已南传到广州。公仔书是连环画，既有经过改编的公仔书，那就不排除也有粤语评书的可能。

---

① 合川县文化局编：《合川县文化艺术志》，1990，第454页。

② 同上书，第456页。

③ 参见四川省什邡市政协学习和文史委员会编：《什邡两千年》（什邡文史资料第17-18合辑），2002年7月，第482页。

④ 龚伯洪：《二十世纪八九十年代的广州风情》，广东人民出版社，2017，第269页。

⑤ 广州市人民政府文史研究馆编：《广州市人民政府文史研究馆馆员传略》，广州出版社，2016，第148页。

20世纪50年代以后，“鹤—铁五部曲”继续受到评书艺人的青睐，其中河南艺人改编演出较多。

20世纪50年代后期，河南评书艺人王志修、朱明德，均拜开封著名老艺人纪侠生、戴跃生为师，曾在长垣县城说传统大书《鹤惊昆仑》，风行一时。[①]20世纪50年代末，评书艺人刘侠之又在安阳曲艺园开讲评书《宝剑金钗》《剑气珠光》等。他的评书风格朴实，诙谐幽默，为当地听众所欢迎。[②]

在河南的评书艺人中，吴志英（1927—2009）知名度最高，1949年前他就开始说评书，最擅长说《青城十九侠》。20世纪50年代，他在开封相国寺曲艺厅四厅开讲评书《鹤惊昆仑》，又曾在焦作市老广场西南口曲艺棚说过这部书。1983年，他还到睢县曲艺厅说过这部书。后来，他的评书《鹤惊昆仑》《宝剑金钗》《卧虎藏龙》《铁骑银瓶》还被河南省戏曲研究所录音整理，准备出版。[③]

吴志英的评书《鹤惊昆仑》在20世纪40年代就已编成并演出，属于长篇书目，散文体，约可演说八场，《中国曲艺志·河南卷》有其故事梗概：

> 武林高手鲍昆仑误听谗言将其徒弟江治升杀害。江之子江小鹤十五岁时得知此情，三次行刺鲍昆仑，未遂被擒。鲍之子劝父斩草除根，鲍昆仑已知徒弟受诬被杀而怜其子，将小鹤留在鲍家。鲍之孙女鲍阿鸾随祖父习武，同情江小鹤，二人在练武中互生爱慕之情，私订终身。鲍之子怕有后患，企图谋杀江小鹤，小鹤与阿鸾生离死别，外逃寻师深造。阿鸾年长，鲍昆仑为其择婿成婚，阿鸾严守与小鹤的誓盟，坚决不与丈夫共眠。小鹤艺成归来阿鸾请其勿杀祖父。鲍昆仑一边躲避一边让其儿子、徒弟、孙女婿与小鹤厮斗。江小鹤在杀了真正的杀父仇人龙志起后，又活捉鲍昆仑。鲍伺机逃走遇阿鸾，小鹤在追杀鲍昆仑时，阿鸾为护爷爷，夺过小鹤的剑自尽。江小鹤扶阿鸾灵柩回乡，鲍昆仑自缢。

从这个梗概看，吴志英的改编基本是忠实于原著的，不知在20世纪50年代演出时是否也会像京剧《鹤惊昆仑》那样用阶级斗争的观点来一番改造。《中国

① 河南省曲艺志系列丛书编审委员会编:《新乡市曲艺志》，中州古籍出版社，1995，第62页。
② 安阳市文化局编:《安阳市曲艺志》，中州古籍出版社，1995，第45页。
③ 王宝贵主编:《开封文艺家辞典》，中州古籍出版社，1995，第103页。

曲艺志·河南卷》还记载了吴志英在演说此书时，“对一些打斗的情节有所丰富，并重点突出了江小鹤与鲍阿鸾二人复杂的感情纠葛。尤其对鹤、鸾少小时的一段情爱演说得颇有声色。吴志英用京口说书，表演沉稳，风度潇洒。1981年他在郑州二七区文化馆曲艺厅演说这部书时，河南省戏曲工作室曲艺组曾为其录音”[①]。日后若能找到这个录音资料，还可做进一步的研究。

济南评书艺人张春奎也曾说过“鹤—铁五部曲”评书，据说他在河南听人说评书《昆仑剑侠》，发现《昆仑剑侠》是据王度庐《鹤惊昆仑》改编的，就开始淘王度庐的小说，“后来在旧书摊上淘换着了，淘换着我就看。《鹤惊昆仑》是头一本，上下两集，后边是《宝剑金钗》，接着《宝剑金钗》的是《剑气珠光》，接着《剑气珠光》的是《卧虎藏龙》，接着《卧虎藏龙》的是《铁骑银瓶》，这是王度庐的几部武侠小说。后来《铁骑银瓶》和《卧虎藏龙》相隔的间断太大，不好接，我就把这几本书从《鹤惊昆仑》开始，说到《宝剑金钗》《剑气珠光》《卧虎藏龙》。说《卧虎藏龙》算结束，《铁骑银瓶》就不说了。能说多长时间，能说两个多月”[②]。由此可知，播讲一次“鹤—铁五部曲”长篇评书要用两个多月，这可能和川剧“鹤—铁五部曲”连台本戏所用时间差不多。

20世纪60年代，“鹤—铁五部曲”武侠小说又南传为福州评话。

《“我来自澡堂”——评书老艺人吴德全的说书人生》，写及福州评书老艺人吴德全三十多岁的时候在福州已经小有名气，经常会有人专门邀请他到某个街道或者乡村去表演说唱评书，在采访现场吴老师还给记者演示了其最拿手的说唱曲目《鹤惊昆仑》。[③]据这篇文章讲，吴德全老人出生于20世纪30年代末，那么他三十多岁应该在20世纪60年代，他说评书《鹤惊昆仑》应该就是这个时期。

年近古稀的福州居民张宝康，说他上小学的时候在外祖父开的“锦春居书场”，听过苏宝福讲的王度庐的《卧虎藏龙》《宝剑金钗》《鹤惊昆仑》《铁骑银瓶》《剑气珠光》[④]。苏宝福（1920—2006），福州评话演员，福州人。早年随黄仲梅学习评话，经黄仲梅的悉心调教，遂成“科题派”传人。福州评话讲究说、

---

① 中国曲艺志全国编辑委员会编：《中国曲艺志·河南卷》，中国ISBN中心出版，1995，第198页。

② 见《老艺人张春奎自述：我是怎么扎根济南作艺的（四）》，长城曲艺网2017年7月5日。

③ 记者颜财斌，实习记者陈虹虹：《“我来自澡堂”——评书老艺人吴德全的说书人生》，东南网2013年7月7日，http://roll.sohu.com/20130707/n380936355.shtml。

④ 见《城南往事》，张宝康口述，林小宇、韩惠彬撰文，《福建侨报》2019年4月19日。

吟、做、花，以说为主、兼有吟诵。黄仲梅只说不吟，苏宝福则兼以吟腔见长。[①]

此外，被称为“叶神童”的福州评话名家叶奕清（1920—1999）也说过《鹤惊昆仑》和《绣带银镖》[②]，演出时间不详。

20世纪60年代的贵州也有改编王度庐武侠小说的评书。据张书樵《我的业师周盛乾》称，1967年他从遵义农专下放回家，生活困难，又无其他工作，因喜欢评书，在茶馆偶然听到周盛乾评讲《鹤惊昆仑》，对周老师说的打斗、穿戴、言情、说理等表演很佩服，后征得周老师同意，拜周老师为师，学习评书。[③]周盛乾（1926—1996），1942年十六岁时迷上了评书艺术，拜四川来贵州的评书艺人廖沛镛为师[④]，学习评书，这说明他的评书艺术来源于四川，他讲《鹤惊昆仑》应是通过廖沛镛接续四川评书艺人的“鹤—铁五部曲”评书传统。周盛乾在《评书与竹琴》中讲述了武案评书如何成为“怀书”的情况：

> 武案评书，它的行话是：不怕胡说，只怕无说。手眼身法步，自己随便做。能够毡上睡（灶头），也可草里眠（柜台）；生卖钱，熟卖钱，不生不熟也卖钱。扎板扎成惊人板，买主自来不消喊。二十岁上下的人（多是文盲），通常认一位老师，到地方去“出言语”，就成专业者——既说又比的“武案评书”。生涯不好自己跑，换个码头再去搞。故又称“江湖评书”。也有许多杰出艺人，偷师学艺，自学成才，编演离奇，出自己怀，想怎么讲，就怎么讲，又有“怀书”之称，其魅力能拴住听众，迷惑上瘾，因此又称“惑书”。[⑤]

“鹤—铁五部曲”评书是武案评书，正如周盛乾所讲，这种评书在民间的魅

---

①《中国曲艺音乐集成》全国编辑委员会、《中国曲艺音乐集成·福建卷》编辑委员会编：《中国曲艺音乐集成·福建卷》（下），中国ISBN中心出版，2001，第2044页。

② 刘兰芳、异天主编：《中国曲艺界人名大辞典》，中国国际广播出版社，1997，第129页。

③ 张书樵：《我的业师周盛乾》，载遵义市红花岗区曲艺家协会、贵州茅河酒业艺术团编，贺德仪，刘富民、汪孝杰主编《遵义曲艺》，遵义市红花岗区曲艺家协会，2005年3月，第259页。

④ 参见中国人民政治协商会议遵义市委员会文史资料委员会编：《遵义文史资料·关于遵义文化》（第16辑），1990年4月，第170页。

⑤ 遵义市政协文史与学习委员会编；王永康主编；苏涟副主编：《老遵义的记忆》，贵州省遵义市政协文史与学习委员会，2002年12月，第293页。

力就在于编演者二度创作的随意余地很大，能把本已吸引人的武侠小说改编为充满诱惑的“怀书”。开封评书艺人吴志英在讲《鹤惊昆仑》时，“对一些打斗的情节有所丰富，并重点突出了江小鹤与鲍阿鸾二人复杂的感情纠葛，尤其对鹤、鸾少小时的一段情爱演说得颇有声色”，就是把小说中的精彩情节变成“怀书”的例证。也就是说，小说本身首先要有能给编者加工发挥的情节，才会激发编者来创作“怀书”。《鹤惊昆仑》是王度庐武侠小说中被改编为评书最多的一部小说，这说明江小鹤与鲍阿鸾生死相恋的系列情节最能打动这些评书艺人，他们很愿意把这个缠绵哀婉的爱情故事用自己的程式和理解说出来，传出去。“鹤—铁五部曲”中，《鹤惊昆仑》并非最佳之作，它之所以特别受到戏剧、曲艺界的青睐，改编频率远高于《宝剑金钗》和《卧虎藏龙》，当是因为这部小说的戏剧性冲突丰富尖锐，动作性强，为改编者提供发挥想象的余地特别多。王度庐的武侠小说就是在这些民间艺人的手中，通过转换艺术形式而获得了新的艺术生命，也获得了更为广大的受众的认同，成为几代人共有的武侠记忆。

此外，评书表演艺术家李鹤仙也曾说过由《宝剑金钗》《卧虎藏龙》《铁骑银瓶》构成的“鹤—铁五部曲”评书。李鹤仙（约1901—1966），北京旗人，属满族镶黄旗，叶赫那拉氏。早年拜周坪镇为师学艺，1950年任锦州市曲艺家协会会长。他的突出特点是熟悉清代礼制、掌故和习俗，能将其融入说书之中。“鹤—铁五部曲”，特别是《卧虎藏龙》，对北京的风俗历史和旗人的生活状况有细致的描述，同为旗人的李鹤仙必会在这些方面有所补充和丰富，值得深入研究。

1975年杨恒杰创作了徐州评词《宝剑金钗》。20世纪80年代，宿迁的琴书艺人演出过苏北琴书《鹤惊昆仑》。2006年，西安评书演员郑平安去江苏连说过一个月的长篇评书《鹤惊昆仑》。[①]此外，温州鼓词也有“鹤—铁五部曲”，还有《风雨双龙剑》，宁波走书有《宝剑金钗》，这些都是王度庐武侠小说南传过程中与当地曲艺结合的产物。

① 周媛：《一个想收徒一个要“推销”评书——曲艺界郑氏兄弟》，《西安晚报》2006年6月22日。

第二十章　桃李岂无言

1949年之后，坊间固然还在出版、销售王度庐的一些新作，但是这些作品实际上都写于1949年之前。大约1954年之后，他的新、老作品，就都从书店里消失了；它们（包括大多数图书馆所藏）与民国时期的其他通俗文学作品一起，被成批地加以销毁，少数幸存于几家图书馆里的，则被列为“禁书”，锁了起来。据说这类作品，在海峡对岸也遭遇到相似的命运。从此，年轻人几乎都不知道中国文坛上有过一位名叫“王度庐”的作家；而在青岛，确实也早就看不见他的踪迹了。

王度庐究竟在哪里呢？让我们把视线转向东北，转向辽宁省的那座大城市——沈阳。

第一节　一所美丽的学校

沈阳北郊，坐落着清太宗爱新觉罗·皇太极的陵墓。1953年，此地已被辟为北陵公园，公园以南人工景观较多，公园以北，则是一大片颇带自然生态的松林。

北陵公园的南面，是中共东北局机关的大院；大院以南，一字儿排着若干文教单位：沈阳师范学院、空军某航校、辽宁艺术剧院、东北俄语专科学校、东北财经专科学校（这两所学校后来与师范学院合并为辽宁大学）……在师范学院和艺术剧院之间，航校的北面，浓浓的绿

20世纪50年代的辽宁省实验中学校门

荫掩映着一组灰白色建筑，这就是东北实验学校（东北局撤消以后改名“辽宁省实验中学”，为了方便，下面简称为“实验中学”）。

这是一所国家级的重点中学，创办于1949年5月4日，由东北人民政府教育部长、老教育家车向忱兼任校长。

它的校园宽广而优美，西、南两面环绕着六排高大的白杨林（后因拓宽街道而被挖掉两排），林间点缀着绿色和白色的长椅。进入校门，迎面数株雪松，亭亭如盖；院内分布着大小花坛、绿地和灌木丛，其间设有气象观测站和动物饲养笼。从冬末春初起，迎春、樱花、月季、玫瑰、美人蕉、一串红，各种鲜花，相继开放；夏秋时节，樱桃、醋栗、草莓、苹果陆续结实。那些水果，成熟之前绝不会有人采摘；成熟之后，则一定会出现在学生的餐桌上，每人所得虽然不多，然而食之倍感香甜。这些花坛绿地、草木果卉，都是开创期的几届师生亲手开辟、栽培的，所以受到后继者的细心呵护。

就师资、设备而言，当时的实验中学并不亚于甚至还要超过一般大专院校。

这所学校主要招收干部子女（后来也兼收非干部子女），但是，当时多数干部子女都较淳朴。学生全部住校，学校敢于严格管理，家长则无论“官职”多高，对于学校和老师也都出自真心地尊重、崇敬，所以校风、学风都很纯正。有一件事很能说明问题：1953年前的某段时期，每到周末，学校门口也曾排起小汽车的长龙。主持工作的副校长侯澄先生勃然大怒，立即下达两条“死规定”——任何家长，不得用汽车接送子女；任何家长的汽车，非因公务，不许开进校门。果然，令行而禁止。这在当时的实验中学，属于平常管理措施，一点儿也不耸人听闻（这位好校长后来升任教育厅某职，但在“反右”时却被打成了“右派”）。

学校贯彻“全面发展、因材施教”的教育方针，学生的学习生活可用“生动活泼”四个字来概括。那时，“智育第一”被认为是陈腐、错误观念，然而绝大多数学生都成绩优良，课外兴趣广泛，自理、自治能力尤强。

第二节　语文组的“活字典”

当年，上下班时如果站在实验中学的门口，就经常可以见到一位个子不高、年纪较大的男老师：宽而轮廓分明的嘴唇，浓眉下两眼不大，却炯炯有神；夏天一件白布衬衫，冬季一身黑布棉袄，围着一条长长的厚围巾。这就是王度庐。

他们夫妇是在1949年离开青岛，奔赴旅大（旅顺和大连的合称）的。王度庐先在旅大行政公署教育厅编审科担任编委，不久调任旅大师范专科学校语文教员；夫人李丹荃则在教育局的初教科任科员。1953年秋天，他们调入实验中学，王度庐任教于语文组，李丹荃任职于舍务处。

实验中学初中部的学生，对这位教高中的王老师大多怀有“敬畏”心理。“敬”，是因为听说王老师很有学问，不仅课讲得好，而且还是“老师的老师”，也就是语文组其他老师的“顾问”。“畏”，是因为王老师沉默寡言，看起来非常严肃。经常出入语文组办公室的课代表、学习委员们，每次进去，多要或者偷偷地或者专注地看看这位老师，然而即使他们，也很少听到过王老师开口：他总是端坐在办公桌前，手里夹着香烟，不是批改作文，就是专心看书。所以，王老师与初中部多数学生的关系，可用一句成语来形容：“桃李不言，下自成蹊。”

然而，也有例外。

学校的课外活动丰富多彩，共有几十个兴趣小组，涵盖文、理、生、化、天文、艺术、体育、工艺、农艺、汽车驾驶等多种学科和专业，每星期一、六下午，几乎全体学生都在这些小组里参加活动。文学爱好者的活动小组，名称颇有来历，叫作“文学研究会”；参加这个小组活动的初中学生，就有幸聆听过王老师的讲座。据说，他操一口纯正、漂亮的京腔，讲的是小说史，从《水浒传》《三国演义》《西游记》《儒林外史》讲到《红楼梦》，讲授方法和辽宁大学中文系那些来开讲座的教授差不多，令这些听惯“课文分析”的小文学爱好者眼界大开。所以，对于这一部分初中同学来说，“桃李”又并非“无言”；至于直接领受过王老师教诲的高中同学，得益当然更多。

王度庐的古文教学，当时在实验中学号称一绝：“学生来请教他，他不用看书，只要学生读出课文标题、作者和疑难字句的上下文，他就可以把问题讲得清清楚楚，明明白白。中学课本所选的文言文，他都能背下来，学生称他为活字典。”[①]但是，高中部的学生也绝对没有想到，王老师居然曾是一位多产作家。

不过，又有例外。

1953年考入实验中学高一年级的学生邱传贤，后来写过一篇相当珍贵的回

---

① 于天之:《六十年代的语文组》,见《校庆专刊(1949—1999)》,辽宁省实验中学校刊编辑部编,1999年3月印行(内部刊物)。按“活字典”的说法不仅出诸学生,也是当时语文组教师对这位“老夫子”的褒词。

忆，其中说：

我的语文老师名叫王度庐，当时四十岁左右，身材不高，一副清癯的面孔，给人一种身体不大健壮的感觉。他教课十分认真，字写得尤其工整，无论板书或给学生批改作文，那字都是一笔一画的。因为我是语文课代表，所以和王老师接触较多。听一位从本校初中升入高中的同学说，王老师是位武侠小说作家，出版过一些作品。这是我没想到的。从老师的言谈举止中，我一丝也察觉不出他和武侠小说之间有什么联系。我不免有些狐疑。大概是高一下学期的一个星期天，我去太原街商场买东西，就在兰州商场二楼楼梯口南侧一家出租旧书的柜台上，竟发现了《铁骑银瓶》《春秋戟》等四部武侠小说，那封面上分明印着“王度庐著”字样。这些书都是解放前出版的。那位同学的说法得到了证实。那时我们学生都住校，教师的宿舍也在学校附近。晚自习的时候，老师们都来给学生辅导功课，学生们若有什么问题，这时尽管可以请教。一天晚自习时，在教室外的走廊里，我和王老师谈起了在兰州商场看到他的小说的事，很想知道他过去写作的情况。谁知老师好像没听见我的话题似的，竟避开绝口不谈，而是讲起收在语文课本里鲁迅的《一件小事》来。当时我不理解老师为什么不愿谈及他过去的作品，后来才领悟到老师是不愿学生受到消极的影响。这是对学生的爱护，是对学生表现出的一种高度责任感。

学校的语文课是每两周一次作文。每当作文本发下来的时候，我总是急于先看看老师的评语，常常为作文受到好评而高兴。1954年秋季开学后，第一堂作文课王老师给出的题目是《记暑假中的一件事》。我写了一篇《东陵游记》。在假期里，我看了不少书，其中有老舍的《赵子曰》《牛天赐传》等。那时我对作品的理解自然是浅薄的，但还有一定的模仿能力。于是东施效颦学了点皮毛东西，写出了这篇油腔滑调而自己觉得不错的作文。可是当作文本发下来时，我看到的评语却是“消闲小品”四个大字，还指出了虽文笔流畅却忽视思想内容的具体毛病。这是我的作文唯一的一次“3”分（本书笔者按，相当于“C”），我不禁心头一震。当我冷静下来加以思索，才觉得老师的评语很有道理，以致经久不忘。[①]

① 邱传贤：《我有一位写武侠小说的老师》，《沈阳晚报》1987年7月17日第三版。

当时，实验中学对于学生的课外阅读几乎是没有限制，不加干预的（王老师对邱传贤所提问题的“听而不闻”，也从另一方面证实了这种情况）。但是，由于整个社会的风气和艺文思潮崇尚“革命”、崇尚“进步”，所以学生读得多的，是“五四”新文学和苏联文学作品；文学爱好者，则扩大到十九世纪俄罗斯文学、文艺复兴后的西方文学和中国历代著名文学作品；读武侠小说的极少。全国的文化气氛虽还不算严峻，但是对“《红楼梦》研究”和“胡风集团”的批判已经展开。所以，王度庐对这位学生所提问题的反应，除了表现着一位严师的责任感以外，也反映着他的政治敏锐性，应该说，这两方面在当时都是正常的。这件事可能还透露出他对过去文学生涯的一种“自责心态”，这是许多通俗文学作家后来共有的一种心态，在那样的时代背景之下，也是可以理解的。

还有一位与邱传贤同届的学生宋振邦，也曾向王度庐请教武侠小说里的“剑侠之道”，王老师的回答与对邱传贤的一样：“那是在旧社会混饭吃，你们不要学。”高考前夕，宋振邦在体检时查出患有肺结核，他不仅因此失去保送哈军工等名校的机会，而且连报考的资格都失去了。师长们纷纷勉励他正确对待这一逆境，其中也有王度庐老师。宋振邦在回忆文中这样写道：

> 6月6日，王度庐老师找我，他没有问我病情，却问我是否还记得我译的《思归赋》。我说记得，他笑了。语文课中有一篇鲁迅的文章提到向子期的《思归赋》，有感于向秀在那个年代不敢倾情吐露自己对好友嵇康的哀思，写文章刚刚开了头却又结了尾。我在课下缠着王老师，说要读《思归赋》。王老师笑着要我去图书馆查《昭明文选》（昭明太子萧统领人编的），感谢实验中学丰富的藏书，我找到了。借助注解，我作了白话翻译。开头那两句（是）：我受命将要远去京城了啊，才又返身来到北方。乘船渡过了黄河，便到了我的故乡山阳。王老师看了拿红笔把“故乡”二字改成“故居”，略作吟哦，又改为“旧游之地”，并向我解释说，向秀老家不在山阳，说山阳是旧居，与原诗重复，“旧游之地”，好些，有点诗意。那天我仰头问老师，何以提起此文？老师提示说：“‘托运遇于领会’你是怎么译的？”我忽然想起当时和王老师讨论过，王老师讲解原意是命运如衣领开合不定，我转译为“可叹人的命运总是任那无常的摆布”，老师赞

许。说到这，老师点了题：少年不识愁滋味，真的愁来了也不要怕。[①]

王老师的劝慰更使宋振邦增添了对抗逆境的力量，一年之后，他不仅恢复了健康，而且考入吉林大学数学系，圆了进重点大学之梦。

第三节　狷者有所不为

王度庐用向子期的《思归赋》开导宋振邦，既显示着他深厚的古文修养，又显示着一位语文老师善于在专业教学中渗透思想教育的教育艺术以及他对学生的体贴关怀。还应看到，王度庐的劝导里还隐含着他本人的人生体验。前面曾经说到他的"政治敏锐性"，实际就是对"托运遇于领会"的一种感悟和对策。这是知识分子在"左"的思潮、政策之下形成的一种自我保护的素质，必不可少。王度庐的这种素质，大约得自他丰富、曲折的生活经历。尽管如此，他在"反胡风"时还是遭受过一场虚惊。

某天夜间，沈阳某大学一位教文艺理论的青年教师来访，他是王度庐在旅大师专时的同事。不料第二天这位朋友就被逮捕，罪名是"胡风分子"，王度庐也因此而奉命"停职反省"。学校领导问李丹荃："他们那天究竟谈了些什么？"当时李丹荃正好不在场，只得如实回答，自然，这反而更加招致疑惑。短短十来天中，原本十分熟稔的同事，突然都变得"生疏"起来了。这种"世态炎凉"与旧社会里的固然有别，但也令人心寒。幸亏不久查明，那位青年朋友与"胡风集团"并无关系，王度庐夫妇的生活也恢复了平静。

实验中学的校园一直是平静而安详的。如果说"反胡风"运动仅在这里引起一丝涟漪，那么1957年的"反右"和随之而来的"大跃进"则在这里"搅起一潭春水"，平静而安详的生活、稳定而正常的教学秩序、科学而严谨的文化氛围，维持起来就十分困难了。

"大跃进"时期的狂热活动之一，便是"人人写诗"。实验中学当时也大搞"赛诗会"，所有教职员都要写。于是，会写的就诌，不会写的就抄。王度庐却

① 宋振邦：《校园往事》，载关俊奇主编《印象实验：辽宁省实验中学建校70周年纪念文集》，辽宁人民出版社，2019，第141—142页。

没交过卷。有人问他："您是语文老师，怎么不写呢？"他说："这样的诗，我可以写一百首。"果然，这次他动手了，而且洋洋洒洒，若干篇"诗歌"一挥而就。那时，他们的女儿已经升入实验中学初中，后来她回忆道：这些诗"贴于教学楼二层的墙报上，我看过，非常'打油'，我都觉得丢人（好像成心捣乱）。"这座教学楼是"工"字形的建筑，她所说的"二层"就在"工"字的一竖上，墙报旁边就是校长室和党支部的办公室。

20世纪50年代的辽宁省实验中学教学楼（工字楼）

王度庐这一"成心捣乱"的不无幽默之举，透露出他骨子里的狷介性格。子曰："狂者进取，狷者有所不为。"王度庐这一"为"，正宣示着他的"有所不为"。这是一种执着，对于生命价值、文化价值的执着。

他的这种执着，既表现为青岛沦陷时期的"有所不为"、"大跃进"的"有所不为"，又表现为对教育工作的敬业，对社会责任的认真。1956年，王度庐加入中国民主促进会，担任该会沈阳市委委员；后又当选为沈阳市人民代表、皇姑区政协委员。他虽不善于从事政治活动，却把上述"头衔"看成对于社会应尽的庄重义务，有关会议，从不缺席。有一次，他去市里开会，晚上九点多回来，在雪地上滑倒，右臂骨折，自己托着伤臂去了医院。李丹荃闻讯赶来，他的第一句话是："胳膊摔坏了，以后怎么在黑板上写字呢？！"——他所最为念念不忘的，毕竟还是自己的本职工作。

第四节　慈爱的父亲

舍务处管的是学生的衣食住行，李丹荃老师的工作忙碌而烦琐。每天晚上，她要等各宿舍熄灯，到每个楼层进行巡视，然后才能回家；另外，还须定期在宿舍楼的办公室里值夜，那时就通宵不归了。学生得了急病，她要陪同上医院，如果手术，有时还需代替家长签字。假期举办夏令营、冬令营，全程负责组织、管理的也总有她。所以，学生都亲切地叫她"家长老师"；至于自己的家务，"家长老师"却常常顾不上。

王度庐老师做不来家务，他女儿的说法是：除了装灯泡、安热水瓶胆、带我们上街，爸爸什么也不会。所以，全家基本“吃食堂”。她的弟弟则回忆道：“记得在（1960年）困难时期以前，家里从来不做饭……主要原因是母亲工作太忙，爸爸又不会做。困难时期母亲开始自己做一些，可是缺煤少柴。母亲便问父亲是否可把保留的书（整整一大木箱）烧了，用来做饭。爸爸说：‘烧就烧吧，反正我都交代过了。’妈妈还问我们是否愿意读一读，我一看有的书封面上是个美女，就认定不是好书，一本也没看。”[①]当然，在那个年代，除了有“一大木箱”的书可以用作引火之外，这样的境况也并不算特殊。

然而，王度庐老师又是一位爱家庭、爱子女的慈父。女儿小时，晚上经常跟着爸爸去教室，爸爸给学生辅导功课，她则静静地在旁边听。回来时爸爸一边走，一边教她认星星，赏月亮，不长的路可以走得很长。第二十六届“世乒赛”，爸爸和她一起守在收音机前，为中国队的每个好球而欣喜若狂。爸爸还喜欢戏剧，在家里经常要唱上几句京戏。那时沈阳的戏也真多：京剧、评剧、粤剧、越剧，本地、外地剧团轮番上演，还有全国水平的“辽艺”话剧……爸爸常带女儿去看戏，有时小姑娘看得犯困，爸爸却总是津津有味，乐此不疲。

平心而论，1950年至1964年这十多年，是王度庐坎坷一生之中最为安定、最为惬意的时期。政治上虽曾受过一次怀疑，但总体上是得到善待，甚至高于常人的；物质生活，除了困难时期和全国人民一样受苦（当时他缺的不是钱，而是买不到食物）之外，总体上也算宽裕，并非“一贫如洗”。

王度庐后半生所受的真正磨难，是在“文革”时期，尽管与有些知识分子和干部相比，他的遭遇也不算特别悲惨。

第五节　大树下的恬然

1966年夏天，“文革”正式开始。王度庐未能幸免，他先是“靠边站”，接着就进了“有问题的人学习班”。办这种“学习班”，是“清理阶级队伍”的措施之一，目的在于“揪出阶级敌人”。但是，王度庐的历史是清楚的（如他自己所说，“早就交代过了”，包括写小说的经历）；平时，他谨言慎行，没什么“辫子”好抓；人缘又好，也没什么人非抓他的“辫子”不可；揭发他的大字报有

① 摘自王度庐次子2001年1月4日致笔者的电子邮件。

几张，内容无非不吃高粱米饭（因为他胃病颇重）是“资产阶级生活方式”、被称为“活字典”是“资产阶级权威”之类，无法“上纲上线”，难以“戴帽定性”。于是，他反倒偷得清静，别人轰轰烈烈地“闹革命”，他却成为虽“有问题”却颇“闲适”的“逍遥派”。

王度庐家庭合影（1950年摄于大连）

按照“文革程序”，既进入“有问题的人学习班”，就意味着“立”了“案”（当时又称“挂起来”，上不着天、下不着地之谓也）。要“解放”这个人，让他重回“革命队伍”，就必须经过一次作为“结案”象征的批判，其用意之一，乃在证明立案者是不会错的。

王度庐的批判会范围很小：限于语文组。批判者不知从哪里弄来一本《小巷娇梅》（王氏小说《古城新月》的分册），读一段，“批”一段；读到精彩之处，“批”者笑了，听者笑了，王度庐也笑了。他们又找来两张旧照片，“批”道：“解放前，你们的生活多奢侈！你看，你穿毛料子，你爱人还穿裙子！”其实，那照片是解放后在大连拍的。王度庐不做辩解，他等着这场闹剧收场。毕竟，和遭皮带抽打的老舍等人相比，他的批判会够“和风细雨”的了。

1970年春，李丹荃被下放到农村，当时称为“走五七道路”。此风始于江西，规定要“三带”；到了辽宁，发展为“五带”：带家属、带户口、带粮油关系、带组织关系、带工资，借以表示“壮士一去不复返”的决心。这条“道路”被宣扬得十分光荣，然而没有人真心想走，因为琢磨来琢磨去，总觉得不无“扫地出门”之意，正如李丹荃说的：“我心里明白，反正是要赶我们下乡。”然而，王度庐连这样的“光荣”也没摊上：这一年他六十岁，奉命退休，只能作为李丹荃的“家属”，即“五带”之一，跟下去。

他们被“扫”到沈阳北面的一个农村——昌图县泉头公社大苇子大队，距离铁路二十余里；后来转到了离铁路较近的泉头大队。

当其时也，他们的幼子作为“知识青年”，也正在昌图县的另一个公社“插队”，后来他是这样回忆的：

> ……我在农村“接受再教育”，得知后立即赶回家。前往农村时，年迈的父母坐在卡车顶上，一路颠簸。爸爸当时身体就很不好，加上这一折腾，半路解手时，站了半天也解不出来。妈妈晕车，走一路吐一路。那情景我现在回忆起来都止不住要流泪。①

此时他们的女儿已从中国科学技术大学毕业，正在大庆跟着“王铁人”②战天斗地。她的回忆则是这样的：

> 听说他们下乡了，我很急，不久就请假找去了。他们一辈子住在城里，父亲更是年老体弱，手无缚鸡之力，忽然到了农村，借住在人家的半间小屋里，怎么生活？
>
> 我还没走到家，就远远地看见父亲坐在一棵繁茂的大树下（很像一幅中国山水画），我的心顿时平静下来了。他永远是那么心平气和，不知是怎么修炼的。
>
> 我女儿小时候跟我父母在农村住过。有一次闹觉（困了，不睡，哭闹），我很烦，可我父亲说：“世界多美好啊，她是舍不得去睡觉啊。”
>
> 有时，父亲用手比成一个取景框，东照一下，西照一下，对我的小孩说：“快来看，这边是一个景，那边也是一个景。”（父亲原本喜欢摄影，在小说《海上虹霞》中曾写到购买“莱卡”照相机，就颇内行。）
>
> 他还常让母亲下地干活回来时带些野花野草。那时父亲走路已不太方便了。③

王度庐的“心平气和”，是一种“看透一切”的体悟。其实，妄图主宰人生的一切恶势力、一切厄运，就怕当事人把它们“看透”。老子云：“民不畏死，奈何以死惧之！”何况山野的景色、淳朴的农民，确实足以告慰王度庐那孤寂的心灵呢！——那个时代，最不歧视知识分子的，恰恰便是那些地地道道的工人

① 摘自王度庐次子2001年1月10日致笔者的电子邮件。

②“王铁人”即王进喜，大庆油田的探井队长（已故），当时是“艰苦奋斗、自力更生”精神的象征。

③ 摘自王度庐之女2001年1月1日致笔者的电子邮件。

和农民，哪怕你的头上扣着“反党反社会主义”或“反革命”的帽子。

第六节 静悄悄的诀别

如果说对于下乡“当农民”，王度庐尚能甘之如饴，那么长子王膺的早逝，却给了他沉重的一击。他被打倒了！

在实验中学读书时，王膺就是一个“传奇人物”。

他的嘴唇酷似父亲，只是更宽，轮廓也更显得坚毅。眼睛很大，黑白分明，偶一睥睨，令人想起那位“善施‘青白眼’”的阮籍，还有鲁迅笔下那位“白眼看鸡虫”的范爱农。

王膺的传奇性在于自幼酷爱生物学，初中时就开始大量制作植物标本，编制索引（包括拉丁文的学名），而且开始读摩尔根。

当时，中国生物学界推崇的是苏联学派，米丘林、李森科一统天下，中学的生物教材和教学大纲自然也不例外。王膺认为，米丘林既讲变异也讲遗传，是科学的；李森科只讲变异不讲遗传，是不科学的。在课堂上大讲李森科的生物老师，都很欣赏他的见解；特别是读高中时，那位姓何的生物老师，更在课余辅导王膺通读了摩尔根的遗传学著作。

“反右运动”初期，学校发动高中学生“提问题、谈看法”，实际也是“鸣放”。王膺在班上侃侃而谈，抨击苏联当局用政治手段处理学术问题，以打击“反革命”的手段压制遗传学派，以“个人崇拜”式的方法独尊李森科。其他同学觉得他的观点“离经叛道”，纷纷与之“辩论”，王膺“舌战群儒”，给大家上了一堂遗传学的“启蒙课”。

动员鸣放时，学校当局做过三条承诺，高三学生毕业时兑现了其中的两条：“不打棍子”“不抓辫子”；另一条“不装档案”则未兑现（校领导们也有苦衷：“身不由己”）。王膺和其他发表过“离经叛道”言论的同学，档案袋里都被装进了发言记录摘要。这样，“不抓辫子”的承诺也被打了折扣——这些摘要，在其“主人”升入大学之后，特别是在“文革”时期，往往变成了他们的“辫子”。至于那位个子高高、秃顶亮亮的可敬的何老师，则在1957年就已被戴上“右派分子”的“帽子”了。

王膺考取北京师范大学生物系，他仍旧钻研遗传学，发表“离经叛道”言论，屡受“批判”，而毫不改悔。如果说王度庐的性格表现为“外圆内方”，那么

王度庐、李丹荃夫妇长眠之地

他的这位长子的性格则表现为“内外皆方”——不仅有“继承”，还颇有“发展”。

大学毕业，王膺被分到一所中学。他喜欢当教师，工作很努力。

1974年1月14日，正在医院治病的王膺突然亡故，年仅三十五岁。

如果不是处于那种政治、文化、学术环境，他一定能在生物科学领域取得可观的成就。

他的亡故，医院负有一定责任。院方派人登门道歉，询问家属还有什么要求。王度庐“放声大哭，然后说，人已死了，这损失是金钱换不来的。钱是由国家出的，我们不要。也不必厚葬”[①]。

但是，王度庐夫妇“一下就苍老了许多”[②]!

1974年，王度庐、李丹荃的次子在沈阳农学院农学系毕业留校，这所学院当时已经迁到铁岭。五十八岁的李丹荃，在下放人员“落实政策”时被安排退休。他们获准落户铁岭，与儿子住到一起，结束了“流人”生活。

王度庐已经身患帕金森氏综合征。病程是缓慢的，在当时的医疗条件下又是无能为力的！两年之后，他的生命历程走到了尽头。

回忆起1977年2月12日那个永远难忘的夜晚，李丹荃女士动情地写道：

> 儿子工作的学校已放了寒假，这天正是旧历年末。晚上儿子去办公室值夜，女儿远在几千里外工作（笔者按，她此时已调回中国科技大学，在合肥）。我们住在一间很小的宿舍里，暖气不热，电灯不亮，风吹得屋外树枝簌簌地响，偶然能听得到远处一声声犬吠。他病已重危，该说的话早已说完，他静静地合上双眼去了。我不愿惊动他，也不想叫别人，坐在床

① 摘自王度庐之女2001年1月10日致笔者的电子邮件。

② 同上。

前陪伴着他，送他安静地走完了人生最后的旅程，时年六十八岁。

…… ……

我遵从他的遗嘱，没有通知很多人，没有举行一切世俗的仪式，没有哀乐，没有纸花，悄然地由他的儿子和几位热情的青年同事用担架（把他）抬到离我家很近的火葬场。

…… ……①

① 摘自李丹荃女士的一份手稿。

第二十一章　青史应留名

王度庐重被“发现”，首先应该归功于叶洪生、张赣生两位先生；宫以仁先生（白羽先生之哲嗣）也有很大的功劳。

1982年6月28日至7月7日，台北《民生报》连续刊出叶洪生先生《“悲剧侠情”之祖——王度庐》一文；1985年3月12日，天津《今晚报》刊出张赣生先生《闲话武侠小说》一文。海峡两岸的两位评论家，当时互不相识，也根本不知道王度庐的生平经历；然而，凭着科学的态度和敏锐的文艺鉴赏力，他们不约而同地得出了一样的结论——王度庐是民国时期最杰出的几位武侠小说作家之一，他对“悲剧侠情小说”样式的创建之功是空前的，“忘记”这样的作家、取缔这样的作品，是历史的不公。他们的上述见解其实早已形成；就所论问题的学术范畴而言，他们公布自己见解的时机，都在文化气候“乍暖还寒”之际，所以表现着一种可贵的学术勇气。从此，王度庐及其作品才又逐渐引起了海内外学术界有关人士的注意。宫以仁先生则在“寻找王度庐”方面起了重要作用——没有他的提醒，本书的笔者之一徐斯年当时绝不会想到“王度庐”竟然真是自己中学时代的那位王老师。

当对王度庐进行“再评价”，审视他在文学史上的位置的时候，我们不能不进入较为宏观的范畴，面对一些至今似乎还有点儿纠缠不清的问题。

第一节　“雅”“俗”与“通俗”

王度庐和其他优秀通俗文学作家的作品后来被“封杀”的原因，归结起来，大概可以概括为两条：第一，有关“当局”认为它们“非我族类”，若允许其生存，即不利于巩固自己的统治（事实证明，这种“杞人忧天”式的顾虑，所暴露的至少是查禁者自己的狭隘和无知）；第二，“精英文化”认为它们属于“俗文化”，不能登“大雅之堂”。后者虽然涉及文艺价值标准问题，但这种价值标准本身也是“泛政治化”的，与前者有着密不可分的关系。

从文学史的角度考察，上述问题的根源可以追溯到“五四”文学革命，特别是“新文学”阵营与“鸳鸯蝴蝶派”的“斗争”。这一“斗争”在当时和后来一段时期被认为是“新”“旧”之争，其后又被不少人“诠释”为“雅”“俗”之争。因为鸳蝴派是“通俗文学”，所以在大陆，1949年之后几乎就把民国时期的所有通俗文学作家都归入了鸳蝴派①，非把他们的作品加以“消灭”不可了。

如今，包括鸳蝴派在内的“冤案”，都已得到“平反”了，然而歧视“通俗文学”者仍颇有人在。如果这是一个个人爱好问题，大可置之不论；倘若反映为学术见解或文学理论问题，则有加以讨论的必要。

关于“雅”“俗”和“通俗”的涵义及其异同，张赣生先生在所著《民国通俗小说论稿》中，曾从语源、历史演变等方面做过详尽的考辨。笔者以为，概而言之，“俗”是民间的，“雅”是“庙堂”的；从“雅”的立场看来，它自己属于“正统”“主流”，“俗”则属于“非正统”“支流”。其实，“雅”“俗”在特定的语境下有特定的内涵，它们各自的“所指”和互相的“对立”都是相对的、动态的；它们的关系也是既对立又同一、既可能互相排斥也可能互相转化。例如，现在的许多论者都把“五四”新文学视为“雅”文学或“纯文学”，而把鸳蝴派一类文学视之为“俗文学”或“通俗文学”；其实，“五四”文学革命本身，提倡的是“引车卖浆者流”的语言和“走向民间”的道路，它追求的倒是“通俗”，直到后来的“工农兵文学”犹然。现在它们之所以被视为“雅”“纯”，无非由于获得了“主流”地位而已；就此而言，这与原本“俗”的西周以前的民歌，经孔夫子整理之后便成了“雅”的《诗经》，倒是有点“异曲同工”的。

应该指出：“通俗文学”与“俗文学”不同，至少在现代中国人的“文化—文学”语境里，它不是“民间”的原生态的文学，而是一种“作家文学”。从语源角度考察，笔者与赣生先生都举过东汉服虔《通俗文》的例子，“通俗”一词，可能初见于此；那是一部以“雅言”释“俗语”的字书，是“雅文化”对

① 魏绍昌先生主编的《鸳鸯蝴蝶派研究资料》(1962年10月上海文艺出版社初版)，至今仍有宝贵的史料价值；但是，该书对于“鸳蝴扩大化”倾向，可能在理论上起过“始作俑”的作用，笔者参与编辑的《鸳鸯蝴蝶派文学资料》(1984年8月福建人民出版社初版)，也承袭过这种倾向。

"俗文化"的认知和"感应"。[1]后来的所谓"通俗文学""通俗小说"（包括明清以后的旧小说），则偏向于专指面向"俗众"的、明显地带有"下行"倾向的文艺作品，但它们的作者大都并非"俗众"，至少属于广义的"文人"（因此旧时此类作品不仅注重"消遣"功能，而且往往颇重"教化"）。

所以，"雅文学""俗文学""通俗文学"，都是历史上曾有、现实中仍有、将来也谁都"消灭"不了谁的三种文学类型。它们之间完全可以而且应该建立起良性的共存、互动关系，一同推进中华民族文学艺术的发展和繁荣。

在为"通俗小说""正名"之时，回顾一下刘复（半农）的一篇文章《通俗小说之积极教训与消极教训》，倒是颇有意义的。该文系作者1918年1月8日在北京大学文科研究所小说科的演讲稿，载于同年7月《太平洋》杂志第一卷第十号[2]。

刘复首先引举英文Popular Story一语的原意，认为中国人所说的"通俗小说"，即指"合乎普通人民的，容易理会的，为普通人民所喜悦承受的"，"上中下三等社会共有的小说"。在他看来，中国旧小说中的"《今古奇观》《七侠五义》《三国演义》等，都是通俗小说"。他又特别划出两种"非通俗"的小说：一种是"文人学士发牢骚卖本领的小说"，如旧小说中的"《燕山外史》《花月痕》《聊斋志异》等"即属于此类；一种是"哲学家、科学家交换思想意志的小说"，在旧小说中，"勉强"可以选出"《水浒》《红楼》《西游》诸书"来归入此类，"拉拉场面"。刘复所说的后一种小说，显然是品位更高的、"雅"的文学作品，他认为在旧式通俗小说里，《水浒》等书是可以视为兼有这种品位的。

刘复所说的"积极教训"和"消极教训"，其现实针对性主要指向民国初年以来的通俗小说"对于世道人心的影响"。"所谓'积极教训'，便是记述善事，描摹善人，使世人生羡慕心，模仿心；'消极教训'，便是记述恶事，描摹恶人，使世人生痛恨心，革除心。"他进而提出五种改进通俗小说的方法：（1）"化消极为积极"；（2）"以积极衬托消极"；（3）"以消极打消消极"；（4）"以积极打消消极"；（5）"消极积极循环打消"。

此时的刘半农已经"跳出鸳蝴派"，他是以"五四"文学革命倡导者之一的身份，站在"精英文学家"的立场审视通俗小说的。虽然与现在的通俗文化一

---

① 参见徐斯年1991年3月为安徽文艺出版社出版的《女屠户》等书所作代序:《可以知世 可以论文 可以娱人——关于近代通俗小说的断想》。

② 王永生主编的《中国现代文论选》(第二册)中收有此文,但删去了开头部分。

文学理论相比，他的这些见解难免“肤浅”“粗糙”之讥[①]，但在当时的历史条件下，他的观念应该说是相当客观、平实、公允的，既阐明了“通俗小说”的涵义和特征，又没有将它视为与“精英小说”截然对立、互不兼容的“异类”。相反，他认为优秀的通俗小说，是可能具有那种“哲学家、科学家交换思想意志的小说”之品位的。这一观点，也正是我们评价王度庐和另一些优秀的民国时期通俗小说作家作品所持的观点。有一些热爱王度庐作品的读者（他们都是文化层次相当高的知识分子）认为：王度庐作品的品位，已非“通俗文学”这一概念所能包容。他们的这种感受和评价，也正反映着上述观点和事实。

第二节　成见应该破除

对于通俗文学的歧视，还与“正统”的“文学史观”密切相关。“五四”文学革命的成果之一在于扬弃“贵族”的、“古典”的文学史观和价值标准，使小说、戏曲、民间文学都登上了“文学”的七宝楼台。然而，当新文学自己获得“话语霸权”之后，却对同时期的通俗文学采取了敌视、排斥乃非“消灭”对方不可的态度，这种态度集中体现在大多数“现代文学史”中。我们说的“正统”的“文学史观”，指的就是这些现代文学史著作所遵循的历史观。

“五四”新文学对鸳蝴派的批判运动，既是历史事实，而且在当时确实也是不可避免的。对于新文学来说，不在文坛上进行这场“斗争”，就不能获得有利的生存环境，也不可能得到更好的发展。对于鸳蝴派和其他非新文学的流派来说，新文学阵营对鸳蝴派的批评尽管不无粗暴、武断之词，但也确有击中要害的诤言；从这个角度考察，包括王度庐在内的那些优秀通俗文学作家及其作品的出现，本身就反映着通俗文学这一方通过上述“对话”而获得的进步——当然，这是就民国时期宏观的文学景象而论，事实上，像白羽、王度庐，作为后起的通俗文学作家，他们非但不隶属于“鸳蝴”阵营，而且其观念倒是与新文

① 例如，约翰·斯道雷在所著《文化理论与通俗文化导论》中列举过六种关于“通俗文化”的定义，刘半农的解释接近于其中“众人喜好的文化”这一定义。斯道雷认为，这一定义只考虑到“量的指标”，而在“这层意义上”，那些广受欢迎的“‘高雅文化’无疑也可以认为是‘通俗的’”；所以，“这样的通俗文化定义实际上毫无用处”。（参见该书于第8、9–20页。）笔者则以为，这一定义还是有“用处”的，“用处”之一即在帮助认识“高雅”“通俗”的相对性以及在一定条件之下二者互相转化的可能性乃至必然性。就此而言，这一定义与斯道雷所列最新的“通俗文化定义”即“不再区分高雅文化和通俗文化差异”的后现代主义定义，倒有某种相通之处。

学基本认同的。

1949年以后那些现代文学史著作的问题，主要不在于写了上述“斗争”，而在于它们所遵循的“斗争史观”。这种历史观的哲学基础是机械的“一分为二”论，它倾向于把“差异”扩大为“矛盾”、把“矛盾”扩大为“斗争”、把“斗争”扩大为一方对另一方的“消灭”或“吞并”。按照这样一种历史观，新文学对鸳蝴派的批判运动，不仅被描述为“新”与“旧”的斗争，而且被“定性”为“敌我”性质的斗争；“斗争”的结果，则被描述为鸳蝴派从此一败涂地、销声匿迹。中国的“现代文学史”于是被描述为“新文学”（或“革命文学”加“进步文学”）对“反动文学”不断斗争、并且不断“消灭”后者的历史；而中国的“现代文学”，也被阐释为“新文学”（或“革命文学”加“进步文学”）的一统天下。这种以“历史唯物主义”为自我标榜的历史观，其实带有浓厚的“唯心”气息。

这里不可能对上述历史观的谬误加以全面检讨，只想就民国时期通俗文学的实际情况作一些简要的澄清。

首先，受到新文学阵营的批判、丧失了诸如《小说月报》《申报·自由谈》等“阵地”之后，鸳蝴派确实“败退”了；但是他们并未“销声匿迹”，相反，这种“败退”促进了他们重新明确自我定位，成为他们寻求新的发展途径的一个契机。新文学阵营的批判使他们认识到，自己的劣势在于缺乏“先锋性”，所以，20世纪30年代以后的通俗文学，总体上采取与现实政治保持距离、对新文学并不拒斥的立场，而在迎合都市大众的精神消费需求，加强作品的愉悦功能方面，形成了自己以“适俗”“娱人”为特征的文学个性。由于通俗文学进一步明确了自己的定位，所以在20世纪30年代不但未被“消灭”，而且获得了相当大的发展。新文学阵营都以1921年《小说月报》的改组为鸳蝴派大败的标志，然而，任何熟悉史料的人都知道：也正是这一年，出现了一份“专业”的通俗文学期刊《红玫瑰》（其前身为《红》杂志），并且推出平江不肖生（向恺然）的《江湖奇侠传》，掀起了中国现代文化史上的第一阵“武侠热”。这一时期的通俗文学期刊、书籍和出版单位之多，是新文学难以望其项背的；而且，“通俗文学”也已突破“鸳蝴派”的流派范畴，扩展为一种广泛的文学存在了。这种比较，可能招致“重‘量’不重‘质’”之讥，即使如此，上述现象也已反映着“读者”和“市场”的选择，它至少说明：新文学在适应这些选择方面，是劣于通俗文学的。

20世纪30年代的新文学（“革命文学”）阵营虽然也曾呼唤“大众化”，但是实际上它却仍在坚持对读者的严格“选择”，仍以“叛逆”的知识青年为主要读者对象，满足于自己的“精英”话语权威。在“大众化”的讨论中，新文学阵营中的一部分有识之士也看到了通俗文学在城市中拥有极为广大的读者群这一事实，并且试图改变自己的话语策略，争取这一读者群；但是，由于他们的“宣传意识”过于强烈，难以弥合与“俗众”的距离，所以这种试验并不成功。至于通俗文学一方，固然因为商业化而存在着若干消极因素（包括作品的粗制滥造和书商、作者的“媚俗”倾向——平心而论，“革命文学”中，概念化的“劣质产品”又何尝少焉），但在满足城市读者精神消费需求方面，毕竟提供了不少无害或基本无害的作品。超越“斗争史观”，而从文化消费的角度去考察上述文学现象，此时的新文学与通俗文学，何尝不是形成了一种不自觉的“互补”关系呢！

其次，1949年以来的现代文学史著作对通俗文学的价值判断，或者取的是“视而不见”的抹杀态度，或者只凭“陈腐”“低级”之类的简单判词而否定其全部价值，二者显然都反映着严重的偏见。

如果超越上述偏见，以实事求是的态度全面考察历史事实，就不难发现，至迟在20世纪30年代，中国的现代通俗文学已经形成了自己独特的文学品性，拥有了自己的文学价值系统。当然，作为“文学”，它与其他文学类别一样，具有共同的价值标准（本书分析王度庐的作品时就运用过这些标准）。但是，它又有着与新文学明显不同的文学个性，例如：

民国时期的通俗文学显然是以文化市场为其动力机制的，这与新文学之偏重意识形态判然有别。这一机制集中体现为主要由“作者”—“书商”（包括报刊编辑和出版商）—“读者”（顾客）三方组成的动力结构，其运作规律也与新文学判然有别。因此，那些杰出的通俗文学作品的产生过程，那些杰出的通俗文学作家的成长道路，都与“市场”密切相关。这一优势（尽管也包含着消极因素），恰恰是新文学所欠缺的。

正如我们在分析王度庐作品时指出的，民国时期的通俗文学（集中表现于小说），在对民族文学艺术传统的态度方面，与新文学也颇不相同。总体而言，通俗文学作家是尊重“传统”、立足于“传统”，同时又并不拒斥“欧化”的；不仅像白羽、王度庐这样的作家，而且连早期鸳蝴派的大部分作家，在其创作中都表现着这样的倾向。当然，不同的作家在上述方面的表现有所不同，但是正如新文学一样，民国时期通俗文学的品性，也是由其优秀作家作品为代表的。因而，在继承传统而又促成其变异、发展的基础上，通俗文学也形成了自己的美学价值系统，就小说而言，诸如样式化的体裁特征、程式化的叙述方式、不追求先锋式“陌生化”的话语策略等等，都是通俗文学所特有的美学特征。

阿瑟·阿萨·伯格（Arthur Asa Berger）在所著《通俗文化、媒介和日常生活中的叙事》一书里论及通俗文化小说的特性时，引用过约翰·卡威尔蒂（John Cawelti）的这样一段话：

> 所有文化产品都包括两种因素的混合物：传统手法与创造。传统手法是创作者和观众事先都知道的因素——其中包括最受喜爱的情节、定型的人物、大家都接受的观点、众所周知的暗喻和其他语言手段，等等。另一方面，创造是由创作者独一无二地想象出来的因素，例如新类型的人物、观点或语言形式。

伯杰认为，先锋型的“詹姆斯·乔伊斯的《芬尼根的守灵夜》应该在创造一端”，而通俗文化的“样式作品应该在另一端”。[①]在这条轴线上，中国的现代通俗文学也位于“另一端”即“传统手法”那一端，但其优秀作家的创作，则不同程度地含有“创造”的因素，以至“侵入”到了两端之间的广阔的中间地带。

中国现代文学史的研究者如果正视上述历史现象和事实，将其纳入自己的研究视野，重新构筑学科的价值标准和研究体系，肯定将会开拓出全新的局面，并使自己的认识更加符合历史性、科学性的要求。他们已经开始这样做了。

新文学阵营对通俗文学的态度，在抗战爆发前后已经发生变化；一些新文学作家，也表现了某种回归“传统”、回归“民间”的倾向。但是，由于战争环境的限制以及“为政治服务”宗旨的拘挛，致使后来的“工农兵文学”不仅未能与“民国时期通俗文学”实现良性互动，反而在行政干预之下，以“查禁”的手段，真的把后者“消灭”掉了（多数通俗文学作家，虽然在“文革”之前作为“统战对象”而尚受善待，但是他们已经写不出“自己的”作品）。然而，行政干预的力量固然可怕，其效果实则有限，因为受众的爱好、取舍是无法强

---

① [美]阿瑟·阿萨·伯格：《通俗文化、媒介和日常生活中的叙事》，南京大学出版社，2000，第139页。

制的。“四人帮”垮台之后，香港电影《秋香》之所以大受欢迎，“琼瑶热”“金庸热”之所以接连掀起，都说明群众对于约翰·卡威尔蒂所说的“传统手法”的酷爱，这是无法消灭的。也许，中国文化真的会向“不再区分高雅文化和通俗文化差异”的趋势发展？

第三节　不可或缺的“过程”

如前所述，从样式学、风格学和历史学的角度考察，王度庐从属于“北派”通俗小说家的群体。这个群体的崛起，标志着通俗文学“重心”由南向北的转移；这些“北派”作家，在20世纪40年代成了中国通俗文学的主流——这在武侠小说范畴表现得尤为突出。

20世纪二三十年代时，北平、天津的通俗文学创作已有相当规模。张恨水的成名作《春明外史》发表于1924年，刘云若的成名作《春风回梦记》发表于1930年，作为社会言情小说的大手笔，他们的创作质量在20世纪30年代就已对“南派”许多作家有所超越了。武侠小说方面，北方则有赵焕亭与向恺然（平江不肖生）并驾齐驱，时称“南向北赵”；又有还珠楼主（李寿民），当时亦已因1931年发表《蜀山剑侠传》而称雄“武坛”。平、津的报刊则建构了一种比“海派”更为质实、稳健的“京派”氛围，正是这种文化氛围，孕育出了“北派”作家群。

20世纪40年代，这个作家群中除张恨水流徙到了大后方外，其他作家多生活在北方的沦陷区。当时，中南、西南地区战火弥漫，人民疲于“逃难”，精神消费方面的“愉悦”需求降低到了最低限度。沦陷区里的作者和读者，则陷入深沉的精神苦闷之中。那些像王度庐一样坚持民族气节的作家，不得不在日寇的政治、文化高压下借“笔耕”以谋生；那些沦为“亡国奴”的广大读者，则渴望获得宣泄精神苦闷或能使自己暂时忘却痛苦的某种途径。“北派五大家”的武侠作品，正是因应上述需求，而在畸形的“语境”之中破土而出，并且进而形成自己的美学形态的。这些作品在上述畸形语境之下所产生的社会效应和美学效应，可以从以下一段文字见其一斑：

> 尝独处斗室中，室以外，市声种种，嚣然杂作；室以内，器物纵横，弥有隙地，尘埃暂扫复积，欲求清静，了不可得。上海居，大不易，此固

贫者常态也，而胸次辄怅懑万状。无已，则瞑目玄想，试置身于佳山佳水间：或者西子湖滨，山光水色，赏其秀丽；或者三迭泉畔，雷鸣珠溅，赏其雄奇；或若浮舟大海中，天水一碧，白云横飞，未尝不心旷神怡也。唯意所欲，唯想所结，境诚非真，然境由心造，耳目所结，亦何尝非幻，聊以快意，安问其他？自矜此不传之秘，索解人不得也。武侠神怪之书，我好读之，非不知其不经也。恶浊社会，纵有生花妙笔，绘影绘声，惟妙惟肖，而读之增人惆惘，则以社会本质如是，愈逼真而愈令人作恶，曷若不经之武侠神怪，足以快慰。

以上文字，见于1941年上海励力出版社印行的还珠楼主《青城十九侠》新三版卷首，作者为“陈子京”；既可视为序言，也可视为读者的感想。当时上海亦已沦陷，所以文中所述“怅闷万状”的“胸次”，实质反映着沦陷区读者普遍的精神苦闷。在那种处境之下，作家只能写些貌似“不经”的“纯武侠”作品或疏离于现实政治的社会言情作品，而读者枯竭的精神生活，也只有从此类作品中求得一些慰藉。上述处境，正与被活埋者从泥土中挖几个洞孔、借以苟延残喘相差无几；令人惊诧的是，中国的武侠小说，竟然在这样的境况之下，达到了一个新的巅峰。这个巅峰之所以能够在特殊的畸形文化环境中崛起，则主要取决于“北派五大家”的自身素质以及他们在适应通俗文学创作、传播规律的同时所做出的具有创造性、突破性的努力。在这方面，“北派五大家”中，尤以白羽、王度庐和李寿民（还珠楼主）最具代表性。

李寿民的贡献在于以“现代人”的观念、通过“仙魔武侠”的特殊样式，对传统文化做出富有现代意蕴的阐释。白羽和王度庐则吸取“五四”新文化和西方文艺的营养最多，他们对于“立足于传统而又以现代意识改造传统”这一时代使命的自觉性也最强。在他们之前，许多优秀的通俗文学作家也具有一定的现代观念并且在其创作中有所体现（例如前面曾经提及的顾明道以及更早一点的平江不肖生）。但是，这些前辈作家的“现代性”大多属于“自然流露”，而非“主体的自觉”；在他们身上，“现代精神”并未真正融化、升华为主体本身的理性，所以既不能“统领”创作的全局，也未曾渗透于作品的全部。白羽和王度庐则反之，作为通俗文学作家，他们“适俗”却不“媚俗”，而且善于以自己的“雅”去化“俗”，使之无形中获得提升。正如当年一位署名“墨婴”的作者在为白羽《偷拳》一书所作序言中所说：这些作家的“内在文心”，“蕴着创作的‘新’与‘热’”。可见，中国现代的“新文学”与“通俗文学”，本来是你中有我、我中有你，完全可以建立起良性的互动、互补关系的。

1949年之后，通俗文学的薪火在港台地区得到传承和发展，并于20世纪80年代重新燃回大陆。在武侠小说领域，金庸、梁羽生的出现，则标志着又一个新的阶段的到来。

诚然，“一个时代有一个时代的文学”，我们不能期望王度庐、白羽等的作品能像金庸、梁羽生等的作品那样，在今天的青年读者中引起“轰动效应”，他们毕竟属于前一个历史阶段；然而，他们的优秀作品却又仍然经得起历史的检验，其中的人生体悟、人性剖析、美学追求，至今仍能得到层次较高的许多读者的共鸣。电影《卧虎藏龙》正是当代艺术家与王度庐的一次成功对话，它所获得的四项奥斯卡奖，证明这种对话的价值和意义得到了世界的承认。这一成功绝不是偶然得来的，它揭示着某种规律。从文学发展史的角度考论，可以说：没有王度庐、白羽、李寿民那一代作家，也就不会有金庸、梁羽生、古龙这一代作家。这是一个不可或缺的“过程”。没有这一过程，中国当代文艺的“百花园”中，大概会缺少一份灿烂。

主要参考文献

一、王度庐作品

1. 王度庐．鹤惊昆仑[M]．王芹，点校．太原：北岳文艺出版社，2015.

2. 王度庐．宝剑金钗[M]．王芹，点校．太原：北岳文艺出版社，2015.

3. 王度庐．剑气珠光[M]．王芹，点校．太原：北岳文艺出版社，2015.

4. 王度庐．卧虎藏龙[M]．王芹，点校．太原：北岳文艺出版社，2015.

5. 王度庐．铁骑银瓶[M]．王芹，点校．太原：北岳文艺出版社，2015.

6. 王度庐．风雨双龙剑[M]．王芹，点校．太原：北岳文艺出版社，2016.

7. 王度庐．纤纤剑[M]．王芹，点校．太原：北岳文艺出版社，2016.

8. 王度庐．彩凤银蛇传[M]．王芹，点校．太原：北岳文艺出版社，2016.

9. 王度庐．洛阳豪客：舞剑飞花录[M]．王芹，点校．太原：北岳文艺出版社，2016.

10. 王度庐．大漠双鸳谱[M]．王芹，点校．太原：北岳文艺出版社，2016.

11. 王度庐．绣带银镖[M]．王芹，点校．太原：北岳文艺出版社，2017.

12. 王度庐．雍正与年羹尧[M]．王芹，点校．太原：北岳文艺出版社，2017.

13. 王度庐．紫凤镖[M]．王芹，点校．太原：北岳文艺出版社，2017.

14. 王度庐．紫电青霜·宝刀飞[M]．王芹，点校．太原：北岳文艺出版社，2017.

15. 王度庐．金刚玉宝剑[M]．王芹，点校．太原：北岳文艺出版社，2017.

16. 王度庐．古城新月[M]．王芹，点校．太原：北岳文艺出版社，2018.

17. 王度庐．海上虹霞[M]．王芹，点校．太原：北岳文艺出版社 2018.

18. 王度庐．风尘四杰·香山侠女[M]．王芹，点校．太原：北岳文艺出版社，2018.

19. 王度庐．落絮飘香[M]．王芹，点校．太原：北岳文艺出版社，2018.

20. 王度庐．粉墨婵娟[M]．王芹，点校．太原：北岳文艺出版社，2018.

21. 王度庐. 晚香玉[M]. 王芹，点校. 太原：北岳文艺出版社，2018.
22. 王度庐. 落絮飘香[M]. 上海：励力出版社，1948.
23. 王度庐. 琼楼春情[M]. 上海：励力出版社，1948.
24. 王度庐. 朝露相思[M]. 上海：励力出版社，1948.
25. 王度庐. 翠陌归人[M]. 上海：励力出版社，1948.
26. 王度庐. 绮市芳葩[M]. 上海：励力出版社，1948.
27. 王度庐. 虞美人：少女飘零[M]. 上海：励力出版社，1949.
28. 王度庐. 虞美人：歌舞芳邻[M]. 上海：励力出版社，1949.
29. 王度庐. 寒梅曲：暴雨惊鸳[M]. 上海：励力出版社，1949.
30. 王度庐. 龙虎铁连环[M]. 上海：励力出版社，1949.
31. 王度庐. 春秋戟[M]. 上海：励力出版社，1949.
32. 王度庐. 冷剑凄芳[M]. 成都：四川文艺出版社，1989.
33. 王度庐. 龙虎铁连环·灵魂之锁[M]. 北京：群众出版社，2001.
34. 王度庐. 粉墨婵娟·春秋戟[M]. 北京：群众出版社，2001.
35. 王度庐. 洛阳豪客·绣带银镖[M]. 北京：群众出版社，2001.

此外，还有青岛市档案馆藏《青岛新民报》(1937—1942) 所载诸作、《青岛大新民报》(1942—1945) 所载诸作、青岛《民治报》(1945) 所载《金刀玉佩记》开头(残)及小小日报社(北平)印行的《红绫枕》

二、其他论著

1. 张赣生. 民国通俗小说论稿[M]. 重庆：重庆出版社，1991.
2. 叶洪生. 武侠小说谈艺录——叶洪生论剑[M]. 台北：联经出版公司，1994.
3. 范伯群. 中国近现代通俗文学史[M]. 南京：江苏教育出版社，2000.
4. 魏绍昌. 鸳鸯蝴蝶派研究资料[M]. 上海：上海文艺出版社，1984.
5. 范伯群. 鸳鸯蝴蝶派文学资料[M]. 福州：福建人民出版社，1984.
6. 叶洪生. 近代中国武侠小说名著大系[M]. 九龙：艺文图书公司，1985.
7. 陈宗蕃. 燕都丛考[M]. 北京：北京古籍出版社，2001.
8. 余钊. 北京旧事[M]. 北京：学苑出版社，2000.
9. 李登科. 北京导游基础[M]. 北京：社会科学文献出版社，1998.
10. 滕绍箴. 清代八旗子弟[M]. 北京：中国华侨出版公司，1989.
11. 翁立. 北京的胡同[M]. 北京：北京燕山出版社，1992.

12. 徐珂. 清稗类钞:第五册[M]. 北京:中华书局,1984.

13. 清代野史[M]. 成都:巴蜀书社,1987.

14. 小横香室主人. 清朝野史大观[M].1936 年版影印本. 上海:上海书店,1981.

15. 顾颉刚. 妙峰山[M]. 影印本. 上海:上海文艺出版社,1988.

16. 曹永森. 扬州风俗[M]. 苏州:苏州大学出版社,2001.

17. 任耀明. 京剧奇葩四大名旦[M]. 南京:东南大学出版社,1994.

18. 周贻白. 中国戏曲发展史纲要[M]. 上海:上海古籍出版社,1979.

19. 周贻白. 周贻白戏剧论文选[M]. 长沙:湖南人民出版社,1982.

20. 周清霖. 中国武侠小说名著大观[M]. 上海:上海书店出版社,1996.

21. 时希圣. 武侠笔记精华[M]. 再版本. 上海:上海新民书局,1936.

22. 剑秋. 女侠吕四娘[M]. 香港:上海印书馆,1959.

23. 史记[M]. 北京:中华书局,1987.

24. 四书五经[M]. 上海:世界书局,1936.

25. 纳兰词笺注[M]. 张草纫,笺注. 上海:上海古籍出版社,1995.

26. 浮生六记[M]. 俞平伯,校点. 北京:人民文学出版社,1980.

27. 人间词话新注[M]. 滕成惠,校注. 济南:齐鲁书社,1981.

28. 胡应麟. 少室山房笔丛[M]. 上海:中华书局,1958.

29. 纪昀. 阅微草堂笔记[M]. 文明书局势印本复印本. 天津:天津古籍书店,1980.

30. 鲁迅全集[M]. 北京:人民文学出版社,1981.

31. 上海文艺出版社. 戏剧美学论集[M]. 上海:上海文艺出版社,1983.

32. 浙江文艺出版社. 郁达夫文论集[M]. 杭州:浙江文艺出版社,1985.

33. 胡适. 中国章回小说考证[M].1942年版复印本. 上海:上海书店,1980.

34.[古希腊]亚里士多德. 诗学[M]. 罗念生,译. 北京:人民文学出版社,1982.

35.[德]黑格尔. 美学[M]. 朱光潜,译. 北京:商务印书馆,1982.

36.[奥]弗洛伊德. 梦的解析[M]. 赖其万,符传孝,译. 北京:作家出版社,1986.

37.[瑞士]费尔迪南·德·索绪尔. 普通语言学教程[M]. 北京:商务印书馆,2001.

38.[日]厨川白村. 苦闷的象征:出了象牙之塔[M]. 鲁迅,译. 北京:人民文学出版社，1986.

39.[英]拉曼·塞尔登.文学批评理论——从柏拉图到现在[M].刘象愚，陈永国，译.北京：北京大学出版社，2000.

40.[英]约翰·斯道雷.文化理论与通俗文化导论[M].杨竹山，郭发勇，周辉，译.南京：南京大学出版社，2001.

41.[美]阿瑟·阿萨·伯杰.通俗文化、媒介和日常生活中的叙事[M].姚媛，译.南京：南京大学出版社，2000.

42.马克思恩格斯选集[M].北京：人民出版社，1972.

43.伍蠡甫.西方文论选[M].上海：上海译文出版社，1979.

44.蒋孔阳.二十世纪西方美学名著选[M].上海：复旦大学出版社，1987.

45.王泰来.叙事美学[M].重庆：重庆出版社，1987.

46.王立.中国文学主题学——母题与心态史丛论[M].郑州：中州古籍出版社，1995.

47.张元卿.民国北派通俗小说论丛[M].太原：山西古籍出版社，2001.

48.古龙.写当年武坛风云人物于酒后：其一[M].//鹤舞江南.台北：汉麟图书有限公司，1980.

三、其他报刊

1.刘复.通俗小说之积极教训与消极教训[J].太平洋，1917(1)：10.

2.宫以仁.谈白羽传记小说“泪洒金钱镖”[J].明报月刊，1986：244.

3.王子久.王度庐和他的小说[N].青岛日报，1988-01-09.

4.王铎.王度庐与“卧虎藏龙”[J].青岛画报，2001：4.

5.邱传贤.我有一位写武侠小说的老师[N].沈阳晚报，1987-07-17.

初版后记

徐斯年

这部书稿是利用业余时间完成的，从动笔到杀青，正好一年零一个月。

李丹荃老师一直关怀我的这项研究课题；动笔之后，王芹小妹和王宏小弟也给了我大力支持，共同提供了许多资料——包括各种原著和部分连载文本的复印件，订正了不少事实。

提起李老师，我的脑海里总会首先闪出两组"镜头"。

第一组镜头：寒冬的夜晚，我躺在担架上，但并不十分痛苦，所以几个抬担架的同学不免有点儿嘻嘻哈哈。他们都是膀大腰圆的小伙子，其中包括校冰球队的三名主力，因此步速很快。这可苦了旁边的李老师，她手中拿着我的病历，必须走一阵再小跑一段才跟得上。我只能顺着眼角的余光，看见她的头巾在冷风里飘拂。——那是高中一年级的事。我本来在一个名叫"四方台"的偏僻农村参加"扫盲"工作，突然腹痛呕吐，直不起腰。村里只有一个兼职兽医，来看了看，说是"'狼'尾炎"（他大概不知道第一个字应该是"阑"）。时已黄昏，无法送回沈阳，只得躺在炕上听天由命。折腾、翻滚一夜，居然没有送命。第二天，先坐铁轮大车，再换火车，硬被遣归学校。其时，危险期已过，李老师却坚持一定要送医院检查，最好动手术；她不但替我挂号，陪我就诊，还准备履行"家长"职责，在手术文件上签字。结果是：医院没有空闲病床，大夫认为可以采取保守疗法，回校按日打青霉素。我幸而免受一刀之苦，李老师却累得够呛。后来对她提起此事，她说记不得了；这种事，对于我们的"家长老师"，确实也算"稀松平常"。

第二组镜头：夕阳下，昆明湖一碧如洗，万寿山分外静穆。李老师陪我穿过整个颐和园，去赶返城的公交车。其时园中几无游人，处处幽恬空阔。七十多岁的李老师，身体清健，思维敏捷，一路所谈，离不开两个话题：度庐先生和实验中学。——那是1990年夏天，我到蓝靛厂去拜访李老师。告辞时，她一定要送，说顺便也"散散步"。原本约好，她"散步"到颐和园北门口为止；不料届时变卦，非要送我上车不可。车开了，老人家还站在那里挥手。

当然，小妹、小弟也早已不“小”了。但是，王膺牵着弟弟的小手，在寒假里到宿舍看望我们几个“无家可归者”的情景，至今宛在眼前。那年，全班留校不走的，只有四人：我和一位姓杨的同学，是因为家庭都在千里之外；另两位同学是本市人，既想利用假期多用些功、也有陪伴我俩之意。我们把宿舍整理得干干净净。雪光从窗外反射进来，一片明亮洁白。暖气嘶嘶微响，室内温和如春。大家倚床而坐，指点江山，海阔天空；小弟在旁玩着我们自装的单管收音机。老实说，王膺的来访有点出乎意外，因为大家的印象里，这位“生物学家”脾气似乎比较孤僻。这次探望，使我发现他其实很重情谊，无非平时感情不大外露罢了。

这部书稿里，确乎潜伏着我的“实验中学情结”。最先动手的，也正是《桃李岂无言》那一章。我是1953年插入初二十二班的，所以在那一章里，经常取的是初中生的“视角”。

母校帮我找到了李老师。与李老师联络的过程中，我又先后结识了宫以仁、叶洪生、黄汉立、张赣生、周清霖诸先生。赣生兄辞世已近六年，他曾以“或书信往来，或促膝长谈”十字描叙这些朋友的关系，而在学术和友情两方面，他们惠我尤多。例如，第一篇介绍度庐先生生平、著作的文章，就是洪生先生为《中国时报》向我约稿的；赣生先生曾陪我走访天津市的和平区图书馆，在

李丹荃女士与徐斯年在青岛合影（摄于1985年）

这个不起眼的小馆里，居然找到了度庐先生的好几种社会言情小说单行本；现在定居于加拿大的汉立先生，至今未得谋面，却接连寄赠大量图书资料，提供了极其可贵的援助。

1985年随我去青岛做调研的，是五位当时的硕士研究生：李彬、宋延平、陈子平、张国安君和李甦小姐。他们知道，跟我出差，一般是住不好、吃不好、玩不好的。一个星期多一点儿的时间，要通检1938年至1945年的全部《新民报》，只得每人负责一个时段，重点阅读所连载的“霄羽”社会言情小说；档案馆休息时，就走访当时也在青岛的李丹荃老师。工作虽然紧张，还是偷闲去青岛大学附近的一处海湾玩了半天，白浪、沙滩、渔港、海带、螃蟹，令几个年轻人欢乐得好似小孩子。返校之后，大家围坐在我家的地板上，对着录音机轮流“讲故事”，用“接龙”的办法，把度庐先生各部作品的基本情节整理出来。如今这些作品的单行本大多已经印行，而在那时，却不得不做这样的“笨工作”；然而，这是值得的、也是必需的。这五位研究生，现在都已事业有成。我很怀念他们——特别是在复旦大学获得博士学位不久，又突然“失踪”的张国安君，不知他现在何处？是否安康？

他们的一位学弟张缙君，则曾代表一家出版社向我约稿，虽然稿约后来落空，却促使我下定了动笔撰写这部书稿的愿望。台北远景出版事业公司的沈登恩先生，则促使我将愿望转化为决心和行动。但是，最终决定印行这部书稿的，是苏州大学出版社，没有它的支持，这本小书是不可能与读者见面的。

为这部书稿提供过帮助的，还有青岛画报社的王铎先生、山东师范大学的韩之友先生、青岛大学的刘增仁先生和苏州大学的刘祥安先生等。当年查阅资料，得到青岛市档案馆、苏州市图书馆、上海市图书馆、天津市和平区图书馆、首都图书馆的诸多协助；以范伯群教授为首的苏州大学中文系现代文学学科，也提供过不少支持。均此致谢。

记得小学三四年级时，曾对《施公案》《彭公案》十分入迷，以至专心摹绘绣像，施以彩色，自赏自玩；还很得意地把一幅黄天霸像寄给大姐，不料写下一个错字，大姐回信道：“黄天‘西朝’是谁呀？”隔了几十年，再看这两部书，很奇怪当初怎么竟会那样沉溺？可见，确如阐释学者所说：“文本”是在读者的阅读中“实现”的；现在，我已找不到童年时代自己所“创造”的那种“美学现实”了——它比《施公案》《彭公案》的“实际文本”，一定生动得多！度庐先生的著作，距今也有五六十年了，读来并无“隔世”之感；尽管如此，这本小书里所反映的，主要仍是作为读者的“我”的“实现文本”，是“我”心目中的度庐先生及其作品。是焉非焉，期待方家和同好指正。

自家有病自家知，我所遗憾的，首先在于若干资料至今犹未“见底”。

度庐先生的早期作品，只见到一本薄薄的《红绫枕》，是在首都图书馆查到并复印的。倘若能够觅得《小小日报》，再以它为中心扩大范围，通检1931年至1937年相关的北京小报（也许还应查一些刊物），肯定会有所得。这一时期，度庐先生的写作总量不会太少，从《红绫枕》可以看出文笔已很老练，而且肯定还写过一些其他文章，如能有所发现，至少对研究他的思想是极有价值的。本书在这方面，大致还是空白。

青岛市档案馆的《新民报》既然残缺，我们所遗漏的就不单是那几种作品的一部分连载文本，而且不排除还遗漏了其他相关信息的可能——包括“傅琍琳式”的书评，等等。据说，1985年我们见到的那几张《民治报》，现在已经调不出来了，《玉佩金刀记》究竟是否写完，会不会变成一个永无确证的谜呢？1945年之后的《民言报》据说基本完整，遗憾的是当年由于时间紧迫，我们未能过目；既然《雍正与年羹尧》曾在该报连载，则不排除其他作品或亦在此连载过的可能。度庐先生后期作品的确切写作时间，至今大多无法认定，这与我们漏检《民言报》是否有一定关系？——经验证明，只凭单行本版权页上的“初版”年月，往往是并不足以认定写作时间的。

“左”的思潮和近年来急功近利的“商业风气”（它已全面涌入学术领域），对学术研究造成的危害是难以估量的。前者的罪孽之一，便是无数史料的毁灭和散失；后者在资料领域的流毒之一，则是信实的出版物越来越少，因而，版本学、校勘学的功夫，必将也在通俗文学研究中变得日益需要。面对上述势态，“个人”的力量，真是太渺小了！

本书的其他遗憾，则与作者学养、能力和知识面的局限直接相关。这就不必多做解释了。

2005年3月12日于姑苏杨枝塘

跋

张元卿

增订版书稿完成后，徐斯年老师让我写篇“后记”，把相关情况交代一下，这就要从2005年出版的《王度庐评传》说起。这部《王度庐评传》是由苏州大学出版社出版的，出版之后徐老师即送我一本。此后，徐老师每年都会根据新发现的材料来完善评传，直到今年增订版书稿完成之前还在修订。在这十几年的修订过程中，徐老师时常和我讨论王度庐的武侠小说，经常提供资料线索，使得对王度庐武侠小说不甚了解的我逐渐进入了角色。所谓进入“角色”，主要是说我在王度庐小说的资料发掘上找到了自己的下手处，逐渐有了一些收获。

2009年春，我在天津旧书摊淘到的《民民民》杂志上发现了王度庐的武侠小说《锦绣豪雄传》。这部小说没有连载完，从已刊载的写茶馆的部分来看，水平之高是不亚于同时代那些文学名家的。当时就觉得这部分内容一句多余的话都没有，精彩出于精炼，是大手笔。偶然捞得佚文，不仅提高了我搜索王度庐资料的兴趣，也让我开始重新关注王度庐。

2013年春，徐老师叫我抽空去查查南京《京报》，说王度庐的《风雨双龙剑》最初就在这个报纸连载，后来《京报》还给这部小说出版了单行本，但是单行本已很难见到，只有看到最初连载的内容，才能判断《京报》连载的《风雨双龙剑》和后来上海“育才版”《风雨双龙剑》是否为同一版本。2013年5月3日，我在南京图书馆查到了南京《京报》，不仅找到了《风雨双龙剑》，还意外发现了其他几部从未被人提及的王度庐武侠小说。这些小说被徐老师称为“南京七书”，其中《彩凤银蛇传》《纤纤剑》《大漠双鸳谱》等已由北岳文艺出版社出版。

今年6月20日，我在北京《平报》又意外发现了王度庐的武侠小说，第二天摸清了基本情况，共有三十部小说，其中三部徐老师已知道，其他的都是首次发现。下午我把这个消息告诉徐老师，他说是个大发现，建议我先看一遍，写个文章，把发现情况和这二十七部小说的基本情况说明一下。此后，我用了四个月时间阅读小说，最后将基本情况和初步认识写成《明珠再现剑光寒——〈平报〉所载王度庐小说述评》。在写作这篇文章的过程中，我发现1930年10月后《平报》所刊署名“芗微”的文章有很多内容和王度庐的情况很相似，便试着做了一番考证。现将考证情况简要说明如下：

先看芗微的基本情况。1930年10月25日，《平报》“味之素”版《编辑室》声明“特约芗微君每日担任‘天花乱坠’，刊于味之素栏内”。当日“味之素”就刊登了芗微的杂文《交际之花》。此后芗微就负责“天花乱坠”专栏的写作，内容多是杂文和随笔。1931年10月1日后，芗微开始在《平报》“小言”栏写短篇时评，此后“天花乱坠”专栏不再保证每日都有新作，但署名“芗微”的文章还不时看到，直到1933年9月后才逐渐结束。经过比较，发现“芗微”文章里的自述和王度庐有许多相同或相似之处。

第一，生平相同或类似。《贪热闹》中说自己住在后门大街附近。后门即地安门，王度庐家在后门里，后门里位于地安门内，这和家在后门大街附近的表述接近，证明二人的住址接近。《鬼蜮世界》中写道：“晚间回到家中，在一起的却是慈爱温良的母亲姊弟”。1916年王度庐父亲病故，家中只有他和母亲姊弟。这证明二人的家庭成员相同。《沧海桑田》说“我才二十来岁的人，眼里就是如此沧桑”，说明芗微是一青年。1931年王度庐23岁，和芗微的年龄接近。《我与女招待》说“我真没福，天生来的吃素”。王度庐也基本吃素，但吃鸡蛋、虾皮等，这说明二人饮食习惯相同。

第二，去陕行踪一致。1933年7月6日，王度庐在《平报》发表《悼吕公雪禅》，称“自离平后，第一惊人痛心之事，即系吕雪禅先生之病故”。7月21日，王度庐在《平报》发表《热!》，标题下注明“写于西安”，文中写道：“我住在西安，此地十分热。”再看芗微的行踪。1933年6月24日，在《平报》发表《小休》，文中写道：“自离平赴陕，几日夜火车汽车的生活，极作忙碌的人生，现抵陕后，须休息半月，略事接洽，始能任事。”同日，王度庐《黄河四侠》开始在《平报》连载，在“楔子”中写道：“在暴风雨初定后，记者离了故都，往陕西西安去”，“平汉车开动，夜色渐浓”，“耳畔被隆隆撞撞的机声扰得心乱。”这说明王度庐去陕西是乘火车从平汉线南下，和芗微一样都是乘火车，时间都是6月24日。然后都在思念北平。《热!》说西安连块清凉地也没有，只有几处卖冰激凌的，人都以为稀奇，“真令我时时想念三海和中山公园、什刹海等处”。芗微在《旧创勿忘》中说想起北平近日的奇热，公园、三海不定怎么热闹呢，接着写道："在大难之后，我因为生计所迫，来到西安，其实我是无时不梦忆着北平，与人谈起话来，总是三句话不离北平。有时若是遇到一个北平的朋友，真是十分觉得高兴。"二人到西安前都是《平报》作者，既同时离开北平，到西安后又同时在《平报》发表文章，又同时思念北平，若他们是两个人，何以行踪如此一致，思想如此接近？若是两人，都为《平报》服务，按理应该认识，平日有王度庐这个北平老乡，芗微不至于会有"有时若是遇到一个北平的朋友，真是十分觉得高兴"这种感慨。另，1933年9月3日，《平报》刊登《黄河四侠》"续稿未能寄到"的声明。巧的是9月3日这几天《平报》也看不到芗微在"小言"发文。若他们是两个人，何以不约而同地寄稿未到？

第三，文章观点和材料近似。这方面的材料且举两个。首先，写到妓女问题时都提到何海鸣。王度庐在《倡门》中写道："作倡门小说者，第一当要推求幸福斋主（何海鸣）。我曾读过他所作的《倡门之病》《倡门之狗》《倡门送嫁录》，描写得真深切，真动人，真悲观，真感慨……"芗微在《妓女得冤枉之余波》中写道："记得何海鸣先生，所著娼门小说甚多，篇篇都有精彩，我研究娼门问题，也是读了他的娼门小说之后，有了感想，才写出来。"其次，写妙峰山的内容很相似。芗微在《妙峰山》中写道："妙峰山的庙宇，虽不止一处，然而香客的目的，却是给娘娘烧香。这娘娘就是碧霞元君，是妙峰之王。其实也就与洛水湘妃等一样的性质。朝香就所为求顺，什么五虎棍、少林棍、双石头、开路等等的香会，也不过就是娱神之意，还可以表现出来一种民间技术。妙峰山有茶棚，白舍粥和馒头，不相识的香客，见了面也要互相恭敬道一声'虔诚'，绝没有一个打架争斗。"《卧虎藏龙传》最后一回"礼佛妙峰投崖尽愚孝"中对妙峰山的描写与此类似，只是更为详细一些。《卧虎藏龙传》也写到五虎棍、少林棍、双石头、开路，描写的顺序是开路、双石头、五虎棍、少林棍。"开路"是七八个人都扮大鬼的模样，勾着花脸，耍着钢叉，又有锣鼓。"双石头"就是练石锁。"五虎棍"是扮演赵匡胤杆棒斗五虎的故事。"少林棍"练的人都是城南的镖头。《卧虎藏龙传》也写到茶棚："他有几个朋友在山上搭了一座最大的茶棚，舍粥舍馒头，棚里有十几个人尽义务作招待，供着佛。……香客渐多，大家见面无论识与不识都拱手说：'虔诚！'"道"虔诚"这个细节完全一样。

综上所述，可初步认定"前期芗微"与王度庐是同一人。但是，"后期芗微"的文章和文风却与王度庐相差甚远，所以又可初步认定此时用这个笔名的已经换了一人。整体上讲，“芗微”应是《平报》同人（或二位同人）共用过的一个笔名。以上判断尚待收集丰富完整的证据加以深入考证，日后若能获得突破，或可确认王度庐的又一批杂文，并就其展开进一步的研究。

此外，1938年《青岛新民报》连载《河岳游侠传》之后，该报时有署名“度生”的文章，其中《青灯小忆》《暑窗漫写》《中国人与花园》中的有些内容与王度庐的生平很相似。如《中国人与花园》写道：“我的房子后面，有一块草坪，旁边栽着几株刺槐。在草坪之外，用水门汀做了一个小水池，池里每天要换些清水，虽然没有鱼，也颇清澈可爱。这就像我的一座小花园，每天早晨我在草坪旁打拳，饭后在那里散步，有时也坐在树阴之下乘凉。”这段描写与王度庐当时在青岛借住的寓所情况基本相符，那么这位“度生”是否也是王度庐的一个笔名，也有待日后进一步查证。

“南京七书”发现后，徐老师即开始研究这些小说，先后撰写了《无能的“英雄”——〈舞剑飞花录〉》《隽永的幽默 ——合论〈洛阳豪客〉》《“得意”的男人——〈风雨双龙剑〉》和《缺陷即是美——〈彩凤银蛇传〉》四节文字。今年夏天，徐老师术后不能长时间用眼，叫我给“南京七书”另外几部小说各写评述文字，于是我勉力写成《逃离、回归与自我放逐——〈纤纤剑〉〈大漠双鸳谱〉》和《心灵史与市井图——〈春明小侠〉〈琼楼双剑记〉》两节。此后，在徐老师指导下，我把《明珠再现剑光寒》一文中有关王度庐早期小说的部分加工成本书第三章《十年磨砺待脱颖——早期小说（下）》。前一阵子，和徐老师、王芹老师在微信聊天，谈及王度庐的武侠小说在1949年前就被改编为曲艺和戏剧，都觉得应该把这方面的内容补入评传，我遂着手搜集整理这方面的资料，最后整合成本书第十九章《从小说到戏剧、曲艺》。由于对王度庐小说的理解还不深入，我撰写的部分只是初步思考所得，最后又经徐老师审订，希望没有太拖后腿。

在增订版撰写过程中，王芹老师在史料的搜集整理上给我们提供了很多帮助，特此致谢！

1930年王度庐在武侠小说《鳌汉海盗》卷首题诗：“莫说宗悫乘长风，英雄那堪沦落中。要向沧波一声啸，森森宝剑贯白虹。”《鳌汉海盗》还配不上这首诗，但以《宝剑金钗》为代表的那些武侠小说名作，不仅配得上，而且是用小说诠释、丰富了诗心，让当时和异代的读者都能更深切地感受到不堪沦落的英雄“要向沧波一声啸”的悲情。

江湖日远，只道是，“摇落后，清吹那堪听”，却总是跨越沧桑有来者。公道自在人心，风雨过后看得更清 。

2019年12月27日于南大和园